Jörg Andrees Elten
(Satyananda)

Alles ganz easy in Santa Barbara

Wie ich das Ende der Rajneesh - Kommune in Oregon erlebte und was mir danach in Kalifornien widerfuhr

Hoffmann und Campe

CIP-Titelaufnahme der Deutschen Bibliothek

Elten, Jörg Andrees:
Alles ganz easy in Santa Barbara : wie ich das Ende der Rajneesh-Kommune in Oregon erlebte und was mir danach widerfuhr / Jörg Andrees Elten. –
Hamburg: Hoffmann u. Campe, 1990
ISBN 3-455-08354-4
Vw: Satyananda <Swami> [Früherer Name] → Elten, Jörg Andrees

Lektorat: Hubertus Rabe
Umschlaggestaltung: Werner Rebhuhn
Satz: Utesch Satztechnik GmbH, Hamburg
Druck und Bindung: F. Spiegel Buch GmbH, Ulm
Printed in Germany

■ *Vorwort* ■

Ist unser Leben ein Spiel des Zufalls? Oder ist alles, was uns widerfährt, Teil eines kosmischen Plans? Manchmal spule ich den Film meines Lebens zurück bis zu jenen Punkten, da besondere Ereignisse meinem Dasein überraschende Wendungen gaben. Oft trafen sie mich wie Blitze aus heiterem Himmel, und ich fühlte mich vom lieben Gott ungerecht behandelt. Aber aus meiner heutigen Sicht erscheinen mir alle Ereignisse, besonders die sogenannten Schicksalsschläge, als absolut notwendige Stationen auf meinem Lebensweg. Sie mußten sein, damit ich meinen vorgezeichneten Weg gehen konnte – den Weg eines spirituellen Suchers. Es hat lange gedauert, bis ich das so sehen konnte, denn erst als das letzte Drittel meines Lebens begonnen hatte, wurde ich gewahr, daß ich das Leben eines Suchers führte.

Ich erinnere mich an eine Situation kurz nach dem Ende des Zweiten Weltkrieges. Die Kulturabteilung der amerikanischen Militärregierung teilte mir mit, daß ich mich für ein einjähriges Studienstipendium in Amerika qualifiziert hatte. Ich war geschmeichelt und begeistert. Amerika! Uns jungen Deutschen erschien es damals als das Paradies auf Erden. Wir schoben Kohldampf, und Amerika war das Schlaraffenland. Wir waren geistig ausgehungert, und aus Amerika kamen nun Hemingway, Steinbeck, Thomas Wolfe und Henry Miller zu uns, und wir begegneten zum ersten Mal Thomas und Heinrich Mann, Werfel, Brecht, Zuckmayer und vielen anderen großen deutschen Schriftstellern, die in Amerika Zuflucht vor den Nazis gefunden hatten.

Ich arbeitete damals als junger Reporter für die »Süddeutsche Zeitung« und versuchte, mich durch den grausamen Winter von 1947 zu bringen. Betäubt vom Hunger tauschte ich auf dem Schwarzen Markt die goldene Taschenuhr meines Großvaters gegen gefälschte Lebensmittelmarken ein. Ich wohnte zur Untermiete in einer Glasveranda in München-Stockdorf und mußte jeden Morgen erst mal das Eis im Waschbecken einschlagen, wenn ich mich frisch machen wollte, denn Kohlen gab es nicht. Kein Wunder, daß mir die Einladung nach Amerika wie ein Geschenk des Himmels erschien.

Aber plötzlich die unvorhergesehene Wende: Die Militärregierung zog die Einladung ohne Begründung zurück! Erst Jahre später gestand mir Werner Friedmann, Chefredakteur und Mitherausgeber der »Süddeutschen Zeitung«, daß er interveniert hatte. Er mochte mich, und er glaubte damals, daß er auf meine flotten Reportagen für die Seite drei nicht verzichten könne. Also hatte er seine Beziehungen zu den Amerikanern spielen lassen und die Einladung torpediert. Meine Schwester Gerdi hätte ihn wahrscheinlich umgebracht, wenn sie davon erfahren hätte. Sie wartete nämlich schon in Los Angeles auf mich. Wir wollten gemeinsam ein neues Leben in der Neuen Welt beginnen.

Gerdi und ich waren unzertrennlich – ein großartiges Überlebens-Team. Während des Krieges war sie Lazarettschwester gewesen. An jenem sonnigen Tag im Mai, als Hitler-Deutschland kapitulierte, war sie auf der Flucht vor der Roten Armee und rollte in einem Lazarettzug nach Westen. Sie gab den Schwerverwundeten Morphiumspritzen und warf die Leichen aus den Viehwaggons. Als der Zug schließlich über die Demarkationslinie rollte, hatten alle Ärzte bis auf einen und alle Schwestern außer Gerdi die Verwundeten im Stich gelassen. Meine Schwester übergab sie der Obhut der amerikanischen Armee, schlüpfte aus ihrer Rotkreuz-Tracht und setzte sich nach Cuxhaven ab. Dort trafen wir uns. Ich hatte – um sowjetischer Kriegsgefangenschaft zu entkommen – unter heftigem Beschuß die Elbe bei Lauenburg durchschwommen, damals die Grenze zwischen Freiheit und Sklaverei.

Während ich in Cuxhaven Latein und Mathematik paukte, um mein Abitur zu machen, zog ich mit meiner Schwester einen lebhaften Schwarzhandel mit amerikanischen Zigaretten auf. Ein baumlanger schwarzer Hauptmann brachte die Ware aus dem nahegelegenen Bremerhaven. Er parkte seinen Lkw um die Ecke, kam mit einem furchteinflößenden deutschen Schäferhund in unsere Wohnung, legte einen mattglänzenden Colt auf den Teetisch und zählte das Geld nach – Berge von fast wertlosen Reichsmarkscheinen. Anschließend lieferte der Captain die Zigaretten direkt bei unserem Abnehmer ab. Es war leicht verdientes Geld. Mitten im deutschen Nachkriegselend genossen meine Schwester und ich einen kurzlebigen und perversen Wohlstand.

Es war eine verrückte Zeit. Millionen von deutschen Soldaten waren noch in Kriegsgefangenschaft. Unser Vater war irgendwo bei Prag verschwunden. Es gelang uns, unsere Mutter durch den Eisernen Vorhang zu schleusen. Die Bürokratien der Siegermächte versuchten, irgendwie eine Verwaltung auf die Beine zu stellen, während sogenannte »Entnazifizierungskammern« Hunderttausende von Nazi-Mitläufern aus öffentlichen Ämtern entfernten. Chaos überall! Aber das schlimmste waren die Enthüllungen der Naziverbrechen an den Juden. Meine Schwester Gerdi war so entsetzt, daß sie sich schämte, Deutsche zu sein. Sie wollte mit ihrem Land nichts mehr zu tun haben und beschloß, nach Amerika auszuwandern, sobald sich eine Gelegenheit bot. Die kam, als sich Dick, ein amerikanischer Jagdflieger, in sie verliebte. Gerdi schenkte ihm reinen Wein ein: Sie sei nicht verliebt in ihn, aber sie würde ihn heiraten, um mit ihm nach Amerika zu gehen. Dick stimmte begeistert zu. Die Liebe, so hoffte er, werde sich ganz von selbst einstellen, wenn er erst mal mit Gerdi verheiratet sei.

Die beiden reichten ihre Papiere ein. Aber kurz darauf wurde Dicks Schwadron demobilisiert, und er hätte nun mit dem nächsten Truppentransporter nach Amerika zurückkehren müssen. Dick ließ das Schiff sausen. Die Einreisepapiere für Gerdi waren noch nicht da, und ohne meine Schwester wollte er Deutschland nicht verlassen. Er zog seine Uniform aus und beschloß, mit uns in Cuxhaven zu leben. Es war ein kritischer Moment: Die Polizei war hinter uns her, und wir hatten unser Schwarzmarktgeschäft von einem Tag auf den anderen liquidieren müssen. Unser Geld zerrann so schnell, wie wir es gemacht hatten, und als Dick (ohne PX-Rationen und ohne deutsche Lebensmittelkarten) an unsere Tür klopfte, hatte uns der Hunger schon wieder eingeholt. Gottseidank war Dick in einem Armee-Jeep gekommen, den wir sogleich bei einem Bauern gegen drei Zentner Kartoffeln eintauschten. Jeden Tag stellten wir uns vor der Bäckerei nach Brot an – ich stand von zwei bis vier Uhr morgens, dann kam Dick, der um sechs von Gerdi abgelöst wurde. Die blieb, bis der Bäcker um acht den Laden aufmachte.

Endlich trafen die Einreisepapiere ein, und es hieß Abschied nehmen.

Mit Tränen in den Augen versprach ich meiner Schwester, daß ich alle Hebel in Bewegung setzen würde, um ihr sobald wie möglich nach Amerika zu folgen. Ich war überzeugt, daß auch meine Zukunft in Amerika lag. Ich wollte dort drüben Medizin studieren. Ich wollte nie mehr nach Deutschland zurückkehren, sondern amerikanischer Staatsbürger werden. Ein Jahr später kam das amerikanische Stipendium ... Es traf mich wie ein Hammer, als die Amerikaner die Einladung zum Studium zurückzogen. Wenn mir damals einer gesagt hätte, daß es sich tatsächlich um ein »blessing in disguise« handelte, wäre ich ihm wahrscheinlich an die Gurgel gesprungen. Glück im Unglück? Ich fühlte mich als das unschuldige Opfer eines blinden Schicksalsschlages! Aber was wäre geschehen, wenn ich damals nach Amerika ausgewandert wäre? Wahrscheinlich wäre ich Mitglied der reaktionären Ärztezunft geworden, ein konservativer Republikaner, ein konventioneller Besucher des Sonntagsgottesdienstes, ein treuer Abonnent der »New York Times« und des »New Yorker«, ein »Mainstream«-Amerikaner, eine Gestalt aus dem Figurenkabinett eines John Updike oder einer Joyce Carol Oates – verheiratet, Kinder auf dem College, Villa im Grünen, zwei Autos in der Garage. Cocktailparties, Golf ... Hätte mich all dies auf den Weg des spirituellen Suchers gebracht? Hätte es in mir den brennenden Wunsch entfacht, die Wahrheit zu finden? Höchst unwahrscheinlich! Heute – fast vierzig Jahre später – kommt es mir so vor, als hätte Werner Friedmann im Auftrag meines Schutzengels gehandelt, als er hinter meinem Rücken intervenierte.

Anstatt nach Amerika, verschlug mich das Schicksal zunächst in die entgegengesetzte Richtung: Einem unwiderstehlichen Sog nachgebend, brach ich 1952 auf dem Landwege nach Indien auf – Istanbul, Damaskus, Jerusalem, Bhagdad, Teheran, Herat, Kabul, Peschawar, Lahore, Delhi, Bombay ... Ich fuhr mit Albrecht Cropp, einem Fotografen. Wir berichteten über unsere Abenteuer in der »Süddeutschen Zeitung« und der »Münchner Illustrierten«. Damals war der Landweg nach Indien noch kein ausgelatschter Hippie-Pfad. Die letzte Asphaltstraße sahen wir bei Belgrad – der Rest war Schotter und Staub. Wir waren neun Monate unterwegs; bei Lahore rammte uns ein Bus von vorne, zertrümmerte den Opel Kapitän, den uns das Werk in Rüsselsheim zur Verfügung gestellt hatte, und mein Freund Ali Cropp mußte mit gebrochenem Bein ins Krankenhaus.

Um den Gedanken »Was wäre geschehen, wenn...?« noch ein wenig weiter zu spinnen: Damals war ich gar nicht weit von dem Mann entfernt, der mich fast vierzig Jahre später nach Amerika bringen sollte. Was wäre geschehen, wenn ich Rajneesh Chandra Mohan (später weltweit als »Bhagwan« bekannt) damals begegnet wäre? Wahrscheinlich wäre gar nichts geschehen. Ich wäre einem zwanzigjährigen indischen Philosophiestudenten begegnet, einem agilen, intelligenten Feuerkopf, der mich wahrscheinlich wegen seiner eifernden Gesprächigkeit und Besserwisserei genervt hätte. Möglicherweise hätte ich seine Ansichten interessant gefunden, und mein Reporterinstinkt hätte mir gesagt, daß man sich den Namen Rajneesh merken sollte. Aber der spätere Bhagwan war damals noch ein Jahr von der Erleuchtung entfernt, und wenn ich Leuten glauben darf, die ihn damals gekannt haben, dann gab es in seinem Wesen und in seinen Handlungen nichts Außerordentliches. Er war ein belesener, selbstbewußter Student, der sich gerne über andere Leute lustig machte – besonders über aufgeblasene Professoren und Würdenträger. Auf keinen Fall war er einer, den man sich als Heiligen vorstellen konnte.

Der Drang nach Osten ließ nach meiner Indienreise nicht nach. Vier Jahre später zog ich nach Kairo um und wurde Nahostkorrespondent der »Süddeutschen Zeitung«. Als ich zum ersten Mal die Pyramiden von Gizeh sah, hatte ich ein überwältigendes Déjà-vu-Erlebnis. Ganz Ägypten kam mir unglaublich vertraut vor. Ich fühlte mich sogleich wie zu Hause und nicht mir, sondern nur meinen Freunden erschien es ungewöhnlich, daß ich Isis, die schöne ägyptische Koptin, heiratete. (Friedmann telegrafierte zur Hochzeit: »Bestürzte Glückwünsche!«) Mein Interesse galt vor allem den politischen Intrigen Arabiens, dabei waren doch die Mysterien des alten Ägypten eigentlich viel aufregender. Gott allein weiß, an wievielen Mystikern ich damals vorbeigelaufen bin, ohne sie zu erkennen – an Derwischen, an Bewahrern esoterischen pharaonischen Wissens, an Essenern, an koptischen Heiligen...

Die Zeit war noch nicht reif für solche Begegnungen. Wir müssen unsere materiellen Möglichkeiten auskosten, die Nichtigkeit des Erfolgs erfahren, viele Illusionen begraben und die Frage nach dem Sinn des Lebens stellen, bevor wir für die Schwingungen der Mystik empfänglich werden und die vertikale Dimension unseres Lebens entdecken können. Ende der siebziger Jahre war es endlich soweit. Ich fuhr nach Indien, um für

den »Stern« über den Mann zu berichten, den ich 1952 verpaßt hatte. Rajneesh (Raschniesch ausgesprochen) hatte sich inzwischen als der umstrittenste spirituelle Meister seiner Zeit etabliert und eine schnell wachsende Schar westlicher Schüler um sich versammelt. Als ich im Juni 1977 im Aschram in Poona ankam, saß er auf der Terrasse seines Hauses, schmunzelte freundlich und empfing mich mit den Worten: »I have been waiting and waiting for you!« Heute weiß ich, daß ich auch auf *ihn* gewartet habe. Die Begegnung war im wahren Sinne des Wortes »schicksalhaft«. Ich tat, was ich mir kurz vorher nicht in den abenteuerlichsten Träumen hätte vorstellen können: Ich stieg aus meiner bürgerlichen Existenz aus und ging bei diesem indischen Meister in die Lehre, denn er besaß etwas, das ich nicht hatte – eine Qualität, die ich damals nicht beschreiben konnte und die ich heute in der einfachsten Form als »Zugang zu einer jenseits des Irdischen angesiedelten Quelle der Weisheit« definieren würde.
Ich schlüpfte aus meinem alten Leben wie die Schlange aus ihrer Haut. Keine Zweifel, kein Bedauern. Denn obwohl meine Karriere einen schönen Bogen geschlagen hatte, war ich doch immer ein Außenseiter geblieben. Ich war ein Nicht-Mitmacher, ich gehörte nicht so richtig dazu. Tief drinnen ahnte ich, daß eine außerordentliche Wende in meinem Leben bevorstand, für die ich mich bereit halten mußte. Wahrscheinlich war ich deshalb nicht an einer Managerkarriere interessiert. Ich wollte keine Verpflichtungen eingehen, keine Wurzeln schlagen, keine Verantwortung für andere übernehmen. Ich fühlte mich nicht wohl in den Konferenzen, ich haßte die Machtkämpfe in den Konzern-Bürokratien, die Intrigen, die Eitelkeiten. Als ein Reporter, der ständig in der Welt herumreiste, hatte ich damit fast nichts zu tun.
Mein Leben war abwechslungsreich, aber richtig interessant wurde es erst, nachdem ich Rajneesh begegnet war. Ich lernte loszulassen – Sicherheiten, Ideale, Manierismen, Masken, vor allem falsche Selbsteinschätzungen. Es tat weh – aber dann diese ungeahnten Weiten, diese Höhen, diese Tiefen der Existenz! Sie erschließen sich nur dem, der den Mut hat, sein geliebtes Ego fallen zu lassen. Die Hilfe eines Meisters ist nützlich; für mich war sie unentbehrlich.
Dreieinhalb Jahre lang lebte ich mit Rajneesh in Poona. Über meine Erlebnisse schrieb ich ein Buch, dessen Titel bald zum geflügelten Wort werden sollte: »Ganz entspannt im Hier und Jetzt«. Aber so entspannt

war ich damals gar nicht, denn die Reise mit Rajneesh entpuppte sich als eine haarsträubende Achterbahnfahrt. Mein Entschluß, mich so lange wie möglich in der Nähe dieses indischen Weisen aufzuhalten, blieb jedoch unerschütterlich. Mit dem letzten Drittel meines Lebens wollte ich experimentieren. Ich war fünfzig, und es war höchste Zeit, mal etwas ganz Verrücktes zu riskieren!

Als ich schließlich mit Rajneesh nach Amerika ging, war ich nicht – wie damals nach Kriegsende – ein hoffnungsvoller junger Mann auf der Suche nach Erfolg und Glück. Ich kam nicht, um mich anzupassen, aufzusteigen und Geld zu machen. Ich hatte auch meine Identität als kosmopolitischer »Stern«-Reporter abgelegt. Ich nannte mich jetzt Swami Satyananda. Ich folgte Shree Rajneesh, dem skandalumwitterten indischen Mystiker, um mich in seine Kommune in der Wüste Oregons einzubringen und an einem aufregenden, verwirrenden und manchmal sogar haarsträubend gefährlichen Abenteuer teilzunehmen, an einem Experiment, das in Wahrheit nur den einen Zweck hatte: uns aufzuwekken, uns von dem bequemen Ruhebett unserer Apathie hochzujagen, uns zu schockieren und die eng gezogenen Grenzen unseres Bewußtseins zu verletzen. Jeder, der an diesem Experiment teilgenommen hat, ist in irgendeiner Weise – nicht immer auf angenehme Weise! – bereichert worden. Eines Tages werden die Historiker dieses Experiment in einem größeren Zusammenhang studieren und entscheiden, ob es wichtig und erfolgreich war.

Schon in Poona hatte ich vorausgesehen, daß Rajneesh früher oder später nach Amerika gehen würde, wie alle anderen großen Mystiker dieses Jahrhunderts. Sie waren von der gleichen Idee besessen: Sie wollten das spirituelle Know-how des Ostens mit dem Power-Potential der Neuen Welt verbinden. Bevor ich nach Poona ging, hatte ich den indianischen Medizinmann Rolling Thunder in Carlos/Nevada besucht. Er führte dort eine Art Aschram für junge Indianer und Weiße. Am abendlichen Lagerfeuer wurden Trommeln geschlagen und spirituelle Lieder gesungen, die ich nicht auf Tonband aufnehmen durfte, weil sie heilig waren. In den Pausen zwischen den Gesängen trat Rolling Thunder an das Feuer vor, sprach über die Geschichte der Indianer in Amerika, über ihre gegenwärtige Situation und ihre Zukunft. Keine Bitterkeit, kein Haß, keine Anklagen gegen die Weißen, aber eine Mahnung, die mir im Gedächtnis geblieben ist. »Auf dem nordamerikanischen Kontinent«, sagte der Schamane, »befindet sich die größte Energiekonzentration auf diesem Planeten. Deshalb hat alles, was in diesem Lande geschieht, starke Auswirkungen auf den Rest der Welt. Wenn es gelänge, das Bewußtsein Amerikas um nur fünf Grad vom Negativen ins Positive zu bewegen, könnte der Planet gerettet werden.«

Wenn ich als junger Student nach Amerika gekommen wäre, hätte ich dieses Land auf dem Höhepunkt seiner Kraftentfaltung erlebt. Die technisch-wissenschaftliche Zivilisation erreichte hier ihre höchste Blüte. Der Materialismus erfuhr hier (nicht etwa in der Sowjetunion!) seine stärkste Ausprägung, beherrschte die Gehirne der Massen und bestimmte ihren verschwenderischen Lebensstil. Die modischen Trends der amerikanischen Kulturszene breiteten sich mit der Geschwindigkeit von elektrischen Strömen über den ganzen Planeten aus, und die amerikanische Demokratie wurde als die politische Verkörperung menschlicher Freiheit gepriesen. Und Amerika hatte das Atombombenmonopol...

Heute wissen wir, daß die Segnungen des Fortschritts, die Macht und die Blüte trügerisch waren. Amerika existiert – politisch, wirtschaftlich und psychologisch – auf Messers Schneide. Wenn es nicht zu einer Revolution des Bewußtseins kommt, wenn sich der Geist in diesem Lande nicht über den Materialismus erhebt, wenn der krasse Egoismus des einzelnen nicht aufgeht in einem neuen Gemeinsinn, wenn die Liebe nicht über die Angst und die Gier siegt, wenn Amerika nicht eine neue Vision entwickelt und seine Verantwortung für den Planeten erkennt, dann wird es untergehen und alle mit sich ziehen, die den »American Way of Life« zu ihrem Lebensinhalt gemacht haben.

Es ist aufregend, gerade jetzt hier zu sein. Amerika ist ein miserabel regiertes Land und seine Eliten schlafen. Aber während sich die alte Ordnung im Chaos des Drogenwahns, der Kriminalität, der Umweltzerstörung, der politischen Korruption und der wirtschaftlichen Verantwortungslosigkeit auflöst, regen sich überall auch die Kräfte eines neuen Zeitalters. Wenn überhaupt, dann wird das »New Age« – einst nur eine romantische Hoffnung der Blumenkinder – hier in Amerika Wirklichkeit werden.

Als Rajneesh von den Politikern und Bürokraten außer Landes gejagt wurde, blieb ich hier und begann ein neues Experiment: Kann man im sogenannten Land der unbegrenzten Möglichkeiten noch bei Null anfangen – ohne Ersparnisse, ohne Job, ohne ein Dach über dem Kopf? Ja, man kann. Ich habe nicht nur überlebt, ich habe mein neues amerikanisches Abenteuer genossen – als Fensterputzer, als Busfahrer für Körperbehinderte, als Putzmann und als Gesellschafter einer millionenschweren Alkoholikerin. Die Geschichte meines Experiments wird in diesem Buch erzählt.

Ich war enttäuscht – um es milde auszudrücken –, als Rajneesh aus Amerika ausgewiesen und seine Kommune zerstört wurde. Aber sein Abgang bescherte mir die kostbare Erfahrung, wie man in einem totalen Nichts überleben kann. Zum ersten Mal erlebte ich bewußt, daß die Existenz tatsächlich immer freundlich ist – wir müssen nur unsere Ängste überwinden und vertrauen. Ich bin Rajneesh dankbar dafür, daß er mich zur rechten Zeit nach Amerika gelockt hat. Und ich bin meinen amerikanischen Mitbürgern dankbar, den einfachen Leuten, die ihr Geld hart verdienen. Sie träumen, aber sie sind aufgeschlossen, unvoreingenommen, hilfsbereit, und ich fühle mich wohl unter ihnen. Amerika hat Rajneesh nicht verstanden. Aber eines Tages – ich wage die Prophezeiung – wird es ihn wieder einladen. Die Zeit dafür wird reif sein, wenn die amerikanischen Massen aus ihrer Fernseh-Hypnose erwachen und endlich begreifen, daß die Mächtigen, die Pragmatiker, die Krisenmanager, die großmäuligen Bewältiger von Sachproblemen mit ihrer Weisheit am Ende sind.

Kurz vor dem Ende dieses Jahrhunderts ist Amerika das gefährlichste Land der Welt – aber es ist auch das hoffnungsvollste. Aber nur wenn es den Mystikern gelingen sollte, in diesem gewaltigen Kraftzentrum ein Gleichgewicht zwischen Geist und Materie herzustellen, wird Amerika seinen Führungsanspruch in der Welt zu Recht besitzen. Einer der wichtigsten Mystiker unter denen, die hier ihre Saat ausgestreut haben, war der russisch-armenische Sufi-Meister George Gurdjieff. Er war so fasziniert von diesem Land, daß er mit den Worten starb: *»Bravo Amerika!«*

Ich teile seine Zuversicht: »Bravo Amerika«!

Santa Barbara/Kalifornien, im Herbst 1989 — Jörg Andrees Elten

■ *Erstes Kapitel* ■

Die Rajneesh-Kommune in Oregon war eine Mysterienschule. Es dauerte fast drei Jahre, bis ich dessen gewahr wurde, und als ich es endlich begriff, hatten die Politiker und die Bürokraten längst beschlossen, dem Ärgernis ein Ende zu bereiten. Immer wieder hatte ich mich über die vielen Merkwürdigkeiten in dieser Kommune und über das Verhalten ihres Meisters gewundert. Ich hatte geglaubt, in Rajneeshpuram am Aufbau einer Modellstadt des Neuen Zeitalters teilzunehmen. Was sich da jedoch im Laufe der Jahre entwickelte, erschien mir manchmal eher wie eine Bananenrepublik.

Ich hatte Rajneesh gelegentlich über Mysterienschulen sprechen hören, und ich wußte auch, daß er irgendwann eine Mysterienschule gründen wollte. Aber die Rajneesh-Ranch in der Wüstenei Ost-Oregons konnte das meiner Meinung nach nicht sein; die sah mir eher wie eine Kolchose aus. Unter einer Mysterienschule stellte ich mir etwas esoterisch Abgehobenes vor, einen klösterlich-stillen Ort, an dem man etwas über den geheimnisvollen Geist des Universums erfahren konnte. Es war eine völlig falsche Vorstellung. Eine Mysterienschule ist nämlich nichts weiter als eine Schule, in der wir etwas über den Menschen erfahren können, über den Menschen, das unbekannte Wesen – über uns selbst.

In den vergangenen dreihundert Jahren hat der Mensch extrovertiert gelebt und seine Welt entdeckt. In den nächsten dreihundert Jahren wird er sich selbst entdecken. Denn an den äußersten Fronten der modernen Wissenschaft verschmelzen Subjekt und Objekt: Der Beobachter und das zu Beobachtende sind eins, der Mensch wird auf sich selbst zurückgeworfen. Das Zeitalter der Expansion ist vorbei – das Zeitalter der Meditation beginnt. Mysterienschulen sind aktuell.

Als ich endlich begriff, daß ich bis über beide Ohren in die komplexen Lernprozesse einer Mysterienschule verwickelt war, wunderte ich mich über gar nichts mehr, sogar das bizarre Verhalten des Meisters leuchtete mir zum großen Teil ein. Manches verstehe ich heute noch nicht, aber Mystiker lassen sich nun mal nicht gerne in die Karten gucken. Wer etwas über Zen-Meister gelesen hat, weiß das. Mystiker sind mysteriös.

Eines Tages wachte ich auf, und es wimmelte auf der Ranch von Kripobullen und Staatsanwälten. Das war der Anfang vom Ende der Mysterienschule. Während ich wie alle anderen Kommunemitglieder meiner Arbeit nachging, so als sei nichts geschehen, erwartete ich jeden Tag das Halali der Jäger, die uns zur Strecke brachten.

Es war eine naßkalte Novembernacht, als ich von der Busfahrerspätschicht nach Hause ging. Mein Zuhause war eines jener einstöckigen Townhäuser in der sogenannten Lao-Tse-Siedlung, in der die meisten Kommunemitglieder lebten. Auf dem frisch asphaltierten Weg lag nasser Schnee. Das Neonlicht der spärlichen Straßenbeleuchtung drang durch einen milchigen Dunst. Es war ganz still. Nur hinter wenigen Fenstern brannte noch Licht. Die meisten Sanyasins schliefen schon. Vom Bascho-Teich hörte ich das leise Rauschen des Wasserfalls.

Als ich mein Townhaus erreicht hatte, trat eine Gestalt aus dem Türschatten und kam auf mich zu: Swami Anand. Er ergriff meinen Arm, zog mich ein paar Schritte in die Dunkelheit und flüsterte heiser: »Sie haben Bhagwan ausgewiesen!«

Ich hatte es seit langem erwartet, dennoch traf mich die Nachricht wie ein Schlag in den Magen. Ich wußte: Das war das Ende.

»Ist er schon weg?« fragte ich Anand.

»Er fliegt morgen nachmittag. Alles streng geheim. Sprich mit niemandem, okay?«

Geheimniskrämerei bis zum Schluß. Sie gehörte zum Modus operandi des indischen Weisen, mit dem ich nun schon seit fast zehn Jahren zusammen war. Wie üblich spielten sich die wichtigen Ereignisse im Verborgenen ab, und niemand durfte etwas wissen. Anand gehörte zu den wenigen Eingeweihten. Er arbeitete in der Rechtsabteilung der Rajneesh-Kommune – ein guter Freund, eine zuverlässige Quelle. Mit gedämpfter Stimme erzählte er, daß Rajneesh am nächsten Tag nach

Portland fliegen werde. Dort werde er vor Gericht erscheinen und einen komplizierten Kompromiß unterzeichnen. Nach dem Gerichtstermin werde Bhagwan direkt zum Flughafen fahren und die Vereinigten Staaten in einem gecharterten Jet verlassen. Wohin er fliegen würde, wußte auch Anand nicht.

Ich umarmte Anand, und er verschwand in der Nacht. Keine Tränen, kein Wutanfall, und der Schock ging schnell vorüber. Was immer geschah, war okay, sollte so sein nach den kosmischen Gesetzen, denen das menschliche Schicksal unterliegt. War das nicht Rajneeshs Lehre? Ich stellte mich innerlich schon auf das »Danach« ein. Zunächst wollte ich mich mit Astha besprechen, Schweigegebot hin oder her. Sie war meine alte Liebe und einzige Vertraute. Wenn immer in Rajneeshpuram etwas Aufregendes geschah, steckten wir die Köpfe zusammen.

Ich überquerte die Straße und ging zu ihrem Haus, aber sie war nicht in ihrem Zimmer. Ich legte einen Zettel auf ihr Bett: »Treffpunkt Magdalena-Kantine 12.30 Uhr. *Sehr wichtig.*« Mein Zimmergenosse schlief und schnarchte wie gewöhnlich, als ich in mein Zimmer kam. Ich stopfte mir Ohropax in die Ohren und sank erschöpft auf meine Matratze, die unter dem Fenster des kleinen Zimmers auf dem Boden lag. Ich hatte zwölf Stunden lang Autobus gefahren, und es war ein langer Tag gewesen. Am nächsten Morgen mußte ich um fünf wieder aufstehen, aber ich konnte nicht einschlafen. Ich wälzte mich auf meiner Matratze und dachte an die Zukunft: Wohin von hier aus? Zurück nach Deutschland oder in Amerika bleiben? Ich brauche Geld ... Muß morgen sofort einen zweiten Koffer besorgen ... Wohin Bhagwan wohl geht? Was soll ich mit meinem Fahrrad machen? Astha wird wahrscheinlich mit Ram gehen ... Ganz entspannt im Hier und Jetzt? Von wegen!

Busfahrer-Frühschicht. Linienfahrten kreuz und quer über die Ranch. Glatte Straßen, denn in der Nacht hatte es geschneit. Der Winter sagte sich in diesem Jahr früh an. Um zwölf parkte ich den Bus im Busbahnhof und fuhr mit dem Rad zur Magdalena-Kantine. Ich setzte mich in den Garten. Die Mittagspause in der Rajneesh-Kommune begann erst um eins. Die Tische waren schwach besetzt. Ich wählte einen Platz mit Blick auf das Tal und wartete auf Astha.

Die Sonne schien aus einem wolkenlosen Himmel. Es war so warm, daß ich den Anorak ausziehen konnte. Aber der Schnee blieb liegen. Die Pfützen in den Schlaglöchern der unbefestigten Straße, die von Downtown-Rajneeshpuram zur Magdalena-Kantine führte, waren zugefroren. Neben der Straße glitzerte ein schmaler Bach, der sich in der Regenzeit in einen reißenden Strom verwandelte. Die kleinen Teiche hinter den niedrigen Stauwehren waren vereist. Die Muddy Ranch, wie sie früher geheißen hatte, wirkte unter ihrer Schneedecke hell und freundlich. In der Regenzeit, wenn sie sich in eine Schlammwüste verwandelte und stahlgraue Wolken auf den kahlen Hügeln hockten, drückte sie aufs Gemüt und konnte Fluchtgedanken wecken.

Astha kam mit dem Rad. Ich sah sie von weitem. Wie immer trat sie mit ihren langen Beinen kräftig in die Pedale. Die blonden Haare und der Schal flatterten wie eine Fahne im Fahrtwind. Dann war sie auch schon da, warf ihre Handschuhe auf den Tisch, riß sich die Mütze vom runden Tibetanerkopf, stellte einen Fuß auf die Bank, schaute mich mit ihren gescheiten, blauen Katzenaugen an und sagte, noch etwas atemlos:

»What next, Bruderherz?«

Sie wußte also Bescheid. Ich hätte es mir denken können. Ihr Freund Ram war in Poona einer von Rajneeshs Leibwächtern gewesen, hatte viele Stunden seines Lebens vor Bhagwans Zimmertür gesessen, verfügte also über gute Beziehungen zum Haushalt des Meisters. Ich stand auf, umarmte Astha, hakte mich bei ihr unter und zog sie mit mir zur Kantine: »Als nächstes werden wir uns was zu essen holen.«

Wir brauchten nicht viele Worte, um uns zu verstehen. Oft verständigten wir uns mit Blicken und durch Gesten; wir konnten eine Stunde spazierengehen und schweigen – und uns dennoch alles mitteilen, was uns auf dem Herzen lag. Unsere Beziehung, die vor zwölf Jahren auf einer griechischen Insel begonnen hatte, war durch viele Höhen und Tiefen gegangen, bis sie sich endlich in einer Freundschaft stabilisiert hatte, die tiefer ging als das Hinundhergezerre, das wir lange für Liebe gehalten hatten. Keine Erwartungen, Hoffnungen und Wünsche mehr. Wir gingen unsere eigenen Wege, aber das Universum wollte offenbar, daß wir den Weg mit Rajneesh gemeinsam gingen. Vor acht Jahren waren wir Rajneesh in Poona begegnet und hatten beschlossen, uns diesem Mystiker anzuvertrauen. Wir hatten in seinem Aschram in Indien gelebt, bis der Meister eines Tages verschwand, um in Amerika wieder aufzutauchen. Also folgten wir ihm nach Oregon, wo die neue Kommune entstand – Rajneeshpuram.

Unser Leben mit Rajneesh war ein Abenteuer ohne Pause gewesen, eine

Existenz im Ausnahmezustand, ein Seiltanz über dem Vulkan, ein Marsch durch die Fettnäpfe, ein Wechselbad zwischen Ekstase und Verzweiflung, eine Reise, die uns immer wieder an die Grenze unserer körperlichen und psychischen Belastbarkeit führte, an jenen Punkt, wo der Verstand nicht mehr weiter weiß und Erschöpfung in Entspannung übergeht, wo übermächtiger Außendruck den Weg nach innen erzwingt.

War die Reise mit Rajneesh zu Ende?

Es fiel uns schwer, uns auf ein Leben ohne Bhagwan gefaßt zu machen. Wir waren hier in Rajneeshpuram, weil er hier war, nicht weil wir gerne in einer Kommune lebten. Wir hatten die Härten des Kommunelebens in Kauf genommen, weil wir uns in der Nähe dieses Mannes aufhalten wollten, solange er in seinem Körper war. Wir waren enttäuscht darüber gewesen, daß Rajneesh sich in den letzten Jahren so zurückgenommen hatte, daß man ihm praktisch nur noch begegnen konnte, wenn er mittags mit seinem Rolls Royce durch die Ranch fuhr, eine hochstilisierte Show, die ihn manchmal wie eine Wachsfigur aus Madame Tussauds Kabinett hatte erscheinen lassen. Wenn er nun verschwinden sollte, entfiel für uns das Motiv, in der Kommune zu leben.

War das Rajneesh-Experiment gescheitert? Würde es irgendwo weitergehen, oder hatte Bhagwan aufgegeben? Hatte dieser unglaubliche Mystiker, der seit Jahren mit seinen exzentrischen Schrullen und Skandalen Schlagzeilen machte, keine Lust mehr?

Wie gewöhnlich hatte es keinen Zweck, sich den Kopf über diesen Mann zu zerbrechen, der das Geheimnisvolle zu seinem Metier erhoben hat. Er ist vollkommen unberechenbar, und kein Mensch ahnt, was er im nächsten Augenblick unternehmen wird. Er liebt das Absurde, den Widerspruch, die Überraschung. Astha hielt es sogar für möglich, daß er das Gerücht über seine bevorstehende Abreise aus Amerika selbst in Umlauf gebracht hatte, oder daß er mal wieder klammheimlich verschwinden würde, wie vor drei Wochen.

Wir erinnerten uns an jenen trüben Oktobernachmittag: Zwei schnelle Lear-Jets hoben von der Startbahn des Kommuneflugplatzes ab und erfüllten das enge Tal mit ohrenbetäubendem Lärm. Niemand ahnte, daß Rajneesh in dem ersten Jet saß. Die Kommune erfuhr erst am nächsten Morgen, daß der Meister nicht mehr da war. In den Frühnachrichten hatte der Rundfunk gemeldet, Rajneesh sei in Charlotte, North

Carolina, verhaftet worden. Noch heute ist unklar, wohin er eigentlich wollte.

Normalerweise verließ Rajneesh sein Haus nur zu den sogenannten Drive-bys, die jeden Tag pünktlich um zwei Uhr nachmittags begannen. Schon eine halbe Stunde vorher stieg der Hubschrauber auf und sicherte mit viel Krach den Luftraum. Dann gab es hektischen Funkverkehr auf der Ranch, und die Männer und Frauen der sogenannten »Friedenstruppe« und des Begleitkommandos gingen in Stellung. Der Chauffeur brachte das Auto – einen von mehr als achtzig Rolls Royces, jeden Tag einen anderen. Manche waren total mit knallbunten Motiven bemalt, so als gehörten sie einem Karnevalsprinzen.

In allen umliegenden Häusern und hinter jedem Baum suchten unauffällig gekleidete Sicherheitsleute nach Attentätern, während die Bhagwan-Schüler mit Musikinstrumenten am Straßenrand Aufstellung nahmen. Diese Drive-bys waren seltsame Energieorgien. Alle gebärdeten sich wie die Wilden, wenn der Rolls Royce ins Blickfeld kam, schlugen die Trommel, klapperten mit der Castagnette und sangen aus vollem Hals, egal, ob sie den Text drauf hatten oder nicht. Wenn man sich einfach kopflos in das Voodoo-Abenteuer stürzte, dann ging man daraus mit einem Gefühl des Überschwangs hervor, selig entspannt und bis in die Fingerspitzen aufgeladen mit Energie.

Die Journalisten waren verunsichert. Ich sehe sie heute noch vor mir, wie sie mit finsterer Miene zwischen den Sanyasins standen. Bhagwan saß in einem Märchenkleid aus Tausendundeiner Nacht hinter getönten Scheiben, eine hohe, kunstvoll geformte Mütze auf dem Kopf, die zarte Hand mit dem brillantbesetzten Rolex-Klotz am Steuer des Rolls Royce, der für diese Rituale in der Wüste nicht konstruiert war – an heißen Sommertagen fing das Kühlwasser an zu kochen, und manchmal mußte Bhagwan in einen anderen Rolls umsteigen, der rasch über Funk herbeigerufen worden war.

Personenkult? Ich habe es nie so empfunden, aber das Remmidemmi ging auch mir manchmal auf die Nerven, und ich hielt lieber einen Mittagsschlaf. Ich sah in den Drive-bys den Versuch, die Reporter zu reizen, Verwirrung zu stiften. Selbst die seriöse Presse nannte Bhagwan den größten Showman aller Zeiten; niemand machte mehr Wind um seine Person als er – sieht man mal vom Papst in Rom ab, der freilich über einen ganz anderen Apparat verfügt.

Ich entsinne mich noch, wie ich ein Jahr nach dem Ende von Rajneeshpuram im kalifornischen Santa Barbara am Fernsehschirm klebte, um Kaliforniens größtes Show-Ereignis seit den Olympischen Spielen 1984 zu sehen: Der Papst hielt das Hochamt im Baseballstadion der »Dodgers« in Los Angeles. Das gleiche Hollywood-Team, das die Eröffnungszeremonie der Olympiade inszeniert hatte, zog nun alle Register der großen Showmaschine im Dienste des Vatikans. Schon der Auftakt war überwältigend: Der Heilige Vater kam in einem von Flakscheinwerfern angestrahlten Hubschrauber aus dem sternklaren Nachthimmel in die kochende Muschel des Stadions herab. 40 000 Gläubige befanden sich im Delirium, tobten und schrien, und schon nach Minuten drängte sich der Verdacht auf, daß der liebe Gott persönlich auf der Erde erschienen sei.

Nicht auszudenken, was Rajneesh für einen Staub aufwirbeln würde, wenn er über die offenbar unermeßlichen Finanzquellen der katholischen Kirche verfügen könnte! Jedenfalls besorgte ich die Videoaufzeichnung dieser frommen Hollywood-Veranstaltung bei der Erzdiözese in Los Angeles und ließ sie Rajneesh zukommen.

In Zukunft würde es also keine Drive-bys mehr geben. Oben im Lao-Tse-Haus packten sie wahrscheinlich schon seit Tagen die Koffer. Oder war der Meister womöglich schon weg? Wie immer hielten Astha und ich alles für möglich. Wir waren darauf gefaßt, Rajneesh nicht wiederzusehen. Aber plötzlich tönte eine Lautsprecherdurchsage über die rohen Brettertische des Kantinengartens: »Bhagwan wird heute nachmittag um zwei nach Portland fliegen, um einen Gerichtstermin wahrzunehmen. Die Kommune wird sich zwischen Lao-Tse-Haus und Flugplatz versammeln und ihm Farewell wünschen. Bringt eure Musikinstrumente mit! Bhagwan wird am späteren Nachmittag aus Portland zurückerwartet.«

Astha und ich schauten uns an. Es gab keinen Zweifel mehr: Anands Information stimmte. Aber natürlich war auch diesmal für Verwirrung gesorgt: Die Kommune ahnte nicht, daß der letzte Satz der Durchsage irreführend war; sie erfuhr nicht, daß der Meister im Begriff war, sich abzusetzen. Der Kantinengarten füllte sich. Die Arbeiter der Gemüsefarm kamen mit Bussen vom Fluß herauf, und als die Durchsage wiederholt wurde, gab es keine besondere Reaktion.

Astha und ich fragten uns, wo er wohl hingehen würde. Es war ja keineswegs so, daß diesem Mystiker die Welt offenstand. Die Medien hatten ihm einen so verheerenden Ruf angehängt, daß ihm die meisten Länder wahrscheinlich die Einreise verweigern würden. Er konnte natürlich nach Indien zurückkehren, aber wir glaubten nicht, daß es ihn dorthin ziehen würde.

Wir hatten ohne Appetit gegessen, schoben den Rest unseres Blumenkohlauflaufs in die Komposttonne und verließen den Kantinengarten. Wir wollten zum Flugplatz, hatten aber noch eine Stunde Zeit, also radelten wir langsam den Bach hinauf, Richtung Lao-Tse-Siedlung. In meinem Townhouse lud ich Astha zu einer Tasse Kaffee ein. Wir tranken ihn auf der Veranda. Es gab keine Stühle, also setzten wir uns auf den Holzboden und wärmten unsere Hände an den heißen Tassen. Unter uns lag der »Bascho« Teich, über den eine kleine Brücke führte. Schwarze Schwäne standen am Ufer, reckten ihre aristokratischen Hälse und schienen befremdet darüber, daß der Teich bis auf ein schmales Band in der Mitte zugefroren war. In der rauhen Landschaft der Muddy Ranch wirkten die kostbaren Vögel fremdartig und verletzbar. Sie mußten mit einem hohen Maschendrahtzaun vor den Kojoten geschützt werden, die hier nachts auf die Jagd gingen.

Schon fing ich an, mich auf der Ranch wie ein Besucher zu fühlen. Wer wohl in die Siedlung am Bascho-Teich einziehen würde, wenn es uns hier nicht mehr gab? Wir hatten diese Siedlung vor zwei Jahren innerhalb weniger Monate buchstäblich aus dem Schlamm gestampft. Die einstöckigen Häuser, die in gedeckten Farbschattierungen der Umgebung angepaßt sind, ziehen sich vom Seeufer den Hang hinauf. Jedes Haus hat neun kleine Zimmer, die jeweils von zwei Leuten bewohnt wurden (nach der Devise: Enge schafft Reibung und Reibung schafft Energie). Vier Badezimmer, eine Kaffeeküche, ein Wohnzimmer mit Zugang zu einer Veranda. Neue Asphaltstraßen, frisch gepflanzte Bäume, im Sommer blühten Blumen auf liebevoll angelegten Beeten.

Während ich mit Astha auf der Veranda saß und Kaffee trank, nahmen wir Abschied von Illusionen. In einer Stunde würde Bhagwan nicht mehr da sein, und wir wußten, daß die Kommune nicht existieren konnte, wenn Rajneesh das Land verließ. Ich war traurig, aber auch erleichtert, denn seit Wochen hatten wir in einem nervenaufreibenden Ausnahmezustand gelebt. Ich hatte ständig das Gefühl gehabt, mit einem Bein im Gefängnis und mit dem anderen im Irrenhaus zu stehen.

Unser großes Abenteuer in der Wüste Ost-Oregons war vorbei. Meine Gefühle waren so widersprüchlich wie die Erfahrungen, die ich hier gemacht hatte. Ich war stolz auf das, was wir aufgebaut hatten, und ich war beschämt über das, was am Ende dabei herausgekommen ist. Ich bereute keinen einzigen Tag, keine Minute, die ich hiergewesen war, aber andererseits fragte ich mich, ob es nicht doch besser gewesen wäre, mit einem öffentlichen Protest gegen Rajneeshs Generalbevollmächtigten Anand Sheela die Kommune zu verlassen. Ich wußte, daß mich diese zwiespältigen Gefühle noch lange begleiten würden, und ich wußte auch, daß dies genau Rajneeshs Absicht war. Er verwirrt dich, damit du aufwachst und dein Verhalten genau anschaust.

Protest gegen Sheela? Er wäre scheinheilig gewesen, denn ich habe nie daran gezweifelt, daß Rajneeshs Generalbevollmächtige nicht der Antrieb, sondern nur ein Rad im Getriebe dieser Mysterienschule war, genau wie ich. Die rassige, schlaue und naive, großmäulige und schüchterne, ehrgeizige und ergebene Inderin war ein großes Rad (hat auch gerne ein großes Rad geschlagen), und ich war ein kleines Rad gewesen – und wir beide hatten in Rajneeshpuram Gelegenheit gehabt, viel über uns selbst zu erfahren und etwas dazuzulernen. Sheela konnte Erfahrungen mit ihrer kriminellen Energie machen, und ich lernte, wie man sich als Mr. Nobody wohlfühlen kann. Ein Protest gegen sie wäre scheinheilig gewesen, weil nicht Sheela, sondern eigentlich Rajneesh der Verursacher meines Unbehagens war. Er hatte Sheela eingesetzt, die Frau, die keine spirituellen Interessen hatte, die ihre Launen nicht kontrollieren konnte, die nicht von des Zweifels Blässe angekränkelt war und die ihre Ziele mit diktatorischer Rücksichtslosigkeit verfolgte. Ihre Berufung war ein Programm gewesen. Ich hätte also konsequenterweise gegen Rajneesh protestieren müssen. Aber das erschien mir absurd. Ich wußte, daß eine spirituelle Kommune kein demokratischer Verein ist. Sie kennt keine Kontrolle von Macht. Sie lebt vom Vertrauen – das ist im Aschram eines Weisen nicht anders als in einem katholischen oder buddhistischen Kloster. Mein Vertrauen zu Rajneesh wurde zwar immer wieder auf harte Proben gestellt, aber es blieb unerschüttert. Tief in meinem Wesen gibt es ein Zentrum, das mit ihm verbunden ist, und ich vertraue.

Trotzdem hätte ich die Ranch beinahe verlassen – ohne Protest. Ich wußte nicht, was Sheela und ihre Leute hinter den Kulissen ausheckten, aber ich ahnte, daß sie eine Menge Unheil anrichteten. Ich fühlte mich in der Kommune nicht mehr zu Hause. Astha hielt mich damals zurück. »Wo willst du denn hingehen?« argumentierte sie. »Alle deine Freunde sind hier. Und das Sheela-Regime wird nicht ewig dauern.« Ich hatte tatsächlich alle Brücken hinter mir abgebrochen, meine Ersparnisse in den Aufbau von Rajneeshpuram gesteckt und alles auf eine Karte gesetzt. »Bleib wenigstens noch ein halbes Jahr«, drängte Astha. »Wenn Sheela dann noch an der Macht ist, gehen wir zusammen.« Fast genau ein halbes Jahr später verschwand Sheela mit ihrem Anhang, und ich war froh, daß ich nicht gegangen war, denn nun wurde es erst richtig interessant: Konnte endlich der lustige Teil des Experiments beginnen? Nein, er konnte nicht, denn es war schon zu spät.

Astha hielt mich damals zurück, und ich ließ mich gerne zurückhalten, denn das Leben in der Rajneesh-Kommune machte eben auch viel Spaß. Es war ein Vergnügen, mit so vielen lieben, lustigen und gescheiten Leuten zusammenzusein. Wir hatten eine Vision: Wir wollten eine avantgardistische spirituelle Kommune aufbauen. Wir waren erfolgreich. Tatsächlich besaß Rajneeshpuram in vieler Hinsicht Modellcharakter. Die Kommune verwandelte die Wüste in ein Paradies. Sie lebte in Harmonie mit der Natur. Sie betrieb eine progressive Landwirtschaft ohne Kunstdünger und Pestizide. Sie entwickelte ein Recyclingsystem, das über 80 Prozent der Abfälle, einschließlich der städtischen Abwässer, wiederverwertete. Sie war die einzige Gemeinde der Welt, die wirksame Vorkehrungen gegen die Ausbreitung von AIDS traf. Ihre Mitglieder waren Idealisten, die dem Leben vertrauten und Spaß daran hatten.

Astha und ich waren sicher, daß Rajneesh seine Generalbevollmächtigte eines Tages in die Wüste schicken würde. Jahraus, jahrein dienten wir in Rajneeshpuram brav unsere Zwölfstunden-Schichten ab – Astha zunächst auf dem Bau und ich bei der Müllabfuhr und draußen auf dem Schrottplatz, wo die Rehe und Hirsche oft meine einzigen Gesprächspartner waren. Sheela mochte uns nicht. Wir hatten keine Ahnung, was sie mit ihren Vertrauten besprach. Wir wußten nicht, was sie Bhagwan erzählte und wieviel Spielraum der Meister ihr gab. Niemand vertraute uns an, was geplant war, unser Rat war nicht gefragt.

Uns war es recht so. Schließlich waren wir nicht nach Rajneeshpuram gekommen, um dort genauso zu leben wie in Hamburg. Wir wollten nicht zum »Inneren Zirkel« gehören, keine Macht ausüben und keine Karriere machen. Wir waren hier, weil wir glaubten, daß Rajneesh uns auf dem dornenreichen Pfad der Selbsterkenntnis vorwärtshelfen könnte. Und natürlich wollten wir das Modell einer neuen Lebensform schaffen. *»Seiner* Vision Gestalt geben«, wie die Leute in der Abteilung für Öffentlichkeitsarbeit den Journalisten erzählten. Die Menschheit driftete auf den Abgrund zu; war es nicht höchste Zeit, neue Formen des Zusammenlebens zu entwickeln – harmonisch, liebevoll, gewaltfrei, naturverbunden?

Es hat eine Weile gedauert, bis ich zu ahnen begann, daß Rajneesh ein völlig anderes Konzept hatte. *Wir* wollten unsere Ideale verwirklichen, und *er* wollte Illusionen zerstören. Er wußte, was wir gerne übersahen: daß nur Menschen mit einem hochentwickelten Bewußtsein die Utopie einer idealen Kommune verwirklichen konnten, einer Kommune ohne Machtstruktur, ohne Privilegien, einer Kommune egoloser Menschen, die selbstverantwortlich und unermüdlich nur der Gemeinschaft dienen wollen. Die meisten Sanyasins besaßen dieses Bewußtsein noch gar nicht – sie bemühten sich erst darum. Wenn sie in einer idealen Kommune leben wollten, dann waren sie auf einen erleuchteten Meister angewiesen. Aber Rajneesh wollte keine Gefolgsleute heranziehen. Er will seinen Leuten zur Erleuchtung verhelfen.

Offenbar war ihm dabei fast jedes Mittel recht. »I gave you a taste of fascism« hatte er nach Sheelas Abgang in einem seiner Vorträge ganz beiläufig gesagt, und ich erinnere mich, daß mir für einen Augenblick die Luft weggeblieben war. Die meisten haben die Enthüllung überhört. Spielte ihnen ihr Unterbewußtsein einen Streich? Wollten sie nicht wahrhaben, daß ihr Meister sie ganz bewußt an den Rand des Abgrunds geführt hatte? Mir fiel ein, was ich über andere Meister gelesen hatte, besonders über die Zen-Meister. Ihre Methode besteht nicht darin, eine Lehre zu verbreiten und ihren Schülern zu sagen, was gut und was böse ist. Sie informieren nicht, sie wollen transformieren. Und Transformation kommt allein durch Erfahrung zustande. Ein Meister stellt Situationen her, in denen die Schüler Erfahrungen machen können, Erfahrungen, die ihnen auf dem Weg der Selbsterkenntnis weiterhelfen. Ein Meister greift nicht ein, wenn seine Schüler in die Irre gehen, denn er weiß, daß der Mensch am besten aus seinen Fehlern lernt. Ein Meister – viele Zen-Geschichten berichten davon – kümmert sich nicht um die

Moral, sondern allein um die Erleuchtung seiner Schüler. Um sie aufzuwecken, ist ihm beinahe jedes Mittel recht. Er führt seine Schüler notfalls bis an die Schwelle des Todes, um sein Ziel zu erreichen.

So gab uns Rajneesh einen Geschmack von Faschismus. Seine Methode ist zwar unmoralisch, aber im Lichte der Zen-Tradition betrachtet, erscheint sie höchst effektiv und sinnvoll. Er schuf eine Situation, in der jeder Teilnehmer an dem Experiment Rajneeshpuram sein wahres Gesicht zeigen mußte. Denn unter einem faschistischen Regime – viele Deutsche erinnern sich schmerzlich daran – zeigt sich, wer ein Rückgrat hat und wer feige kuscht, wer die Mächtigen umschmeichelt und wer seine Würde bewahrt und Verfolgung riskiert. Unter dem Faschismus kannst du sehen, aus welchem Holz du geschnitzt bist. Er ist wie ein Spiegel, er reißt dir die Maske vom Gesicht.

Sieht man es so, erscheint die Frage, was Rajneesh nun von den Machenschaften im einzelnen wußte und was er nicht wußte, als irrelevant. Ich glaube nicht, daß er die Absicht hatte, Sheela, seine Generalbevollmächtigte, vor ihren Fehlern zu bewahren, die ja das riskante Experiment erst ermöglichten. Daß es dabei keine Toten gab, grenzt fast an ein Wunder, denn schließlich ging Sheela, von Tablettenmißbrauch und Verfolgungswahn zermürbt, dazu über, ihre irrige Vorstellung von Bhagwans »Vision« mit Terror durchzusetzen.

Eines Tages kamen Greyhound-Busse auf der Ranch an, in denen merkwürdige Gestalten saßen – Obdachlose in abgerissenen Klamotten, Weinflasche im Jackett, Plastiktüten mit ihrer Habe unter dem Arm. Manche konnten keine drei Schritte geradeaus gehen. Andere waren unfähig, einen einzigen verständlichen Satz hervorzubringen, waren gewalttätig oder lebten in einem permanenten Dämmerzustand. Jeden Tag kamen mehr Busse an, und bald gab es auf der Ranch mehr Obdachlose als reguläre Kommunemitglieder.

Ich gehörte zu denen, die sich um diese armen Kerle kümmern mußten – die Verlausten, die Kranken, die Unterernährten, die Elenden. Strandgut des amerikanischen Kapitalismus. Abfall, um den sich keiner scherte. Fast alle waren vorbestraft, alkoholsüchtig, drogenabhängig, geistesgestört oder auf der Flucht vor der Polizei. Mit diesen Leuten brach eine brutale Realität in die Kommune-Idylle ein. Die spuckten in der Kantine auf den Boden und schmierten Graffiti an die Toilettenwände, die warfen brennende Kippen in trockenes Gras, kackten auf die

Straße, schmissen Gläser an die Wand, verschwanden in den Bergen, um Marihuana-Samen auszusäen. Wir hatten mit solchen Menschen draußen in der Welt nie etwas zu tun gehabt, und nun lebten sie plötzlich mitten unter uns. Sheela hatte ganz im geheimen Emissäre ausgesandt, die diese Elenden in den Slum-Vierteln aller amerikanischen Großstädte einsammelten und Richtung Rajneeshpuram auf den Weg brachten. Sie verwandelten die Kommune in ein Tollhaus. Ich erinnere mich noch, wie in der Hassid-Kantine plötzlich zwei Gangs von Obdachlosen aufeinander losgingen. Sie hatten schon auf der Skid Row in Los Angeles Downtown mit dem Krieg angefangen, und jetzt ging es hier weiter. Und ich versuchte, mitten in dem Gewühl Frieden zu stiften. Noch heute wundere ich mich darüber, daß ich da mit heiler Haut herausgekommen bin.

Wenn mir damals einer gesagt hätte, daß Sheela mit diesen Leuten die Wahlen im Landkreis gewinnen wollte, hätte ich ihn für einen Spinner gehalten. Ich glaubte an ein großes soziales und humanitäres Experiment. Das war es ja auch. Wir haben diese Elenden ärztlich versorgt, eingekleidet, aufgepäppelt, sie wie Freunde behandelt. Wir haben mehr als zehn Prozent der Obdachlosen rehabilitiert. Sie wurden Sanyasins, haben mitgearbeitet, brachten eine urwüchsige, spontane Energie in die Kommune ein. Aber auf der anderen Seite war die Obdachlosenaktion Bestandteil einer verbrecherischen Intrige, die das Ziel hatte, den Landkreis The Dalles, zu dem auch Rajneeshpuram gehörte, politisch zu erobern.

Die Sache kam erst viel später heraus. Noch heute fällt es mir schwer, zu glauben, daß ein Mann wie Krishna Deva, Bürgermeister von Rajneeshpuram, als Zivilist verkleidet in verschiedene Restaurants von The Dalles gegangen ist, um dort Salmonellen-Bakterien in das Grünzeug der Salatbars zu schmuggeln. Hunderte von Menschen erkrankten. Und Krishna Deva hat es wirklich getan, dieser etwas glatte, aber doch ganz angenehme, sensible junge Mann aus bestem jüdisch-amerikanischen Haus, Doktor der Psychologie – ein Mann, schön wie ein Hollywoodstar und charmant wie ein Chevrolet-Verkäufer. Wahrscheinlich wundert er sich inzwischen selber darüber, daß er so gehandelt hat.

Ich glaubte Rajneesh kein Wort, als er die Salmonellen-Geschichte in einem seiner Vorträge enthüllte. Aber inzwischen ist sie aktenkundig: Sheela hatte eingesehen, daß die Existenz von Rajneeshpuram mit juristischen Mitteln nicht mehr zu retten war. So beschloß sie, ihr Glück an der politischen Front zu versuchen. Wenn es gelänge, in den Wahlen eigene Kandidaten ans Ruder zu bringen, dann könnte sich die Kommune ihre Baugenehmigungen sozusagen selbst ausstellen, glaubte sie. Die Gegner von Rajneeshpuram hatten freilich im Landkreis eine überwältigende Mehrheit. Was tun? Sheela und Krishna Deva kamen auf die Idee, ein paar tausend Obdachlose zu importieren und zu den Urnen zu schicken. Außerdem wollten sie am Tag vor der Landtagswahl das Trinkwasser von The Dalles mit Salmonellen vergiften und auf diese Weise tausende von Wählern mit Magenbeschwerden ans Bett fesseln. Die Salmonellen wurden in einem Geheimlabor auf der Ranch gezüchtet. Die Vergiftung der Salatbars war nur eine Generalprobe. Der Plan scheiterte schon im Ansatz, denn der Staat Oregon erließ in Eile ein Sondergesetz, das den Obdachlosen von Rajneeshpuram das Wahlrecht verweigerte. Daraufhin beschloß Sheela, die Wahl zu boykottieren.

Die Sache mit den Salmonellen hatte ich auch noch eine Stunde vor Bhagwans Abreise aus Amerika nicht verdaut. »Ich denke am liebsten gar nicht daran«, sagte Astha. Aber ich machte mir Vorwürfe. Ich wußte, daß Rajneesh gerne den schwierigen Charakteren Macht gab, damit die anderen im Umgang mit ihnen etwas über sich selber lernen konnten. Ich hatte mich damit abgefunden, daß in der Kommune viele Neurotiker regierten – Schüchterne, Dumme, Ängstliche, Machtbesessene, Versager... In verantwortlichen Positionen wuchsen viele über sich selbst hinaus und förderten das Wachstum der anderen, indem sie ihnen auf die Nerven gingen. Aber hätte ich ihnen nicht doch etwas aufmerksamer auf die Finger sehen müssen? Ich habe, wie die meisten Kommunemitglieder, die politische Dreckarbeit nur allzugerne Sheela überlassen. Niemand hatte Lust, sich mit Richtern, Staatsanwälten, Provinzpolitikern und Bürokraten herumzuschlagen. Viele Sanyasins hatten aktiv an der Protestbewegung der sechziger und siebziger Jahre teilgenommen. Sie waren total desillusioniert und hatten die Nase voll von der Politik.

Aber der wahre Grund für die Ignoranz der Kommune liegt tiefer: Wer in einer spirituellen Kommune lebt, vertraut dem Meister, baut sein Ego ab, gibt sich hin. Er will nicht mitbestimmen, sondern lernen. Eine gefährliche Situation, denn während der Schüler vertraut, neigt er auch dazu, in kindliche Verhaltensmuster zurückzufallen. Er übergibt die Verantwortung für sich selbst dem Meister, der zum Ersatzvater wird.

Die Bhagwan-Kommune ist dieser Gefahr völlig erlegen, und Rajneesh, der die Rolle des Ersatzvaters nicht spielen wollte, hat seine Schafe unsanft aus dem Schlaf geweckt. Die Sanyasins waren erschreckt darüber, daß Rajneesh überhaupt keine Verantwortung übernahm – weder für das, was Sheela getan hatte, noch für seine Schüler!

Auch in einer spirituellen Kommune – das ist die Lehre aus Rajneeshpuram – darf sich der Schüler nicht der Verantwortung entziehen. Wenn von ihm Unrechtes verlangt wird, oder wenn er den Eindruck gewinnt, daß die Kommuneleitung in die Kriminalität abgleitet, muß er protestieren und die Kommune notfalls verlassen. Das verständliche Bedürfnis, sich in der Nähe des Meisters aufzuhalten, darf nicht den absoluten Vorrang haben. Meines Wissens ist Rajneesh der erste spirituelle Meister, der von seinen Schülern erwartet, daß sie laut und deutlich »NEIN!« sagen, wenn ihre innere Stimme es verlangt. Alle Meister aller Traditionen haben zu allen Zeiten *totales Vertrauen* gefordert – auch Bhagwan. Aber in Rajneeshpuram hat Rajneesh demonstriert, daß *totales Vertrauen kein blindes Vertrauen* sein darf.

Kaum hatte Bhagwan angefangen, Sheelas Missetaten in seinen morgendlichen Vorträgen zu enthüllen, begann die Invasion der Sheriffs, der Staatsanwälte, der Kriminalbeamten des FBI und der Agenten des CIA. Sie fielen in Kleinflugzeugen und Dienstwagen auf der Ranch ein. Sie brachten sogar Wohnwagen mit, um sich häuslich einzurichten, ohne auf die Gastfreundschaft der Kommune angewiesen zu sein. Die Sanyasins und ihr exotischer Guru kamen ihnen überhaupt nicht geheuer vor. Sie hatten Angst vor diesen rotgekleideten Verrückten, die geradezu unheimlich fröhlich ihrer Arbeit nachgingen, abends in der Disco tanzten und merkwürdige Feste in ihrer illegalen Kongreßhalle feierten, während die Staatsgewalt ihren Laden auseinandernahm. Rajneesh spielte mit ihnen Katz und Maus. Die FBI-Agenten versuchten, ihn zu verhören, aber er bestand darauf, das Verhör als Medienspektakel aufzuziehen – Presse und Fernsehen müßten jedenfalls dabei sein, andernfalls könne er den Herren vom FBI nicht zur Verfügung stehen. Es war ein Spiel mit dem Feuer, denn die Geduld der Staatsgewalt ist begrenzt.

Das Gerücht, Nationalgardisten rüsteten zum Einmarsch in die Ranch, verdichtete sich von Tag zu Tag. Fernsehteams aus aller Welt landeten mit Privatflugzeugen auf dem Ranchflugplatz. Zum ersten Mal war das selbstgebaute Luxushotel ausgebucht, und in den Restaurants machten die Damen und Herren der veröffentlichten Meinung großzügig Spesen. Champagner floß, während ein kleines Kammerorchester Mozartmelodien zu Gehör brachte und im Kasino Black Jack gespielt wurde.

Der neue Bürgermeister von Rajneeshpuram, Swami Niren, berief eine Generalversammlung in den Meditationspalast ein, um die Kommune auf das Schlimmste vorzubereiten: den Einmarsch der amerikanischen Bürgerkriegstruppe. Die National Guards haben während der Vietnamzeit unter protestierenden Studenten Blutbäder angerichtet. Wenn sie versuchen sollten, Bhagwans Haus zu stürmen, würde es auf der Ranch zweifellos zu einem Massaker kommen. Aber nun beschwor Bürgermeister Niren die Sanyasins, die da auf dem Linoleumboden der Meditationshalle vor ihm saßen:

»Kein Widerstand, keine Zusammenrottung, keine Demonstration! Vergeßt, was ihr während der Studentenrevolte gelernt habt! Bitte stimmt keine ›We shall overcome‹-Gesänge an. Laßt euch auf keine Diskussionen ein. Wenn ihr verhaftet werdet, dann sprecht bitte nur einen einzigen Satz: ›We want a lawyer!‹ Was sollt ihr sagen, wenn ihr verhaftet werdet?«

Und die Sanyasins machten sich einen Spaß daraus, im Sprechchor zu brüllen:

»We want a lawyer!«

Bevor er die Versammlung auflöste, gab Niren noch einige Tips für den Knast: »Achtet darauf, daß ihr ab jetzt immer Kleingeld in der Tasche habt und mindestens einen Zehndollar-Schein. In Untersuchungshaft habt ihr Anspruch darauf, zu telefonieren. Aber die Bullen sind nicht verpflichtet, euch einen Quarter für den Münzautomaten zu geben. Mit dem Zehndollarschein könnt ihr Zahnbürste und Seife kaufen ...«

Ich war darauf vorbereitet, ins Gefängnis zu gehen oder mich mit den Soldaten der Nationalgarde in den Tälern der Rajneesh-Ranch zu schlagen. Aber die Soldaten kamen nicht, denn plötzlich war Rajneesh verschwunden. Die Nachricht, daß er in Charlotte, North Carolina, verhaftet worden war, traf die Kommune wie ein Hammer.

Die Strafverfolgungsbehörden und die Presse behaupteten, daß Rajneesh damals im Oktober aus Amerika fliehen wollte. Aber das ist unwahrscheinlich. Warum mit einem Charter-Jet den ganzen Kontinent überqueren, wenn es so einfach war, mit einem Kleinflugzeug der »Air Rajneesh« ganz diskret über die kanadische oder mexikanische Grenze zu hüpfen?

Ein paar Tage später erklärte Bhagwan einem verblüfften Ted Koppel, Chefreporter der amerikanischen Fernsehgesellschaft CBS, in einem Interview in der Untersuchungshaft: »Ich hatte keine Ahnung, wo meine Leute mich hinbringen. Ich wollte nur ein paar Tage ausspannen ...«

Als die Video-Aufzeichnung des Koppel-Interviews in der Meditationshalle auf eine Großleinwand projiziert wurde, wäre es auf der Ranch zum ersten Mal fast zu einer Panik gekommen. Niemand war darauf gefaßt gewesen, den Meister in einer grauen Gefängniskluft zu sehen. Entsetzensschreie, Wutgebrüll, Tränen ... Die Erregung steigerte sich, als Bilder von Rajneeshs Verhaftung gezeigt wurden: Bhagwan in Ketten – flankiert von Beamten mit schußbereiten Karabinern! Bis jetzt hatten sich alle an die Parole »Business as usual« gehalten, aber nun hätte sich der psychische Druck der Kommune beinahe in Gewalttaten entladen. Auch ich fand die Bilder schrecklich, aber ich war fest davon überzeugt, daß Rajneesh auch diesen Teil seiner amerikanischen Komödie selbst inszeniert hatte. Als man ihm die Ketten anlegte, lächelte er zufrieden und sagte leise: »Endlich habe ich es geschafft!« Seit Wochen hatte er sich wie einer verhalten, der es darauf anlegt, verhaftet zu werden. Wollte der Mystiker – wenn auch nur kurzfristig – ein Märtyrer sein?

Ein paar Tage später kehrte Rajneesh im Triumphzug auf die Ranch zurück. »Papa ist wieder da – nun kann nichts mehr schiefgehen«, das war so etwa die Stimmung. Aber der Meister war nur auf die Ranch zurückgekehrt, um diskret seinen endgültigen Abgang in die Wege zu leiten. Drei Wochen war er noch unter den Seinen und tat so, als wollte er ewig bleiben. »Niemand wird mich aus Rajneeshpuram vertreiben«, sagte er in einem seiner morgendlichen Vorträge, und Astha und ich waren gerne bereit, ihm zu glauben. Aber nun war es soweit: Spätestens morgen würde die Kommune erfahren, daß Rajneesh Amerika verlassen hatte. Was würde geschehen? Panik? Selbstmorde? Aufruhr? Plünderungen?

»Ich halte inzwischen alles für möglich«, sagte Astha, und trank ihren Kaffee aus.

Wir spülten unsere Tassen ab und schwangen uns wieder auf die Räder.

Die Mittagspause war vorbei. Die Sanyasins kamen in Scharen aus den Kantinen. Die gelben Busse fuhren jetzt in Drei-Minuten-Abständen. Astha und ich radelten Richtung Stadtzentrum und kreuzten die Straße, die in Bhagwans Grundstück mündet. Sein Haus lag versteckt hinter einem Hügel. Die Zufahrt wurde von zwei Uniformierten bewacht, die in einem rundum verglasten Häuschen hockten. Sie waren mit Schnellfeuergewehren bewaffnet und mit Funk, Telefon und Geländewagen ausgerüstet. Hinter einem hohen Maschendrahtzaun lagen weißverputzte Großgaragen. Nicht alle der mehr als achtzig Rolls Royces hatten darin Platz; einige Dutzend standen, mit Planen gegen Sonne und Staub geschützt, im Freien.
Mehr als ein Jahr war vergangen, seit ich das letzte Mal in Rajneeshs Haus gewesen war. Der Anlaß meines Besuches hatte damals die Sanyas-Szene in helle Aufregung versetzt. Offiziell empfing der Meister keine Besucher. Er war seit langem »in silence«.
Ich zog draußen auf dem Schrottplatz meine rostigen Nägel aus den Brettern und war sicher, daß Rajneesh mich längst vergessen hatte. Seit mehr als einem Jahr hatte ich nicht mehr mit ihm gesprochen. Wenn er beim Drive-by mit seinem Rolls vorbeikam, würdigte er mich keines Blickes, und auch sonst kamen keine Signale von ihm.
Da fuhr eines Nachmittags Sheelas Sekretärin auf dem Schrottplatz vor. »Komischer Besuch«, dachte ich. »Was will die denn hier?« Sie stoppte ihre Limousine neben dem Holzverschlag, der mir bei Regenwetter als Unterschlupf diente und drehte die Scheibe herunter:
»Hallo Satyananda! Bhagwan möchte dich heute abend um sieben im Lao-Tse-Haus sehen. Sei um halb sieben im Jesus Grove. Du wirst dann zu Bhagwan gebracht.«
Mir war, als träumte ich. Daß mich Rajneesh sehen wollte, erschien mir völlig unwahrscheinlich, aber pünktlich um halb sieben war ich im sogenannten Jesus-Hain, Sheelas Hauptquartier. Ich hatte auf alle Fälle dicke Ski-Unterwäsche angezogen, weil ich wußte, daß Rajneeshs Zimmer stets auf einer Temperatur nahe dem Gefrierpunkt gehalten wurde. Als ich mich im Empfangsraum des Jesus-Hains umschaute, fiel mir auf, daß ich mich in der »besten Gesellschaft« befand: Mit mir warteten die Sanyasins, die Bhagwan gerne mit kleinen Aufmerksamkeiten verwöhnte und die man deshalb für die Prominenz hielt. Die meisten waren Therapeuten. Von Sheelas Leuten war keiner geladen.

Niemand hatte eine Ahnung, um was es ging. Endlich wurden wir in Kleinbussen zum Lao-Tse-Haus gefahren. Die Wächter am Tor hielten die Busse an, verglichen die Namenslisten mit den Gesichtern und gaben den Weg erst frei, als sie gewiß waren, daß keine blinden Passagiere an Bord waren.
Plötzlich ein schriller Schrei! Ich zuckte zusammen, aber es war nur ein weißer Pfau. Es gab davon mehrere Dutzend in Bhagwans Garten, und ich wunderte mich, wie der Meister das nervige Spektakel dieser Paradiesvögel ertragen konnte. Der Park wirkte wildwüchsig wie ein bunter Tropendschungel, war aber mit seinen kleinen Teichen und Wasserfällen ein gartenarchitektonisches Kunstwerk, das fleißige und ergebene Jünger mit viel Liebe der Wüste abgerungen hatten.
Der Parkplatz lag etwa 100 Meter unterhalb von Rajneeshs Haus. Von hier aus ging es über weiße Kieswege weiter. Zur Rechten das Maschendrahtgehege der Pfauen, zur Linken, an den Haupttrakt des Hauses angebaut, die Glasfassade einer Schwimmhalle, die mit Sonnenenergie beheizt wurde. Dahinter, auf hohen Stelzen, ein weißer Wachturm. Das Haus war eher bescheiden – es bestand aus mehreren mobilen Wohneinheiten, die miteinander verbunden waren. Hier lebte Rajneesh mit etwa zehn Sanyasins. Fast alle waren Frauen, die unermüdlich für sein Wohlergehen sorgten. Wir wurden nicht zum Haupteingang geführt, sondern zu einer Veranda, die sich zu einem intimen Zen-Garten hinter dem Haus öffnete. Hier hinten wohnte er.
Nur das Plätschern des Wasserfalls und gelegentliche Pfauenschreie unterbrachen die Stille. Ich hatte das Gefühl, mich an einem magischen Ort zu befinden. Jeder Stein, jede Pflanze war hier von liebevoller Hand an die rechte Stelle gesetzt worden. Natürliche Ursprünglichkeit und geistige Disziplin verbanden sich zu einem harmonischen Ganzen, drückten Vitalität aus, Klarheit, Ordnung. So müssen die alten Zen-Meister gewohnt haben. Mir kam es so vor, als hätte ich das alles schon einmal gesehen, und ich fühlte mich wohl hier.
Ein blasser junger Mann zeigte uns, wo und wie wir unsere Schuhe abstellen sollten: am Treppenabsatz und wie mit dem Lineal ausgerichtet. Dann öffnete er die Glastür zu Rajneeshs Zimmer. Schweigend traten wir ein. Der Raum war etwa 30 Quadratmeter groß. Fußboden, Wände und Decke waren mit Holz ausgelegt – einem feinen, spiegelblanken Mosaik aus lippenstiftgroßen Mahagoniplättchen. Kein Tep-

pich, keine Gardinen. In der Mitte des Zimmers stand ein schwarzer Ledersessel. Daneben ein Glastisch mit einer supermodernen Leselampe, die über den Sessel ragte, so dünn wie ein Spinnenbein. Auf dem Tisch lag ein Fernbedienungsgerät für die Video- und Hifi-Anlage, die an der Wand zur Linken stand. Darüber eine Filmprojektionsfläche. In der Ecke schimmerte ein Bronze-Buddha auf einer Granitsäule.

Wir setzten uns vor den Ledersessel auf das blanke Parkett. Ein paar Minuten später betrat Bhagwan den Raum durch eine Glasschiebetür, die zu seinem Eßzimmer führte. Wie immer grüßte er nach indischer Namaste-Art, indem er die Hände vor dem Gesicht faltete. Wir erwiderten den Gruß. Er wirkte ungewöhnlich ernst, beinahe feierlich. Ich hatte ihn noch nie so erlebt, denn normalerweise begrüßt er seine Schüler mit strahlendem Lächeln. Als er zu sprechen begann, hörte ich zunächst gar nicht zu, konzentrierte mich mehr auf die Energie im Zimmer und auf meine optischen Wahrnehmungen. Wie immer war ich von Rajneeshs Augen fasziniert. Sie schienen tausend Jahre alt zu sein – emotionslose Freundlichkeit, wache, total konzentrierte Intelligenz.

Plötzlich erwachte ich aus meiner stillen Betrachtung. »Ich werde euch für erleuchtet erklären!« Hatte ich recht gehört? Erleuchtet? Wir?

»Seit Jahren hämmere ich meinen Leuten ein«, fuhr Rajneesh fort, »daß Erleuchtung etwas ganz Normales ist, die einfachste Sache von der Welt. Aber niemand scheint es zu glauben. Ich erkläre euch für erleuchtet, um zu beweisen, was ich immer gesagt habe.«

Um Gottes willen, dachte ich, muß denn das nun unbedingt sein? Mit Unbehagen sah ich voraus, wie mir die Bewunderer die Füße küssen, die Neider mich mit ihrem Haß verfolgen würden.

Unvermittelt sprach Rajneesh vom Tod. Von seinem Tod! Es sei an der Zeit, das Haus zu bestellen. Wir, die einundzwanzig Leute, die da einigermaßen verwirrt vor ihm saßen, seien dazu ausersehen, die spirituelle Essenz der Kommune zu bewahren. Nach seinem Tode sollten wir den »Rat der Erleuchteten« konstituieren und die Administration, die politische Führung der Kommune sozusagen, überwachen. Ausführlich erläuterte Bhagwan, wie diese Kontrollfunktion in der Kommuneverfassung verankert werden würde. »Für euch wird es keine Ämter und Würden in der Organisation geben«, sagte Rajneesh. »Für diesen ganzen Hokuspokus sind andere zuständig. Aber ihr werdet die eigentliche Macht ausüben.« Sollte ein Mitglied des Rates sterben, müßten sich die zwanzig anderen Mitglieder einstimmig auf einen Nachfolger einigen. Rajneesh, beiläufig: »In den ersten zwanzig bis dreißig Jahren nach meinem Tode wird das Problem nicht auftauchen, weil ich eine Liste mit Nachfolgekandidaten hinterlassen werde . . .« Gottseidank, ein Problem weniger, dachte ich. Einstimmigkeit sei auch nötig, wenn der Rat der Erleuchteten zusammenträte, um zu entscheiden, wer für erleuchtet erklärt werden solle. Einer, der wirklich erleuchtet ist, dachte ich, wird auf unsere Entscheidung keinen Wert legen. Ich fand die ganze Geschichte mit dem »Rat der Erleuchteten« höchst dubios.

Bhagwan ging nun zu den kleinen praktischen Details seines Testaments über. Sein Körper solle im Krematorium der Kommune verbrannt werden. Das Holz müsse Sandelholz sein und aus Indien eingeflogen werden. Sein Haus – das Lao-Tse-Haus – solle in ein Museum verwandelt werden. Die Leitung werde Vivek übernehmen, seine engste Vertraute. Die wohlhabende griechische Mukta, eine seiner ersten westlichen Sanyasins, solle nach seinem Tode in das Wachhaus ziehen. Fast alle Meister der Vergangenheit hätten den Fehler begangen, keine oder nicht genug Gegenstände zu hinterlassen, die zu ihren Lebzeiten mit ihrer Energie in enge Berührung gekommen seien. Deshalb sollten seine Kleider hinter Glas aufbewahrt werden, und sogar die Rolls Royces sollten Bestandteil des Museums sein. »Für jedes meiner Lebensjahre wird es einen Rolls Royce geben«, sagte Rajneesh.

Unvermittelt war die Audienz beendet. Rajneesh verschwand hinter der Glastür, wir zogen unsere Schuhe auf der Veranda an. Es war inzwischen dunkel geworden. Der denkwürdige »Darshan« hatte fast zwei Stunden gedauert. Ein glitzernder Vollmond warf taghelles Licht durch das Geäst der Wacholderbäume. Wir traten etwas benommen auf den Rasen vor dem Wasserfall, und plötzlich brach die unglaublich dicke Taru, eine von Bhagwans ersten indischen Schülern, in ein explosionsartiges Gelächter aus. Sie stand auf dem Rasen, den Kopf den Sternen zugewandt, hielt ihren Bauch und überwältigte uns mit ihrer vulkanhaften Heiterkeit, und wir einundzwanzig »Erleuchteten« standen vor Rajneeshs Haus im Mondschein und lachten und lachten, bis uns die Tränen übers Gesicht liefen.

Als Astha und ich an Rajneeshs Haus vorbeifuhren, kehrte diese Mondscheinszene in allen Einzelheiten in mein Bewußtsein zurück. Sie hat auf mein Verhältnis zum Meister einen guten Einfluß gehabt: Fortan

habe ich diesem Schelm nur noch seine Weisheiten abgenommen, ihm sonst aber kein Wort mehr geglaubt. Ich begriff: Wer mit einem Meister geht, braucht nicht nur Mut, er braucht vor allem auch Humor.
Wir fuhren weiter über die Nirvana Road, die sich auf halber Höhe entlang der Talsohle hinzog. Zur Linken fiel der Blick auf den gläsernen Meditationspalast, Rajneesh Mandir. Er wurde zunächst als das »größte Gewächshaus Amerikas« gebaut und verwandelte sich dann unversehens in eine solide, mit moderner Technik ausgestattete Halle für Massenveranstaltungen der Kommune. Dafür war freilich keine Baugenehmigung vorhanden. Aber was sollten die Behörden tun? Bevor die Bürokraten erfuhren, was hier gespielt wurde, war die Halle schon in vollem Betrieb und man hätte eine Armee in Marsch setzen müssen, um die Demontage der Meditationshalle durchzusetzen.
Auch das elegante 100-Betten-Hotel mit seinen Zen-Gärten und Hot Tubs, das hinter der Meditationshalle Richtung Downtown liegt, ist in diesem Stil der vollendeten Tatsachen gebaut worden. Ich erinnere mich, wie ich da mit einem elektrischen Schraubenzieher Isolierplatten an die Wände geknallt hatte. Wir arbeiteten Tag und Nacht, Schulter an Schulter. Der Termin einer Baustoppverfügung rückte immer näher. Der Hotelbau war nicht genehmigt, und wir wollten damit fertig sein, bevor unser Antrag auf Baugenehmigung in letzter Instanz abgeschmettert wurde. Lärm, Staub, Gedränge, dröhnende Rockmusik aus Stereoradios – der größte Teil von Rajneeshpuram ist so entstanden, stets überschattet vom Damoklesschwert polizeilicher Eingriffe. Während wir wie die Wahnsinnigen bauten und bauten – Straßen, Wohnhäuser, Hotels, Diskothek, Kasino, Bürohäuser, Flugplatz, Restaurants, Meditationshalle, Geschäftsviertel, Krankenhaus, Empfangsgebäude usw. usw., kämpften die Anwälte vor den Gerichten um die Legalisierung von Rajneeshpuram als Stadt, fochten um Baugenehmigungen, verzögerten Baustopptermine. Am Ende würde niemand wagen, in Frage zu stellen, was wir in der Wüste geschaffen hatten. Unsere Aufbauleistung würde bewundert werden, unsere Lebensweise Anerkennung finden, unser Idealismus würde schließlich obsiegen. So glaubten wir und hatten keine Ahnung, daß Sheela eine Schlacht nach der anderen verlor, bis sie am Ende, von Aufputschmitteln und Verfolgungswahn zermürbt, auf die kranke Idee kam, Rajneeshs Idee mit Terror durchzusetzen.
Am Ende der Nirvana Road kamen Astha und ich am Sanai-Hain

vorbei. Als Sheela und ihre engsten Vertrauten hier noch wohnten, hieß der flache Gebäudekomplex mit der weitläufigen Sonnenterrasse und dem eleganten Konferenzraum noch Jesus-Grove; der Name löste bei vielen kritischen Leuten in der Kommune ungute Gefühle aus. Die Sheela-Clique hatte sich hier hinter einem hohen Maschendrahtzaun total von der Kommune isoliert. Niemand wußte, daß die Damen und ihre Boyfriends sich hier einen Swimmingpool bauen ließen, und daß es sogar einen Fluchttunnel gab.

In Rajneeshpuram gehörte alle Macht den Frauen. Sämtliche Führungspositionen waren mit Frauen besetzt. Rajneesh verfügte es so; wahrscheinlich wollte er den Beweis führen, daß Frauen genauso wie Männer von der Macht korrumpiert werden, daß Machtmißbrauch kein geschlechtsspezifisches Phänomen, sondern ein Zeichen für mangelndes Bewußtsein ist. Seit meinen Erfahrungen in Rajneeshpuram bin ich skeptisch, wenn ich von Aktivistinnen der Frauenbewegung höre, man brauche die Frauen nur an die Macht zu bringen, um die Welt zu retten. Meine Liebe und Verehrung für die Frauen haben freilich überlebt.

Als Astha und ich am Flugplatz ankamen, waren schon ein paar hundert Leute dort. Der Hubschrauber schepperte in der Luft, und von weitem hörte man Trommelschlag; Bhagwan war unterwegs. Die zweimotorige Convair, Flaggschiff der »Rajneesh Air«, glänzte im herbstlichen Sonnenschein vor dem Flughafengebäude, seit Stunden geputzt von innen und außen. Cliff, der Chefpilot, lief in der kastanienroten Uniform der »Rajneesh Air« mit einem Putzlappen um die Maschine herum, rieb hier ein bißchen und dort, und wirkte nervös, so als wüßte er, daß Bhagwan heute zum letzten Mal mit ihm fliegen würde.

Die Leute von der »Peace Force«, wie die Polizei der Kommune genannt wurde, sicherten die Convair nach allen Seiten und hielten die Sanyasins auf Abstand. Sie drängten jetzt in Scharen von der Straße auf die Piste. Das Stakkato der Trommeln rückte näher. Astha und ich standen in der Nähe der Flugzeugtreppe. Wir hatten Mühe, unseren Platz in dem Gedränge zu behaupten, aus dem plötzlich Ram auftauchte, Asthas kanadischer Freund. Wir umarmten uns zu dritt in wortlosem Einverständnis.

Eine Gruppe von Italienern machte Musik. Schnelle Rhythmen, Rasseln, Trommelschlag, Gitarren ... Karnevalsstimmung. Wir hakten uns ein, schwangen mit der Musik. Ein hochachsiger Geländewagen rollte auf die Piste, das erste Begleitfahrzeug der Sicherheitsleute. Am Steuer saß ein blondes Mädchen mit Schirmmütze. Hinter den Seitenscheiben waren automatische Gewehre aufgehängt. Der Hubschrauber hing über uns, zog enge Kreise, überdröhnte die Musik, die jetzt von allen Seiten kam. Sicherheitsleute zu Fuß, Uzi-Maschinenpistolen an der Hüfte – schließlich der Rolls Royce.

Hinter dem Auto lief ein Haufen von Musikanten, voran die Trommler. Sie schlugen einen Landsknechtsrhythmus – ram tam tam – ram tam tam – ram tam ram tam ram tam tam... Schneller, immer schneller. Bhagwan saß hinter Glas im schimmernden Märchenkleid und mit der hohen Mütze auf dem Kopf. Die zarte Linke bewegte sich, mechanisch grüßend, auf und ab, wie von einer Marionettenschnur gezogen. Er wirkte distanziert in diesem kunstvoll gestylten Ambiente von Maschinenpistolen, glitzerndem Luxus, Märchenromantik, Funkbefehlen, Hubschraubergeschepper, Jubelschrei und Trommelschlag.

Rajneesh bremste vor den Italienern, die aufgeregt auf und ab sprangen und wie besessen musizierten. Endlich fiel diese geisterhafte Leblosigkeit von ihm ab; er freute sich über die Italiener, strahlte sie an, schlug mit beiden Händen den Takt, schneller, immer schneller. Dann setzte er die Fahrt fort, nur noch ein paar Meter, und stoppte den Rolls am Flugzeug. Wir grüßten nach indischer Art, falteten die Hände vor dem Gesicht. Bhagwan stieg aus dem Wagen, ging ein paar Schritte auf die Gangway zu, drehte sich um, hob die Hände zum Gruß, lächelte...

Nichts deutete darauf hin, daß ihm der Abschied schwerfiel oder daß er die Situation für ungewöhnlich hielt. Sorglose Freundlichkeit, die wie eine warme Woge von ihm kam, aber keine besondere Adresse zu haben schien. Ich suchte seinen Blick, hielt mich daran fest; für eine Sekunde schaute er mich an, und es schien mir, als ob ich den Anflug eines verschmitzten Augenzwinkerns wahrnahm, so als wollte er sagen: »Diese Posse ist mal wieder gut gelungen, nicht wahr, Satyananda?« Dann ging er die Gangway hinauf, drehte sich noch einmal um, hob beide Hände hoch über den Kopf, machte das »V«-Zeichen für »Victory« und strahlte, als hätte er tatsächlich einen großen Sieg errungen.

Die Luke wurde von innen geschlossen. Sekunden später warf Cliff die Propellermotoren an. Die Maschine setzte sich in Bewegung, Schnee wirbelte auf, die Absperrung brach zusammen, die Sanyasins überrannten die Sicherheitsleute, umschwärmten das Flugzeug, das langsam zur

Startbahn rollte. Zwei Minuten später war es in der Luft. Cliff zog die Maschine in eine steile Kurve. Für kurze Zeit verschwand sie hinter dem Hügel, kehrte zurück, überflog die Piste noch einmal und verschwand für immer. Das Motorengeräusch verhallte in der Ferne.
Noch lange standen die rotgekleideten Sanyasins mit erhobenen Köpfen auf der Startbahn und streckten wie Sonnenanbeter die Arme in den leeren Himmel . . .

■ *Zweites Kapitel* ■

Am Abend fegte die Nachricht wie ein Buschbrand durch die Kommune: »Bhagwan kommt nicht wieder! Habt ihr gehört? Bhagwan ist weg!« Die Leute riefen es sich auf der Straße zu. Manche umarmten sich und weinten. Aber es gab keine Panik. Die Arbeit ging weiter, als wäre nichts passiert. Ich fuhr meinen Autobus. In der Küche wurde gekocht. Die Geschäfte blieben geöffnet. In der Universität wurden die Seminare und Gruppen fortgesetzt. Nur die Schlangen, die sich vor den Münzfernsprechern am Busbahnhof bildeten, waren ungewöhnlich. Sanyasins riefen Freunde und Eltern an. Wahrscheinlich stellten viele schon die Weichen für ein Leben »draußen in der Welt«.

Während ich mit meinem Bus kreuz und quer über die Ranch fuhr, hatte ich sozusagen den Finger am Puls der Kommune. Viele Leute stiegen ein und überschütteten mich mit Fragen, so als wüßte ich mehr als sie. »Geht es weiter auf der Ranch oder bauen wir ab? Wo ist Bhagwan jetzt? Kann man ihn erreichen? Wird es irgendwo eine neue Kommune geben?« Die meisten waren bereit, bis ans Ende der Welt zu reisen, wenn sie nur wieder mit Bhagwan zusammensein konnten. Viele hatten Angst. Rani, eine junge deutsche Krankenschwester, umklammerte meinen Arm, starrte mich mit ihren Rehaugen an, als bebe die Erde unter ihren Füßen. »Was machen wir denn jetzt um Gottes willen?«

Rani war empört: »Relaxen? Weißt du, daß ich keine Kohle habe? Nicht mal für ein Greyhound-Ticket nach Portland.« Sie holte Luft und schloß die Augen, so als sei ihr gerade eine Idee gekommen. Dann schaute sie sich mißtrauisch im Bus um und flüsterte: »Kannst du mir nicht zwei Scheine oder so leihen? Du hast doch sicher noch reichlich?«

Es war nicht das erste Mal, daß ich um Geld angehauen wurde. Ich war älter als der Durchschnitt und sah nicht aus wie ein Bettelmönch. »Scheiße«, maulte Rani, »alle sind pleite!« An der Magdalena-Kantine stieg sie aus – Spätschicht in der Küche.

Auf dem Rückweg setzte sich Anand auf die Bank hinter dem Fahrersitz. Er war der erste gutgelaunte Mensch, den ich seit Bhagwans Abflug traf. »Was gibt's Neues?« fragte ich ihn. Er beugte sich zu mir vor und überschrie den Motorenlärm: »Kannst du dir vorstellen, daß die Bhagwan mit den protokollarischen Ehren eines Staatschefs verabschiedet haben?« Ich verstand nicht, was er meinte, und Anand erzählte, daß für Bhagwans Fahrt vom Gerichtsgebäude zum Flughafen in Portland Sicherheitsstufe A angeordnet worden sei, die normalerweise ausländischen Würdenträgern auf Staatsbesuch vorbehalten ist: zwei Polizeilimousinen vorneweg, 24 Polizisten auf Motorrädern rund um den Rolls Royce, hinterher noch einmal zwei Wagen mit Polizeioffizieren.

»Alle Ampeln waren für Bhagwan auf gelb geschaltet!« strahlte Anand. »Freie Durchfahrt. Die Leute am Straßenrand haben das Maul aufgerissen. Manche haben geklatscht und viele haben ihn mit dem ›Fuck you!‹-Zeichen verabschiedet. Bhagwan soll lauthals gelacht haben.« Ich konnte es mir nicht so recht vorstellen, denn ich hatte Rajneesh noch nie lauthals lachen sehen. Er schmunzelt.

Anand erzählte, er habe die Geschichte aus Portland – erstklassige Quelle. Die Politiker hätten Schiß gehabt, daß Rajneesh im letzten Moment noch etwas zustoßen könnte. Deshalb der Sicherheitsaufwand. Rajneeshs Ausweisung nannte Anand einen Skandal. Der Kompromiß, den man ausgehandelt habe, sage nichts über die Rechtslage aus. Den Anwälten sei es nur darum gegangen, dem zermürbenden Kesseltreiben gegen Bhagwan ein Ende zu machen. Bhagwans Gesundheit und Sicherheit hätten die Strategie diktiert. Das letzte Wort sei noch nicht gesprochen. Eines Tages werde man den Fall wieder aufrollen und beweisen, daß Bhagwan das unschuldige Opfer einer politischen Verschwörung gewesen sei. Er habe einen einwandfreien Anspruch auf die »Green Card«, die unbegrenzte Aufenthaltsgenehmigung, gehabt.

Wie dem auch sei – ich konnte mich nicht so recht über die Politiker aufregen. Hatten wir denn etwas anderes von ihnen erwartet? Und hatte Rajneesh nicht, wie alle Mystiker vor ihm, alles getan, um die Etablierten herauszufordern? Hatte er seine Ausweisung nicht provoziert?

Am Abend lud mich ein amerikanischer Journalist zum Essen ein. Er hieß Ron; ich war ihm während des »Yom Kippur«-Krieges auf den Golan-Höhen begegnet, als ich noch seiner Zunft angehörte. Er war völlig verwirrt, verstand gar nichts mehr, wollte von mir Erklärungen und Facts, vor allem Facts. Aber ich wußte aus Erfahrung, daß es so gut wie unmöglich war, Außenseitern zu erklären, worum es hier ging. Ich kam mir ja selber meistens wie im Irrenhaus vor. Und was halfen da schon Facts?

Als die Suppe serviert wurde, fragte Ron, ob ich mich nicht von Bhagwan angeschissen fühlte. Ich hätte doch sicher mein Geld in diesen faschistischen Sumpf gesteckt. Und nun habe sich der Meister auch noch Hals über Kopf abgesetzt. »Wie konnte dir das passieren? Du bist doch ein Mann mit Lebenserfahrung!«

Er war ein erfahrener Reporter, kein sehr differenzierter Kopf, aber ein Mann, der mit beiden Beinen auf dem Boden stand und die naheliegenden Fragen stellte. Er hielt mich für einen Dorftrottel, und das konnte ich ihm nicht übelnehmen.

»Wieso?« sagte ich. »Wieso sollte ich mich von Bhagwan angeschissen fühlen? Das Experiment Rajneeshpuram war doch ein voller Erfolg.«

Ron glaubte natürlich, daß ich mich über ihn lustig machen wollte. »Und die Giftanschläge? Die Telefonüberwachung?« zischte er. »Das war also alles ein voller Erfolg?« Er legte den Löffel aus der Hand, hatte scheinbar den Appetit verloren. Ich wollte ihn provozieren, seine distanzierte Beobachterattitüde zerstören und ein paar Funken aus ihm herausschlagen. »Ich verstehe gar nicht«, sagte ich, »daß du darüber so empört bist. Als Amerikaner müßtest du doch an solche Sachen gewöhnt sein.« Er schaute mich mit großen Augen an und schien nicht zu ahnen, worauf ich hinaus wollte. Ich erinnerte ihn daran, daß der amerikanische Geheimdienst CIA ständig Attentate verübt, sogar im Verdacht steht, mit der Mafia zusammen die Ermordung von John F. Kennedy in Szene gesetzt zu haben. Ich sprach davon, daß die amerikanische Bundeskriminalpolizei nicht nur die Telefone von Verbrechern abhört, sondern auch die Gespräche von Andersdenkenden und Vertretern von Minderheiten, ja sogar von Journalisten überwacht. Ich erinnerte ihn daran, daß Ronald Reagan mitten im Frieden einen Angriff auf Tripolis fliegen ließ, um einen ihm nicht genehmen ausländischen Staatschef und seine Familie umzubringen.

»Dein Präsident als Ober-Terrorist! Hast du dich darüber auch so aufgeregt wie über Bhagwan, der keiner Fliege was zuleide tut?«

»Moment mal«, protestierte Ron. »Du willst vom Thema ablenken!«

Er wollte nicht verstehen, daß ich seine Kritik an Rajneesh und an der Kommune nur in den angemessenen Zusammenhang gerückt hatte. Daß nichts von dem, was auf der Ranch passiert war, vor dem Hintergrund der politischen Realität Amerikas ungewöhnlich erscheint. Man hatte hier im kleinen beobachten können, was sich im ganzen Land im großen abspielt. Aber Ron wollte das nicht gelten lassen. Wir wären schließlich mit dem Anspruch aufgetreten, besser zu sein als die Welt. Wir hätten aus Bhagwan einen Heiligen gemacht...

Die Empörung der Pharisäer!

Ob ich denn nicht darüber enttäuscht sei, wie das Kommune-Experiment verlaufen sei, ob ich wirklich nicht sehen könne, daß Bhagwan mich hereingelegt habe, wollte Ron immer wieder wissen. Ich versuchte, ihm den Gedanken der Mysterienschule nahezubringen. Diktatur als Charaktertest. Der Meister nicht als Kommune-Manager, sondern als ein erbarmungsloser Spiegel, in dem jeder sein wahres Gesicht sehen kann. Die Kommune nicht als Wirtschaftsunternehmen, sondern als psychotherapeutischer Exerzierplatz.

Ron hörte aufmerksam zu, aber die Grenze seines Vorstellungsvermögens war bald erreicht. Im Grunde war es mir gleichgültig, was er von mir oder von Rajneesh dachte. Was ging mich das überhaupt an, was die Presse schrieb? Das Dessert war gegessen, die Flasche leer, und ich war hundemünde. Gottseidank war es elf Uhr und das Restaurant wurde geschlossen. Auch am Ende unserer Diskussion war mir Ron trotz allem noch sympathisch.

Ich fuhr mit dem Rad zu meinem Townhouse in der Lao-Tse-Siedlung. Der Himmel hatte sich bezogen. Die Fahrradlampe warf einen zittrigen Schein auf die vereiste Nirvana Road. In den Bergen heulten Koyoten. Die letzten Busse fuhren in die Außenbezirke. Sonst gab es keinen Verkehr mehr. Das Wachhaus am Tor zu Bhagwans Grundstück war nicht besetzt – zum ersten Mal seit Jahren. Normalerweise lag die Siedlung um diese Zeit schon in völliger Dunkelheit, aber an diesem Abend brannte in allen Häusern noch Licht. Vereinzelt laute Stimmen; irgendwo wurde gesungen. Die roten Lichter brennender Zigaretten glühten in der Nacht.

Als ich mein Townhouse betrat, wurde ich mit gedämpftem Hallo empfangen – alle Hausbewohner hatten sich im Wohnzimmer versammelt. Die meisten Leute saßen auf dem grauen Teppichboden, unterhielten sich leise. Gefüllte Sektgläser. Keine Musik. Niemand lachte. Untergangsstimmung.

Dolma schenkte mir ein Glas Sekt ein. »Ich fühle mich wie auf einer Eisscholle – ausgesetzt und abgeschoben«, sagte sie. Wir setzten uns neben die Verandatür auf den Boden, und sie legte ihren Kopf an meine Schulter. Wir hatten oft im Recycling Yard zusammengearbeitet, wenn sie mit ihrem Gabelstapler angerauscht kam und schwere Lasten bewegte. Klein und zierlich saß sie im roten Overall auf der riesigen Maschine, die sie mit müheloser Präzision beherrschte, und es war ein ästhetisches Vergnügen gewesen, dieses Spiel von Anmut und Kraft zu beobachten. Immer gut gelaunt, ging Dolma mit jeder Faser ihres Wesens in der Kommune auf. Sie liebte das Leben in der Gruppe, die Flirts, das Lachen, die Tränen, die Arbeit, sogar die vielen Überstunden. Zum ersten Mal erlebte ich sie deprimiert.

»Ich habe ganz erbärmlichen Schiß«, sagte sie und zog ihr kurzes Nachthemd über die Knie.

»Wovor denn?«

»Weißt du noch, wie Bhagwan vor ein paar Jahren über Pythagoras gesprochen hat?«

»Du meinst, damals in Poona?«

»Ja, er erzählte, wie die ganze Pythagoras-Kommune massakriert worden ist, kaum daß der Meister tot war. ›Das kann euch auch eines Tages passieren!‹ hat er damals gesagt. Kannst du dich noch erinnern?«

Ich erinnerte mich sehr genau daran, denn damals, vor zehn Jahren, war mir zum ersten Mal bewußt geworden, daß ich mich einer bedrohten Minderheit angeschlossen hatte. Aber nun versuchte ich, Dolma zu beruhigen: »Das ist lange her«, sagte ich. »Und wer sollte uns wohl massakrieren wollen?« Sie schaute mich überrascht an, so als wundere sie sich über meine Naivität. »Wer, fragst du? Hast du nicht neulich diese Typen gesehen?«

»Welche Typen?«

»Hast du diese Untermenschen nicht gesehen, die da auf der County Road durch die Ranch gefahren sind?«

Jetzt wußte ich, wovon sie sprach: Vor ein paar Wochen waren ein paar

Dutzend Rednecks aus der Umgebung mit Jeeps und offenen Lkws auf die Ranch gekommen. Solange sie auf der County Road, einer öffentlichen Straße, blieben, konnte sie niemand daran hindern. Der Konvoi war im Schrittempo an unserer Shopping Mall vorbeigerollt. Auf den Fahrzeugen hockten stiernackige Männer mit merkwürdig blassen, aufgeschwemmten Gesichtern. Breitkrempige Hüte, schwarze Lederjakken, Cowboystiefel. Vorgeschobene Kinnladen, verkniffene Visagen, drohende Blicke. Sie hielten Jagdflinten und Maschinenpistolen im Hüftanschlag. Eine finstere Demonstration des Hasses. Ich zweifelte keinen Augenblick daran, daß diese Leute ein Blutbad auf der Ranch anrichten würden, sobald man ihnen eine gefahrlose Chance dazu bot. Sicherheitsleute der Kommune – ihrerseits gut bewaffnet und auf Geländewagen – hatten die Herrschaften schon am Rancheingang erwartet und schweigend auf ihrem Weg durch Rajneeshpuram begleitet.

»Diese Leute haben doch vor uns mehr Angst, als wir vor ihnen«, sagte ich zu Dolma und dachte trotzdem, daß ihre Angst nicht unbegründet war. Wenn sich die Kommune auflöste, wenn es unsere gut bewaffnete »Peace Force« nicht mehr gab, wenn gegen Ende nur noch ein paar Dutzend Sanyasins auf der Ranch sein sollten, dann konnten die Rednecks sehr wohl wiederkommen.

Dolma füllte mit fahriger Hand mein Glas auf. »Glaubst du auch, daß die Kommune finished ist?«

»Wieso finished?« rief Samad, ein nervöser Junge aus San Francisco, der unser Gespräch offenbar aus der Ferne mitgehört hatte. »Überhaupt nichts ist finished. Wir können hier auch ohne Bhagwan existieren, wenn wir wollen.«

Alle im Raum nahmen das Thema auf, und es zeigte sich, daß die meisten meiner Hausgenossen der Meinung waren, die Kommune werde weitermachen. Sie konnten sich nicht vorstellen, daß die Kommune ihre schöne neue Stadt einfach im Stich lassen würde. Der Gedanke, daß die Felder und Wiesen, die vielen tausend jungen Bäume und die mühsam angelegten Blumenbeete und Rasenflächen in der Sonne verdorren sollten, war ihnen unerträglich.

Kurz nach Mitternacht ging ich zu Bett. Ein paar Stunden später klingelte der Wecker. Busfahrer-Frühschicht. Der Fahrer der Spätschicht hatte den Bus in der Nähe an der Nirvana Road abgestellt, einen von jenen 150 alten Schulbussen, mit denen die Kommune auf der Ranch einen aufwendigen Streckendienst betrieb. Ein eisiger Wind pfiff durch das Tal. Ich ließ den Motor eine Viertelstunde warmlaufen. Sicherheitsinspektion – Reifen, Bremsen, Lenkung, Licht – alles schön nach Vorschrift. Langsam taute die Frontscheibe auf. Die Ranch schlief noch. Langsam fuhr ich zur Walt-Whitmann-Siedlung. Dort wohnten Sanyasins aus aller Welt. Leute, die an Kursen, Seminaren und Therapiegruppen der Universität teilnahmen, vor allem aber die sogenannten »RHT-Worker«, die hier jeweils für Monate lebten, um sich im Rahmen des »Rajneesh Humanity Trust«-Programms am Aufbau der Stadt zu beteiligen. Ohne sie wäre Rajneeshpuram nicht möglich gewesen, denn sie arbeiteten nicht nur umsonst, sondern zahlten auch noch mehr als tausend Mark pro Monat für Unterkunft und Essen. Die meisten hatten gehofft, schließlich in die Kommune aufgenommen zu werden. Schweigend kletterten sie in den Bus. Ernste, verschlossene Gesichter. Diese jungen Idealisten ahnten schon, daß sie nicht mehr gebraucht wurden. Ihr Kommunetraum war gestorben.

Ich fuhr sie zur Meditationshalle. Jeden Morgen um sechs Uhr begann dort die dynamische Meditation. Sie war an diesem Morgen besonders stark besucht; viele Leute wollten offenbar ihren Frust in einer befreienden Katharsis entladen. Die dynamische Meditation ist darauf regelrecht zugeschnitten. Als sie mit einem dröhnenden Trommel-Stakkato begann, fuhr ich weiter, um die ersten Passagiere von den Haltestellen abzuholen. Gegen sieben hatte ich Zeit für ein schnelles Frühstück. Joghurt, Granola, Obst, frisches Schwarzbrot. Alles war wie immer. Das Leben ging weiter, so als sei nichts geschehen. Ab halb acht eilten die Kommunemitglieder aus den Townhouses den Berg herunter zur Straße. Unausgeschlafen drängten sie in den Bus. Die meisten schafften es nicht mehr für ein schnelles Frühstück und fuhren direkt zur Arbeit.

Um elf Uhr vormittags stellte ich meinen Bus auf dem Parkplatz des Busbahnhofs ab: Pause bis zum frühen Nachmittag. Ich ging über die kleine Brücke zur Mall, unserem Geschäftsviertel, um im Coffee-Shop eine Tasse Kaffee zu trinken. Business as usual. Der Frisiersalon war geöffnet. Im Juweliergeschäft arbeiteten die Goldschmiede. Eine Verkäuferin dekorierte das Schaufenster der Boutique. In der Eisdiele gab es frischen Käsekuchen. Ein paar Sicherheitsleute kamen von der Nachtschicht und leisteten sich ein Frühstück im Restaurant.

Im Coffee-Shop filmte ein amerikanisches Fernsehteam und machte Kurzinterviews mit einigen Sanyasins. Für den späten Nachmittag war eine Generalversammlung in der Meditationshalle angekündigt worden. Bürgermeister Niren würde Rajneeshs Abreise offiziell bekannt geben. Seit Stunden schwoll der Besucherstrom an: Die Reporter kamen, angelockt von der Hoffnung auf eine große Sensation. Wer weiß, vielleicht würde es zu einem Massenselbstmord kommen, wie in Jonestown, der Kommune des Reverend Jones?

Ich aß einen heißen Croissant, zog mich aus dem Presserummel zurück, schwang mich auf mein Rad und fuhr hinauf in die Alan-Watts-Siedlung. In einem hügeligen Wacholderwäldchen versteckten sich kleine spitzgiebelige Holzhäuser, komfortabel mit Bädern und Kochnischen ausgestattet. Ich hatte hier eine Weile gewohnt, bevor die Townhouses fertig waren. Jetzt wurde die Siedlung als Hotel betrieben.

Ich stellte mein Rad hinter der Wäscherei ab und ging bergauf zu Fuß weiter. Der Weg verengte sich zu einem schmalen Pfad. Er führte durch eine unberührte Hügellandschaft und mündete in das Tal des John-Dale-Flusses, wo die Gemüsefarm lag. Ich bog aber schon bald nach links ab, stapfte durch verharschten Schnee steil bergan und ließ die Wacholderbäume hinter mir. Der Pfad verlor sich. Ich suchte meinen Weg zwischen Findlingen aus rotem Granit, wanderte auf einem Grat weiter, immer bergauf. Die Sonne stand hoch am Himmel, der kalte Wind war abgeflaut, und es war frühlingshaft warm. Ich schlang meinen Anorak um die Hüfte. Auf den Felsen und Farnen schmolz Schnee. Kleine Rinnsale glitzerten in der Sonne, aber der Boden blieb hartgefroren. Ich ging vorsichtig. Wenn mir hier oben etwas zustoßen sollte, würde man mich wohl nicht vor dem Abend vermissen – zu spät für den Hubschrauber.

Nach einer knappen Stunde Anstieg erreichte ich meinen Stammplatz dicht unter der Bergspitze – einen flachen Granitblock, der sich in der Sonne erwärmt hatte. Die Luft war von einer gläsernen Durchsichtigkeit. Über Hunderte von Kilometern gab es keine Fabriken, keinen Smog, keinen Verkehr. Im Westen hob sich die schneebedeckte Bergkette, die das Hochland Ost-Oregons von der grünen Küstenebene trennt, mit gestochener Schärfe von einem fast tintenblauen Himmel ab. Weit und breit nicht die Spur einer menschlichen Besiedlung – abgesehen von dem kleinen Rajneeshpuram, das in zwei Tälern versteckt, zu meinen Füßen lag und in seiner Abgeschiedenheit wie eine kleine Stadt auf dem Mond aussah. Wie mächtige Meereswogen rollten die kargen Hügel der Muddy Ranch auf den Horizont zu. Das meiste Land gehörte der Kommune. Sie hätte sich nicht weiter von der Welt entfernen können – aber es war nicht weit genug gewesen. Im Norden verlor sich das schmale Band der unbefestigten County Road hinter dem Gurdjieff-Staudamm. Er war in den frühen Tagen der Kommune gebaut worden, um die Wasserversorgung auf der Ranch sicherzustellen. In der Ferne erhoben sich drei schneebedeckte Vulkane.

Die Landschaft der Muddy Ranch schmeichelt sich nicht ein. Sie enthüllt ihre Schönheit nur dem, der sie liebt. Wer zu Fuß in die Seitentäler aufbricht, entdeckt stille, unberührte Plätze, wo exotische Schmetterlinge über leise murmelnden Bächen tanzen. Er findet glitzernd bunte Kristalle und kann Freundschaft mit Rehen und Hirschen schließen, die ihm unbefangen Gesellschaft leisten.

Ich ließ mich auf dem Findling nieder, schloß die Augen, sog die würzigklare Luft tief in meine Lungen ein und genoß es, allein zu sein. Ich nahm die Stille auf, spürte meinen Herzschlag und meinen Atem. Eine freundliche Helligkeit erfüllte mich. Ich fühlte mich schwerelos, so als hätte sich mein Körper aufgelöst. Ich glaubte in der Welt zu zerfließen; ein sanftes Glücksgefühl durchdrang mein Wesen wie ein warmer Strom. Ich öffnete die Augen und umschlang den Himmel und die Berge, die Wacholderbäume und den Habicht, der über mir kreiste. Ich war Teil von allem, fühlte mich offen und verletzlich und doch vollkommen geborgen in der Existenz.

Motorengeräusch holte mich in den Alltag zurück. Ein kleines Flugzeug landete im Tal. Immer mehr Reporter flogen ein. Bhagwan machte immer noch Schlagzeilen in Oregon.

Ich zog Bilanz. Hätte ich mich diesem Mann auch dann angeschlossen, wenn ich gewußt hätte, was mir bevorstand? Die Frage ist mir oft gestellt worden und sie drängte sich jetzt, nach dem Debakel in Oregon, natürlich erst recht auf. Ich erinnerte mich, wie ich vor zehn Jahren zum ersten Mal nach Poona kam und Rajneesh begegnete. Damals schrieb ich in mein Tagebuch: »Wer sich auf diesen Mann einläßt, riskiert ein Abenteuer auf Leben und Tod!« Mit dem Tod war der Tod des Ego gemeint, aber das wußte ich damals noch nicht. Ich hatte den Satz aufgeschrieben, als sei er mir von meinem Unterbewußtsein diktiert

worden. Ich wußte also, was mir bevorstand, als ich die Brücken hinter mir abbrach, um mit Bhagwan im Aschram von Poona zu leben.
Ich ließ mich auf das Abenteuer ein, weil ich verzweifelt war. Ich spürte, daß ich bei lebendigem Leibe abstarb. Meine ganze Energie steckte im Kopf, und der Verstand wurde immer zynischer. Als reisender Berichterstatter erlebte ich die Welt als ein Panorama des Wahnsinns. Kriege, Aufruhr, Terror, Armut, Seuchen, Hungerkatastrophen, Staatsstreiche, Revolten, Straßenschlachten ... Ich war immer dabei, jahraus, jahrein, und je mehr ich davon sah, desto abgebrühter wurde ich.
Ich erlebte die Politiker in ihrer Eitelkeit, ihrer Verlogenheit, ihrer Gier. Ich beobachtete die Pfarrer in ihrer Scheinheiligkeit, ihrem Opportunismus, ihrer Beschränktheit, und je länger ich mit diesen Neurotikern zu tun hatte, desto weniger wollte ich von ihnen wissen. Eines Tages – es ist mir unvergeßlich – saß ich Rainer Barzel gegenüber. Ich hatte den Auftrag, über diesen emsigen Kulissenschieber in der Bonner Szene ein Politiker-Portrait zu schreiben. Nachdem der Mann mich eine Viertelstunde lang angelabert hatte, machte es plötzlich »klick« in meinem Kopf. Es war, als wenn ich aus einem Traum erwachte, und ich fragte mich: »Wie, zum Teufel, komme ich als erwachsener Mensch dazu, meine Zeit mit dieser Attrappe zu verschwenden?«
Es war der Wendepunkt. Ich hatte genug. Ich wurde mir bewußt, daß ich nicht mehr neugierig war, daß meine Erlebnisfähigkeit schwand, daß mir nichts mehr unter die Haut ging. Alles wiederholte sich. Mein Leben wurde von einer sterilen Routine beherrscht. Das letzte Drittel hatte begonnen. Ich hatte alles ausprobiert – Karriere, Prestige, Geld, Ehe, Kinder ... Aber das Glück, auf das jeder Mensch ein Geburtsrecht besitzt, hatte sich nicht eingestellt. Ich war unglücklich, blasiert, lustlos. Wenn ich so weitermachte wie bisher, blieb nur noch der Selbstmord.
Aber da gab es noch mein anderes Ich. Es hatte sein Zentrum nicht im Kopf, sondern im Herzen. Dieses Ich wußte, daß ich die Welt so sehe, wie ich mich fühle, daß mein Eindruck von der Welt meiner inneren Verfassung entspricht. Dieses Ich ist weise und sehr viel älter als mein Körper. Es sagte mir, daß ich den Schlüssel zu meinem Glück nicht außerhalb von mir, sondern nur *in mir selbst* finden würde. *Ich* mußte mich verändern, um meine Welt zu verändern. Schließlich begriff ich auch, daß nur glückliche Menschen die Welt ein wenig wohnlicher machen können, nicht die Empörten, die Verzweifelten, die Märtyrer,

die Ideologen, nicht die Demonstranten und natürlich nicht die Terroristen, sondern ganz einfach Menschen, die sich selber lieben.
Es gibt keine Zufälle im Leben, und so kam es nicht von ungefähr, daß ich Rajneesh in dem Augenblick begegnete, als ich im Begriff war, meine Energie von außen nach innen zu wenden. Wenn ein Sucher bereit ist, sich auf den Weg zu machen, wartet der Meister schon auf ihn. Als ich dem Mystiker in Poona gegenübertrat, war ich zu einem totalen Engagement bereit. Eine halbe Sache, ein kleiner Flirt mit dem Weisen schien mir nicht nur sinnlos, sondern sogar unmöglich. Die Beziehung zwischen Meister und Schüler ist eine Herzensbeziehung. Das Herz kennt keine Halbheiten; das Herz ist total.
Das Herz vertraut, der Kopf mißtraut. Das Herz sagt ja, der Kopf sagt nein. Das Herz ist mutig, der Kopf ist feige. Alle Herzensbeziehungen sind riskant, weil sie sich auf Vertrauen gründen. Sollen wir aufhören zu lieben, nur weil es gefährlich ist?
Es gibt Sucher, die nicht vertrauen können und in ihrer Angst vor dem Meister, Bewußtseinserweiterung und inneres Wachstum auf chemischem Wege erreichen wollen. Die Drogen öffnen das Tor zu höheren Ebenen des Bewußtseins, sagen sie. Halluzinogene reißen die Barriere nieder, die das Ich vom Universum trennt. Es gibt diese Freifahrscheine ins Nirvana, ich habe sie selber ausprobiert. Aber nach jedem Drogentrip kehrte ich zum Ausgangspunkt zurück. Ich blieb der alte, und die Welt hatte sich nicht verändert. Die Idee, Bewußtseinserweiterung durch Drogen erreichen zu können, ist genauso absurd wie die Vorstellung, man könne eine Krankheit mit Schmerztabletten heilen.
Fast täglich erhielt ich in Rajneeshpuram Briefe von Leuten, die mein Buch »Ganz entspannt im Hier und Jetzt« gelesen hatten, und viele fragten, ob sich denn mein Engagement mit Bhagwan »gelohnt« habe. Ich habe die Brücke zur Vergangenheit abgebrochen – das Geld ist weg, der Job ist weg. Die meisten alten Freunde haben sich kopfschüttelnd zurückgezogen. Heimat und Vaterland sind nur noch abstrakte Begriffe. Die Kommune löst sich auf; es gibt kein Zuhause mehr. Hat es sich also gelohnt? Für mich stellt sich die Frage so nicht. In der Liebe zieht man nicht Bilanz wie in der Wirtschaft, wo sich alles um den Kosten-Nutzen-Faktor dreht. Und in der inneren Welt, auf die sich der Sucher immer mehr einstimmt, kann der Gewinn im Verlust liegen. Fast alles, was ich durch den Bruch mit der Vergangenheit verloren habe, war Ballast:

versteinerte Verhaltensmuster, Sicherheiten, die meine Lebendigkeit einengten, materielle Güter, die mich zum Gefangenen gemacht hatten, Menschen, die mich mit ihrer Negativität herunterzogen.

So gesehen, hat es sich sehr wohl gelohnt, mich auf diesen indischen Weisen einzulassen. Er hat mir geholfen, mit der Vergangenheit zu brechen. Ich habe gelernt, ohne Sicherheit zu leben, mich angstfrei und vertrauensvoll dem Strom des Lebens hinzugeben. Das ist eine ganze Menge, meine ich, und es beantwortet auch die Frage, ob ich mich verändert habe.

Darum geht es im wesentlichen bei der Arbeit mit einem Meister: Du baust Vertrauen auf und überwindest deine Ängste. Erleuchtung? Sie ist letztlich ein Zustand der totalen Entspannung, denn nur ein völlig entspannter Mensch kann sich einstimmen auf die Schwingungen der Existenz, kann die Hürde abbauen, die ihn vom Kosmos trennt, von Gott, vom All, oder wie immer man es nennen mag. Und Entspannung bedeutet Angstfreiheit.

Was immer die Medien über Rajneesh verbreiten, was seine Anhänger vermuten und seine Gegner behaupten, wie immer die Geschichte letztlich über ihn urteilen mag – ich kann nur von meiner persönlichen Erfahrung sprechen: Bhagwan hat mir geholfen, ein glücklicherer Mensch zu sein.

Es war eine schmerzhafte Hilfe. Das Mitgefühl eines Meisters ist immer schmerzhaft. Meine Lebensumstände wurden so hart, daß ich manchmal fast den Mut verlor. Ich hatte mich viel mit George Gurdjieff beschäftigt, dem russisch-armenischen Mystiker, den ich für den direkten Vorläufer von Bhagwan halte. Gurdjieff hatte seine Schüler gelehrt, daß inneres Wachstum nur möglich sei durch »freiwilliges Leiden und bewußtes Bemühen«. Rajneesh ließ seine Schüler gerne darüber im unklaren. Aber wer mit ihm arbeitet, erfährt ziemlich schnell, daß die »Arbeit« kein Zuckerlecken ist. Denn Wachstum ereignet sich gewöhnlich nicht in bequemen Verhältnissen. Ich hatte jedenfalls reichlich Gelegenheit, mich darin zu üben, mein Glücksgefühl von äußeren Umständen immer unabhängiger zu machen.

Natürlich ist Rajneesh mir ständig auf die Nerven gegangen. Er ist die größte Nervensäge, die mir je begegnet ist. Er bürstet gegen den Strich, er tritt dir auf den Füßen herum, er schüttelt dich, wenn du dir ein kleines Nickerchen gönnen willst, er hält dir den Spiegel immer dann vor die Nase, wenn du keine Lust hast, dich anzuschauen. Das ist sein Metier, und ich konnte es dankbar akzeptieren. Aber es gab auch Aspekte seines Wesens, die mir nicht gefielen. So fand ich seine Prahlerei abstoßend und seine ordinären Witze peinlich. Ich fand den Aufwand übertrieben, mit dem er ständig seine Person inszenierte; die Kosmetika, die kostbaren Stoffe, die Uhren, die da ständig aus Europa eingeflogen wurden, die Brillengestelle, die ein deutscher Augenarzt überall in der Welt beschaffen mußte; die brillantbesetzten, die wie Karnevalsmasken aussahen, mochte er anscheinend am liebsten. Mein Gott, was für einen Guru hast du dir da bloß ausgesucht, dachte ich manchmal. Warum kann er denn nicht ein bißchen mehr wie Krishnamurti sein – dezent, ganz Herr, höflich? Er tat mir den Gefallen nicht. Im Gegenteil, er wurde immer schlimmer. Je mehr Ärger, Aufregung, Skandale und Sensationen, desto wohler fühlt sich Rajneesh, denn je höher die Wellen schlagen, desto größer ist die Energie, und viel Energie ist vonnöten, um seine Botschaft bis ans Ende der Welt zu tragen. Aber manchmal frage ich mich, ob sein schriller Stil nicht abschreckend wirkt. Wer hört denn noch zu, wenn auf der Bühne nur Tumult zu sehen ist?

Als ich auf meinem Berg saß und Bilanz zog, fiel mir auf, daß ich im Imperfekt an Rajneesh dachte. War die Reise mit ihm zu Ende? Es fühlte sich so an. Seine Abreise aus Amerika erschien mir wie ein Abschied, den er selber inszeniert hatte. Eine wichtige Phase seiner Arbeit war abgeschlossen; jedenfalls seiner Arbeit mit mir. Ich war dankbar, nicht erschüttert. Ich wußte, daß ich meinen Weg nach innen allein finden konnte, daß es nicht mehr wichtig war, mich ständig in der Nähe dieses Mannes aufzuhalten. Also nahm ich meinerseits Abschied vom Meister. Ich übernahm wieder das Steuer, das ich Rajneesh zehn Jahre lang überlassen hatte.

Gegen Mittag kehrte ich auf die Ranch zurück, aß in der Hassid-Kantine und setzte mich wieder ans Steuer in meinem Bus. Am Nachmittag wurde Bhagwans Abflug aus Amerika offiziell in der Generalversammlung bestätigt. Danach veränderte sich die Stimmung auf der Ranch innerhalb weniger Stunden. Zwar hatte das Office die Parole ausgegeben: »Wir machen weiter wie bisher!«, aber nun grassierte schon das Abreisefieber.

Seit Jahren hatte es keine Ferien gegeben, nicht einmal einen freien Tag. Brütende Hitze im Sommer, Temperaturen bis 30 Grad unter Null im

Winter. Und in der Regenzeit verwandelte sich die Muddy Ranch in eine Schlammwüste. Bäche schwollen zu Strömen an, rissen neugebaute Brücken fort, zerstörten die neuen Straßen. Stiefel blieben im Dreck stecken, und das Wasser drang durch Regenmäntel und Pullover bis auf die Haut. Aber die Arbeit ging unaufhörlich weiter, immer weiter, ohne Pause. Kein Wunder, daß die Sanyasins von Südseeinseln träumten, von faulen Tagen an einsamen Stränden, von Schußfahrten über sonnige Alpenpisten, von einsamen Spaziergängen durch kühle Fichtenwälder ...

Endlich war es soweit! Wer mal Urlaub machen wolle, hieß es plötzlich, oder wer zu Hause etwas zu erledigen habe, der könne jetzt gehen. Die Zeit war gekommen, langgehegte Träume zu verwirklichen. Wer Geld und Lust hatte, bereitete seine Abreise vor. Kein schlechtes Gewissen, weil man andere die Arbeit machen ließ, denn die Aufbauzeit war zu Ende. Keine Angst davor, nicht zu Bhagwan auf die Ranch zurückkehren zu dürfen, denn der Meister war nicht mehr da.

Menschenschlangen vor dem Reisebüro. Jeden Tag fuhren zwei vollbesetzte Pullman-Busse von der Ranch zum Internationalen Flughafen von Portland. Fast alle, die jetzt abreisten, nahmen ihre Sachen mit. Was sich nicht transportieren ließ, blieb stehen. Endlich gab es mehr Platz, und es wurde geradezu gemütlich auf der Ranch. Mein Zimmergenosse verschwand eines Tages, ohne von mir Abschied zu nehmen. Zwei Jahre lang hatten wir den kleinen Raum geteilt und kaum ein Wort miteinander gewechselt. Indischer Rechtsanwalt; freundlich und verschlagen.

Etwa eine Woche nach seiner Abreise ordnete Rajneesh die Auflösung der Kommune an. Die Stunde der Wahrheit war gekommen. Generalversammlung in der Meditationshalle Rajneesh Mandir. Mehr als 2000 Leute versammelten sich, lagen in ihren roten Overalls auf dem kalten Linoleumboden. Die Heizstrahler brannten seit Stunden, aber winterliche Kälte drang durch die Glaswände. Der Himmel war grau und warf nur trübes Licht auf den Schnee. Wie dunkle Schatten hockten die Berge auf der Talsohle. In der Abenddämmerung nahm sich die Meditationshalle wie ein riesiges Raumschiff aus, das in einer düsteren Einöde gelandet war.

Ich lag vor dem Rednerpodest aus weißem Marmor, auf dem Bhagwan zahllose Vorträge gehalten hatte, und meine Gedanken flogen zurück in die Vergangenheit – in die frühen Poona-Tage. Damals hatte Bhagwan seine »Lectures« auf der Veranda seines Hauses gehalten, das in einem dschungelartigen Garten lag. Der Duft exotischer Pflanzen hing in der Luft, und bunte Tropenvögel begleiteten Bhagwans Vorträge mit lautem Gesang. Die intimen Begegnungen zwischen dem Meister und seinen Schülern hatten eine atmosphärische Dichte gehabt, die fast mit Händen zu greifen gewesen war.

Später, in Rajneeshpuram, wehte ein anderer Wind. In der riesigen Meditationshalle erschien mir der Meister oft körperlos, wie eine Symbolfigur. Das war nicht mehr der Mann, den du fragen konntest, der auf dich einging und der dir die Hand auf die Stirn legte. Die Regie seiner Auftritte erschien mir bombastisch, fast gewalttätig – eine Mischung aus Kölner Karneval und »Miami Vice«. Zu beiden Seiten des Podests überwachten uniformierte Scharfschützen mit weit aufgerissenen Augen die friedliche Menge der Sanyasins – schußbereite Maschinenpistolen in verkrampften Fäusten. Die breithüftigen Frauen aus Sheelas Power-Riege standen mit gespreizten Beinen wie in den Boden gerammt neben dem Eingang – schwere Revolver und Funksprechgeräte am Koppel. Mit herrisch aufgeregten Gesten dirigierten sie die Sicherheitsleute, wenn Bhagwan die Halle betrat. Der Meister faltete die feingliedrigen Hände vor dem strahlenden Gesicht, so als ginge ihn das aufdringliche Zeremoniell überhaupt nichts an.

Während ich vor Beginn der Generalversammlung in der dunklen Halle lag, erinnerte ich mich aber auch an die rauschhaften Feste, wenn zehntausend rotgekleidete Menschen in dem gläsernen Meditationspalast mit geschlossenen Augen inbrünstig singend ihre Hände in den Himmel warfen, wenn die Band in rasender Ekstase das mächtige Verstärkersystem der schrankhohen Lautsprecher zu sprengen drohte und Bhagwan auf dem Marmorpodest mit erhobenen Armen und wie in Trance die Energie anheizte, so daß zu befürchten war, daß die gläsernen Hallenwände aus ihren Betonrahmen flogen. Das war die andere Seite des Kommunelebens, die ekstatische, die himmelhochjauchzende. Der Spaß hat alle Härten immer wieder vergessen lassen. Es wurde viel gefeiert und getanzt, geflirtet und gelacht. Es gab viel Zärtlichkeit und Liebe, und vor allem gab es einen unverwüstlichen Humor. Wenn Rajneeshpuram ein Arbeitslager war, dann war es das lustigste, das je existiert hat.

Tiefstrahler flammten auf, und Bürgermeister Niren betrat die Bühne. Er wirkte erschöpft, war aber locker und fröhlich, so als wollte er eine Festveranstaltung ansagen. Aber auf dem Programm stand der Grabgesang auf Rajneeshpuram. Anfangs habe man noch geglaubt, daß es weitergehen könne, sagte Niren. Aber inzwischen sei klar geworden, daß die Stadt nicht zu halten sei und daß die Kommune aufgelöst werden müsse.

»Moment mal«, kam der erste ungläubige Zwischenruf. »Was ist denn los? Wieso kann es denn nicht weitergehen?« Niren schien einen Augenblick verunsichert. Die Situation war explosiv.

»Warum arbeiten wir kein Konzept aus, wie es weitergehen kann? Es gibt genug Talente auf der Ranch... Man kann tausend Sachen machen. Computerprogramme...« Die Stimmen kamen aus der Tiefe der schwach beleuchteten Halle. »Videofilme!« rief ein Mädchen. »Pornofilme!« versuchte einer witzig zu sein, aber niemand lachte. »Das Office sollte lieber positive Vorschläge machen!«

Niren sagte, daß man die Situation von allen Seiten beleuchtet habe. Schließlich falle es nicht leicht aufzugeben, was mit so viel Liebe aufgebaut worden sei. Aber wir hätten an der juristischen Front verloren. Es seien zwar noch viele Berufungsverfahren in der Schwebe, aber man könne sich den teuren Krieg vor den Gerichten nicht mehr leisten. »Laßt uns den Tatsachen ins Auge blicken: Es ist aus! Wir bauen ab!«

Ein junges Mädchen sprang auf und schrie mit erstickender Stimme: »Ich bin in Poona schon mal sitzen geblieben. Am Ende haben mir meine Eltern ein Ticket geschickt, damit ich nach Hause gehen konnte. Ich habe mich geschämt, daß ich wie ein Bettler zurückkam von Bhagwan. Und was ist jetzt? Wir haben hier geschuftet. Jahrelang. Ich finde es einfach unfair, daß ich schon wieder meine Eltern anpumpen muß. Ich weiß nicht...« Sie schluchzte.

Unruhe breitete sich in der Halle aus. Einige Sanyasins sprangen auf, gestikulierten wild und schrien, aber niemand verstand sie, denn nun brüllten alle durcheinander. In der Halle wurde es so laut, daß man sein eigenes Wort nicht mehr verstehen konnte. Endlich Niren mit dröhnender Lautsprecherstimme: »Niemand wird hier sitzen bleiben, weil er kein Geld hat!« Es war das richtige Wort im rechten Augenblick.

Die Versammlung dauerte noch eine Stunde. Fragen prasselten auf Niren nieder: Wo ist Bhagwan? (Niren wußte es nicht.) Gibt es schon

einen anderen Ort, an dem sich die Kommune wieder zusammenfinden kann? (No, Sir!) Kann man hoffen, sein Geld zurückzukriegen, wenn die Ranch verkauft wird? (Grundsätzlich ja!) Was heißt »grundsätzlich«? (Es gibt noch einige vorrangige Verpflichtungen.)
Bedrückt verließen die Sanyasins die Halle, als die Generalversammlung endlich beendet war. Draußen warfen die Busfahrer die Motoren an. Scheinwerfer durchbohrten die bleierne Dunkelheit. Die Dispatcher regelten den Verkehr mit Leuchtstäben. Laute Rufe in der Nacht: »Magdalena! Hassid!« Gedränge an den gelben Bussen; wer zuerst beim Essen ist, braucht an den Selbstbedienungstresen nicht Schlange zu stehen. Ich beschloß, das Kantinenessen zur Feier des Tages ausfallen zu lassen und im Restaurant in der Mall auf eigene Kosten ein Omelett zu essen. Als ich mir einen Weg durch die Menge bahnte, tauchte Astha auf und hakte sich bei mir ein. Wir ließen unsere Fahrräder vor der Halle stehen und liefen zum Restaurant; ein Spaziergang von 15 Minuten.
Fast wären wir zu spät gekommen. Das Restaurant war fast voll. Wir erwischten den letzten freien Tisch. Manche Leute konnte man hier fast jeden Abend sehen: die Angehörigen einer Geldaristokratie, deren Existenz auf der Ranch zu den vielen widersprüchlichen Phänomenen in dieser Mysterienschule gehörte. Es waren vor allem reiche Amerikaner, die bei aller Spendenfreudigkeit doch etliche Millionen als Notgroschen zurückbehalten hatten. Sie genossen fein abgestufte Privilegien; manche durften sogar ihre Privatwagen auf der Ranch fahren; die Mitglieder der sogenannten »Hollywood-Clique« fuhren Rolls.
Stimmengewirr. Fröhliche Gesichter. Nichts deutete darauf hin, daß das Ende von Rajneeshpuram soeben offiziell verkündet worden war. Es war so, als hätten die Gäste davon nichts erfahren, oder als zählten sie nicht zu den Betroffenen. Keine Spur von jener explosiven Spannung, die eben noch das Klima der Generalversammlung beherrscht hatte. Lebhafte Unterhaltung, Lachen, Winken von Tisch zu Tisch.
»So muß es auf der ›Titanic‹ gewesen sein«, sagte ich zu Astha. »Das Schiff sinkt, aber die Party geht weiter.« Wir bestellten unsere Omeletts und schmiedeten zum ersten Mal Zukunftspläne. Astha und ihr Freund Ram wollten für eine Weile getrennte Wege gehen. Ram werde schon in wenigen Tagen mit seinem besten Freund Jayapal nach Süd-Kalifornien aufbrechen, sagte Astha. Jayapal gehörte zu den Leuten mit Geld. Bevor er sich Bhagwan anschloß, hatte er als Börsenmakler in der

Wallstreet ein Vermögen gemacht. Auf der Ranch hatte er mit Ram Bagger und Bulldozer gefahren. Die beiden waren ein ungleiches Paar: Ram eher weltfremd, vertrauensselig, unbeholfen, sanft; Jayapal clever, mißtrauisch, aggressiv. Sie ergänzten sich wunderbar. Astha sagte, Jayapal wolle ein Business aufziehen und Ram wahrscheinlich als Partner beteiligen. Sie fand die Idee gut. Ram sei ein Marsmensch, meinte sie, der irgendwie aus Versehen auf diesem Planeten gelandet sei. Fast zehn Jahre lang sei er in Indien herumgereist, habe von Reis und Chappati gelebt, immer auf der Suche nach einem Meister – *seinem* Meister. Als er Rajneesh vor zwölf Jahren in Bombay entdeckt habe, sei er bei ihm geblieben.

Wir wollten beide vorerst nicht nach Deutschland zurückkehren. Mit Rajneeshpuram war es zu Ende, aber die amerikanische Karte war noch nicht ausgereizt. Es kam uns so vor, als müßten wir hier noch irgendetwas lernen. Ich erzählte Astha, daß ich vor ein paar Tagen Post von Ulla bekommen hatte, einer alten Freundin, die in Palo Alto bei San Francisco lebt. Sie und ihr Mann Bill würden Ende November für drei Wochen verreisen, hatte sie geschrieben, und ob ich während ihrer Abwesenheit das Haus einhüten wolle.

»Was Besseres kann dir doch gar nicht passieren!« Astha war begeistert. »Drei Wochen Ferien im gemachten Nest.« Wir vereinbarten, daß ich sie von Palo Alto aus anrufe. Sie würde nachkommen, wenn es möglich sein sollte. Schon träumten wir davon, unser Leben »draußen in der Welt« mit Ausflügen an den Pazifischen Ozean zu beginnen, mit Picknicks an einsamen Stränden und dramatischen Sonnenuntergängen über tosender Brandung ...

Wir berauschten uns an dem Vorgefühl einer unbegrenzten Freiheit: keine Kommunedisziplin mehr, kein Weckerrasseln im Morgengrauen, keine Zwölfstundenschichten im Schlamm ... Alle Brücken sind abgebrochen. Alles ist ungewiß. Wir können tun und lassen was wir wollen. Ganz Amerika liegt uns zu Füßen. Unsere Phantasie löste ein Brillantfeuerwerk bunter Illusionen aus. Wir genossen es, wir waren begeistert, aber wir wußten auch, daß wir einen Traum genossen. Die unbegrenzte Freiheit existierte nicht in der Welt der Phänomene; sie konnte nur in uns selbst sein.

Wir zahlten mit unserer Rajneesh-Kreditkarte, die durch unser Konto in der kommuneeigenen Bank gedeckt war. Aber seit einigen Tagen waren

die Konten gesperrt. Das Geld, das wir da für unsere kleinen Nebenausgaben eingezahlt hatten, lag also fest. Wenn wir die Ranch verließen, konnten wir es nicht mitnehmen, aber wir konnten es hier ausgeben. Also auf in die Kasino-Bar!
Wüstes Gedränge schon vor dem Eingang. Zwei Türwächter versuchten, uns abzuwimmeln. »Der Laden ist voll, Leute! Kommt morgen wieder!« Astha verlor sofort die Lust und ging nach Hause. Ich drängte mich durch den Türspalt, kämpfte mich zur Bar vor und bestellte eine »Margarita« – Tequila mit Zitrone. Tosender Lärm. Die Lautsprecher vibrierten. Jackson-Fieber. Dolma war plötzlich neben mir, nahm das Glas aus meiner Hand, nippte, stellte es auf einer Fensterbank ab und zerrte mich auf die Tanzfläche. An Tanzen war nicht zu denken. Ich fühlte mich wie in einer überfüllten U-Bahn und drehte mich auf der Stelle. Hitze. Schweißnasse Gesichter. Lachen. Jauchzen. Tränen. Schon war Dolma wieder verschwunden, und auch meine schöne »Margarita« war nicht mehr zu sehen. Also drängte ich mich aufs neue an die Bar vor.
Die Black-Jack-Tische waren von Glücksspielern umlagert. Chips auf Kreditkarte. Gewinn oder Verlust machen keinen Unterschied. Das Rajneesh-Geld löste sich im Spielrausch auf. Das ganze Leben ist »Maya«, sagen die Hindus – ein Traum, eine Täuschung. Rien ne vas plus... Nichts geht mehr! Szenen wie aus einem Wildwestfilm. Breitkrempige Cowboyhüte im grellen Schein tiefhängender Schirmlampen. Aufgeregte, braungebrannte Gesichter. Schöne Busen in frechen Dekolletés. Die Barmädchen sahen scharf aus. Dwaba, die blonde Hexe, spielte Wahrsagerin und legte die Karten. Alle wollten wissen, ob das Glück schon auf sie wartete – draußen in der schönen, großen, weiten Welt. Funkelnd brach sich das Licht in Sektgläsern. Auf Dwabas Tisch glitzerten Kristalle.
Am Pokertisch sah ich Rams Brillengläser blitzen. Undurchdringlich, total konzentriert, den Cowboyhut im Genick, spielte er mit einigen Reportern. Ich beneidete die Presseleute nicht, denn Ram war ein Meister im Pokerspiel und würde ihnen eine Menge Geld abknöpfen. Stets knapp bei Kasse, ließ er keine Gelegenheit ungenutzt, Ranchbesucher zu einem Spielchen zu überreden.
Um elf Uhr wurde die Kasino-Bar geschlossen. Die letzten Busse fuhren ab. Ich ging zu Fuß nach Hause. In der klaren Wüstenluft erschienen die Sterne ganz nah. Über den Bergen im Westen stand eine hauchdünne

Mondsichel. Unter meinen Schuhen knirschte der Schnee. Am Nirvana-Hain bog ich von der Straße ab und tastete mich vorsichtig die Stufen hinunter, die zu dem kleinen Kommune-Friedhof oberhalb der Meditationshalle führten. Es gab hier nur vier oder fünf Gräber. Ich blieb vor Vimalkirtis Grab stehen. Im Licht der Sterne schimmerte die goldene Inschrift auf der weißen Marmorplatte: »Swami Vimalkirti – Welf Prinz von Hannover.« Kirti war vor ein paar Jahren während eines Karatetrainings im Aschram von Poona einem Gehirnschlag erlegen. Er war ein guter Freund gewesen, bescheiden bis zur Selbstverleugnung, schüchtern, kompromißlos ehrlich. Ich werde nie vergessen, wie er mit einem Panthersprung auf dem Podest landete und seinen schlanken Körper schützend vor Bhagwan aufbaute, während das Messer eines indischen Attentäters noch durch die Luft flog. Der andere Leibwächter – Shivamurti – war sitzen geblieben.
Ich hatte Kirti oft über seine Familie ausgefragt. Er redete nicht gerne darüber; seine Herkunft war ihm peinlich. Ich bewunderte seine verzweifelten Anstrengungen, sich von den rigiden und blutleeren Traditionen seines abgehalfterten Clans zu befreien. Seine Tante Elisabeth, die englische Königin, sagte er, sei nicht eine von den netten Tanten gewesen, die den kleinen Neffen auf den Schoß nehmen, ans Herz drücken und ihm Geschichten erzählen. Er war in einem emotionalen Vakuum aufgewachsen. Mit dem Mut der Verzweiflung hatte er versucht, die Fesseln seiner aristokratischen Erziehung zu sprengen, die seine Spontaneität, seine Lebendigkeit, seine kreative Energie fast erwürgt hatten. Er sei im Zustand der Erleuchtung gestorben, hatte Bhagwan gesagt. Ich erinnerte mich daran, wie mehr als dreitausend rot gekleidete Sanyasins am Flußufer in Poona sangen, tanzten und meditierten, während Kirtis Leiche in den Flammen des Scheiterhaufens verbrannte. Seine Urne war zwei Jahre später von Poona nach Rajneeshpuram überführt worden, und ich hatte mir oft vorgestellt, daß meine eigene Asche eines Tages neben Kirtis Grab beigesetzt werden würde. Jetzt stand ich vor seinem Grab und nahm ein zweites Mal von ihm Abschied. »Mach's gut, Alterchen«, sagte ich laut und war wohl ein bißchen von der »Margarita« umnebelt. »Wohin wird man deine Urne wohl diesmal bringen?«
Später kam ich an Bhagwans Gartentor vorbei. Im Scheinwerferlicht wurden Rolls Royces in einen Lastzug verladen. Dem »Modern Car Collection Trust«, Besitzer der Rolls-Flotte, die zum Handwerkszeug

des indischen Weisen gehört hatte, war es gelungen, den legendären Bhagwan-Fuhrpark gewinnträchtig an einen texanischen Autohändler zu verkaufen. Wer sein Geld im Car Trust angelegt hat, der kommt jetzt reichlich auf seine Kosten, dachte ich, und es fiel mir auf, daß ich in letzter Zeit ziemlich häufig an Geld dachte.

Am nächsten Morgen gab es schon eine Stunde vor Geschäftsbeginn eine lange Schlange vor dem Reisebüro. Während des Frühstücks wurde über Lautsprecher durchgesagt, daß es für die Pullman-Busse Wartelisten gebe. Wer die Ranch verlassen wolle, müsse seinen Platz rechtzeitig buchen. Als ich mich im Busbahnhof zum Dienst meldete, fehlten sechs Leute unentschuldigt. Wir legten ein paar Strecken still und befuhren andere nur noch gelegentlich mit Kleinbussen.

Beim Mittagessen wurden über Lautsprecher freiwillige Tellerwäscher gesucht. Es gab nicht mehr genug Küchenarbeiter. In den Townhouses wurde nicht mehr geputzt. Eine Italienerin, Erbin eines Dosensuppen-Imperiums, kam mit einer Schreckensnachricht ins Office: »Mein Schmuck ist gestohlen worden!«

Die ersten Auflösungserscheinungen! Horrorvorstellungen drängten sich auf: Wird die Kommune am Ende im Chaos untergehen? Die »Friedenstruppe« hatte sich schon aufgelöst. Die Exekutive besaß keine Macht mehr; ihre Stärke gründete sich auf einen »Corps d'Esprit«, der langsam von einer zügellosen Untergangsstimmung abgelöst wurde. Es gab viele Sanyasins, die sich verraten und verkauft fühlten. Würden sie am Ende noch die Geschäfte plündern und in Brand stecken? Würden sie sich im Fuhrpark bedienen und mit geklauten Autos abhauen? Würden die Rancher wiederkommen mit ihren Jagdflinten und Maschinenpistolen? Würde Rajneeshpuram in Blut und Flammen versinken?

Manchmal erwachte ich nachts, und meine überreizte Phantasie malte sich solche Schreckensbilder aus. Dabei wurde die Stimmung auf der Ranch eigentlich immer besser. Jeder übernahm die Verantwortung für sich selbst, bereitete die Abreise vor, schmiedete Pläne. Eine abenteuerliche »Hoppla-jetzt-komm-Ich«-Euphorie breitete sich aus. Ein Hauch von Anarchie lag in der Luft. Wildwestatmosphäre. Nach Jahren eiserner Kommunedisziplin wäre Anarchie eine natürliche Reaktion gewesen. Aber es kam nicht dazu. Die Disziplin bewährte sich auch ohne Zwang. Es war fast ein Wunder. Schlußverkauf in den Geschäften. Bhagwan-Bücher gingen zu Schleuderpreisen weg. Ich wunderte mich, daß in den Kantinen immer noch gekocht wurde. Ungestört gingen in der Universität die Seminare, Meditationskurse und Therapiegruppen weiter. Ich fuhr meinen Bus. In der Kaffeepause buchte ich einen Platz im Pullman-Bus.

Die Stimmung in der Bar erinnerte mich jeden Abend an den Film »Casablanca«. Sanftmütige Sanyasins verwandelten sich in Macho-Typen, traten im Cowboystil auf und prahlten mit herausgedrückter Brust, welche Heldentaten sie demnächst in der Welt vollbringen würden. Eine Gruppe von Italienern verkündete, daß sie auf den Öltürmen im Golf von Mexiko Geld machen wolle. Dolma wollte mit ein paar abenteuerlustigen Kommunemädchen nach Alaska gehen. »Stripteasetanzen an der Pipeline«, verriet sie mir mit leuchtenden Augen über einem Glas Sekt. Irgend jemand hatte ihr den Tip gegeben, daß man in den einsamen Arbeiterwohnlagern entlang der transalaskischen Pipeline mit Stripteasetänzen ein Vermögen verdienen könne. Ohne Sex. Ganz brav sozusagen. Ich war skeptisch, aber Dolma wußte genau, wie man Striptease mit Bewußtseinserweiterung verbinden kann. »Du mußt das als Meditation aufziehen«, sagte sie. »Du bist ganz in deiner Mitte. Du tanzt, du ziehst dich aus – und du bleibst der Beobachter.«

Ich hockte an der Bar und genoß die Aufbruchstimmung. Swami Pramad drängte sich zwischen die Barhocker, beugte sich dicht an mein Ohr und sagte: »Paß mal auf, das ist jetzt nur für dich – ich habe da eine einmalige Gelegenheit Geld zu machen . . .«

Ausgerechnet Pramad! Ich hätte fast laut gelacht. Seit Jahren schwärmte er von phantastischen Geschäftschancen. Das Geld lag auf der Straße. Man brauchte nur hinzulangen. Kein Risiko. Alles todsicher. Nur ein bißchen Startkapital benötigte man. Bei aller Maloche auf der Ranch hatte Pramad immer wieder die Energie aufgebracht, gutgläubige Sanyasins an seinen Geschäften zu beteiligen, die sich allesamt nach kurzer Zeit samt Startkapital im Universum auflösten.

»Du hast doch sicher noch Kohle«, raunte Pramad, und ich hatte Mühe, ihn im Discolärm zu verstehen. »Ich würde dich da mit ein paar Tausendern einsteigen lassen; nur weil du es bist!« Ich legte meinen Arm um seine Schultern und raunte zurück: »Wie kommt es eigentlich, daß du mich für einen Dorftrottel hältst?« Unter der breiten Krempe seines Cowboyhuts durchbohrte mich Pramad mit seinen strahlenden blauen Augen und schüttelte den Kopf. »Dir ist eben nicht zu helfen«, sagte er mitfühlend, drehte sich auf dem Stiefelabsatz um und trat erhobenen Hauptes ab.

Das nächste Geschäftsangebot schien mir schon verlockender. Swami Amit, ein alter Kollege von der Müllabfuhr, der pfiffige Sohn reicher jüdischer Eltern aus New York, fragte mich, ob ich mich am Ankauf von »Crazy Horse« beteiligen wolle. Das war der alte Sperrmüll–Lkw, den ich viel gefahren hatte. Ein Schulbus, den die Leute von der Schweißerei in der Mitte durchgetrennt hatten, so daß ein praktisches Fahrzeug mit großem geschlossenen Passagierraum und einer offenen Ladefläche daraus geworden war. In den Passagierraum wollte Amit Betten, Kitchinette und Klo einbauen. Als Wohnwagen würde sich doch ein normaler Schulbus viel besser eignen, warf ich ein. Aber Amit hatte dynamischere Vorstellungen. »Das ist doch der Witz bei ›Crazy Horse‹«, sagte er. »Die Ladefläche! Wir fahren natürlich nicht leer von der Ranch weg.« Er schaute sich mißtrauisch um, wie einer, der ein Geheimnis hüten will. »Fahrräder«, raunte er. »Die Idee schlechthin! Aber halt die Klappe, okay? Das darf kein Mensch erfahren.«

»Fahrräder?«

»Ist dir denn noch nicht aufgefallen, daß die Leute abreisen und ihre Fahrräder einfach stehen lassen?« Er hatte Recht. Ich wollte mein Rad auch stehen lassen. Daran kann man mal wieder sehen, daß ich zum Geschäftsmann nicht geboren bin. Die einen lassen die Räder stehen, die anderen sammeln sie ein.

»Und die Räder willst du dann verkaufen?« fragte ich voller Bewunderung. »Quatsch!« Sagte Amit. »Damit ziehen wir natürlich einen Fahrradverleih auf.«

Wenn ich mich nicht schon bei Ulla und Bill zum Hauseinhüten verpflichtet hätte, wäre ich wahrscheinlich Amits Geschäftspartner geworden. Im Geiste sah ich mich mit den Fahrrädern am Venice Beach von Los Angeles. Ich würde auf einem Klappstuhl an der Strandpromenade sitzen, Reifen flicken und Radkränze ölen. Die Fahrräder würden für zehn Dollar oder so die Stunde rausgehen. Oder war das zu viel? »Crazy Horse« würde auf dem Parkplatz am Meer stehen. Wir würden darin kochen und wohnen und ein lustiges Zigeunerleben führen.

Aber am nächsten Tag begegnete ich zwei Swamis, die schon seit einer Woche Fahrräder einsammelten oder billig aufkauften. Sie hatten auch schon einen Schulbus gekauft und fanden die Idee mit »Crazy Horse«

»total beknackt«. Auf der offenen Ladefläche würden doch die Räder nur rosten und geklaut werden, meinten sie, und ich war froh, daß ich mich am Ankauf von »Crazy Horse« nicht beteiligt hatte.
Es sprach für Amit, daß er sich nicht aus der Fassung bringen ließ, als ich ihm von der Konkurrenz berichtete. Er ließ die Idee mit den Fahrrädern wie eine heiße Kartoffel fallen und trat in Verhandlungen mit einer jungen Holländerin ein, die in großem Stil Topfpflanzen in geräumten Townhousezimmern einsammelte. Damit wollte sie »draußen in der Welt« eine Gärtnerei aufziehen. Amit bot den Transport der Pflanzen an und schlug als Gegenleistung vor, daß sie ihn mit 50 Prozent an der Gärtnerei beteiligte. Das aber schien der Holländerin zu hoch gegriffen. Die Verhandlungen zogen sich hin.
Wir hatten phantastische Vorstellungen von der Welt. Wir glaubten, daß wir mit unserer Energie »draußen« alles erreichen könnten, daß uns der Schwung, mit dem wir Rajneeshpuram aufgebaut hatten, über alle Hindernisse hinweghelfen würde. Tatsächlich hatten wir keine Ahnung. Wir hatten auf der Ranch wie unter einer Glasglocke existiert. Das gespannte Verhältnis zu unseren Nachbarn hatte zu einer psychologischen Frontbildung geführt: auf der einen Seite die Rajneeshis, auf der anderen Seite der Rest der Welt. Die meisten Sanyasins begriffen sich als Angehörige einer kleinen, mißverstandenen und verfolgten Minderheit. Und manche entwickelten gegenüber der Menschheit einen Hochmut, den man bei Kindern beobachten kann, mit denen niemand spielen will. Die Kommune hielt sich für den Nabel der Welt. Obwohl in ihrem Namen gerade ziemlich abstoßende Verbrechen begangen worden waren, glaubten viele Sanyasins nach wie vor, daß die Menschheit etwas von ihnen lernen sollte.
Wir konnten uns nicht vorstellen, daß niemand an uns interessiert sein würde. Ich bereitete mich darauf vor, in der Stanford-Universität von Palo Alto einen Vortrag über den »Aufstieg und Fall von Rajneeshpuram« zu halten. Tatsächlich hatte auch ich in den vergangenen drei Jahren den Kontakt zur Welt völlig verloren. Nur zweimal hatte ich die Ranch verlassen. Einmal war ich eine halbe Stunde lang in der fast 100 Kilometer entfernten Nachbarstadt Madras (2500 Einwohner) gewesen, um meine amerikanische Busfahrerlizenz zu besorgen. Das andere Mal hatte ich einen gecharterten Autobus von der Hafenstadt Portland auf die Ranch überführt. Ich war über Nacht geblieben, war unter ganz

normalen Menschen auf der Straße spazierengegangen, hatte im Nordstrom-Warenhaus einen Cowboyhut gekauft. Aufregend! Einige Passanten hatten auf der Straße vor mir ausgespuckt und »Fuck you!« gezischt.

Als ich Swami Dharma davon erzählte, war er fasziniert. Er war seit Monaten als Gast auf der Ranch, ein lässiger Erfolgsmensch und Frauenliebling, der daheim mit Meditations- und Antistreß-Seminaren für Jungmanager viel Geld verdiente. »Ihr tretet wie die Marsmenschen in die Welt«, sagte er begeistert, als wir im Coffee-Shop Käsekuchen aßen. Ich verstand nicht so recht, warum ihn die Idee mit den Marsmenschen so entzückte. »Es gibt kein besseres Szenario für ein Managerseminar«, erläuterte er. »Wir haben die ›Stunde Null‹. Alle Sicherheiten lösen sich auf. Niemand sagt mehr, wo es lang geht. Alte Muster gelten nicht mehr. Was du bisher gemacht hast, hilft dir nicht mehr weiter. Du springst in eine Welt, in der du dich nicht mehr auskennst. Du mußt sofort was Neues machen, wenn du nicht untergehen willst...« Dharma ergriff meine Hände. »Ich beneide dich um diese Wachstumschance!« rief er überschwenglich. »Für mich existiert sie leider nicht. Ich bin an meinen Sicherheiten kleben geblieben. Scheiße...«

Die letzten Tage auf der Ranch vergingen wie im Fluge. Ich hatte meinen Platz auf dem Bus nach Portland schon gebucht, aber ich hatte es nicht eilig, die Ranch zu verlassen. Das Leben hier wurde immer angenehmer. Welche Wohltat, ein Zimmer für mich alleine zu haben. Erst jetzt fühlte ich mich hier zu Hause – zum ersten Mal seit Jahren! Ich besorgte neue Topfpflanzen, hing Bilder an die Wand, stellte Kerzen auf, so als wollte ich mich auf Jahre hier heimisch machen.

Das Kasino wurde geschlossen; man traf sich jetzt in der Restaurantbar. Der Busverkehr wurde wegen Fahrermangel eingestellt. Man fuhr mit dem Rad oder per Anhalter. Jeden Tag fiel Schnee. Die Pullman-Busse brauchten Ketten, wenn sie die Ranch auf der engen, kurvenreichen County Road verließen.

Ich fuhr Taxi, half abends beim Abwasch in der Kantine und unternahm kleine Radtouren. Rückkehr an Orte, die mit Erinnerungen beladen waren: Auf dem Schrottplatz arbeitete schon lange niemand mehr. Ich stellte mein Rad in dem Holzverschlag ab, der viele Monate lang wie ein zu Hause für mich gewesen war. Ich setzte mich in den ausrangierten roten Sessel aus dem Convair-Flugzeug, stopfte Papier und Kleinholz in den Ofen, der einmal eine Öltonne gewesen war, und zündete ein Feuer an – zum letzten Mal. Hier hatten wir tonnenweise altes Bauholz verbrannt, wenn die Temperaturen auf 20 Grad unter Null absanken. Swami Sapan (wir nannten ihn Sapanski) war mein Kumpan hier oben im Recycling-Yard gewesen, ein junger Hansdampf in allen Gassen und ein diplomatisches Public-Relations-Genie. Sapanski war es zu danken, daß die Bosse auf der Ranch uns (besonders ihn) für nimmermüde Bestarbeiter hielten, was im Grunde den Tatsachen entsprach, wenn wir auch meistens damit beschäftigt waren, ein hübsches Teehaus mit blumenumpflanztem Sonnendeck zu bauen oder andere nützliche Einrichtungen für die Pausengestaltung zu schaffen.

Sapan sorgte auch dafür, daß wir ein Fahrzeug erhielten, einen ausrangierten Müllwagen, mit dem wir schöne Spritztouren unternahmen. Besonders gerne fuhren wir ins Ranchrestaurant downtown, und wenn uns jemand fragte, was wir denn hier zu suchen hätten, war Sapanski nie um eine plausible Erklärung verlegen. »Wir warten auf ein Sägeblatt«, sagte er zum Beispiel. »Das wird gerade im Werkzeuglager für uns geschliffen.« Ich brauchte gar nichts zu sagen, denn Sapanski war mein Boß und trug die Verantwortung (»Das ist das einzige, was ich mit meinem versauten Rücken noch tragen kann«, pflegte er zu sagen). Die Form unserer harmonischen Zusammenarbeit hatte allerdings *ich* bestimmt. »Du entscheidest, *was* getan werden muß«, sagte ich zu Sapanski, »und *ich* entscheide, *wann* es getan wird!«

Die meiste Arbeit machten wir am Wochenende, wenn die Kursteilnehmer der Universität praktische Erfahrungen auf dem Schrottplatz sammelten. Diese Kurzzeitbesucher stürzten sich mit einem geradezu wütenden Elan in die Arbeit, zogen Nägel aus alten Brettern, stapelten Holz, räumten im Plastiklager auf, sortierten rostige Nägel und Schrauben. Sie machten Fotos für die Lieben daheim und hielten Sapanski und mich für ganz tolle Wildwest-Typen.

Zu Fuß ging ich im Recycling-Yard bergan und wunderte mich, wie ordentlich es hier aussah. Sorgfältig war das entnagelte Bauholz zur Wiederverwendung nach Größen sortiert und gestapelt. Weiter oben, im Metallager, stand eine Lkw-Ladung mit Aluminium zum Abtransport bereit. Zu spät – niemand würde sich mehr darum kümmern. Dieser Schrottplatz war eine wunderbare Spielwiese. Wir haben hier, weit weg vom Zentrum des Kommunelebens, gebastelt wie die Kinder, haben für unsere Freunde zierliche japanische Tischchen und Kasettenregale gebaut. Was immer wir brauchten – im Yard war es zu finden. Kein Wunder, daß es einen regen Besucherverkehr gab. Wir durften zwar vom Schrottplatz keine Sachen für den privaten Gebrauch entnehmen, aber wir wußten auch, daß die Kommune Millionen zum Fenster herauswarf und hatten deshalb keine Hemmungen, wenn wir unseren Besuchern kleine persönliche Wünsche erfüllten.

Während der Pausen ging es auf dem Sonnendeck unseres Teehauses wie auf der Terrasse eines Kurhotels zu. Aus dem Sperrmüll hatten wir bequeme Liegesessel gefischt, und unser Ingwer-Tee war berühmt bis hinunter zur Gemüsefarm. Damit es unseren Gästen an nichts mangelte, fuhren Sapanski und ich schon jeweils am frühen Morgen zur Magdalena-Kantine, um dort reichlich Viktualien abzuholen. Wir durften uns in den Kühlhäusern selbst bedienen, und so gab es denn immer hartgekochte Eier, Toast mit Butter, Honig und Konfitüre, frisch gepreßten Orangensaft, Ingwer-Tee und Bohnenkaffee. Kein Wunder, daß viele »Worker« kilometerweit anreisten, um in den Pausen unsere stilvolle Gastfreundschaft in Anspruch zu nehmen. »Let's have tea at the Colonels place!« war die Parole für viele, die einen fahrbaren Untersatz hatten. »Colonel« war mein Spitzname, ich weiß heute noch nicht, wie ich zu ihm gekommen bin.

Sapanski und ich hatten uns lange und beharrlich gegen die Installation einer Funkanlage auf dem Schrottplatz gewehrt, aber schließlich wurde sie uns doch aufgedrängt. Jetzt mußten wir uns melden, wenn wir gerufen wurden, und es war nicht mehr so einfach, Ausflüge in die Natur zu unternehmen. Trotzdem blieb der Schrottplatz, was er für mich von Anfang an hauptsächlich gewesen war: ein Ort der Meditation. Ich war viel alleine dort oben und bemühte mich darum, meine einfachen Arbeiten mit jener wachen Bewußtheit auszuüben, die den Meditierer ins Hier und Jetzt bringt. Ich begriff, was es bedeutet, wenn der Weg der ZEN-Meister beschrieben wird als »Holzhacken und Wasserholen«. Die Welt war so weit weg, daß ich mit meinem Walkman keinen einzigen Sender empfangen konnte.

Nun nahm ich Abschied für immer von diesem Schrottplatz, der mir wie kein anderer Ort auf der Ranch ans Herz gewachsen war. Vorsichtig fuhr ich mit dem Rad über die glatte Straße bergab in die Stadt. Es war ruhiger geworden in Rajneeshpuram. Die meisten Leute waren schon abgereist. Ram war mit Jayapal auf dem Weg nach Los Angeles. Dolma war in Richtung Alaska unterwegs und hatte versprochen, mich in Palo Alto anzurufen. Ich war in meinem Townhouse allein, als ich meine Sachen zusammenpackte. Viel war es nicht, was ich da zu verstauen hatte. Mein kleines Stereoradio und einen Karton mit Tonbändern, einen Keramiknapf und Bücher, die ich nun fast alle zurückließ, bis auf Gurdjieffs *Beelzebub* und Nisargadatta Maharajs *I Am That*. Seit zehn Jahren reiste ich nun schon mit leichtem Gepäck, ein spiritueller Nomade auf dem Weg ins Nichts. Meine letzte bürgerliche Existenz war beendet gewesen, als Astha und ich im Alten Land bei Hamburg unseren Haushalt aufgelöst und unsere Habseligkeiten bei einem Sonntagsfrühstück an Freunde verkauft und verschenkt hatten. Seither besitze ich keine Bibliothek mehr, keine Schallplatten, keine Stereoanlage und keine Möbel. Meine Besitzlosigkeit empfinde ich als eine Freiheit, auf die ich nicht gerne verzichten würde.

Zum letzten Mal besuchte ich das Restaurant – Abschiedsessen mit Astha. Es war jetzt klar, daß wir erst einmal in Kalifornien bleiben würden. Wahrscheinlich würde Astha mir nach Palo Alto folgen. Weihnachten wollten wir vielleicht bei Inge und Rainer in Hollywood verbringen. Freunde oder eher Bekannte, die ich vor Jahren über Ulla kennengelernt hatte. Rainer ist Businessman in Kalifornien, Inge ist Kuratorin. Eines Tages waren sie in Rajneeshpuram aufgetaucht, neugierig, aufgeschlossen, kritisch, gescheit. Sie wollten sich nicht auf Zeitungsberichte verlassen, wollten Bhagwan sehen, sich ein eigenes Urteil bilden. Sie waren beeindruckt gewesen, besonders Rainer, der Geldmensch. Und als Bhagwan ein paar Tage nach ihrer Abreise aus Rajneeshpuram verhaftet worden war, hatten sie Astha und mich angerufen: »Wenn man euch einsperrt, holen wir euch raus mit Kaution. Ganz gleich, was es kostet!« Wir hatten Tränen in den Augen. Vor ein paar Tagen hatten sie wieder angerufen und uns eingeladen. »Wir haben ein nettes kleines Haus in Hollywood. Ihr könnt bleiben, so lange ihr Lust habt!«

Also, Weihnachten vielleicht in Hollywood – was danach kommen sollte, war ungewiß. Astha würde sich irgendwann wieder mit Ram zusammentun. Vielleicht wollten wir etwas zu dritt unternehmen. Ich schwärmte davon, mich in Santa Barbara niederzulassen, das ich vor vielen Jahren als Reporter kennengelernt hatte. Wir waren frei und ungebunden; warum sollten wir unsere Zelte nicht dort aufschlagen, wo

Amerika am schönsten ist? Ich besaß noch aus fernen Vor-Bhagwan-Zeiten eine Mastercard-Kreditkarte. Ein Wunder, daß das kleine feine Hamburger Bankhaus sie immer wieder erneuert hatte, obwohl ich praktisch ein bankrotter Kunde war. Astha und ich vermuteten, daß wir mit dem Geld, das wir besaßen, etwa zwei Monate leben konnten. Bis dahin mußten wir uns etabliert haben.

Es war uns nicht danach zumute, mit vielen Leuten in der Bar Abschied zu feiern, bei lauter Musik und knallenden Sektkorken. So fuhren wir nach dem Abendessen in Asthas Ranchauto nach Hause und setzten uns noch eine Weile auf die Veranda. In der trockenen, klaren Luft erschienen uns die Sterne zum Greifen nahe. Eine Sternschnuppe zischte durch die Nacht und verschwand hinter den schneebedeckten Hügeln im Süden. Wir saßen auf dem Holzboden. Astha lehnte ihren Kopf an meine Schulter. Wir schauten in den funkelnden Nachthimmel und schwiegen.

Am nächsten Morgen holte mich Astha mit ihrem Wagen ab. Neuschnee. Die Ranch lag unter einer makellos weißen Decke. Ich lud meine beiden Koffer ins Auto. Astha mußte vorsichtig anfahren, die Reifen drehten sich auf der Stelle. Vor dem Empfangsgebäude an der Rancheinfahrt wartete der Pullman-Bus. Während das Gepäck verstaut wurde, tranken wir an der Bar einen Kaffee. Freunde verabschiedeten Freunde. Lange Umarmungen. Tapfere Gesichter. Tränen. Der Bus wurde pünktlich abgerufen. Eine Stewardess drückte mir ein Reiselunch in die Hand. Astha fiel mir um den Hals. Ich drückte sie an mich, spürte, wie schnell ihr Herz schlug. Wir fühlten unseren Gleichklang und wußten, daß unsere gemeinsame Reise weitergehen würde.

Ich stieg in den Bus und setzte mich auf meinen Fensterplatz. Astha stand draußen im Schnee, lachte mit Tränen in den Augen. Als der Bus sich in Bewegung setzte, holte sie eine Serviette aus der Anoraktasche und winkte mit ausgestrecktem Arm. Ich preßte meine Stirn an die eisige Scheibe, während Asthas Gestalt immer kleiner wurde. Dann war sie aus meinem Blickfeld verschwunden, und ich spürte, wie mir die Tränen über das Gesicht liefen. Eine halbe Stunde später rollte der Bus über die Grenze der Muddy Ranch. Das Wachhaus war verwaist.

Der Markstein aus Marmor mit dem Kommunesymbol der beiden Tauben im Flug und der goldenen Inschrift »Willkommen in Rajneeshpuram!« war von Vandalen schon verwüstet worden.

■ *Drittes Kapitel* ■

Der Pullman-Bus fuhr durch eine verschneite Mondlandschaft. Ich starrte wie gebannt aus dem Fenster. Fast eine Stunde lang begegnete uns kein einziges Auto. Ab und zu tauchte ein Gehöft auf – flache, schmucklose Häuser, Maschinen vor Holzschuppen, Schrottfahrzeuge vor Wellblechgaragen. Die meisten Ranchhäuser haben nicht einmal einen Garten. Weit und breit kein Baum. Keine Menschenseele, keine Hühner, keine Hunde. Hatte hier eine Seuche alles Leben vernichtet?
Früher hatte diese Gegend von der Schafwollproduktion gelebt. Riesige Herden waren durch die Weiten der unbesiedelten Hügellandschaft gezogen. Die Schafe hatten das Steppengras mit den Wurzeln aus dem karstigen Boden gerissen. Jedes Jahr wurden es mehr, denn die Wolle verkaufte sich gut. Das Gras konnte nicht schnell genug nachwachsen; die Weidegründe verdorrten. Die Züchter verkauften ihre Tiere an die Schlachthöfe und zogen fort.
Die Bauern, die nach den Schafzüchtern kamen, bauen Weizen in den Ebenen an. Der Boden gibt nicht viel her, und die Weizenpreise schwanken. Harte Arbeit erbringt nur das Existenzminimum. Es müssen knorrige Typen sein, die in diesen Einödhöfen hausen. Die Mitglieder der Rajneesh-Kommune hatten keine nachbarlichen Beziehungen zu ihnen. Sie waren ihnen so fremd wie die Watussi in Afrika. Vielleicht hätten sie sich mit ihnen gut verstanden, aber es gab zu viele Vorurteile.
Kaum hatten sich die ersten Sanyasins auf der Muddy Ranch niedergelassen, begannen christliche Funktionäre mit einer systematischen Hetzkampagne gegen die »Roten Teufel«. Unermüdlich zogen fundamentalistische Fanatiker durchs Land, hielten Vorträge, zeigten »Auf-

klärungsfilme«. Die Einödbauern glaubten den Pfarrern, die jeden Sonntag von der Kanzel verkündeten, daß die «Rajneesh-Sekte« ihnen das Wasser abgraben würde. Es gibt wenig Abwechslung in dieser Gegend, und schon deshalb wurden die absurdesten Gerüchte über die sittenlosen Fremdlinge begierig aufgenommen und weitergeleitet.
Nun löste sich die Kommune auf, und ich war sicher, daß sich die Bauern wie von einem Alptraum befreit fühlten. Aber auch ich war erleichtert: Von draußen betrachtet erschien mir die Ranch wie eine Falle, in die mich eine Laune des Schicksals verschlagen hatte, und ich war froh, daß ich heil aus dieser mit Haß vergifteten Einöde herausgekommen war.
Erst als wir am mächtigen Colorado River auf den Highway stießen, belebte sich die Gegend. Der Pullman-Bus hielt in einem Picknick-Park am Ufer. Wir packten unsere Lunch-Kartons aus und aßen unsere vegetarischen Sandwiches, während wir im Schneematsch standen und froren. Die Stimmung war gedrückt. Wir waren nicht auf einem gemeinsamen Ausflug; wir waren unterwegs, um uns zu trennen – für immer. Auf der Autobahn donnerten Lastzüge und Greyhound-Busse an uns vorüber. Der Verkehrslärm irritierte mich. Beißend drang der Geruch der Autoabgase in meine Nase.
Wir fühlten uns wie Aussätzige in unseren roten Klamotten. Einige Sanyasins trugen ihre Mala, die Holzperlenkette mit Rajneeshs Photo im Medaillon, obwohl der Meister schon vor Wochen verkündet hatte, daß die Mala und die rote Kleidung nicht mehr obligatorisch seien. Meine Mala lag im Koffer. Ich sah keinen Grund mehr, sie zu tragen. Sie hatte ihren Sinn erfüllt. Ich war meinen Freunden in Deutschland damit auf die Nerven gegangen. Ich hatte die Mala überall getragen, auch in Bonn, als ich Politiker und Korrespondenten besucht hatte. Ich war damit in Fernseh-Talkshows aufgetreten, und ich hatte sie auch nicht abgelegt, wenn ich auf Vortragsreise ging. Ich hatte mich absichtlich und mit Vergnügen lächerlich gemacht – eine Erfahrung, die ich nicht missen möchte. Sie hat mich gelehrt, mein Selbstwertgefühl vom Urteil anderer Leute etwas unabhängiger zu machen.
Meinen roten Anorak und die wattierten roten Hosen trug ich noch, weil ich keine Kleidung in anderer Farbe mehr besaß. Der olivgrüne Baumwollanzug, den ich wie einen Tarnanzug übergestreift hatte, als ich vor Jahren in die USA einreiste, (ich wollte nicht riskieren, daß die Paßbe-

amten mich als Sanyasin erkannten, und an der Weiterreise nach Rajneeshpuram hinderten), dieser schöne, teure Anzug paßte mir leider nicht mehr, weil mein Kreuz beim Mülltonnenstemmen breiter geworden war. Seit mehr als zehn Jahren besaß ich keinen Mantel mehr.
Nach fünf Stunden Fahrt erreichten wir den Flughafen von Portland. Ich stieg im Schneegestöber aus; die anderen wollten weiter zum »Rajneesh Hotel« in der Stadt. »Good Luck! Take care! Hals- und Beinbruch! Paß auf dich auf!« Wir verabschiedeten uns cool, so als wollten wir uns nicht eingestehen, daß es wahrscheinlich ein Abschied fürs Leben war. Ich stand zwischen meinen Koffern und schaute dem silberglänzenden Bus nach. Kein Stich im Herzen, keine Trauer, kein Bedauern darüber, daß in diesem Augenblick, da der Bus aus meinem Blickfeld verschwand, meine letzte Verbindung zu Rajneeshpuram abriß. Meine Gedanken waren schon beim Check-In-Schalter, und ich überlegte, wie ich mein Übergepäck an der Waage vorbeimogeln könnte. Ich ergriff meine Koffer und stürzte mich ins Gewühl der Passagiere.
Zwei Stunden später saß ich im Flugzeug. Eine Stewardess beugte sich über meinen Sitz. Ich sog den aggressiven Duft ihres Parfums ein und starrte fasziniert auf die fingernagellangen künstlichen Wimpern ihrer Gesichtsmaske.
»Want a Kaaktehl?« bellte sie und schaute mich mit der Herzlichkeit einer Tiefkühltruhe an.
Ich schrak zusammen. A Kaaktehl?
»Yes or No??« bellte sie ungeduldig, und ich verstand jetzt, daß sie mir einen Cocktail anbot. Ich wollte keinen Cocktail haben. Ich wollte überhaupt nichts von dieser Frau haben. Also bellte ich zurück: »No!!«
Und schon war sie beim nächsten Passagier: »Want a Kaaktehl?«
Ich muß mir hier draußen ein anderes Tempo angewöhnen, dachte ich. Time is money! Die amerikanische Wettbewerbsgesellschaft hat keine Geduld mit begriffsstutzigen Langweilern.
Landung in San Francisco. Chaos auf dem Flughafen. Schneestürme weiter im Norden. Der Flughafen Portland war inzwischen geschlossen worden. Glück gehabt! Auch Seattle war zu. Tausende von Passagieren waren gestrandet, drängten sich in den Hallen, wollten ihr Gepäck zurückhaben, schrien nach Taxis und Bussen.
Ich bahnte mir einen Weg zur Gepäckausgabe. Ein kleiner Schwarzer mit Hornbrille und ein rotgesichtiger Hysteriker brüllten sich an, zerrten

an einem Gepäckkarren, um den sie sich stritten. Kindergeplärr, Lautsprecherdurchsagen. An der grauen Kalkwand der Halle lehnte ein blasser, alter Mann in einem abgewetzten Mantel. Mit blau angelaufenen Händen umklammerte er die Krempe eines Schlapphuts, an dem ein Stück Pappe mit der Aufschrift baumelte: »Mitgefühl für die Obdachlosen.« Blicklos starrte er in das Chaos. Niemand beachtete ihn.

Der Schwarze und der Hysteriker waren inzwischen zu einem Bewegungskrieg übergegangen. Sie verschwanden in der Menschenmasse und ließen den Karren zurück. Ich griff zu, lud meine Koffer auf und schob ab ins Freie. Donnerndes Motorengeräusch. Wie eine Elefantenherde kamen die Busse aus der Nacht, rollten ins grelle Licht der Straßenbeleuchtung, stoppten kurz, rollten weiter, Preßluftbremsen zischten. Laute Rufe: »Taxi! Hilton! Avis!« Stretchlimousinen fuhren im Schneegestöber vor – fünf Meter lackiertes Stahlblech, Chrom und getöntes Glas. Fernsehantenne am Heck. Telefon. Bar. Mobile Liebeslaube, Konferenzraum auf Rädern. Herren mit flachen Schlangenlederkoffern stiegen ein. Automatisch sprang der Kofferraum auf. VIP-Betreuer verstauten das Gepäck.

Rolls Royce, Mercedes, Bentley, BMW, Jaguar... Chauffeure mit Schirmmützen und weißen Handschuhen. Eine hagere Dame mit Nerzhut und Edelsteinen auf den Schuhen ließ ihren Pinscher von einem Leibwächter hinter sich hertragen. Ein Polizist – Sturzhelm, Schaftstiefel, Colt am Koppel – blies in seine Trillerpfeife, die er zwischen die Zähne geklemmt hatte, während er mit beiden Händen Strafzettel an Windschutzscheiben heftete.

»Good to see you!« Eine Frauenstimme, Ulla! Sie stand plötzlich vor mir, strahlte mich aufgeregt aus ihren großen blauen Augen an, umarmte mich flüchtig, hatte es eilig. »Los, wir müssen hier verschwinden! Mein Auto steht da hinten!« Sie warf meine Umhängetasche über ihre Schulter und spurtete davon. Ich folgte ihr mit meinen beiden Koffern so schnell ich konnte. Das Auto stand im Halteverbot. Ich warf das Gepäck in den Kofferraum, während Ulla schon den Motor aufheulen ließ. Sie stieß meine Tür von innen auf; ich ließ mich auf den Sitz fallen, der Wagen fuhr ruckartig an. Als ich mit beiden Händen die Tür zuzog, tauchte das Gesicht des Polizisten vor der Scheibe auf. Geschwollene Stirnader, aufgeblasene Backen, irrer Blick. Er wedelte mit dem Strafzettelblock. Wir zischten ab und ließen ihn stehen.

»Geschafft!« triumphierte Ulla und fädelte sich mit quietschenden Reifen in den Verkehrsstrom ein.

»Das geht ja hier zu wie im Hollywood-Krimi«, keuchte ich benommen.

Ulla schaute mich von der Seite an. »Super siehst du aus«, lachte sie. »So schön relaxed. Wie aus den Ferien.«

Sie gehört zu den beneidenswerten Frauen, die mit den Jahren immer attraktiver werden. Ihre Züge werden feiner. Ihre Körpergestik wird sparsamer und dadurch eindringlicher. Manierismen fallen ab. Eitelkeiten verschwinden. Der Kern ihres Wesens tritt stärker hervor; Verständnis, Mitgefühl, Herzenswärme, Humor.

Wir waren uns Mitte der fünfziger Jahre in Kairo begegnet. Ich lebte dort als Korrespondent der »Süddeutschen Zeitung«; Ulla war Chefsekretärin in einer Kairoer Exportfirma: frei wie ein Vogel, unverklemmt, fröhlich, lebendig, ein As auf dem Tennisplatz des »Gezira Sporting Clubs«. Ich war mit Isis, einer schönen Koptin, verheiratet und brachte Ulla mit meinem Freund Joe Alex Morris jr. zusammen, dem Nahostkorrespondenten der »New York Herald Tribune«. Ein paar Monate später waren die beiden verheiratet.

Wir genossen den Glamour unserer Auslandskorrespondenten-Existenz. Aber mit der Zeit gingen uns der arabische Fanatismus und Israels moralischer Verfall auf die Nerven. Wir setzten uns nach Europa ab. Der Nahe Osten ließ uns jedoch nicht mehr los. Joe kehrte als Korrespondent der »Los Angeles Times« zurück – diesmal mit Sitz in Beirut. Und ich flog gelegentlich zu besonderen Ereignissen ein. Der Bürgerkrieg hatte die libanesische Hauptstadt in eine Hölle verwandelt – eine Hölle im Paradies. Überall wurde geschossen, die Fronten waren unklar. Vierzehnjährige ballerten mit Maschinenpistolen in die Gegend, Kidnapperkommandos waren unterwegs, Luxushotels standen in Flammen. Strom und Wasser fielen aus. Ausländer hatten das Land längst verlassen, Frauen und Kinder zuerst. In den Botschaften gab es nur noch ein paar Diplomaten, die ihre Geschäfte hinter gepanzerten Türen und schußsicherem Glas abwickelten.

Joe fuhr in einem offenen Sportwagen in der Stadt herum, kreuzte die verworrenen Fronten, kannte alle Politiker, Terroristen, Kommandochefs, Agenten, Freischärler, Banditen, Generäle, Diplomaten, Schwarzhändler, Popen und Scheichs. Er war hier zu Hause. Er war in seinem Element. Seine Kinder hatte er aus der Schußlinie gezogen und

in europäischen Internaten untergebracht. Aber Ulla war noch da. Sie war die »Mutter Courage« von Beirut. Kein Reporter, der Beirut in diesen wilden Jahren besuchte, wird ihre Dinnerpartys vergessen. Ihre Adresse wurde in den Pressehäusern von New York bis Hamburg als Geheimtip gehandelt. Ulla und Joe waren die einzigen Mieter in einem von Granaten zerfetzten Luxus-Appartmenthaus, das die anderen Mieter längst geräumt hatten. Der Lift funktionierte nicht mehr. Die meisten Fenster waren mit Sperrholzplatten vernagelt, aber zum Meer hin hielten sich noch einige Scheiben in den Fensterrahmen und gaben den Blick auf romantische Sonnenuntergänge hinter dem Leuchtturm frei.
Wir hockten auf Lederpuffs und tranken Whisky im Kerzenlicht, während Ulla in der Küche Spaghetti auf primitiven Kerosinkochern kochte und den Salat anrichtete, den sie unter Beschuß im verwüsteten Moslemviertel eingekauft hatte. Leuchtspurgeschosse zischten wie harmlose Feuerwerkskörper durch den Sternenhimmel über Beirut. Manchmal kam der Schlachtenlärm näher. Ohrenbetäubende Explosionen ließen den Fliesenboden unter unseren Füßen vibrieren, und aus den Rissen in den Betonwänden quollen Staubwolken. Uns standen die Haare zu Berge, aber Ulla kochte ungerührt weiter. »Outgoing!« sagte Joe und füllte gelassen die Gläser auf. Outgoing hieß, daß es sich nicht um einschlagende Granaten, sondern um die Abschüsse einer Feldhaubitze handelte, die unter dem Balkon lustvoll in die Gegend ballerte.
Ich mußte an Ullas Dinnerpartys denken, als ich mit ihr vom Flughafen nach Palo Alto fuhr. Und natürlich dachte ich an Joe, der seit acht Jahren tot war. In Teheran hatte es ihn schließlich erwischt, als er über den Aufstand gegen den Schah berichtete: Eine Scharfschützenkugel traf ihn, als er im Kasernenviertel der Aufständischen ins Kreuzfeuer geriet. Ulla zog mit den drei Töchtern nach Los Angeles und nahm einen Job bei der »Los Angeles Times« an. Jahre vergingen. Eines Tages schrieb sie mir nach Rajneeshpuram; »Bill und ich haben geheiratet. Ich glaube, ihr werdet euch gut verstehen. Er hat auch in einem Aschram gelebt.« Später erfuhr ich, daß Bill Klarinette spielt und mit berühmten schwarzen Jazzmusikern auftritt, daß er fotografiert und schreibt und gute Bildbände herausgibt. Nun würde ich Bill endlich kennenlernen.
Meine Gedanken waren in der Vergangenheit, und ich fühlte mich ziemlich fremd, als ich mit Ulla über den achtspurigen Freeway 101 nach Süden brauste. Es war schon nach neun Uhr abends, aber immer

noch Rush Hour. Der Berufsverkehr war vorbei, und ich wunderte mich darüber, daß noch so viele Leute unterwegs waren. »Wo fahren die denn alle hin?« fragte ich Ulla. Sie schaute mich verwundert von der Seite an. »Keine Ahnung«, sagte sie, »hier ist immer so viel Verkehr.«

Eine halbe Stunde später waren wir in ihrem Townhouse in Palo Alto. »Bill, das ist Andy!« sagte Ulla, und ich dachte, aha, den Andy gibt es also von jetzt an wieder. Bill hob seine schlanken Einsneunzig aus dem Sessel vor dem Kaminfeuer. »Hi, Andy. Welcome! Good to see you!« Schüchterne Herzlichkeit, neugierig kritischer Blick, verhaltenes Lächeln. Die Schüchternheit erschien mir als Tarnung; dahinter verbarg sich das lässige Selbstbewußtsein eines Mannes, der im Milieu der amerikanischen Power-Elite aufgewachsen war. Innerhalb von Minuten waren wir in ein Gespräch über Hinduismus vertieft. Bill war ein Schüler von Muktananda gewesen, dem inzwischen verstorbenen indischen Guru, der in Amerika eine große Gemeinde gegründet hatte. Bei ihrem Besuch auf der Ranch hatten mir Inge und Rainer einiges über Bills Hintergrund erzählt. Der Vater, Herr über ein großes Kaufhausimperium, gehört zu den mächtigsten Männern an der amerikanischen Westküste. Bill war der Kronprinz. Seine Karriere war vorgezeichnet. Aber der Sohn verließ die Spur, die der Vater gezogen hatte.

Die romantische Folklore des Kapitalismus ist voller Geschichten von armen Teufeln, die aus dem Ghetto der Deklassierten ausbrechen und in die Chefetagen der Wolkenkratzer aufsteigen. Vom Zeitungsjungen zum Pressezaren, vom Tellerwäscher zum Finanzbaron. Ich kann mit solchen Karrierehelden nichts anfangen. Sie langweilen mich. Die wahren Helden sind diejenigen, die sich vom Traditionszwang mächtiger Dynastien befreien, die aus dem goldenen Nest ausbrechen, die auf abgesicherte Karrieren und alles, was damit zusammenhängt, verzichten: die Polopferde und die Sportwagen, die Landsitze und die Mitgliedschaft in exklusiven Clubs.

Bill folgte seinem eigenen Stern. Er wurde nicht Bill, der Finanzjongleur und Kaufhauslöwe, sondern Bill, der Künstler – oder einfach Bill. Er wurde er selbst. Das brachte ihn mir nahe, schon bevor wir uns richtig kennenlernten. Wenn er nicht seinen Weg gegangen wäre, dann hätte Ulla ihren Job mit Pensionsanspruch nicht an den Nagel gehängt, um mit diesem Mann in der riskanten Freiheit einer Künstlerexistenz ein neues Leben zu beginnen.

Das Kaminfeuer strahlte eine gemütliche Wärme ab. Kerzenlicht schimmerte in Rotweingläsern. Pachelbel-Musik tönte sanft aus Stereolautsprechern. Lachshappen, Avocados, französischer Brie, Weintrauben. Ich versank in den weichen Kissen meines Sessels, spürte, wie mir der Rotwein wohlig durch die Adern rann. Rajneeshpuram war schon so weit weg. Es kam mir unwahrscheinlich vor, daß ich die verschneite Einöde der Muddy Ranch erst am Morgen verlassen hatte. Ich fühlte mich wie ein Raumfahrer, den eine Rakete auf einen anderen Planeten verschlagen hatte, Lichtjahre von seinem eigenen Gestirn entfernt – und ohne Hoffnung auf Rückkehr. Heimweh...
Was Astha wohl gerade tat? Und die anderen? War die Ranch zugeschneit? Abgeschnitten von der Außenwelt? Meine Gedanken wanderten in die Restaurantbar. Stimmengewirr, Musik. Ich sah die aufgeregten Gesichter meiner Freunde, sehnte mich danach, bei ihnen zu sein, sie zu umarmen, sie anzufassen. Ich hatte das Nest verlassen, aber ich war nirgendwo angekommen. Ich schaute mich in Ullas und Bills Haus um, während sie von ihrer bevorstehenden Reise nach New Orleans erzählten. Da waren Teppiche, die ich schon aus Kairo und Beirut kannte. Antiquitäten aus aller Welt. Erinnerungen an Joe und viele gemeinsam bestandene Abenteuer. Frische Blumen in alten persischen Vasen. Honigkerzen in hassidischen Leuchtern. Bills Fotos, Bilder von strenger Ästhetik. Viele Bücher...
Es war gemütlich hier. Ich fühlte mich wohl, war sogar ein bißchen neidisch auf diese Idylle, aber ich konnte mir nicht vorstellen, daß ich mich noch einmal in dieser bürgerlichen Form heimisch machen würde, mit Büchern und Platten, mit Tafelsilber und Bucharateppich, mit gerahmten Familienfotos auf dem Klavier und gut bestücktem Weinkeller. Es war zu spät. Es kam nicht mehr in Frage. Ich mußte einen neuen Anfang machen, aber ich konnte nicht dort anfangen, wo ich vor zehn Jahren aufgehört hatte. Es gab keine alten Bindungen mehr, an die ich wieder anknüpfen konnte. Das Kommuneleben unter Menschen vieler Nationalitäten hatte meine Identität als Deutscher verwischt. Und auch meine Identität als Reporter war verlorengegangen. Ich empfand es als fast unmöglich, mich normalen Menschen verständlich zu machen. Meine Abenteuer in der oregonischen Wüste waren wie ein extraterrestrisches Happening gewesen – exotisch, abgehoben, jenseits von Zeit und Raum. Sie hatten mich in eine Dimension geworfen, aus der mir die

Welt unendlich fern und verwirrend erschien. Ich hatte vergessen, was diese Welt und ihre Menschen bewegte, und es würde wohl eine Weile dauern, bis ich mich wieder zurechtfand.

Ein Außenseiter würde ich freilich bleiben; das schien mir schicksalhaft vorgezeichnet. Wer sich auf die Suche nach der Wahrheit macht, wählt das Alleinsein, geht auf innere Distanz, identifiziert sich nicht. Er ist, wie die Buddhisten sagen, »in der Welt, aber nicht von dieser Welt«. Von jetzt an würde ich wohl überall und nirgends zu Hause sein. Keine Pläne mehr und kein Ziel, keine Motivation, kein Ehrgeiz. Es gab nur das Hier und Jetzt als greifbare Realität. Ulla und Bill im flackernden Schein des Kaminfeuers, der Wein auf dem Tisch, das Gespräch über die »Preservation Hall« in New Orleans, die Hochburg des Jazz, über die Bill ein Fotobuch machen wollte. Kurz nach Mitternacht ging ich zu Bett und fiel in einen traumlosen Schlaf.

In den nächsten Tagen machten mich Ulla und Bill mit Palo Alto vertraut. Ich erfuhr, wo das Gemüse am besten und am billigsten war und wo man deutsches Schwarzbrot kaufen konnte. Eines Abends nahmen sie mich zu einer Party mit. Der Direktor eines Studienprogramms für Journalisten an der Stanford-Universität hatte zum Dinner im kleinen Kreis eingeladen. Früher hatte ich solche Veranstaltungen ständig besucht; jetzt erschien mir diese Dinnerparty wie ein exotisches Ritual. Man trug Anzug und Krawatte. Ich trug eine weinrote Jeansjacke, weil ich nichts anderes anzuziehen hatte. »Hi Andy«, sagte die Dame des Hauses und musterte mich etwas verwirrt. »Glad to meet you!« Ulla sagte: »Andy war ein guter Freund von Joe. Er war Korrespondent der ›Süddeutschen Zeitung‹ in Kairo, als wir uns kennenlernten.« Das beruhigte unseren Gastgeber. Mein Aufzug hatte ihn verunsichert. »Glad to meet you, Andy«, sagte er.

Ich schätzte ihn auf Anfang vierzig. Er war klein und rundgesichtig. Helle Augen hinter dicken Brillengläsern, sandfarbenes Haar. »What would you like to drink?« fragte er, ohne irgendeinem von uns in die Augen zu schauen. Er servierte die Cocktails vor dem Essen mit diskreter Unauffälligkeit, so als sei er der Butler des Hauses. Seine hervorstechende Eigenschaft war seine Schweigsamkeit. Er machte den Mund nur auf, wenn er gefragt wurde. Er hatte zweimal den Pulitzer-Preis gewonnen, und ich hielt es für möglich, daß sich hinter dem Schweigen ein tiefer Denker verbarg. Es dauerte eine Weile, bis ich begriff, daß der

Mann schwieg, weil er nichts zu sagen hatte. Clever, dachte ich und immerhin besser als die Schwätzer, die dauernd reden, ohne etwas zu sagen. Aber wie, in Gottes Namen, war der Mann zu seinen Preisen gekommen? Ich fragte ihn. Er schwieg bedeutungsvoll. Die Spannung wuchs. Schließlich konnte es Ulla nicht mehr aushalten, und sie antwortete für ihn: »John hat vielbeachtete Reportageserien über die Machenschaften im Getreidehandel geschrieben. Er kommt aus Chicago.« Unser Gastgeber starrte in das Kaminfeuer und tat so, als sei gar nicht von ihm die Rede. Er sieht aus wie ein Mehlsack, dachte ich und fand es einleuchtend, daß er mit einer Fleißarbeit über den Getreidehandel zu hohen journalistischen Ehren gekommen war. Als inspirierenden Geist an dieser Eliteuniversität konnte ich ihn mir allerdings nicht vorstellen. Kein Charisma, kein Feuer, keine Visionen. Ein langweiliger Pragmatiker. »What are you doing, Andy?« fragte er, und als ich ihm erzählte, daß ich drei Jahre in Rajneeshpuram gewesen war, stellte er keine weiteren Fragen mehr. Die Unterhaltung kehrte zurück zu Zeitungsklatsch, Universitätsinterna und Parteipolitik. Den ganzen Abend wurde kein persönliches Wort gesprochen. Jeder blieb in seiner kleinen Muschel sitzen und machte Konversation über neutrale Themen.
Ich fühlte mich wie im Käfig. Streß, Schweiß auf der Stirn, Atemnot, und es gab kein Entrinnen. Jede Viertelstunde stand ich auf und ging in den Garten, um eine Zigarette zu rauchen. Die anderen waren Nichtraucher, und es war klar, daß in diesem Haus nicht geraucht werden durfte. Als ich nach der dritten Zigarette an den Kamin zurückkehrte, fragte die Gastgeberin, eher verwundert als mitfühlend: »Are you feeling allright, Andy?« Und nun wurde der Abend für mich doch noch ein Gewinn, denn ich sah mich plötzlich mit ihren Augen, und was ich sah, gefiel mir nicht: ein rastloser Nikotinsklave, der sich nicht einmal eine halbe Stunde lang beherrschen konnte. Auf der Ranch hatte ich mir keine Gedanken darüber gemacht; dort war die Zigarette das Ventil für den psychischen Hochdruck der letzten Wochen gewesen. Also hatte ich geraucht und kein schlechtes Gewissen dabei gehabt. Aber jetzt kam mir meine Kritik an den Gastgebern überheblich vor, und ich fühlte mich wie ein Blender. Die Zigarette nach dem Dessert im Hause des Stanford-Menschen war meine letzte. Seither bin ich Nichtraucher.
Am nächsten Morgen brachte ich Ulla und Bill zum Flughafen. Sie hatten mir die Zündschlüssel für einen weißen VW-Käfer übergeben,

der unbenutzt vor dem Haus stand. Ich wußte, wie man die Geschirrspülmaschine, den Mikrogrill, die Stereoanlage und den Fernseher bedient. Sie hatten nichts dagegen, daß Astha mir beim Hauseinhüten Gesellschaft leistet. In drei Wochen wollten sie zurück sein.

Als ich am Abend vor dem Fernseher saß und fasziniert von der elektronisch dargebotenen Programmfülle von einem Kanal zum anderen schaltete, rief Astha an. »Erzähle!« sagte sie atemlos.

»Ich trinke einen Pinot Noir. Im Kamin brennt ein Feuer. Im Kühlschrank gibt es Räucherlachs und ›Baskin & Robbins‹-Eiscreme. Im Fernsehen gibt es 32 verschiedene Programme. Vor der Garage steht mein weißer VW. Wann willst du kommen?«

»In spätestens einer Woche bin ich da«, sagte sie. Ich fragte sie nach Ram, und sie sagte, daß er mit Jayapal in Marina del Rey bei Los Angeles sei. Jayapal hätte ein Haus am Strand gemietet. Dort ginge es zu wie in einem Flüchtlingslager. Jeden Tag kämen Sanyasins von der Ranch an, breiteten überall ihre Schlafsäcke aus, sogar in der Küche, führten Ferngespräche und plünderten den Kühlschrank. »Ich habe Ram deine Nummer in Palo Alto gegeben«, sagte sie. »Wir bleiben in Verbindung.« Auf der Ranch läge ein Meter Schnee, erzählte sie. Es sei traumhaft schön. Still, einsam, verwunschen. Die Rehe liefen mitten in der Stadt herum. Die meisten Sanyasins seien abgereist. »Jetzt ist es hier so, wie wir es uns immer erträumt haben.«

Als ich den Hörer aufgelegt hatte, packte mich die große Sehnsucht. Am liebsten wäre ich in den kleinen VW gestiegen und nach Oregon gefahren, zurück auf die Ranch. Die Erinnerungen an die Kommune begannen schon, sich zu verklären. Die unangenehmen Erlebnisse verblaßten. Die Ranch, die ich nur als lärmige Baustelle erlebt hatte, erschien mir als Idylle. Ich sehnte mich nach der würzig-sauberen Luft, dem klaren Himmel, den stillen Tälern, den Wasserfällen, dem ruhigen Rhythmus des Landlebens.

Schon fing ich an, mir Sorgen ums Geld zu machen. Ulla hatte mir geraten, etwas für das Wochenendmagazin der »Los Angeles Times« zu schreiben, und als ich mich eines Morgens mal wieder an den obdachlosen Bettler auf dem Flughafen erinnerte, setzte ich mich an ihre Schreibmaschine und verfaßte einen Artikel über den Niedergang der Rajneesh-Kommune in Oregon. Wer weiß, vielleicht würden die »Times«-Leute ein paar Dollar dafür bezahlen? Ich konnte es mir nicht so recht vorstel-

len, denn meine Wahrheit war nicht ihre Wahrheit. Aber es war den Versuch wert. Die Wahrheit, die wir kennen, hat nichts mit jener Objektivität zu tun, auf die besonders die amerikanische Presse so stolz ist. Sie trennt Kommentar und Bericht. Der Reporter soll keine eigene Meinung äußern. Er sammelt Facts mit der Emsigkeit eines Staubsaugers, und die Masse der Facts stellt dann angeblich die objektive Wahrheit dar. Es ist Leserbetrug, bestenfalls Selbsttäuschung, denn der Reporter filtert die Facts durch seine individuelle Optik, und der Redakteur mischt sie so auf, daß sie der Linie seiner Zeitung entsprechen. Aber es kommt vor, daß die Zeitungen Außenseiter mit »Insider«-Berichten zu Wort kommen lassen. Im Vorspann kann sich die Redaktion vom Inhalt distanzieren. Vielleicht hatte meine Story eine solche Chance. Was ich zu Papier brachte, war gewiß nicht langweilig. Vielleicht würden sich die Studenten der Stanford-Universität dafür interessieren? Mir fiel Arthur ein, der Karatelehrer der Universität, der angeblich so begeistert von Rajneeshpuram gewesen war und einen Vortrag an der Uni arrangieren konnte.
Am nächsten Tag rief ich ihn an, und wir verabredeten uns am Hoover-Turm in der Stanford-Universität. Als ich dort ankam, war von Arthur nichts zu sehen. Ich setzte mich auf die Stufen, die zum Audi-Max führen, wartete und schaute mich um. Die Universität liegt auf dem parkartigen Gelände einer ehemaligen Ranch. Gepflegte Grünflächen, Rasensprüher, Springbrunnen, Palmenalleen, stille Fahrradwege unter hohen Eukalyptusbäumen. Auf den Durchgangsstraßen herrschte lebhafter Verkehr. Parkplatznot. Jeder Student schien hier mit dem eigenen Wagen vorzufahren. Hübsche Mädchen in weißen VW-Kabrios. Auffällig viele asiatische Studenten, wenig Farbige. Ein Jahr in Stanford soll 40 000 Mark kosten, aber viele haben ein Stipendium, so hörte ich von Ulla. Nirgendwo sah ich Plakate mit politischen Parolen. Keine Flugblätter, keine Transparente. Die Studenten sahen adrett aus – keine langen Haare mehr bis über die Schultern, keine Jesuslatschen und zerfetzten Jeans wie in den Jahren der Protestbewegung. Man trug jetzt Bürstenhaarschnitt oder Pomade im Haar, wie Willy Birgel, als er für Deutschland ritt.
»Wartest du auf mich? Ich bin Arthur!« Der Karatelehrer stand vor mir. »Sorry«, sagte er, »ich komme spät. Meine Karre ist mal wieder nicht angesprungen.« Ich hatte mir einen Karatetrainer breitschultrig und robust vorgestellt. Aber dieser hier war blaß, hektisch und schlank wie

eine Schlange. Er trug Jeans und Tennisschuhe, bewegte sich mit rythmischem Schwung, so als wolle er mit jedem Schritt abheben. Flüchtige Begrüßung. Lascher Händedruck. Er musterte mich mit einem zerstreuten Blick, zögerte, so als hätte er vergessen, warum wir uns eigentlich getroffen hatten. »Let's go!« sagte er unvermittelt, drehte sich um und schob mit weit ausholenden Armbewegungen ab. Ich hatte Mühe, ihm zu folgen. Er drehte den Kopf über die Schulter zurück und rief: »Wie geht's denn auf der Ranch? Alles im Arsch, was? Ein Jammer! Und wo ist Bhagwan? Keine Ahnung? Warum konnte er nicht 'n bißchen leiser auftreten, was? Es macht sich nicht bezahlt, wenn man dem Establishment auf den Füßen rumtrampelt...«

Sein Büro – es war nicht größer als eine Mönchszelle – sah aus, als hätte eine Bombe eingeschlagen. Arthur räumte einen Stapel Zeitungen vom Stuhl und bat mich, Platz zu nehmen. Es gab noch einen anderen Stuhl, aber auf dem stand ein Fünf-Gallonen-Wasserbehälter aus Plastik. Zu viel Arbeit, das Ding zu bewegen. So schob Arthur mit beiden Händen Konservendosen, Briefe, Bücher, Zeitschriften und dreckiges Plastikgeschirr beiseite und setzte sich auf den Schreibtisch.

Ich hätte Farb-Dias von Rajneeshpuram, sagte ich, und er war sofort Feuer und Flamme. Natürlich könne er einen Vortrag organisieren. No problem at all! Aber er brauche eine Woche Zeit. Plakate und Handzettel seien nicht nötig. Das spräche sich von selbst herum, meinte er. Rajneesh sei ein heißes Thema. »Gib mir mal deine Telefonnummer. Ich rufe dich an, wenn es soweit ist.«

Mit einem Ruck riß er den linken Arm hoch und schaute auf seine Rolex. »Fuck it! Schon so spät!« Er sprang vom Schreibtisch ab, legte mir die Hand auf die Schulter. »Ich muß los. Meine Karateklasse wartet. Du hast Verständnis, okay? Findest den Weg allein zurück?« Unser Treffen hatte keine fünf Minuten gedauert. Ich fing an, mich an das amerikanische Tempo zu gewöhnen.

Schon nach fünf Tagen meldete sich Arthur. Ich war nicht zu Hause, deshalb hatte er auf den telefonischen Anrufbeantworter gesprochen. Seine Stimme klang optimistisch. Freitag Vormittag um 11 Uhr solle ich bitte mit den Farbdias bei ihm im Büro sein. Ich war beeindruckt. Der Mann war zuverlässig. Die PR-Leute auf der Ranch hatten ihn offenbar richtig eingeschätzt. Arthur hatte Einfluß in Stanford; der konnte die Dinge in Bewegung bringen.

Am Freitag fuhr ich mit dem Rad in die Universität, um mir die umständliche Parkplatzsuche zu ersparen. Arthur war diesmal pünktlich. Er wartete schon in seinem Büro. »Hi, man, great to see you!« Er sprang vom Stuhl auf, reichte mir schwungvoll die Hand, Tatendrang im Blick. Offenbar war schon wieder Eile geboten, denn Arthur klemmte sich hastig einen Projektionsapparat unter den Arm und rannte aus dem Büro. Ich folgte ihm mit den Dias und der aufgerollten Leinwand. In einem Treppenhaus mit Erkerfenster bremste Arthur ab, stellte den Apparat auf einen Tisch, der mir direkt vor der Treppe deplaziert vorkam. Ich stand da mit meiner aufgerollten Leinwand und den Dias und wußte nicht so recht, wie es weiter gehen sollte.

»Du kannst schon mal die Leinwand aufstellen«, sagte Arthur, während er die ersten Dias in die Karussells steckte. Erst jetzt beschlich mich der Verdacht, daß hier etwas nicht mit rechten Dingen zuging. »Wo sind denn die anderen?« fragte ich. Arthur warf mir einen fragenden Blick zu, so als hätte er nicht richtig verstanden.

»Wo sind denn die Zuhörer?«

»Ach so«, sagte Arthur und rieb sich verlegen die Hände. »Also, paß mal auf... Ich habe getan, was ich konnte, aber irgendwie hat sich niemand für das Thema interessiert.«

»Nicht interessiert??«

»Ja, du... also, ich war ja auch ganz platt. Rajneesh ist out! Es wird schon wieder 'ne andere Sau durchs Dorf gejagt. Was soll man machen?« Er wand sich wie ein Aal. Und weil er mir nicht in die Augen schauen wollte, steckte er wieder Dias ins Karussell. »Arthur«, sagte ich, »das Märchen kannst du deiner Großmutter verkaufen. Nun rück mal raus mit der Sprache. Was ist los?« Er hob hilflos die Hände zu den Schultern hoch. »Gar nichts ist los. Kein Interesse, das ist alles.«

Ich glaubte ihm kein Wort, denn ein oder zwei Dutzend Leute hätte er allemal zusammentrommeln können. Die Universitätsverwaltung hatte den Vortrag nicht genehmigt, und Arthur wollte es aus irgendeinem Grund nicht zugeben. Soviel war klar. Aber warum schob er verbissen die Dias ins Karussell? Ich verstand überhaupt nichts mehr. Was hatte ich hier mit diesem Karate-Typen eigentlich zu suchen? Ich stand vor der Leinwand, Arthur schwitzte mit den Dias, und plötzlich überkam mich eine unwiderstehliche Heiterkeit. Arthur blickte überrascht auf und sagte mit einem erleichterten Seufzer: »Mann, ich dachte schon, du

bist sauer!« Er strahlte und wischte sich mit dem Handrücken den Schweiß von der Stirn. »Du hast doch hoffentlich nichts dagegen, wenn *ich* mir wenigstens die Dias angucke?«
Ich hatte nichts dagegen. Wenigstens einer in dieser amerikanischen Eliteuniversität. Ich war gut gelaunt. Möglicherweise wäre die Veranstaltung in ein Fiasko ausgeartet. Eine glückliche Fügung hat mich davor bewahrt, dachte ich.

Jahrelang hatte mich der Wecker morgens, wenn es noch dunkel war, aus dem Schlaf gerissen. Jeden Tag hatte ich mindestens zwölf Stunden gearbeitet und war abends, wie von der Axt gefällt, ins Bett gefallen. Kein Privatleben, kein Alleinsein. Und nun saß ich ganz allein in diesem komfortablen Haus in Palo Alto und genoß einen ungewohnten meditativen Müßiggang. Ich lebte hier in einer angenehmen Gegend, nicht weit von der Universität. Viele junge Aufsteiger wohnten hier, »Yuppies«, gesund, sportlich, flott gekleidet und vor allem am Geldverdienen interessiert. Sie verschwanden frühmorgens mit ihren Porsches und BMWs und waren den ganzen Tag über nicht zu sehen. Auch die meisten Frauen schienen berufstätig zu sein; oder vielleicht waren sie beim Friseur, im Tennisclub oder beim Bridge – jedenfalls sah ich sie kaum. Es gab nur wenig Kinder. Tagsüber war das Viertel wie ausgestorben.
Ich schlief aus und frühstückte, während ich in der »New York Times« las, die mir im Morgengrauen an die Haustür geliefert wurde. Auf der Ranch hatten mich die Ereignisse in der Welt nicht interessiert. Aber nun hatte ich nichts Besseres zu tun, als mir die »News« reinzuziehen, während ich mein weichgekochtes Ei und geröstete Bagels aß. Ich fand es schon fast unheimlich, wie wenig sich die Welt in den letzten Jahren verändert hatte. Unruhen in den besetzten Gebieten am Jordan. Immer noch dieselben Geiseln in der Gewalt schiitischer Fanatiker. Krieg zwischen Iran und Irak. Rüstungsmilliarden für die Star-Wars-Forschung. Genscher auf Reisen. Die amerikanische Staatsverschuldung wächst weiter. Handelsdefizit mit den Japanern ...
Ich hatte anscheinend überhaupt nichts verpaßt! Und mit Schrecken wurde mir bewußt, wie ich Tausende von Stunden meines Lebens mit Zeitungslektüre vergeudet hatte. Ich hatte meine Nase in lauter Angelegenheiten gesteckt, die mich nichts angingen und die keine Bedeutung besaßen. Ich hatte zwar gewußt, wer in Laos regierte, wie das englische

Pfund stand, was die Kikuju in Kenia taten, aber über mich selbst hatte ich fast nichts gewußt. Ich war »up to date« gewesen und mir dabei weltläufig vorgekommen, aber daß mein gieriger Nachrichtenkonsum eine Sucht war, mit der ich meine innere Leere betäubte, das wußte ich nicht. In Palo Alto ließ mein Interesse an der »Times« bald nach.

Am liebsten fuhr ich mit dem VW-Käfer ziellos in der Gegend herum. Wahrscheinlich rührte dieser Bewegungsdrang daher, daß ich auf der Ranch so lange festgesessen hatte. Jede Fahrt war ein Abenteuer. Es machte mir Spaß, auf den Freeways in Kolonne zu fahren. Wenn ich über die schwankende Golden-Gate-Brücke fuhr – tief unter mir die Segelyachten, klein wie Badewannenspielzeuge, und über mir Nebelfetzen zwischen armdicken Stahlseilen –, verschlug es mir jedesmal den Atem, und ein euphorisches Schwindelgefühl ergriff mich.

Schon bald wurde mir bewußt, daß ich mich auf meinen Fahrten zwischen San Francisco und San José in einem ganz besonderen Energiefeld bewegte. Die Energie wirkte auf mich wie ein Aufputschmittel. Ich fuhr über die Freeways und bestaunte die Konstruktionshallen der amerikanischen Luft- und Raumfahrtbehörde, in denen mehrere Kölner Dome aufrecht stehen können. Ich sah den milliardenteuren Teilchenbeschleuniger der Stanford-Universität, mit dem die Physiker das Geheimnis der Materie lüften wollen. Ich sah die luxuriösen Institute, in denen viele Nobelpreisträger ihren Ruhm begründet haben. Ich sah die flachen Paläste der High-Tech-Industrie, wo hinter getönten Glasfassaden der Krieg der Sterne geprobt wird. Ich sah die Managervillen auf den Hügeln, die einst von stillen Redwoodwäldern bedeckt waren; ich sah die Swimmingpools, die Sonnendecks mit Blick auf die Bucht von San Francisco, die Hot Tubs und die Quadruple-Garagen, die kleinen Flugplätze mit den Managerjets, die Golfplätze mit ihren unendlich weiten, kosmetisch aufgeputzten Rasenflächen. Und wenn ich in den Verkehrsstaus festsaß, freute mich, daß der chauffeurgesteuerte Rolls Royce Silvercloud mit dem telefonierenden Boß im Fond nicht schneller vorwärts kam als mein kleiner weißer Käfer.

»Silicon Valley« heißt dieses Kraftfeld, in dem ein Heer von Computerexperten, Star-Wars-Forschern und Wissenschaftlern der Stanford-Universität Tag und Nacht darum kämpfen, die Ersten, die Besten, die Berühmtesten zu sein. Silicon Valley ist nach den mikroskopisch kleinen, aus Silicon gefertigten Bauelementen der Computer benannt. Es ist das Herz der amerikanischen High-Tech-Industrie – neben New York und Tokio wohl das stärkste Kraftfeld auf dem Planeten.

Dieses Kraftfeld vibriert, kocht, wabert, schäumt, schlägt Funken. Energie überall – im infernalischen Verkehr auf den Autobahnen, in den Gehirnen der Hochtechnologie-Elite, im Geldstrom, der die Forschung finanziert, im Know-how, das in den Instituten und Laboratorien gespeichert ist. Die Energie schlägt ungebremst auf das Nervensystem durch, versetzt dich in einen Zustand permanenter Hochspannung. Ich schlief schlecht, hatte wilde Träume, bis mich die Meditation schließlich wieder in meinen eigenen Rhythmus zurückbrachte. Hat dich der Energiestrom erst einmal erfaßt, ist es schwer, sich seinem Sog zu entziehen. Das Kraftfeld übt eine ungeheure Faszination aus. Unwillkürlich setzt du dich in Trab, jagst phantastischen Gewinnchancen nach, dürstest nach Glamour und Prestige. Nirgendwo ist das Geldverdienen – Amerikas Volkssport Nummer eins – so spannend und so vielversprechend wie zwischen San Francisco und San José.

Hunderttausende stürzen sich jeden Morgen und jeden Abend in den Hexenkessel der Rush Hours auf den achtspurigen Freeways – apathisch, unerschütterlich, klaglos. Sie erinnerten mich an die Taucher, die ich vor Jahren auf einem Einsatzschiff in der Nordsee besucht hatte. Sie reparierten dort Ölpipelines auf dem Meeresboden. Ich landete mit dem Hubschrauber auf dem Schiffsheck. Der Kapitän führte mich in einen dunklen Raum, der mit allerlei elektronischen Geräten ausgestattet war. Ein Ingenieur und ein Arzt hielten Verbindung mit den Tauchern, die mit Schweißgeräten in mehr als 100 Metern Tiefe arbeiteten. Auf Bildschirmen konnte man ihren Herzschlag, den Blutdruck und die Körpertemperatur ablesen. Die Taucher selbst konnte man nicht sehen. Sie waren über eine Telefonleitung mit der Zentrale verbunden. Um mich an der Kommunikation teilhaben zu lassen, schaltete der Einsatzingenieur den Lautsprecher ein. Plötzlich ertönte ein infernalisches Geräusch, das mir einen Schauer über den Rücken jagte. Stoßhaftes Atmen, Ächzen und Stöhnen, langgezogene, markerschütternde Klagelaute, die direkt aus der Hölle zu kommen schienen.

»Mein Gott, was ist denn *das*?« entfuhr es mir. Es mußte einen Unfall gegeben haben, ein fürchterliches Drama in der Tiefe! Aber der Einsatzingenieur kommentierte lakonisch: »Das ist der Herr Schröder. Der hat seine Schicht gleich rum, dann kommt er rauf.«

Ich blieb, bis der Herr Schröder heraufkam. Auf dem Meeresboden stieg er in eine Stahlglocke, die nun hochgehievt wurde, langsam, Meter für Meter. Als die Glocke endlich auftauchte, wurde sie an eine Schleuse angeschraubt. Herr Schröder öffnete die Luke und stieg umständlich in die Schleuse. Dort zog er den Taucheranzug aus und schlüpfte in einen Trainingsanzug. Er schloß die Luke, Preßluft zischte, der Luftdruck in der Schleuse wurde dem Druck in einer knapp mannshohen Stahlröhre angepaßt, die Herr Schröder nach einer Weile durch eine zweite Luke betrat.

In der Stahlröhre lebten die Taucher für jeweils vier Wochen. Pritschen an der Wand, ein langgezogener Tisch in der Mitte, keine Blume, kein Bild. Das war ihr Zuhause. Von hier aus gingen sie jeden Tag zur Arbeit auf dem Meeresboden. In der Röhre herrschte fast der gleiche Druck wie dort unten in der finsteren Tiefe. Am Ende der vierwöchigen Arbeitsperiode mußten die Taucher wieder an den Normaldruck auf der Erdoberfläche gewöhnt werden. Der Dekompressionsprozeß dauerte eine Woche. Das Essen wurde den Tauchern durch eine kleine Schleuse gereicht. Herr Schröder nahm es nicht ab. Er ließ sich erschöpft auf eine Pritsche fallen. In zehn Stunden würde er wieder mit der Glocke in die Tiefe sinken und seine Knochenarbeit auf dem Meeresboden fortsetzen.

Als er nach einer Stunde aufwachte und über Mikrofon sein Essen abrief, nahm ich die Gelegenheit wahr, mit ihm zu sprechen. Er litt an einer Ohrenentzündung und an einer chronischen Entzündung der Knochengelenke, von der fast alle Berufstaucher befallen werden. Am Ende unseres Telefongesprächs (bei dem wir uns durch das dicke Plexiglas der Essensschleuse in die Augen schauten) stellte ich die Kardinalfrage: »Herr Schröder, warum machen Sie diesen Wahnsinnsjob eigentlich?«

»Den Job kannst du nur machen«, krächzte es im Lautsprecher, »wenn du ununterbrochen an dein Bankkonto denkst!«

Herr Schröder verdiente etwa 10 000 Dollar im Monat.

Offenbar war es diese »Schröder-Philosophie«, die den »Rush-Hour-Menschen« dazu motivierte, jeden Tag bis zu vier Stunden auf den Autobahnen herumzuschleichen, eingekeilt in heißes Autoblech, von Giftgasschwaden umwabert, bedröhnt vom donnernden Motorengeräusch der Lastzüge. Ich beobachtete sie, wenn ich mit ihnen Blech an Blech, im Schrittempo dahinrollte. Ich hätte gerne gewußt, wie es ihnen ging, wie sie diese Hölle aushielten. Konnten sie den jungen Tag genießen? Freuten sie sich auf ihre Arbeit, auf die Kollegen, auf die menschliche Wärme des Betriebsklimas in ihrer Firma? Von ihren Gesichtern konnte ich nichts ablesen. Sie sahen aus wie Schlafwandler – abwesend, verträumt, so als hätten sie schon mit dem Frühstücksei die erste Valium geschluckt.

Sie sahen aus wie du und ich. Ganz normal. Ich konnte mich mit diesen Menschen identifizieren, und ich fragte mich: Müssen wir leben wie sie, wenn wir in Amerika überleben wollen? Brauchten wir einen »Nine to Fiver« – einen Job, der morgens um neun beginnt und bis nachmittags um fünf dauert und der in ein paar Monaten einen Roboter aus dir macht?

Selbst Anuragi, dieser genialisch-verrückte Eigenbrötler und geborene Einzelgänger, wäre im Silicon Valley beinahe verheizt worden. Vor Jahren verließ er seine österreichische Heimat, um als Physiker und Computerfachmann im Roboter-Laboratorium der Stanford-Universität zu forschen. Ab und zu war ich ihm auf der Ranch in Oregon begegnet, wenn er in seinen Ferien beim Aufbau von Rajneeshpuram mitarbeitete. Er war der einzige Mensch, den ich in Palo Alto kannte, also rief ich ihn an, und wir trafen uns zum Mittagessen beim Italiener im Stanford-Einkaufszentrum. Die Sonne schien, ein milder Tag, wir konnten draußen sitzen. Anuragi zündete eine Zigarette an der anderen an, während wir auf unsere Spaghetti warteten. Manchmal schweifte sein Blick ab und gewann die wache Schärfe einer jagenden Katze. Er stockte mitten im Satz, drehte sich aus der Hüfte in seinem Stuhl um und konzentrierte sich mit der besessenen Neugierde des Forschers auf die wiegenden Hüften irgendeiner attraktiven Passantin.

»Hast du das gesehen?« fragte er schwelgerisch, wenn er wieder zu sich kam. »Nirgendwo gibt es schönere Frauen.« Die meisten seien unglücklich, behauptete er. Verheiratet mit den jungen Aufsteigern aus der Computerindustrie, die wie die Wahnsinnigen arbeiteten, vierzehn, fünfzehn Stunden jeden Tag, immer auf der Suche nach dem großen technologischen Durchbruch, der das Prestige bringt und die Millionen. Das seien Menschen, sagte er, die sich angewöhnt hätten, das Leben durch den Ja-Nein-Entweder-Oder-Raster der Computer zu sehen. »Der Computer kennt kein ›Vielleicht‹«, sagte Anuragi, »er ist ein Schwarzweißmaler, ein Automat ohne Zwischentöne. Er verspricht nichts, er träumt nicht, er hat keine Intuition. Du mußt ganz schön aufpassen, wenn du mit Computern arbeitest. Sonst läuft dir deine Freundin weg.«

Anuragi sah nicht aus wie einer von jenen Yuppies, die mit ihrer flotten Garderobe, dem kurzgeschnittenen Brillantine-Haar, den Cartier- und Gucci-Uhren, den BMWs, den Porsches und Jaguars das Bild der achtziger Jahre prägten, so wie die Hippies das Bild der sechziger geprägt hatten. Anuragi trug ausgefranste Jeans, an seinem karierten Sporthemd fehlte ein Knopf. Die nackten Füße steckten in abgelatschten Sandalen, die widerborstigen Haare waren ungekämmt – es war ihm offensichtlich egal, wie er aussah. Er fuhr in einem klassischen Mexikaner-Schlitten herum, wie man die abgewrackten Straßenkreuzer der sechziger und frühen siebziger Jahre nennt, die heute vor allem von mexikanischen Gastarbeitern gefahren werden. Die Benzinuhr war kaputt, und Anuragi war bekannt dafür, daß er gelegentlich mit seinem rostzerfressenen Fünf-Liter-Chrysler mitten im Verkehr stehen blieb, weil er mal wieder vergessen hatte zu tanken. Um solche Kleinigkeiten kümmerte er sich nicht gerne.

Anuragi hatte in Palo Alto Wurzeln geschlagen, aber eine »Green Card«, die unbegrenzte Aufenthaltsgenehmigung für Ausländer, besaß er immer noch nicht. Er lebte mit seiner deutschen Freundin zusammen, die am City College studierte und auch gerne in Amerika bleiben wollte. Solange er bei der Stanford-Universität unter Vertrag war, durfte er bleiben, aber es war immer wieder ungewiß, ob Stanford seinen Vertrag verlängern würde. Er mußte Leistung bringen, auf Biegen und Brechen. Die Ungewißheit hing wie ein Damoklesschwert über ihm.

Der Streß wuchs, als es im Laboratorium Probleme gab. Der Roboter, den er entwickelte, wollte nicht so, wie Anuragi wollte und wie es die Herren in Stanford erwarteten. Jahrelang war alles wunderbar gelaufen. Aber plötzlich gab es Schwierigkeiten. Die Universitätsverwaltung ließ wissen, daß sein Vertrag auslaufen werde, wenn es mit dem Forschungsprojekt nicht vorangehe.

»Der Roboter sollte die Tür finden und aufmachen«, erklärte mir Anuragi, »und der Scheißer wollte nicht.« Und ich fragte ihn, warum der Roboter denn die Tür aufmachen sollte. Anuragi meinte, es gäbe zum Beispiel Anwendungsmöglichkeiten in der Behinderten-Fürsorge. Ein Rollstuhl für Blinde, der seinen Weg alleine finden könne, das wäre doch schon eine interessante Sache. Aber ich hatte den Verdacht, daß Anuragis Roboter eines Tages für das amerikanische Verteidigungsministerium die Tür aufmachen würde. Anuragi verzog das Gesicht, und ich spürte, daß ich einen Nerv getroffen hatte.

»Das ganze Silicon Valley lebt von der Rüstungsforschung«, sagte er. »Und natürlich kriegt auch die Stanford-Universität einen ordentlichen Batzen von den Pentagon-Milliarden ab. Forschungsaufträge für die Rüstung gehen direkt an Universitätsinstitute und verwandeln sich dort oft in Examensthemen für die Studenten. Du hast ganz Recht: Was weiß ich denn, was mit meinem Roboter alles gemacht werden kann? Ich weiß nur, daß die Energie hier in wenigen Jahren völlig umgeschlagen ist. Früher sprach man davon, wie die Computer das Leben angenehmer machen können, und heute reden hier alle nur noch von der Star-Wars-Forschung. Im ganzen Silicon Valley ist das Rüstungsfieber ausgebrochen und hat die Gehirnschmalzelite angesteckt. Alle machen mit, oder wollen mitmachen. Das Geld liegt auf der Straße. Die ganze Gegend ist mit Top-Secret-Rüstungsfirmen gespickt.«

Anuragi hatte seinem Roboter schließlich das Türaufmachen beigebracht, aber Stanford hatte seinen Vertrag nur noch kurzfristig verlängert. Ein paar Monate später war er seinen Job los. Der Mohr hatte seine Schuldigkeit getan. Anuragi stand auf der Straße, ausgelaugt vom Streß und ohne Green Card. Drei High-Tech-Firmen hatten ihm sofort verlokkende Angebote gemacht, aber er hatte nicht angebissen. »Alle drei wollten mich für Star-Wars-Projekte haben«, sagte er und rollte umständlich seine Spaghetti auf die Gabel. »Und alle haben mich mit der Green Card gelockt. ›Wenn Sie unterschreiben, kriegen Sie die Green Card‹, hieß es immer wieder. Aber inzwischen weiß ich, daß ich innerlich vor die Hunde gehe, wenn ich für solche Firmen arbeite. Rüstung ist geballte negative Energie. Wenn du da mitmachst, wirst du früher oder später selber negativ. Der Preis ist mir zu hoch.«

Sein Geist war stets auf Abwegen, der wache Blick war unermüdlich auf der Suche nach schönen Frauen, aber Anuragi bewegte sich mit der nachtwandlerischen Sicherheit eines geborenen »Hans im Glück«. »Ich nenne mich jetzt ›Mr. Fix-it‹«, sagte er stolz, und erzählte von seiner neuen Karriere als »Handy Man«, als freier Reparaturhandwerker. Unter dem Wahlspruch »You break it – I fix it!« (»Du machst kaputt – ich mache heil!«) annoncierte er in örtlichen Anzeigeblättern. Auf die erste

Anzeige hatte es freilich überhaupt kein Echo gegeben, und Anuragi hatte sich gewundert, bis seine Freundin Shoba ihn darauf aufmerksam gemacht hatte, daß er aus Versehen seine frühere Stanford-Büronummer als Kontaktnummer angegeben hatte.

Tatsächlich hatten sich die Herren im Robert-Laboratorium schon darüber gewundert, daß ihre Forschungseinrichtung unter dem Namen »Mr. Fix-it« als Haushaltsreparaturunternehmen bekannt geworden war. Auch die zweite Anzeige war ein Fehlstart gewesen; Anuragi – wieder einmal mit seinen Gedanken woanders – hatte seinen Wahlspruch in einer Weise umgeändert, die den Lesern nicht sehr vielversprechend erscheinen konnte. Seine Anzeige war unter der fettgedruckten Überschrift erschienen: »I break it – you fix it!« Dennoch war Anuragi bald gut im Geschäft.

Wir saßen seit fast zwei Stunden beim Italiener und bestellten unseren dritten Grappa. Er sei überhaupt nicht traurig darüber, daß er nicht mehr im Roboter-Laboratorium arbeite und nur noch einen Bruchteil von dem verdiene, was er vorher gehabt habe, sagte Anuragi. »Ich genieße meine Freiheit. Ich bringe keine Probleme mehr nach Hause. Wenn ich den Hammer weglege, kann ich relaxen. Ich verdiene so viel, wie ich brauche, und ich brauche wenig.«

Ich hatte Anuragi gerade zur richtigen Zeit getroffen. Er machte mir in dem Augenblick Mut, als die Begeisterung über mein neues, freies Leben in einer bunten, aufregenden und verlockenden Welt nachzulassen begann. Die Welt des Silicon Valley, die ich im Fernsehen und in der Zeitung sah, erschien mir überhaupt nicht mehr so verlockend. Ich fühlte mich eher bedroht. Ich hatte Fluchtgedanken. Ich wollte mich um keinen Preis auf diese Welt einlassen. »Sei in der Welt, aber nicht von dieser Welt«, hatte Buddha vor 2500 Jahren empfohlen. Er hatte wie die Lilie auf dem Felde gelebt, war mit dem Bettelnapf von Tür zu Tür gezogen. Aber ich erinnerte mich an den Bettler auf dem Flughafen: »Mitleid mit den Obdachlosen!« Kein Mensch hatte sich um diesen Elenden gekümmert. Jedoch war Anuragis Beispiel ein Beweis dafür, daß es zwischen dem materiellen Elend der Obdachlosen und dem psychologischen Elend der Angepaßten einen Freiraum in der Mitte gab; dort existierten die Furchtlosen, die dem Universum vertrauen und im Hier und Jetzt nach ihrem eigenen Rhythmus leben.

Die Energie des Kraftfeldes, in dem ich mich bewegte, hatte ihren

Ursprung in der Angst, und Angst steckt an. Angst war die Triebfeder, die den Rüstungswettlauf in Gang hielt, denn wer Angst hat, der bewaffnet sich. Je mehr Angst, desto stärker die Bewaffnung. Das Silicon Valley lebte davon. Angst vor den Russen? Das war Vergangenheit. Das sowjetische Feindbild war verblaßt. Aber das Rüstungsfieber hielt an. Es wurde offenbar von einer tiefer liegenden Angst geschürt, von der gleichen Angst, die sich in den Wolkenkratzern der Banken und Versicherungsgesellschaften manifestiert, von der Angst vor Krankheit, Diebstahl, Feuer, Unfall, Armut, Arbeitslosigkeit, Sturm und Eis oder – um es auf einen Nenner zu bringen – von der Angst vor den Unwägbarkeiten des Lebens.
Es ist unsere Angst vor dem Leben, die uns so materialistisch macht. Wir raffen Geld, um uns zu schützen. Aber unser Materialismus zerstört den Planeten. Und während die Wälder und die Meere sterben und Millionen von Menschen in der Dritten Welt verhungern, macht uns die Angst psychisch krank. Aus Angst sind wir geizig, verschlossen und lieblos. Zwischen ängstlichen Menschen kann es keine Liebe geben, denn der Ängstliche rafft, während die Liebe vom Geben lebt. Alle Beziehungskrisen entstehen aus der Angst und münden in die Einsamkeit. Tatsächlich ist die Angst die Ursache all unserer Probleme.
Wenn wir glücklicher leben und die Welt ein bißchen wohnlicher machen wollen, müssen wir uns mit unserer Lebensangst auseinandersetzen. Sie kommt aus der Urangst des Menschen – aus seiner Angst vor der Auflösung, vor dem Nichts, vor dem Tod.
Früher haben die Kirchen den Menschen geholfen, diese Angst im Glauben an Gott zu bewältigen. Aber unsere Religion ist im Formalismus erstarrt, und aus den Pfarrern sind Beamte geworden. Während Wissenschaft und Technik einen stürmischen Fortschritt erlebten, hat sich aus unseren Kirchen das Leben verflüchtigt. Die meisten sogenannten Christen betrachten ihre Kirche als einen Dienstleistungsbetrieb, der einmal in der Woche ein geselliges Beisammensein organisiert.
Wir sind also auf uns selbst angewiesen, wenn wir uns auf die Suche nach dem Sinn des Lebens und des Todes machen, und nicht von ungefähr haben viele Christen in den vergangenen Jahrzehnten den Weg zu den Quellen östlicher mystischer Traditionen gefunden. Die östlichen Mystiker, die Sufis, die Taoisten, die Meister des Zen, predigen nicht den Glauben an einen Gott, der über den Wolken thront, die

Sünder mit ewigem Höllenfeuer bestraft und die Frommen mit paradiesischen Wonnen belohnt. Die östlichen Mystiker haben aus der Religion eine Wissenschaft gemacht und ein Weltbild geschaffen, das dem Weltbild der modernen subatomaren Teilchenphysik sehr ähnlich ist: Die Existenz erscheint als ein Gewebe wechselseitiger Beziehungen, in dem alles mit allem und jeder mit jedem zusammenhängt und in das der Mensch eingebunden ist.

Die Mystiker fordern uns nicht auf, an einen strafenden Gott zu glauben und religiösen Moralgesetzen zu gehorchen. Sie wollen uns helfen, Gott in uns selbst zu entdecken und uns zu unserer Freiheit und Selbstverantwortung zu bekennen. Sie predigen nicht den Gehorsam, sondern sie empfehlen die Meditation als Mittel der Bewußtseinserweiterung.

Das Paradies auf Erden könnte ausbrechen, wenn sich das religiöse Know-How der Mystiker mit dem wissenschaftlich-technischen Power-Potential der industrialisierten Welt verbände, wenn die negative Angstenergie in den großen Kraftfeldern Amerikas sich in positive Meditationsenergie verwandelte. Einige Mystiker dieses Jahrhunderts haben offenbar diese Chance gesehen. Immer wieder hat Amerika sie magisch angezogen. George Gurdjieff gründete eine starke Gemeinde in den Vereinigten Staaten und starb mit den Worten »Bravo America!« Krishna-murti lebte und lehrte in Ojai/Kalifornien. Meher Baba, der seine Lehre jahrzehntelang durch Schweigen verbreitete, war von den bewußtseinsfördernden Möglichkeiten der modernen Filmindustrie in Hollywood fasziniert. Vivekananda, ein Meisterschüler Ramakrischnas, brachte den Hinduismus nach Amerika und gründete den Vedanta-Orden, dem Aldous Huxley und Christopher Isherwood angehörten. Paramahansa Yogananda gründete einen Aschram in Los Angeles. In jüngerer Zeit versuchten Muktananda und Rajneesh das Bewußtsein Amerikas zu beeinflussen. Diese Mystiker haben das spirituelle Vakuum des Westens als Herausforderung angenommen. Sie haben – buchstäblich fünf Minuten vor zwölf – versucht, in der Welt das Gleichgewicht zwischen Geist und Materie wieder herzustellen, das seit Jahrhunderten gestört ist.

Ich weigere mich zu glauben, daß diese Mystiker gescheitert sind. Die Saat, die sie ausgesät haben, geht langsam auf. Bewußtseinsveränderung ist kein Augenblicksereignis, über das die Fernsehnachrichten informieren. Sie gedeiht über viele Jahre hinweg im Verborgenen. Unser

Planet ist ein lebender Organismus. Entweder wird der intelligente Kern der Menschheit eine Bewußtseinsveränderung durchmachen und die Kräfte der Zerstörung in lebensfördernde Energien umwandeln. Oder der Planet wird sich selber heilen und die Menschheit wie einen Schwarm gefährlicher Bazillen vernichten, bevor sie ihr Zerstörungswerk vollenden und Mutter Erde in einen toten Flugkörper im Universum verwandeln kann.

Wir wissen nicht, welcher Heilungsprozeß schließlich in Gang kommen wird, aber wenn wir nicht blind sind, dann können wir sehen, daß die Entscheidung unmittelbar bevorsteht. Entweder werden wir schon in der nächsten Zukunft erleben, daß Hunderttausende von kreativen Menschen das Zeitalter der Meditation einleiten, oder die Zerstörung der Umwelt und die Ausbreitung von AIDS und anderer Seuchen wird den »point of no return« überschreiten.

Mit politischen Mitteln werden wir den Lauf der Dinge nicht beeinflussen, soviel steht fest. Letztlich wird geschehen, was zu geschehen hat; aber jeder einzelne von uns kann die Herausforderung dieser Zeit für sich selbst annehmen. Wir können mit der Arbeit an uns selbst beginnen; wir können eine Kerze anzünden, die ein bißchen Licht in die Dunkelheit bringt. Und wer weiß – vielleicht wird das Feuer überspringen und andere Kerzen entzünden ...

Wir helfen weder uns noch dem Planeten, wenn wir unser Leben in pessimistischer Resignation verbringen. Wir zerstören unsere Lebensfreude, wenn wir uns ohnmächtig fühlen und uns in Wehklagen darüber ergehen, daß die Politiker, die Pfarrer, die Manager die Welt in den Untergang steuern. Wissen wir denn, wie viele Manager in den Chefetagen der High-Tech-Industrie die Meditation entdeckt haben? Vielleicht sind es viel mehr als wir glauben! Leute in Amt und Würden reden nicht gerne über ihre spirituellen Neigungen, denn noch gibt es starke Vorurteile. Aber inzwischen wird Meditation schon in katholischen Wochenendseminaren angeboten, und, wer weiß, vielleicht ist die Zeit nicht mehr fern, da Tausende von Managern die Meditation zu einem festen Bestandteil ihres Terminkalenders machen. Ich kann es mir gut vorstellen: Jeden Tag ziehen sie sich eine Stunde zurück. Kein Telefonat wird durchgestellt. Die Welt bleibt draußen, der Chef geht nach innen.

Er beobachtet seine Gedanken und stellt fest, daß sie in einem unaufhaltsamen Assoziationsfluß dahinfließen, und die Tatsache, daß er sie nicht stoppen kann, mag ihn erschrecken. Während er in der Meditation zum Beobachter wird, sieht er, daß sein Verstand dazu neigt, aus der Rolle des Dieners in die Rolle des Herrn zu schlüpfen. Und es wird deutlich, daß mancher Unfug entsteht, wenn sich der Kopf dem Einfluß des Bewußtseins und des Herzens entzieht, wenn zum Beispiel das technisch Machbare und scheinbar Logische ohne Rücksicht darauf verwirklicht wird, ob es der Menschheit nützt. Langsam dringt Stille in den Meditierenden ein. Die Hektik in seinem Kopf beruhigt sich, und wenn er Glück hat, wird der Strom seiner Gedanken manchmal abreißen, für eine Sekunde nur, mehr ist am Anfang nicht zu erwarten, und durch diese Lücke zwischen zwei Gedanken wird er die Welt sehen, so wie sie ist – ungetrübt von Assoziationen, Vergleichen, Ängsten, Erinnerungen, Hoffnungen, Projektionen. Er wird die Wahrheit sehen, und er wird nicht mehr der Mensch sein, der er vorher war.

Er wird anfangen, sich selbst zu lieben und liebevoller zu anderen zu sein. Er wird seine Schwächen akzeptieren und versuchen, sie abzubauen. Er wird in Konfliktsituationen die Schuld nicht automatisch dem anderen zuschieben, sondern sich fragen: »Was ist *mein* Anteil an diesem Konflikt?« Er wird seine Erfolge, aber auch seine Mißerfolge nicht mehr so wichtig nehmen, denn er weiß, daß das eine ohne das andere nicht möglich ist, daß Erfolg und Mißerfolg zusammengehören, so wie Gut und Böse, Tag und Nacht, Sommer und Winter.

Eine absurde Idee, eine Utopie? Vielleicht, aber ich glaube, daß die Manager die Meditation eher entdecken werden als die Pfarrer, die Beamten oder die Lehrer. Viele Manager, besonders die Manager der High-Tech-Industrie, sind kreative Individualisten – Menschen, die sich an der äußersten Grenze der Wissenschaft und Technik bewegen, die Erfolg haben, weil sie neugierig sind, visionär, aufgeschlossen, unvoreingenommen. Früher oder später werden sie sehen, daß Fortschritt nur möglich ist, wenn sich Technologie und Wissenschaft mit Religion verbinden.

Eines Abends, als ich auf der Autobahn von Santa Cruz nach Palo Alto fuhr, hatte ich eine Vision. Die Sonne versank wie ein roter Faschingsballon im giftigen Dunst der Autoabgase, und die Hügel des Silicon Valley verschwanden in der Dämmerung. Für eine Weile noch glänzten die letzten Sonnenstrahlen im Chrom und Lack der Autoströme; dann blitzten die Scheinwerfer auf. Zu meiner Linken der grelle Lichtstrom der entgegenkommenden Fahrzeuge. Vor mir, wie ein mächtiger roter Wurm, das breite Band der Rücklichter. Schon bald verwischte die Dunkelheit alle Konturen. Es gab nur noch das Licht und die Bewegung. Im Radio tönte der harte Rhythmus der Punk-Musik. Synthesizer dröhnten wie Hämmer. Ich saß am Steuer, aber es kam mir so vor, als hätte ich die Kontrolle über das Auto an eine stärkere Kraft abgegeben. Ich bewegte mich nicht aus eigenem Antrieb, sondern ich empfand mich als Teil einer mächtigen Bewegung, die sich in dem weißen und roten Strom der Fahrzeuge manifestierte. Ein Gefühl der Auflösung überkam mich, so als würde ich von einem Tanz mitgerissen. Der Tänzer verschwindet – es gibt nur noch den Tanz...

Und plötzlich die Vision: Ich entdeckte eine Vielzahl von kleinen Lichtern. Sie blinkten vor meinen Augen, ganz unauffällig, ganz diskret, und erst nach einer Weile wurde ich gewahr, daß die kleinen Lichter auf Autodächern blinkten, nicht auf allen, aber auf vielen. Sie machten mir gute Laune, sie sandten Impulse aus, die mein Herz beruhigten und es schneller schlagen ließen. Und dann erkannte ich, daß die Lichter Erkennungssignale waren, Zeichen einer neuen Bruderschaft. Und ich träumte, daß sie von Meditierenden angezündet worden waren. Sie wollten sich zu erkennen geben, sie wollten sich gegenseitig Mut machen, sie wollten andere mit ihrem Optimismus anstecken: Wir können die Welt verbessern, wenn wir uns selbst verändern!

Plötzlich bremste das Auto vor mir, ich trat erschreckt auf die Bremse, beinahe wäre ich aufgefahren. Die Vision hatte sich aufgelöst...

Astha rief aus San Francisco an. Sie hatte die Ranch vor ein paar Tagen verlassen und war mit Freunden im Mietwagen an der Pazifikküste entlang nach Süden gefahren. Ein paar Stunden später war sie in Palo Alto. Es kam mir so vor, als hätten wir uns seit Jahren nicht mehr gesehen. Astha erzählte, daß auf der Ranch der Ausverkauf begonnen habe. Die Meditationshalle habe sich in einen Basar verwandelt. Alles, was nicht niet- und nagelfest sei, werde dort hingeschleppt und zum Verkauf ausgestellt – landwirtschaftliche Maschinen, medizinische Geräte, Computer, Matratzen, Geschirr, Schreibmaschinen, Zelte... Die Rancher kämen aus nah und fern mit Lastwagen und Anhängern und kauften billig ein.

Das war also das Finale. Es war gut, daß ich davon hörte. Es half mir, mich von der Vergangenheit zu lösen. Ich konnte mir genau vorstellen, wie es in der Rajneesh-Mandir-Halle zuging, in der wir so viele Stunden in stiller Einkehr verbracht und unsere ekstatischen Feste gefeiert hatten. Rancher ziehen Schlammspuren mit ihren Cowboystiefeln über den Boden. Neugierige Bäuerinnen schauen sich das Geschirr an, das auf Bhagwans geheiligtem Marmorpodest ausgestellt ist. Kinder klettern auf Matratzenstapel. Über Lautsprecher werden Sonderangebote bekanntgegeben ...

Während sie von der Ranch erzählte, packte Astha ihre Koffer aus. Plötzlich stemmte sie die Fäuste in die Hüften und sagte: »Weißt du was, ich kann diese roten Sanyas-Klamotten nicht mehr sehen. Laß uns losgehen und Jeans kaufen oder sonstwas!« Ulla hatte mir von »Goodwill« erzählt, einem großen Second-Hand-Warenhaus, in dem man billig gebrauchte Sachen kaufen könne. Astha fand die Adresse im Branchentelefonbuch, wir suchten sie auf dem Stadtplan und fuhren los. Die nächsten zwei Stunden verbrachten wir wie im Rausch. Der »Goodwill«-Laden, so groß wie ein Fußballplatz, erschien uns wie das Schlaraffenland. Ich griff mir Clavin-Klein-Jeans, einen Ralph-Lauren-Blazer (beides wie nach Maß), Cowboy-Stiefel, Bally-Schuhe (eine Nummer zu groß, aber der Preis stimmte, und es gab ja Einlegesohlen), einen schottischen Lammwollpullover, zwei Baumwollhemden aus Hongkong und einen Aigner-Gürtel. Beinahe hätte ich noch eine erstklassige Andrew-Wyeth-Reproduktion im Goldrahmen gekauft – »Christinas Welt« – für sieben Dollar fünfzig. Das Bild erinnerte mich an Oregon, genauer gesagt an die Geisterstadt Shaniko in der Nähe von Rajneeshpuram. Gerade noch rechtzeitig fiel mir ein, daß ich ja gar keine eigene Wand hatte, an der ich das Bild aufhängen konnte. Als ich die Meißner Porzellanteller sah, konnte ich freilich nicht widerstehen – zwei Stück für fünf Dollar. Im Antiquitätengeschäft hatten sie das Zehnfache gekostet. Und schon entdeckte ich einen echten Chippendale-Stuhl für zwölf Dollar ...

Astha tauchte aus der Damenabteilung auf, schwer beladen mit Röcken, Blusen, Jacken, Pullovern und Jeans. »Hast du den Chippendale-Stuhl gesehen?« flüsterte sie, so als gäbe sie einen Geheimtip weiter. Auch der Andrew Wyeth war ihr nicht entgangen. »Ein hübscher Druck«, sagte sie, »aber wir können ihn ja schlecht im Auto aufhängen.«

Am Abend veranstalteten wir eine Modenschau. Astha sah aus, als wäre sie von einem Einkaufsbummel von der New Yorker Fifth Avenue zurückgekehrt. Ich betrachtete mich im Spiegel und war fasziniert von dem Herrn, der mir da gegenüberstand. Zum ersten Mal seit vielen Jahren in Zivil! Ich war etwas enttäuscht darüber, daß ich mich fast gar nicht verändert hatte – äußerlich.

Innerhalb von zwei Stunden hatten wir uns in Zivilisten verwandelt – ein großer Schritt vorwärts auf unserem Weg zurück in die Welt. Nun wollten wir, wie alle unsere kalifornischen Zeitgenossen, unseren Weg im Auto fortsetzen. Der weiße Käfer gehörte uns nicht. Wir brauchten unseren eigenen fahrbaren Untersatz. Sorgfältig studierten wir die Autoanzeigen im Lokalblatt. Wir schwärmten von einem antiken amerikanischen Straßenkreuzer mit echten Ledersitzen und Holzfurnieren am Armaturenbrett und einem wuchtigen Achtzylindermotor unter einer Haube so groß wie ein Ping-Pong-Tisch. Im Zeitalter steigender Ölpreise bewegten sich diese Benzinfresser wie Dinosaurier auf den amerikanischen Freeways, eine vom Untergang bedrohte Spezies. Mit ihnen verschwindet ein Amerika oder, besser, eine Vorstellung von Amerika, die mich nach dem Krieg fasziniert hatte – das Amerika der unbegrenzten Möglichkeiten, das Land der weiten Horizonte, der großen Freiheit, der Verschwendung, der Großherzigkeit und eines Überflusses, der uns in Form von sagenhaften Care-Paketen erreicht hatte. Der Straßenkreuzer war das Symbol dieser Amerika-Romantik, die ihre Wurzeln in der Folklore des Wilden Westens hatte. Die Pioniere stiegen vom Pferd auf den Ford um. Der Cowboy mit dem Colt wurde abgelöst vom Selfmade-Millionär, der im Cadillac durch die amerikanische Traumkulisse fuhr und mit dem Scheckbuch wedelte. Die Helden der neuen Folklore belebten den »American Dream« noch eine Weile, dann kam 1973, das Jahr der Ölkrise, und läutete das Zeitalter der Mäßigung ein.

Die Autobosse in Detroit bauten ihre Straßenkreuzer weiter, so als sei nichts geschehen. Sie wachten erst auf, als die Japaner ihnen mit ihren kleinen Sparautos fast die Hälfte des amerikanischen Automobilmarktes abgenommen hatten. Die größte Autofahrernation der Welt mußte sich von Japanern zeigen lassen, wie moderne Autos gebaut werden. Für das Selbstbewußtsein der Amerikaner war das eine schlimmere Katastrophe als das Debakel in Vietnam.

Wir konnten uns die kleinen japanischen Autos nicht leisten. Sie wurden als Gebrauchtwagen viel teurer angeboten als die chrombepackten

Traumschlitten aus Detroit, mit denen man sozusagen von einer Tankstelle zur anderen fahren mußte. Als umweltbewußte Menschen hätten wir diese Luftverpester eigentlich ablehnen müssen. Aber wir hatten keine Wahl: entweder Straßenkreuzer oder gar kein Auto. Und kein Auto zu haben war natürlich in Kalifornien ein Ding der Unmöglichkeit. Ohne Auto zappelst du hier wie ein Fisch auf dem Sandstrand, kommst nicht zur Arbeit, nicht zum Supermarkt – nirgendwohin. Denn Kalifornien ist das einzige Land der Welt, das die Utopie der totalen Autozivilisation verwirklicht hat. Öffentliche Verkehrsmittel existieren entweder überhaupt nicht oder sie sind unterentwickelt. In den Vorstädten sind Bürgersteige weitgehend unbekannt. Wer sich zu Fuß bewegt, macht sich verdächtig, es sei denn, er führte einen Hund an der Leine oder trabte im Joggingdress daher. Ohne Auto kein Job, ohne Job kein Geld, ohne Geld keine Wohnung, ohne Wohnung keine Adresse, ohne Adresse kein Job, ohne Job kein Auto … Der Teufelskreis schließt sich. Selbst die Dokumentierung deiner bürgerlichen Existenz hängt mit dem Auto zusammen, denn in Kalifornien ist der Führerschein deine Kennkarte. Ohne Führerschein kannst du kein Konto eröffnen, keinen Scheck beglaubigen, keinen Kredit aufnehmen. Ohne Führerschein bist du praktisch eine Null.

Tagelang haben Astha und ich Palo Alto und Umgebung auf der Suche nach »unserem« Straßenkreuzer abgegrast. Beinahe hätten wir ein beigefarbenes Cadillac-Kabriolett mit roten Ledersitzen gekauft, 25 Jahre alt, ein Sammlerstück. Die Probefahrt genossen wir wie einen Triumphzug. Asthas blonde Haare wehten im Fahrtwind, über uns der blaue kalifornische Himmel und im Radio der Frank Sinatra-Oldie »Strangers in the Night«. Erst als wir das Radio abstellten, nahmen wir ein verdächtiges Geräusch unter der Motorhaube wahr. Es hörte sich so an, als ob ein Hammer an den Stahlspeichen eines sich schnell drehenden Rades entlangfuhr. Astha beugte sich vor und lauschte angespannt. »Shit!« sagte sie, während ich vor einer roten Ampel verzweifelt das Bremspedal pumpte. Aber ich trat ins Leere. »Menschenskind!« schrie Astha, aber da war unser Traumwagen schon über die Kreuzung gerollt. Er kam erst zum Stehen, als er seinen Schwung verbraucht hatte. Mit angehaltenem Atem und im Schrittempo fuhr ich ihn zu seinem Besitzer zurück, der schon, hoffnungsvoll über den Gartenzaun gelehnt, auf uns wartete.

»Sorry!«, sagte er, als er das mit den Bremsen erfuhr. »Der Wagen ist natürlich nicht mehr ganz neu.« Er kratzte sich verlegen am Hinterkopf. »Wenn Sie tausend Dollar reinstecken, haben Sie was fürs Leben.« Aber die tausend Dollar hatten wir nicht, und so mußten wir den Cadillac stehenlassen und weitersuchen. Auf einer Radtour durch den Stanford-Campus fanden wir unseren Traumwagen zufällig am Schwarzen Brett vor dem Universitäts-Cafe. Auf einem handgeschriebenen Zettel hieß es: »Ford Montega, 73, met.bl. A.T.; P.S.; P.B.; A.C.; 64K; perf.run.cd. $ 650.00. Hal Friedman. Tel. (415) 665 5570.«

Im Klartext hieß das: ein Hal Friedman aus Palo Alto bot einen metallicblauen Ford Montega, Baujahr 1973, für 650 Dollar an. Der Wagen war mit automatischer Gangschaltung, mit hydraulischer Steuer- und Bremshilfe und mit Klimaanlage ausgerüstet und hatte nur 64 000 Meilen drauf. Eine Stunde später riefen wir Hal Friedman an und machten einen Termin aus. Am nächsten Morgen sahen wir den Montega zum ersten Mal vor Hals Haustür. Der Wagen, von oben bis unten mit Staub und Vogelscheiße verdreckt, sah aus, als wäre er seit Jahren nicht bewegt worden. Beinahe wären wir wieder gegangen, aber ich rieb mit einem Kleenex ein Stückchen Seitenscheibe sauber und entdeckte, daß der Wagen innen fast wie neu aussah. Also klingelten wir. Als die Tür aufging, dachte ich im ersten Augenblick, Woody Allen stünde vor mir. Hal Friedman sah genauso aus wie er – klein, schmal, blaß, wache Augen hinter dicken Gläsern. Hal kam ohne Umschweife zur Sache. »An der Karre ist fast alles neu«, sagt er, während sein kleiner Sohn, einen Löffel im Mund, neugierig den Kopf zwischen die Beine des Vaters steckte. Hal suchte mürrisch nach den Zündschlüsseln, zuerst in seinen Taschen, dann unter dem Garderobentisch. Schließlich fand er sie auf einem Bücherregal. Das Wohnzimmer sah aus, als wäre es von einem Taifun verwüstet worden. Aus dem Obergeschoß kam Kindergeschrei. Eine Frauenstimme rief: »Hal, was ist denn los? Ist da jemand?«

»Gar nichts ist los!« brüllte Hal. »Die Deutschen sind wegen dem Auto hier!« Er führte uns auf die Straße. »Der alte Ficker hat mich einen Haufen Dollars gekostet. Batterie, Bremsen, Lichtmaschine... alles neu. Die Quittungen sind alle im Kofferraum. Könnt ihr euch angucken, wenn's euch interessiert.«

Er schloß die Wagentür auf, und ich fragte ihn, warum er das Auto denn verkaufen wollte, nachdem er so viel Geld reingesteckt hatte. »Ich hatte keine Lust mehr, dauernd bei der Tankstelle vorzufahren«, sagte er. »Habe einen Honda gekauft.«

»Wieviel Meilen macht er denn mit einer Gallone?« fragte ich besorgt. Hal machte eine wegwerfende Handbewegung: »Nicht viel!« (Aha, dachte ich, der Mann ist ehrlich, das gefällt mir.) Hal öffnete die Wagentür, die mich an einen Banktresor erinnerte. »Ihr wollt sicher probefahren«, sagte er gleichgültig, drückte mir die Zündschlüssel in die Hand und ging zum Haus zurück. Unter der Tür drehte er sich noch einmal um und rief: »Good luck! See you later!«

Ich drehte den Zündschlüssel um, und der Montega sprang sofort an. Ein Wunder! Eine Viertelstunde später kehrten wir von der Probefahrt zurück. Hal schien uns schon vergessen zu haben. Er kroch auf allen vieren im Wohnzimmer herum und spielte mit seinem Sohn, so als wären wir gar nicht vorhanden. Der Kleine schmierte Porridge auf den Teppich. Im Obergeschoß schrie das Baby. Ich zog ein Bündel Geldscheine aus der Hosentasche und sagte: »Fünfhundert, okay?«

»Nee«, sagte Hal, ohne uns eines Blickes zu würdigen. »Sechshundertfünfzig oder gar nicht.« Es war ihm offensichtlich völlig egal, ob das Auto wegging oder noch ein paar Jahre vor seiner Tür herumstehen würde. Also legte ich 650 Dollar auf den Teetisch. Hal kam mühsam vom Teppich hoch, steckte das Geld in die Tasche, ohne es nachzuzählen, gab mir den Kraftfahrzeugbrief und ließ sich wieder auf dem Teppich nieder.

»Ist was los, Hal?« rief Mrs. Friedman wieder von oben.

»Nix ist los!« rief Hal. »Die Deutschen haben das Auto gekauft!«

»Wieviel?«

»Sechsfünfzig!«

»Sechsfünfzig? Du hast sie wohl nicht mehr alle!«

»Quatsch!« brüllte Hal. »Sei froh, daß die Scheißkarre endlich weg ist!«

Wir standen in der Tür und hörten den Dialog mit Unbehagen. Hal Friedman strahlte uns durch seine dicke Brille an. »Good luck!« sagte er mit einem Anflug von Herzlichkeit und winkte zum Abschied.

Wir setzten uns in den taubenblauen Straßenkreuzer. Die Sitzbank war so breit, daß vier Leute bequem darauf Platz hatten. Die Motorhaube zwei Meter lang. Ein sanfter Druck auf das Gaspedal setzte den tonnenschweren Dampfer sanft und lautlos in Bewegung. »Bravo Amerika!« entfuhr es mir, und Astha rief begeistert: »Bravo Amerika!« Sie rückte

dicht an mich heran und legte mir den Arm um die Schulter. Wir sahen aus wie ein Liebespaar aus einem Fünfziger-Jahre-Film.
Ob sich der amerikanische Traum noch einmal erfüllen würde? Nur noch ein einziges Mal – für uns?
Wir beschlossen, unseren Montega »Oskar« zu nennen.

Auf unserem Weg zurück in die Welt hatten wir jetzt schon zwei wichtige Dinge erledigt: Wir hatten uns eingekleidet, und wir hatten ein Auto gekauft. Nun mußten wir noch einen Job finden, aber das hatte Zeit. Vorerst fehlte es uns an nichts. Wir waren gesund, hatten ein Dach über dem Kopf und viel, viel Zeit. Wir ließen es langsam angehen. Nach drei Jahren Rajneeshpuram hatten wir Sehnsucht nach einem unprogrammierten Leben. Wir schliefen aus, frühstückten gemütlich, studierten die Straßenkarte, fuhren mit dem Zeigefinger die Pazifikküste entlang... Wohin sollte es heute gehen? Half Moon Bay? San Gregorio? Oder noch weiter nach Süden auf dem Pacific Coast Highway über Pescadero und Pigeon Point nach Santa Cruz, und zurück durch die bergigen Redwoodwälder bei Boulder Creek?
Es machte uns nichts aus, wenn das Wetter manchmal nicht so aussah wie auf den kalifornischen Farbpostkarten. Schließlich war es kurz vor Weihnachten. Wir waren auch glücklich, wenn wir barfuß im Regen am Strand entlangliefen und die gischthaltige Luft tief in unsere Lungen sogen. Aber die sonnigen Tage überwogen. Wir setzten uns in den Sand und breiteten unsere Picknickvorräte auf einem Laken aus – Avocado-Sandwiches, Eiersalat, Fruchtsäfte, Obst. Wir redeten nicht viel. Die Brandung schäumte, mannshohe Brecher schlugen auf den Strand. Braune Pelikane zogen ihre weitausgreifenden Schwingen ein, schossen im Sturzflug aus dem wolkenlosen Himmel und tauchten tief in die kochenden Wogen ein, um ihre Beute zu holen. In großer Höhe segelten Mövenschwärme. Nach einer Weile fielen uns die Augen zu. Die würzige Luft machte müde, und der monotone Atem der Brandung schläferte uns ein.
Eines Nachmittags fuhren wir vom Strand direkt zum Gemüsemarkt in Atherton. Auf der Rückfahrt gerieten wir in die Rush Hour. Stop and go auf der Middlefield Street. Wir ließen das Radio laufen...
Plötzlich kreischen Reifen, ein ohrenbetäubendes Krachen, ein gewaltiger Aufprall von hinten, der uns tief in die Rückenlehne drückt. Unsere

Köpfe fliegen zurück, schlagen auf die Stütze. Als ich wieder zu mir komme, suche ich Astha... Ja, sie ist noch neben mir, offenbar unversehrt. Ich atme tief durch, bin erleichtert. Im Rückspiegel sehe ich ein anderes Auto oder vielmehr eine pulverisierte Windschutzscheibe und in dem verbogenen Scheibenrahmen ein schwarzes Gesicht mit weit aufgerissenen Augen und offenem Mund. Gebleckte Zähne wie bei einem scheuenden Pferd; die Augäpfel leuchten in der Dämmerung.
Astha und ich springen aus dem Wagen. Aus dem Autowrack hinter uns windet sich, geschmeidig wie eine Schlange, ein baumlanger Schwarzer in einem eleganten Zweireiher. Er taucht auf wie ein Geist aus der Flasche, und ich kann es nicht fassen, daß dieser zitternde Hüne offenbar vollkommen unversehrt aus dem verknäulten Blechhaufen kommt, der noch vor Sekunden ein teurer japanischer Sportwagen gewesen war. Er winkelt die Unterarme ab, dreht sich mit weit aufgerissenen Augen im Kreis, irres Flackern im Blick. Der Mund sieht aus wie eine riesige offene Wunde. Aus dem Schrott tönt eine aufgeregte Männerstimme – der Radiosprecher. Der Schwarze zuckt zusammen, wendet sich ruckartig seinem Trümmerwagen zu, schlägt die Hände vor dem Gesicht zusammen, reißt den Kopf in den Nacken und schreit mit röhrendem Baß seine Verzweiflung in den orangefarbenen Abendhimmel: »Mein Gott! Dieser Wagen war brandneu!«
In dem Augenblick sehe ich hinter ihm noch ein drittes Auto, einen dampfenden alten Chevrolet. Aus dem zerschmetterten Bug rinnt kochendes Kühlwasser auf die Straße. Das muß der Unfallverursacher gewesen sein. Er ist von hinten auf den Wagen des Schwarzen aufgefahren und hat den Sportwagen gegen das Heck unseres »Oskar« geschleudert. Das Auto des Schwarzen ist wie zwischen Hammer und Amboß zerdrückt worden. Unser »Oskar« hat nur eine Beule im Kofferraum und eine verbogene Stoßstange!
Mein Blick kehrt zu dem Chevi zurück. Hinter der Windschutzscheibe sehe ich ein Gesicht – blaß, unbeweglich, maskenhaft. Die Augen sind geschlossen, wie in stiller Meditation. Aus einer kleinen Wunde an der Stirn rinnt ein wenig Blut über Nase und Mund und versickert in einem sandfarbenen Rollkragenpullover. Astha reißt die Tür des Chevrolets auf. Ich bin mit einem Satz bei ihr. Hinter dem Steuer sitzt ein alter, zarter Herr. Er öffnet die Augen, langsam, träumerisch, so als sei er gerade aus einem Tiefschlaf erwacht. Er schaut uns freundlich und

verwundert an, lächelt besinnlich und sagt mit sanfter Stimme: »Wie merkwürdig . . .«

»Are you all right?« fragt Astha. »Oh ja, mir fehlt überhaupt nichts!« Er schließt die Augen, das Gesicht schmerzvoll beseelt. Seine schlanken Hände liegen entspannt auf dem Lenkrad. Die Stirnwunde scheint ungefährlich zu sein. Hat er innere Verletzungen? Hinter uns, immer noch mit erhobenen Armen, schreit der Schwarze seine Klagen über die Köpfe der rasch wachsenden Menge von Neugierigen: »Ich habe den Wagen eben gerade aus dem Schaufenster geholt! Dieses Auto war brandneu!«

Das Publikum umringt ihn und bestaunt ehrfürchtig den teuren Schrott made in Japan, aus dem jetzt flotte Rockmusik schallt. Keiner scheint sich für den alten Herrn zu interessieren, den Astha und ich vorsichtig hinter dem geborstenen Steuer hervorholen. Unsicher steht er auf der Straße, hält sich am Wagendach fest, wirft einen Blick auf den zerschmetterten Kühler, schüttelt resigniert den Kopf und sagt: »Das hat mir gerade noch gefehlt!«

Hinter der Hecke eines Villengrundstücks tauchen ein Mann und eine Frau auf, offenbar die Besitzer des Anwesens. Sie haken sich bei dem Verletzten ein und führen ihn behutsam zu einem Sessel auf der Veranda. Polizeisirenen zerreißen die merkwürdige Stille, die nach dem Unfall eingetreten war, als der Rush-Hour-Verkehr zum Stehen kam. Minuten später ist der Krankenwagen da. Der alte Herr will nicht auf die Pritsche, aber Astha und zwei junge Ärzte können ihn überreden. Ein freundlicher Polizist stellt seine Personalien fest, bevor ihn die Ambulanz entführt.

Ich notiere Zeugenadressen. Astha erzählt einem Polizisten den Unfallhergang. »Sind Sie verletzt?« fragt der Beamte, während er Notizen in einen Block einträgt. »Keine Verletzung«, sagt Astha, und der Polizist notiert es. Wir können weiterfahren. Im Rückspiegel sehe ich den Schwarzen, immer noch mit erhobenen Armen.

Eine Stunde später riefen wir die zuständige Polizeistation an: Der alte Herr sei schon nach Hause entlassen worden, hieß es. Wir ließen uns seine Adresse geben und machten uns auf den Weg. Er wohnte in einem zweistöckigen Appartmenthaus in der Innenstadt. Wir mußten zweimal klingeln, bevor er endlich die Tür öffnete. Er sah zerbrechlich aus. Der schmale Kopf war bandagiert. Er schaute uns verwundert an. Erst als wir den Unfall erwähnten, erkannte er uns, und seine dunklen Augen leuchteten auf. »Aber bitte schön, kommt doch herein!« Mit einladender Handbewegung bot er uns Platz an und ging vorsichtig zu einem Sessel vor dem Fernseher. Das kleine Wohnzimmer war viel zu üppig möbliert. Offenbar hatte er früher in größeren Räumen gelebt. Vor den Fenstern hingen schwere Damastgardinen. Goldgerahmte Ölbilder bedeckten die Wände. Europäische Motive. Rußland? Ja, sein Name sei Sergej, und er stamme aus Rußland. »Dieser Unfall … Es tut mir schrecklich leid! Die Reflexe lassen nach. Ich bin 92.«

Er sprach leise, wie zu sich selbst. »Was kann ich tun? Ich kann die schweren Tüten nicht tragen, die vom Supermarkt, verstehen Sie? Und Geld fürs Taxi hab ich natürlich nicht.« Er schüttelte traurig den Kopf: »Das ist schon mein dritter Unfall in diesem Jahr.« Er zögerte einen Augenblick und legte die Hand vor den Mund, so als bedauerte er sein Geständnis. »Es hätte nicht passieren dürfen. Die Versicherung wird mich rausschmeißen. Ich komme die zu teuer. Bin kein Geschäft für die. Und dann?« Er rang die knochigen Hände und schüttelte verzweifelt den Kopf. »Und dann ist es aus mit der Fahrerei«, flüsterte er.

Sergej setzte sich in den Sessel und schwieg erschöpft. Um ihn abzulenken, fragten wir ihn nach Rußland. »Ruuuußland!« Er ließ das Wort schwelgerisch auf der Zunge zergehen. »Wißt ihr, wann ich meine Heimat zum letzten Mal gesehen habe? 1917! Es war Revolution. Ich war Tänzer an der Petersburger Oper. Die Theater wurden geschlossen. Die Bolschewiken trieben ihr Unwesen. Viele Menschen verschwanden. Ich hatte einen amerikanischen Gönner; ein reicher Businessman, er holte mich nach Amerika. Ich tanzte an der Met in New York.« Eine Stunde lang hörten wir diesem Mann fasziniert zu, der seine Erfahrungen als Einwanderer vor mehr als einem halben Jahrhundert gemacht hatte. Dann fielen ihm mitten im Satz die Augen zu, und er schlief ein. Auf Zehenspitzen verließen wir sein Appartement.

Am nächsten Tag schätzte eine Vertragswerkstatt den Unfallschaden an unserem Auto auf 747 Dollar. Mit dem Schätzpapier zur Versicherung. »Kommen Sie mal in einer Woche oder so wieder«, sagte eine grell geschminkte Angestellte und lächelte gönnerhaft. Sie bot uns nicht einmal einen Stuhl an. Schon am Telefon hatte ich den Eindruck gehabt, daß sie mich abwimmeln wollte. Ich war also darauf vorbereitet, eine starke Tobsuchtsnummer abzuziehen. Vor elementaren Gefühlsausbrüchen haben die Amerikaner nämlich eine Heidenangst. Gebrüll bringt sie aus der Fassung. Wahrscheinlich geht die Angst vor dem Zorn auf die Pionierzeit zurück. Damals drückte man Unlustgefühle mit der »Smith & Wesson« aus. Heute lernen die Amerikaner schon als Kinder, wie man mit freundlicher Miene Gemeinheiten austauscht. »Don't get angry – get even!« lautet der bezeichnende Titel eines Superbestsellers. Zorn kann tödlich sein – also ist es besser, seine Wut hinter einem scheinheiligen »Cheesecake-Lächeln« zu verbergen.

So holte ich denn in dem Versicherungsbüro einmal tief Luft, starrte die immer noch lächelnde Angestellte mit irrem Blick an und brach in ein schrilles Gezeter aus: »Sind Sie wahnsinnig geworden? In einer Woche? Wir sind auf Durchreise! Wo ist Ihr Chef?«

Schreckensbleich warf die kühle Dame die Hände hoch und rannte rückwärts aus dem Zimmer. Schon nach wenigen Minuten kam sie mit dem Scheck zurück – 747 Dollar, die geschätzten Reparaturkosten. »Und was ist mit den Mietwagenspesen?« flüsterte ich und versuchte, mit meinen Augen Mordlust auszudrücken. Offenbar mit Erfolg, denn die Versicherungsdame trat erschreckt einen Schritt zurück, nahm den Scheck, verschwand und war im Handumdrehen wieder da. »Sorry!« sagte sie, bleckte die Zähne und übergab mir einen neuen Scheck. Diesmal waren es vierzig Dollar mehr. Ich steckte den Scheck ein und dachte, okay, man soll den Bogen nicht überspannen. So reichte ich ihr die Hand und verabschiedete mich wie ein Gentleman. »Es war nett, Sie kennenzulernen . . .« Ich nahm Astha an die Hand, und wir zogen uns würdevoll zurück. Draußen rannten wir zum Auto wie die Kinder und sahen wahrscheinlich aus wie Bonnie und Clyde auf der Flucht. Als wir im Wagen saßen, fielen wir uns lachend um den Hals. »Unser Auto haben wir umsonst«, sagte ich. »Ein Geschenk des Universums!«

»Und hundertdreißig Dollar extra«, sagte Astha.

■ *Viertes Kapitel* ■

Ulla und Bill kamen aus New Orleans zurück. Wir holten sie vom San Francisco Airport ab. Ulla fiel unsere Veränderung sofort auf: »Aha, kein Rot mehr! Jetzt seht ihr aus wie wir. Steht euch gut!« Wir hatten das Haus von oben bis unten geputzt. Astha hatte einen Adventskranz geflochten und an die Haustür gehängt. Im Kamin brannte ein Feuer, und das Abendessen war vorbereitet. Bill kredenzte einen Homecoming-Drink. Ich geriet in eine wehmütige Stimmung. Weihnachten stand vor der Tür und löste Kindheitserinnerungen aus: die Wärme und Geborgenheit im elterlichen Jugendstilhaus mit der Rodelbahn und der Baumhütte im verschneiten Garten. Der Duft von Pfefferkuchen und Tannengrün. Die Schokolade, die Sankt Nikolaus in den Schuh vor der Schlafzimmertür gesteckt hatte. Die fiebrige Hoffnung, daß der Weihnachtsmann alle Wünsche erfüllen würde. Die geliebte Nanny mit ihren grünen Augen, den Sommersprossen und den seidigen roten Haaren, die uns mit sanftmütiger Geduld Weihnachtslieder beibrachte. Die schöne Mutter, die am Abend aus dem »Bambi«-Buch vorlas. Der Vater, der hinter verschlossenen Türen den Tannenbaum schmückte. Und dann der große Moment, wenn die Flügeltür aufging und meine Schwester Gerdi und ich, fast besinnungslos vor Aufregung, in den weihnachtlichen Kerzenglanz des Wohnzimmers stürzten ...

Als Internatskind neigte ich dazu, die frühe Kindheit als eine heile Welt zu verherrlichen. Aber es war nicht die heile Welt gewesen. Die Eltern ließen sich scheiden, das Haus wurde während der Weltwirtschaftskrise Anfang der dreißiger Jahre verkauft. Als ich eine eigene Familie gründete, wollte ich alles anders machen als die Eltern und die heile Welt wirklich herbeizaubern. Sie kam nicht einmal als eine Illusion zustande.

Ich stand mit dem Cocktailglas in der Hand vor dem Kamin in Palo Alto und wunderte mich, daß die Sehnsucht nach einer idyllischen Geborgenheit plötzlich so stark war. Ich wußte, daß Sicherheit und Geborgenheit nicht in den äußeren Umständen zu finden waren, denn Sicherheit bedeutet Stagnation, und das Leben kennt keinen Stillstand. Aber das was der Kopf weiß, dringt nicht ins Unterbewußtsein ein, das unser Verhalten und unsere Gefühle weitgehend bestimmt. Ich mußte lernen, mich in der Unsicherheit sicher zu fühlen, die Traurigkeit ebenso zu genießen wie die Freude, den Mißerfolg zu feiern wie die Niederlage. In meditativen Augenblicken können wir die Erfahrung machen, daß die Energie des Lebens aus dem elektrischen Spannungsfeld zwischen den Gegensätzen kommt, daß Mißerfolg genauso wichtig ist wie Erfolg, daß das Gute nicht ohne das Böse, daß Liebe nicht ohne Haß existieren kann. Wenn wir das nicht nur mit dem Kopf verstehen, sondern durch bewußte Lebenserfahrung in unser Sein aufnehmen können, dann werden wir in jeder Talfahrt den Auftakt zum nächsten Höhenflug sehen, und wir werden wissen, daß wir nichts verlieren können, wenn wir an nichts festhalten, daß wir nicht enttäuscht werden können, wenn wir vertrauen, daß es keine Rückschläge gibt, sondern nur Wachstumschancen. Und wir werden die Geborgenheit in der Existenz finden.

War es das, was Astha und mich in Amerika festhielt? Sollten wir in Amerika lernen, wie man sich in der Unsicherheit einrichten und wohlfühlen kann? Wir hatten manchmal diese Vorstellung, daß unser Leben nach einem Plan verlief, den nicht wir, sondern unser »höheres Selbst« entworfen hatte. Wir selbst machten keine Pläne mehr. Wir ließen geschehen.

Im Augenblick wußte ich nur, daß der Wind mich nach Hollywood trieb, wo Astha und ich mit Rainer und Inge Weihnachten feiern wollten. Aber Hollywood war nicht das Ziel. Tatsächlich gab es gar kein Ziel im geographischen Sinn. Ich verstand, was die Taoisten meinten: »Der Weg ist das Ziel«. Für den Sucher ist die stets neue Erfahrung im Hier und Jetzt das Ziel, das heißt, er erreicht sein Ziel in jedem bewußt erlebten Augenblick.

Am nächsten Morgen, einem sonnigen kalifornischen Wintertag, luden wir unser Gepäck in den Straßenkreuzer. Der Kofferraum war durch den Unfall stark eingedellt, aber wir konnten ihn noch abschließen. Ulla und Bill umarmten uns zum Abschied und winkten, bis wir hinter der nächsten Straßenecke verschwanden.

Auf nach Hollywood! Wir nahmen den Pacific Coast Highway, die weltberühmte kalifornische Küstenstraße. Als wir durch Big Sur fuhren, dachten wir an Henry Miller, der hier die wichtigsten Jahre seines Lebens verbracht hatte. Ich hatte ihn als Teenager gelesen, und seine Bücher waren mir vor allem wegen ihrer pornografischen Passagen im Gedächtnis geblieben. Glänzend geschriebener Schweinkram – das war so ungefähr mein Urteil gewesen. Vor ein paar Monaten, vierzig Jahre später, begegnete ich Henry Miller aufs neue, als mir auf der Ranch sein Buch »Big Sur and the Oranges of Hieronymus Bosch« in die Hand fiel. Während ich las, überkam mich immer wieder jenes betäubende Glücksgefühl, das wir empfinden, wenn wir einem Begnadeten begegnen, dem die Engel ins Ohr flüstern und der uns die Schönheit, die Harmonie, die Weisheit der Schöpfung bewußt macht. Henry Miller war ein Weiser gewesen, ein Seher, ein Mystiker. Ich hatte ihn, wahrscheinlich wie Millionen anderer Miller-Leser, völlig mißverstanden. Erst jetzt begriff ich, daß er die Pornografie ganz bewußt als Schockmittel eingesetzt hatte. Er sah in der modernen Zivilisation – besonders in der amerikanischen – ein Ungeheuer, das mit gnadenlosem Würgegriff alles Lebendige vernichtete. Der Zivilisationsmensch erschien Miller als ein automatisch funktionierendes Wesen, ohne Instinkt, ohne Gefühl, ohne Bewußtsein, lebensfeindlich, lustfremd, unfähig zu lieben und zu feiern. Nur durch seine merkwürdig fieberhafte sexuelle Aktivität war der Zivilisationsmensch noch in Kontakt mit den Urkräften der Existenz. Miller versuchte, ihn wiederzubeleben, und er setzte dort an, wo die Lebenskräfte sich noch rührten – im Sexzentrum.

Das bigotte Amerika lehnte ihn ab. Erst gegen Ende seines Lebens durften seine Bücher in Amerika erscheinen. Er war gefährlich, weil er kompromißlos, ehrlich und ungeschminkt seine Meinung sagte, weil er kein Tabu akzeptierte und sich vor niemandem fürchtete. Daher rührte die ungeheure Stärke seiner Ausdruckskraft. Er bestand darauf, er selbst zu sein, sein eigenes Lied zu singen, sich nicht in den Chor der Angepaßten einzureihen. Dafür nahm er alle Härten in Kauf. Er schlief auf Parkbänken und bettelte auf den Straßen von Paris und New York für eine warme Mahlzeit. Er lebte in verwanzten Elendsquartieren, er arbeitete als Hausputzer und Korrektor, er schrieb Schundartikel und Liebesbriefe auf Bestellung, um sich durchzubringen – aber er wich kein Jota von seiner Wahrheit ab. Er konnte gar nicht anders, denn wenn er schrieb, wurde er, wie die Buddhisten sagen, zu einem hohlen Bambusrohr: Er war mit einer Quelle der Weisheit verbunden, die in einer Dimension jenseits des Verstandes angesiedelt war und sich durch ihn ergoß. Besonders bei der Lektüre von »The Colossus of Menoussi« hatte ich den Eindruck, daß Miller ein Medium war, durch das sich die Götter, die Existenz, die Erzengel oder einfach das große »Es« artikulierten. Henry Millers Prosa berührte mich wie Sphärenklänge, die aus der Tiefe des Universums kamen.

Wir fuhren langsam durch Big Sur und bedauerten, daß Miller nicht mehr hier lebte. Wir hätten ihn gerne besucht. Aber wahrscheinlich hätte er uns ebenso schrecklich gefunden, wie die vielen anderen Touristen, die plötzlich mit einem fröhlichen »Hi Henry!« bei ihm in der Tür gestanden hatten und bloß mal hören wollten, wie's ihm denn so ging. Wie die anderen Bewohner dieses einsamen Ortes an der amerikanischen Pazifikküste hatte Miller Big Sur als ein Refugium gesehen. Hier war die Welt weit weg, hier konnte er mit den Göttern sprechen, hier wollte er in Ruhe gelassen werden.

Big Sur ist ein Ort ohne Zentrum. Die Häuser sind in Redwoodhainen versteckt oder schmiegen sich an die unzugängliche Steilküste. Tief unten bricht sich die Brandung an einer felsigen Küste, die in majestätischer Unberührtheit aus dem milchigen Dunst über dem Meer aufragt. Nur die Blechbriefkästen am Straßenrand verraten, daß hier irgendwo Menschen wohnen. Ohne ortskundige Hilfe ist es unmöglich, das Haus zu finden, in dem Henry Miller gelebt, geschrieben, Kinder aufgezogen, Gäste bewirtet und sich mit seinen Frauen gestritten hat.

Als wir schon meinten, Big Sur liege hinter uns, tauchte zur Linken ein Schild auf: »Henry-Miller-Gedächtnishaus – geöffnet.« Ich parkte den Wagen. Eine solide Wand aus Holz schloß das Grundstück gegen die Straße ab. Durch ein klappriges Flügeltor kam uns eine junge Frau entgegen, lächelte uns freundlich an, so als gehörten wir hier irgendwie dazu, und sagte im Vorbeigehen: »Emil ist zu Hause!« Emil? Emil war Henry Millers bester Freund gewesen. Ich erinnerte mich daran, wie liebevoll Henry Miller über Emil geschrieben hatte, über Emil, der als Siebzehnjähriger wegen seiner Beziehungen zu einer revolutionären

Gruppe in Ungarn zum Tode verurteilt worden war, über Emil, der sich eines Tages in einem Brief aus Alaska vorgestellt und geschrieben hatte, er wolle kommen und bei Henry Miller »Mädchen für alles« spielen – ohne Entgelt, über Emil, den stets gutgelaunten Kochkünstler, den geschickten Handwerker, den Maler, den Sekretär, den Helfer in der Not, und vor allem über Emil, den Schürzenjäger, der ein unverschämtes Glück bei den Frauen hatte.

Emil saß auf der Holzterrasse seines kleinen spitzgiebeligen Hauses. Er war ganz allein, und es kam uns so vor, als hätte er auf uns gewartet. Ich empfand eine spontane Zuneigung für diesen zarten und gebrechlichen alten Mann. Er mochte wohl schon die neunzig überschritten haben, und es schien mir, als ob er seinen Lebensabend damit zubrachte, auf Menschen zu warten, die mit ihm über seinen besten Freund Henry Miller reden wollten. Er saß auf einem Klappstuhl, die Beine unter einer Wolldecke, und musterte uns aus wäßrig-blauen Augen aufmerksam, aber nicht neugierig, als wir im Schatten einer gewaltigen Redwoodtanne über eine kurzgeschorene Rasenfläche näher kamen. Wir begrüßten ihn und fragten, ob wir uns ein wenig umsehen könnten. »Gewiß«, sagte er, »ihr könnt auch ins Haus gehen. Die Tür ist offen.« Er sprach mühsam, mit gebrochener Stimme, aber sein Gesichtsausdruck verriet eine wache Lebendigkeit. Seine linke Hand, die er zögernd zum Gruß erhoben hatte, zitterte unkontrolliert, und es war offensichtlich, daß Emil an der Parkinsonschen Krankheit litt.

»Wo kommt ihr her?« wollte er wissen. »Aus Palo Alto«, sagte ich, aber das meinte er nicht. »Ihr seid keine Amerikaner«, sagte er, »das kann ich sehen. Wo kommt ihr her?« Als Astha ihm sagte, daß wir Deutsche seien, lächelte er zum ersten Mal: »Dann können wir ja deutsch sprechen.« Er stamme aus Österreich. Er bot Astha einen Hocker auf der Terrasse an, und sie setzte sich zu ihm. Emil, schwach, zittrig, kaum fähig, sich zu bewegen, beugte sich zu ihr vor, musterte völlig unbefangen ihren Busen, hob langsam den Kopf, schaute ihr mit einem Spitzbubenlächeln in die Augen und sagte in singendem Österreichisch: »Frauen wie dich hat's hier nicht in Amerika.«

Emil war glücklich, als wir bald bei seinem einzigen Thema landeten: Henry. »Henry und ich«, sagte er leise, »sind immer zusammen zu den heißen Quellen gegangen. Hier ganz in der Nähe. Da kamen auch manchmal Touristen hin, und wir haben da die schönsten Frauen

abgeschleppt. Die Frauen waren Henrys Schicksal. Er hat ihnen alles zu verdanken – seine besten Bücher – und viel Leid.«
Ich hatte gerade Anaïs Nins Buch »Henry, June und ich« gelesen. »Kennst du Anaïs?« fragte ich. Emil zog mißbilligend die Stirn zusammen: »Die Anaïs? Ja, natürlich. Sie war hier zu Besuch. Sie war platt wie ein Brett. Keine Spur von Busen . . .«
»Aber sie war doch eine von Henrys ganz großen Lieben, oder?« fragte Astha. Emil winkte ab. Das Thema Anaïs Nin war für ihn erledigt. »Sag mal Emil, wie war das mit dem Nobelpreis?« wollte ich wissen. »Er hatte ihn natürlich verdient. Aber ich stelle mir vor, daß er auf den Preis gar nicht scharf war.« Emil schüttelte langsam den Kopf. »Da irrst du dich«, sagte er. »Er hat auf den Preis gewartet, jedes Jahr.«
Wir gingen durch eine Glasschiebetür ins Wohnzimmer. Das »Gedächtnishaus« war kein Museum, es war ganz einfach Emils Haus, der seine Liebe zu Henry Miller gerne mit möglichst vielen Menschen teilen wollte. Miller war hier oft zu Besuch gewesen, aber er hatte hier nicht gelebt. (In seinem Haus am Partington Ridge lebten seine beiden Kinder Toni und Valentine. Aber dort waren Besucher nicht willkommen.) Emil hatte in seinem Wohnzimmer Fotos von Henry Miller aufgehängt: Henry an einer alten, klapprigen Schreibmaschine, Henry beim Pingpongspiel mit einem nackten Mädchen, Henry mit seiner fünften und letzten Frau, der japanischen Nachtclubsängerin Hoki-San, die den Achtzigjährigen fast zum Wahnsinn getrieben hat. Einige Henry Miller-Aquarelle (er war ein passionierter und talentierter Hobbymaler gewesen), Miller-Briefe im Faksimile und im hohen Bücherregal Miller-Bücher in einem Dutzend verschiedener Sprachen. Das Gästebuch, das neben der Glasschiebetür auslag, verzeichnete mehr Ausländer als Amerikaner. Astha und ich trugen uns ein, und da wir nirgendwo anders zu Hause waren, gaben wir das Universum als unsere Adresse an.
Emil war draußen auf der Terrasse sitzen geblieben. Er wirkte erschöpft. Ein junger Mann, der ihm das Haus führte, hatte für ihn in der Küche das Mittagessen zubereitet – Räucherlachs-Sandwiches. Emil hatte Mühe, mit den belegten Broten fertig zu werden. Seine Hände und sein Kopf zitterten, und der Lachs fiel immer wieder auf den Teller zurück. Wir verabschiedeten uns. Emil blieb am Küchentisch sitzen und schaute hilflos zu uns auf. »Macht's gut«, sagte er. »Und kommt wieder, solange es mich hier noch gibt.«

Im Auto kramte Astha Millers »Big Sur and the Oranges of Hieronymus Bosch« aus einer Reisetasche, und als wir den Henry Miller-Ort verließen, las sie mir die Widmung vor:
»Für Emil White vom Anderson Creek, einen der wenigen Freunde, die mich niemals im Stich gelassen haben.«

Es war schon dunkel, als wir in Los Angeles eintrafen. Rainer und Inge wohnten in einer kleinen, gewundenen Villenstraße in den Bergen von Hollywood. Wir hatten sie nur mit Mühe auf dem Stadtplan entdeckt; noch schwerer war es, sie in dieser Megalopolis zu finden, die flach und konturlos wie ein Kuhfladen in alle Richtungen auseinanderfließt. Wir irrten durch die Dunkelheit; Astha mit Taschenlampe und Zeigefinger auf dem Stadtplan, ich mit nassen Händen am Steuerrad. Tankstellen, grell erleuchtete und mit bunten Ballons geschmückte Verkaufs-Parkplätze für Gebrauchtwagen, Kinos, Fast-food-Lokale, schummrige Kaschemmen, Reklamewände, Supermärkte, Verkehrsampeln... Wir fuhren und fuhren und hatten den Eindruck, daß wir in dieser Stadt überhaupt nicht mehr von der Stelle kamen. Immer wieder tauchten die gleichen Namen auf: McDonald's, Esso, Kentucky Fried Chicken, Jack in the Box, Safeway, Big Boy, Chevron, Rusty's Pizza, Chevrolet, Big Western, Albertson... Fuhren wir im Kreis? Wenn ich das Tempo verlangsamte, um nach einem Straßenschild Ausschau zu halten, löste ich hinter mir ein wütendes Hupkonzert aus. Weiter, immer weiter... Die Verkehrsströme von Los Angeles sind wie Naturereignisse – du kannst sie nicht aufhalten, sie reißen dich mit, du mußt dein Ziel aus der Bewegung heraus finden, aus dem vollen Schwung. Wenn du eine Abzweigung verpaßt, gibt es kein Stehenbleiben und Zurücksetzen, du mußt weiterfahren, einen großen Bogen schlagen, und oft dauert es eine halbe Stunde, bis du wieder an den Punkt kommst, wo du einen Fehler gemacht hast. Und weil alles gleich aussieht, die Straßen, die Häuser, die Reklamen, die Lokale, die Supermärkte, die Tankstellen, die Kreuzungen und die Parkplätze, ist es nicht unwahrscheinlich, daß du die Abzweigung ein zweites Mal verfehlst und die nächste Runde drehen mußt.
Erst als die Straßen enger wurden und nicht mehr rechtwinklig verliefen, schöpften wir Hoffnung. Das mußten die Berge von Hollywood sein. Es ging steil und kurvenreich bergan. Hohe schmiedeeiserne Parktore im

Schein blitzender Messinglaternen. Hier und da ein Blick auf imposante Villen zwischen schlanken Palmen. Endlich die richtige Straße und die richtige Hausnummer. Kompliziertes Parkmanöver auf abschüssigem Asphalt. Eine steile Treppe führte zum Haus hinauf. Inge öffnete die Tür: »Wir dachten schon, ihr seid verlorengegangen!« Rainer tauchte wie ein Riese hinter ihr auf, beugte sich über ihre zarte Schulter und dröhnte mit burschikoser Herzlichkeit: »Willkommen in Hollywood!«
Aus der Tiefe des Hauses tönte eine dunkle, energische Frauenstimme: »Rainer! Komm mal her!« Rainer zuckte zusammen, warf uns einen hilflosen Blick zu, drehte sich auf dem Absatz um und flog mit dem Ruf: »Ja, Mutter, ich komme schon!« davon. Inge rang verlegen die Hände und flüsterte: »Rainers Mutter ist aus Deutschland gekommen. Ein Überraschungsbesuch. Sie will mit uns Weihnachten feiern, und das ist natürlich... naja, wie soll ich sagen...« Sie suchte nach Worten, und ich hatte das Gefühl, daß wir uns auf ein Abenteuer gefaßt machen mußten. Plötzlich bereute ich, daß wir hierhergekommen waren. Gewiß, die beiden hatten uns eingeladen, aber hatten sie wirklich damit gerechnet, daß wir die Einladung annehmen würden? Wir kannten sie doch gar nicht! Wir wußten nur, daß sie von Rajneesh und von der Kommune in Oregon angetan waren, aber war das eine gute Entschuldigung dafür, daß wir uns diesem höflichen Pärchen zum Weihnachtsfest aufdrängten?
Astha bewegten offenbar die gleichen Gefühle. »Inge, ich glaube, wir kommen zur unrechten Zeit«, sagte sie. Aber das ließ Inge nicht gelten: »Um Gottes willen, wie kommst du denn darauf? Im Gegenteil.« Sie strich sich nervös die Haare aus der Stirn und schaute sich um, so als hoffte sie, Rainer wäre bald wieder an ihrer Seite. »Rainer und ich wären natürlich lieber mit euch allein gewesen«, flüsterte sie hastig, »aber Frau Knesebeck hat sich ganz kurzfristig entschlossen, und Rainer konnte ihr unmöglich absagen...«
Daß Rainer seiner alten Dame nichts abschlagen konnte, glaubten wir ihr aufs Wort. Inge stand immer noch mit uns unter der Tür. »Ich wäre euch dankbar«, sagte sie, »wenn ihr nichts von Bhagwan und von Oregon erwähnen würdet. Frau Knesebeck ist nämlich sehr konservativ, und Rainer möchte ihr Aufregungen ersparen.«
»Oh Gott«, sagte Astha und zog den Kopf zwischen die Schultern wie ein Schulkind, das in eine kleine Verschwörung eingeweiht wird. »Ich hoffe,

Frau Knesebeck ist schwerhörig. Man verplappert sich doch so leicht!« Inge lächelte verlegen. »Nee, schwerhörig ist die leider überhaupt nicht.« Endlich bat sie uns hereinzukommen. Der unangenehme Teil der Begrüßung war offenbar vorbei. »Habt ihr Gepäck?« fragte Inge zerstreut und beantwortete die Frage gleich selbst. »Ja, natürlich habt ihr Gepäck. Wartet mal... das holen wir lieber gleich. Hier in L. A. kann man ja nichts im Auto liegenlassen.«
Als wir zum Auto gingen, sagte Inge: »Es macht euch doch sicher nichts aus, wenn ihr im Wohnzimmer auf der Couch schlaft. Wir haben nämlich nur ein Gästezimmer, und das mußten wir natürlich Frau Knesebeck geben.« »Oh, oh«, dachte ich, »Gäste im Wohnzimmer – das wird Frau Knesebeck aber gar nicht mögen.« Ich sah ein kleines Drama zum heiligen Weihnachtsfest voraus. Astha sagte: »Wirklich, Inge, ich habe das Gefühl, daß wir euch schreckliche Umstände machen...« Inge unterbrach sie energisch: »Also hör jetzt auf damit, es ist alles wunderbar, wenn ihr mit der Couch zufrieden seid.« Wir wären im Augenblick auch mit einer Hundematte zufrieden gewesen. Es war schon spät, uns fielen fast die Augen zu, und wir hatten keine Ahnung, wo wir sonst hätten hingehen können. »Die Couch ist kein Problem«, sagte ich und fing an, das Gepäck aus dem Auto zu räumen.
»Habt ihr einen Unfall gehabt?« fragte Rainer, und ich hatte den Eindruck, daß unser »Oskar« ihn etwas verunsicherte. In den nachbarschaftlichen Beziehungen Amerikas spielen die Autos vor der Haustür eine große Rolle. An den Autos lesen die Nachbarn ab, welchen Umgang du pflegst, wie deine Kreditsituation ist, welche Partei du wählst, und ob du zu dem gehörst, was die Amerikaner »Mainstream« nennen. Zweifellos wirkte »Oskar« mit seinem eingedellten Heck in dieser feinen Gegend deplaziert, um es milde auszudrücken. Der Wagen signalisierte der Nachbarschaft, daß Rainer und Inge mit Leuten Umgang hatten, die jedenfalls nicht zum Mainstream gehörten – Mexikaner, Hippies, Arbeitslose, Neger oder weiß der Himmel was für Typen.
Wir hatten immerhin fünf Koffer und mehrere Taschen und Plastikbeutel. Der hübsche Eingang mit dem polierten Mahagoniboden war der einzige Ort, an dem das Gepäck Platz hatte, denn das Haus war klein. Wir stapelten die Koffer an der Wand auf, die Plastiktüten und den Sack mit den Daunendecken oben drauf. »Das sieht aber sehr merkwürdig aus«, sagte eine tiefe Frauenstimme. Wir drehten uns um, und da stand

sie, Rainers liebe Mama aus Deutschland – schlank, groß und kerzengerade. Bismarck! schoß es mir durch den Kopf. Ihre Erscheinung war unnahbar, überwältigend, ja sogar furchteinflößend, wie die des Eisernen Kanzlers.
Hocherhobenen Hauptes, herrische Strenge im Gesicht, die Beine ein wenig gespreizt, die Füße mit den blankpolierten Schnürschuhen fest auf dem Parkett verankert, stand sie da wie ein Fels in der Brandung und füllte den Raum mit ihrer gnadenlosen Präsenz aus. »Rainer«, sagte sie und würdigte uns keines Blickes, »kann man das nicht woanders unterbringen?« Rainer, aufsässig und höflich: »Die Garage ist total voll, Mama. Es ginge höchstens im Gästezimmer.« Sie nahm das Kinn noch ein wenig höher: »Das kommt natürlich *nicht* in Frage!«
Schon war sie im Begriff, sich wieder zu entfernen, aber Inge kam ihr zuvor: »Frau Knesebeck, darf ich Ihnen unsere Freunde vorstellen? Astha und...« sie zögerte einen Augenblick, so als wäre ihr gerade bewußt geworden, daß Satyananda merkwürdig klang und Frau Knesebeck womöglich auf dumme Gedanken bringen würde. Aber dann kam sie doch damit heraus. »Und das ist Satyananda!«, sagte sie. »Satya... was?« fragte Frau Knesebeck. »Satyananda«, sagte ich. Frau Knesebeck musterte mich von Kopf bis Fuß, während sie ihre Hand nach Astha ausstreckte. »Naja, ist ja auch egal«, resignierte sie und schüttelte den Kopf. Sie ließ Asthas Hand wieder los. »Übrigens haben wir Sie schon vor Stunden erwartet!« kam es mit tadelnder Schärfe. »Wie schön«, sagte Astha, so als hätte sie gerade eine erfreuliche Nachricht gehört. »Wir waren auch schon ganz ungeduldig, Rainer und Inge wiederzusehen.« Die alte Dame schien verblüfft. Machte man sich über sie lustig? Unmöglich! Das hatte noch niemand gewagt. Es war offensichtlich, daß Asthas Bemerkung ihr den Wind aus den Segeln genommen hatte. Sie war in die Defensive geraten, also trat sie den Rückzug an und verschwand wieder im Wohnzimmer.
Rainer zeigte uns das Bad. Inge ging in die Küche, um das Abendessen vorzubereiten. Wir wuschen uns die Hände. Astha flüsterte: »Das ist ja 'ne scharfe Type. Die würde ich am liebsten in die Arme nehmen.«
»Charmant wie ein Vorschlaghammer«, sagte ich, »aber echt wie Gold. Bei der weißt du immer, wo du dran bist.«
Frau Knesebeck hatte schon gegessen, aber sie nahm trotzdem am Tisch Platz, als Inge das Essen auftrug. Den Blick unverwandt gerade-

aus auf die Terrassentür gerichtet, saß sie an der Schmalseite des Tisches und führte schweigend den Vorsitz. Sie machte nur den Mund auf, wenn sie knappe Befehle erteilte: »Rainer! Hol mir mal meine Brille... Rainer! Ich trinke einen Sherry!...« Von Inge nahm sie fast keine Notiz, die lebte mit ihrem kleinen 43jährigen Rainer in Sünde, und es war ein Ding der Unmöglichkeit, die Maitresse des Sohnes zu duzen. Diese Person mit ihrer lockeren Moral gehörte nicht zur Familie; am besten man tat so, als existiere sie gar nicht.

Die Spannung zwischen diesem Trio war so greifbar, daß ich jeden Augenblick mit einer Explosion rechnete. Aber natürlich passierte gar nichts. Ich hätte aufgeatmet, wenn Inge plötzlich aufgesprungen wäre und ihrer Schwiegermutter das goldrandige Weinglas auf den Kopf gehauen hätte. Oder wenn Rainer mit Löwengebrüll den Tisch umgekippt hätte. Oder wenn Inge mit dem Schlachtruf »Du feige Sau!« ihrem Rainer an die Gurgel gefahren wäre. Oder wenn Frau Knesebeck die Nerven verloren und ihrer verhaßten Rivalin Inge das stählerne Brillenfutteral auf das Nasenbein geschmettert hätte: »Du haltloses Flittchen! Laß deine dreckigen Finger von meinem kleinen Rainer!« Aber das Gewitter entlud sich nicht. Freundliches Grinsen auf allen Seiten, und die Luft war so dick, daß sie wie ein Banktresor im Raum stand. Wir unterhielten uns über das Wetter, über die amerikanische Wirtschaftslage, über den Tannenbaum, nur nicht über das, was uns interessierte.

Hätten wir uns darüber unterhalten, wie der eine den anderen wirklich sah, dann wäre es wahrscheinlich ein lebendiger und interessanter Abend geworden. Aber wir waren viel zu höflich, und so schleppte sich die Unterhaltung hin, bis Frau Knesebeck die Tafel aufhob, ihrem Sohn zunickte und mit den Worten »Ich muß ins Bett« verschwand. Astha ergriff die Gelegenheit beim Schopf, gähnte laut und deutlich und versicherte, daß sie vor Müdigkeit gleich vom Stuhl fallen werde. Inge sprang auf und zog die Wohnzimmercouch auseinander. Alle waren froh, daß der Abend beendet war.

Am nächsten Morgen fuhr ich zur »Los Angeles Times«. Ich wollte Bob, den Leitartikler besuchen, den ich vor Jahren über meinen Freund Joe Morris kennengelernt hatte. Inzwischen hatte die »Times« meinen Rajneeshpuram-Artikel zurückgeschickt. Der zuständige Redakteur hatte mir einen höflichen Absagebrief geschrieben: »... unsere Leser würden mit Recht einwenden, daß der Artikel – so interessant und lebendig er auch sein mag – aus der Feder eines Autors stammt, der sich zum Glauben verpflichtet hat. Sollte die ›Times‹ das Thema Bhagwan und Rajneeshpuram noch einmal aufgreifen (was unwahrscheinlich ist), dann würden wir dafür jedenfalls einen Reporter aus unseren eigenen Reihen als Autor einsetzen.«

Ich war nicht besonders enttäuscht, denn nach meiner Erfahrung mit Arthur, dem Karatelehrer, hatte ich nichts anderes erwartet. Verfasser und Artikel paßten nicht in den Mainstream der amerikanischen Gesellschaft, den vielbeschworenen, patriotischen, christlichen »Hauptstrom« braver amerikanischer Steuerzahler. Die »Los Angeles Times« war von der ersten bis zur letzten Zeile für diesen Mainstream geschrieben, und solange sie sich nicht zum Sprachrohr rassischer, ideologischer oder politischer Minderheiten machte und keine originellen Ansichten äußerte, war ihr wirtschaftlicher Erfolg gesichert; sie konnte sogar im Konzert internationaler Qualitätsblätter eine Rolle spielen.

Ich wollte also Bob guten Tag sagen und bei der Gelegenheit ein paar aufklärende Worte mit »meinem« Redakteur wechseln. Die Gebäude der »Times« sind nicht so schwer zu finden; sie liegen in Downtown-L.A., und Downtown ist da, wo die schlanken und eleganten Wolkenkratzer aus dem Kuhfladen herausragen. Sobald ich auf dem Freeway 101 war, konnte ich Downtown nicht verfehlen – die Skyscraper lagen deutlich in meinem Blickfeld, nur die obersten Stockwerke waren nicht zu sehen. Sie wurden von jener giftigen, gelb-braunen Wolke verschluckt, die an vielen Tagen im Jahr wie ein himmlischer Schleier über dem im Koordinatensystem gewobenen Teppich von vielen Millionen Einfamilienhäusern liegt: *Smog*!

Es war zehn Uhr vormittags. Die Rush Hour war vorbei. Der achtspurige Autowurm auf der 101, in den ich mich in Hollywood eingefädelt hatte, bewegte sich ziemlich flott voran. Ich mußte nur darauf achten, vor drei Uhr nachmittags wieder zu Hause zu sein, dann würde mir die Agonie des täglichen Verkehrszusammenbruchs erspart bleiben. Sie gehört zum Alltag dieser Stadt wie der Smog und wie die Kriminalität, die Downton-L.A. jede Nacht in einen Kriegsschauplatz verwandelte, auf dem jugendliche Latino- und Farbigenbanden ihren Guerillakrieg austrugen. Im Zentrum von L.A. gäbe es Viertel, in die sich seit Jahren keine Polizei mehr hineintraute, hatte mir Ulla erzählt. Schon vor Jahren, als sie noch bei der »Times« gearbeitet hatte, war es üblich gewesen, daß die weiblichen Angestellten der Zeitung abends nach Einbruch der Dunkelheit von Mitgliedern des Werkschutzes zu ihren Autos auf den Parkplatz begleitet wurden. Aber tagsüber war es eher der Smog, der das Leben der Menschen in L.A. bedrohte. Die Rundfunksender berichten stündlich über die Smog-Lage. Die Luft sei »unhealthful« hieß es häufig. Aber als ich zur »Times« fuhr, meldete der Rundfunk nur »schlechte« Luft. Sie drückte mir auf den Brustkorb und brannte mir in den Augen. »Ungesund« war eine Stufe schlimmer als »schlecht«. »Ungesund« bedeutete in die Realität von L.A. übersetzt, daß Hunderte von alten Menschen an Sauerstoffflaschen angeschlossen werden mußten, daß die Zahl der Herzattacken sprunghaft anstieg, daß Babys erstickten und Jogger tot umfielen. Aber das Leben ging weiter ...

L.A. war die Hölle. Das gaben selbst diejenigen zu, die in keiner anderen Stadt leben wollten, die L.A.-Süchtigen, die der Stadt verfallen waren wie einer Droge. Die hektische Energie von L.A. machte sie »high«. Sie wachten jeden Morgen mit einem Kater auf. Sie wußten, daß L.A. sie kaputt machte. Aber sie konnten sich nicht von dieser Stadt trennen, die sich ausbreitete wie ein Krebsgeschwür. Die Zahl der Autos nahm ständig zu, und die Luft wurde immer mieser. Die Grundstückspreise und die Mieten schossen in die Höhe wie Feuerwerkskörper. Crack und Kokain heizten die Kriminalität immer mehr an. Fast täglich entlud sich der Frust überreizter Autofahrer in blindwütigen Schießereien auf den Stadt-Freeways. Ab und zu bebte die Erde, und die Menschen erinnerten sich daran, daß sie auf einem Vulkan lebten. Alle Spezialisten sagten übereinstimmend voraus, daß *»the big one«,* die große Erdbebenkatastrophe, längst fällig sei und sozusagen in jedem Augenblick eintreten könne. *The big one* würde das Becken von Los Angeles vernichten, würde Wolkenkratzer umwerfen und Großbrände auslösen, würde die Pipelines der Ölraffinerien und der chemischen Fabriken zerreißen und Giftschwaden freisetzen, würde Hunderte von Autos unter einstürzenden Freeway-Brücken begraben und die Strom- und Wasserversorgung lahmlegen. Tausende von Menschen würden sterben und Zehntausende verletzt werden. Die »Los Angeles Times« hatte das Katastrophenszenario mit wissenschaftlicher Akribie erarbeitet und in ihrer Wochenendnummer veröffentlicht. Aber das Leben ging weiter.

Die Vermutung lag nahe, daß Hunderttausende von Menschen mit

intakten Überlebensinstinkten der Hölle von Los Angeles entfliehen wollten, daß der Smog, der wahnsinnige Verkehr, die allgegenwärtige Kriminalität, die steigenden Preise und die katastrophalen Prophezeihungen der Erdbebenforscher zu einer Massenabwanderung führen mußten. Aber die Bevölkerung nahm ständig zu! Die Anziehungskraft dieser Stadt war unheimlich, so unheimlich wie die düstere Verlockung eines Abgrunds, in den sich die Selbstmörder stürzen. L.A. versprach die Erfüllung der Todessehnsucht. L.A. lockte die Lebensmüden mit dem Versprechen einer orgiastischen Untergangsparty. L.A. verhieß die befreiende Auflösung in einem Crescendo der Sinnlosigkeit. Los Angeles, die »Stadt der Engel«, war zum Himmel der kranken Seelen geworden.
Kein Wunder, daß in dieser Stadt die Massenproduktion jener unglaublich blutrünstigen, widerlichen und geistlosen Fernsehserien auf Hochtouren lief, die nonstop über Millionen Bildschirme flimmerten. Hollywood erschien mir wie ein Irrenhaus, das seine Insassen ermutigt, ihre Perversionen und Ängste, ihre Neurosen und Psychosen in Filmprodukte umzusetzen. Kein Wunder aber auch, daß die negativen Impulse von Los Angeles positive Energien auslösten, denn Gegensätze gehören zusammen. Wo immer die Negativität einen Höhepunkt erreicht, baut sich auch die Kraft für die positive Gegenströmung auf. So wurde Los Angeles das Zentrum für eine spirituelle Erneuerung, die weit über Kalifornien hinausstrahlte. Es wimmelte von Gurus, Heilkünstlern, Yogalehrern, Meditierern aller Traditionen und Richtungen, spirituellen Therapeuten, Pastlife-Deutern, Diätstrategen, Geist-Vehikeln, Workshop-Organisatoren und New-Age-Autoren. Manche waren Scharlatane, und viele Geschäftemacher haben die kalifornische New-Age-Bewegung in Mißkredit gebracht. Aber die spirituelle Renaissance überlebte die falschen Heiligen und immer mehr Menschen wurden von ihr erfaßt.
Ich hatte Los Angeles in den vergangenen zwanzig Jahren häufig besucht und war immer wieder fasziniert gewesen. Aber als ich an jenem Dezembermorgen, einen Tag vor Heiligabend, zum »Times«-Building fuhr, erfaßte mich ein merkwürdiges Unbehagen. Mein ganzes Wesen rebellierte gegen diese Stadt. Ich spürte einen Druck auf dem Solarplexus, und ich wußte, daß ich mich hier nicht lange aufhalten durfte.
Ich umkreiste das »Times«-Gebäude zweimal auf der Suche nach einem

Parkplatz, und als ich bei der zweiten Umkreisung am Haupteingang vorbeikam, wurde gerade ein Platz mit Parkuhr frei – direkt vor der Tür, ein unwahrscheinliches Glück, denn ein Parkplatz in L.A.-Downtown ist wie ein Treffer im Lotto. Ich fütterte den Automaten mit vier 25-Cent-Münzen und schob mich durch die Drehtür in die Empfangshalle. Hohe Säulen stützten eine reichgeschmückte Stuckdecke. Gedämpftes Licht wie im Petersdom zu Rom. Die lebensgroßen Büsten der Haus-Heiligen starrten aus allen Richtungen auf den Besucher dieser Weihestätte. Hier hatten sich Schöpfer des Zeitungsimperiums verewigt – verwegene Raubrittertypen, die in den wilden Zeiten der kalifornischen Gründerjahre durch zwielichtige Geschäfte reich geworden waren. Erst in der dritten Generation hatte der Wohlstand eine gewisse Verfeinerung in der Lebensart dieser hemdsärmeligen Zeitungsbarone bewirkt. Die Familie Chandler regierte in Südkalifornien wie eine Monarchie. Ihrem Reichtum und ihrer Macht verdankte das Land nicht nur die Existenz des Philharmonischen Orchesters samt modernem Konzerttempel; auch die Präsidentschaft eines Richard Nixon, der seine Karriere mit fleißigem Klinkenputzen an den Redaktionstüren der »Los Angeles Times« begann, ist der Familie Chandler zu danken. In den zwanziger Jahren hatte sie in einem erbarmungslosen Ringen die Druckergewerkschaft in die Knie gezwungen. So gibt es im Medienkonzern der »Los Angeles Times« weder Verträge noch Kündigungsschutz.

In der dämmrigen Tiefe der Halle stand ein Concierge in olivgrüner Uniform hinter einem Tresen. Er reichte mir ein Besucherformular und telefonierte mit gedämpfter Stimme. Ich stand auf poliertem Marmor und schaute mir die mit Spotlights illuminierten Exponate an, die an den Wänden aufgehängt waren. Großformatige Fotos und aufgeblasene Faksimiles von Titelseiten der Times, die den Betrachter wissen ließen, was er schon geahnt hatte, daß nämlich die Reporter der »Los Angeles Times« an den Ereignissen ihrer Zeit als berichtende Augenzeugen teilgenommen hatten.

Eine junge Dame holte mich ab. Wir fuhren mit dem Lift nur zwei Stockwerke hoch – die Leitartikler der »Times« saßen nicht im modernen Hochhaus, sondern im ehrwürdigen Altbau. Ich stellte mir vor, daß der Braintrust dieses Weltblattes seine hochfliegenden Gedanken und Ideen in einem konservativ-eleganten Kolonialstil-Ambiente entwickeln würde – antike Teppiche, Kristallüster, goldgerahmte Ölgemälde, schwere Schreibtische aus Eiche, Klubgarnituren für tiefschürfende Diskussionen. Aber meine Erwartungen wurden enttäuscht. Ich betrat einen nüchternen Saal mit hohen Wänden, der in lauter kleine Glaskubikel aufgeteilt war. In jedem Kästchen – keines größer als zehn Quadratmeter – saß ein Kommentator und wirkte hinter der Glaswand wie ein Fisch im Aquarium. Die unmittelbare Perspektive dieser kommentierenden Weltbeobachter bestand in einem Blick auf die Kollegen in den anderen Kästen. Hier konnte jeder sehen, ob der andere pünktlich zum Dienst erschienen war, wie er in der Nase bohrte oder aufs Klo ging, wie er, um Erleuchtung ringend, an die Decke starrte oder an den Nägeln kaute.

Bob saß im dritten Kasten zu meiner Linken; wir winkten uns durch Glaswände hindurch zu, als ich den Saal betrat. Die Kollegen in den anderen Kubikeln fixierten mich mit kurzem Blick. Bob kam hinter seinem Schreibtisch hervor; ein Mann wie ein Schrank, ein Bauer mit dem kultivierten Gehirn eines Gelehrten. Er hatte die Krawatte gelokkert. Die aufgerollten Hemdsärmel entblößten dicht behaarte Unterarme. Seine dunkle Lesebrille hatte er auf die Stirn hochgeschoben. »Hi Andy, how nice to see you!« Er sprach mit gedämpfter Stimme, denn der Glaskasten war nach oben hin offen; es gab also keine Geräuschisolierung. Bob bot mir einen Stuhl vor seinem Schreibtisch an.

»Interessant hier«, sagte ich und schaute mich um. Ein Garderobenständer, ein Aktenschrank. Gesenkte Köpfe über den Schreibtischen in den anderen Glaswaben. Von der hohen Decke strahlten Neonröhren. Erst jetzt bemerkte ich, daß es in dem Saal gar kein Tageslicht gab. Die »Times«-Kolumnisten konnten nicht sehen, ob es Tag oder Nacht war, ob die Sonne schien oder ob es regnete. Eine Klimaanlage blies ihnen Atemluft zu, immer in der gleichen Temperatur. Sie fühlten keine Hitze und keine Kälte; solange sie sich in diesem Saal aufhielten, hatten die Jahreszeiten keine Bedeutung für sie. Ihr sinnliches Wahrnehmungsvermögen war auf die winzige Welt der kleinen Glaskästen beschränkt, in der sie mit ihren Hämorrhoiden und ihrem Leberdruck, ihrer Raucherlunge und ihren Krampfadern saßen, mit ihren Hoffnungen und ihren Wünschen und ihren kleinen familiären Sorgen.

Die große weite Welt, über die sie sich berufsmäßig Gedanken machten, war ihrer sinnlichen Wahrnehmung entzogen. Sie glichen modernen Physikern, die kostspielige Geräte brauchen, um die Phänomene der subatomaren Teilchenwelt wahrzunehmen. Der Atomphysiker erlebt seine Welt nicht – der Teilchenbeschleuniger dient ihm dazu, über die subatomare »Wirklichkeit« Theorien aufzustellen, die er nur mathematisch ausdrücken kann. Der »Times«-Kommentator benutzt den Computer. Je mehr Technik wir einsetzen, desto unsinnlicher wird unsere Arbeit. Wir »fühlen« die Welt nicht mehr mit unserem Herzen, wir analysieren sie mit unserem Kopf. Und je mehr die Technik unser Leben beherrscht, desto stärker wird das lebenswichtige Gleichgewicht zwischen Herz und Verstand gestört. Die Robotermentalität der sogenannten Experten, die inzwischen überall den Ton angeben, in den Medien, in der Wirtschaft, den Finanzen, der Forschung, der Politik, besonders der Sicherheitspolitik, diese Mentalität einer unsinnlichen Verliebtheit in Daten und Fakten, in die Perfektion des theoretischen Modells, in die Dynamik des Machbaren, ist lebensgefährlicher als alle anderen Plagen der Menschheit zusammengenommen.

Bob führte mir einen Computer vor. »Was willst du wissen? Die Wiener Verhandlungen über Truppenreduzierung? Okay, kommt gleich!« Er drückte ein paar Tasten, und auf dem Bildschirm erschienen die Tagesmeldungen der Agenturen, der letzte »Times«-Korrespondentenbericht aus Wien und auf weiteren Tastdruck Archivmaterial in scheinbar beliebigem Umfang, zum Beispiel (wiederum auf Anfrage) sämtliche Korrespondentenberichte der großen Schwester an der Ostküste, der »New York Times«.

Das war sozusagen Bobs Input – die Geschehnisse auf unserem Planeten flogen ihm in Form von illuminierten Symbolen auf Tastendruck zu und erschienen auf seinem Bildschirm. Was seinen Output anbetraf, so hämmerte er auf die Tasten seines Keyboards, und seine Gedanken erschienen in Leuchtschrift auf der Mattscheibe. Wenn er den letzten Satz seines Kommentars geschrieben hatte, drückte er eine Tastenkombination, sein Artikel verschwand wie ein Spuk und ging im selben Augenblick in das Gedächtnis des Zentralcomputers ein. Von dort aus wanderte er auf die Bildschirme der einschlägigen Redakteure und schließlich in den Layout-Saal, der sich irgendwo weit außerhalb der Stadt befand.

Bob war gesprächig und gesellig wie die meisten Journalisten. Er holte eine Tasse Kaffee vom Automaten, legte die Beine auf den Schreibtisch und plauderte drauflos. »Wie lange bist du schon nicht mehr im Geschäft? Zehn Jahre, was? Na, da ist inzwischen viel Wasser über den Ganges abgegangen. Kannst du dich noch erinnern, wie wir mit Joe nach Baalbek raufgefahren sind? War dicke Luft da oben, aber eine wunderbare Landschaft. Fünfzehn Jahre muß das her sein, nicht zu fassen, wie die Zeit vergeht... Und den armen Joe hats erwischt; das ist auch schon wieder zehn Jahre her. Er war ein großer Profi, einer unserer besten. Willst du noch 'ne Tasse Kaffee?«

Er nahm die benutzten Tassen mit und holte frischen Kaffee. Er sei gerade von der Ostküste zurückgekommen, sagte er. Von einem Symposium in der Harvard-Universität. »Der Staatsekretär« des britischen Foreign Office war da, der Herausgeber von ›Foreign Affairs‹, ein paar Leute vom Nationalen Sicherheitsrat, ein halbes Dutzend Botschafter, der Außenminister... Eine hochkarätige Angelegenheit.« Er nannte Namen, die täglich in der Zeitung stehen. Das zentrale Thema der Tagung sei die Dritte Welt gewesen, erzählte er. Ich fragte ihn, was denn bei dem Symposium herausgekommen wäre.

»Herausgekommen?« fragte er und kratzte sich am Hinterkopf. »Moment, laß mich mal nachdenken...« Während er nachdachte, fragte ich mich, wieviele Teilnehmer an dem illustren Harvard-Symposium das Elend der Dritten Welt aus eigener Anschauung kannten. Wer hatte schon mal einen toten Säugling aus einer Mülltonne in Kalkutta geholt? Wer kannte die Todeslager in den afrikanischen Hungerzonen? Wer hatte den ausgemergelten Plantagensklaven in südamerikanischen Bananenrepubliken zugehört?

»Bei solchen Veranstaltungen kommt praktisch nicht viel heraus, wenn du mich schon danach fragst«, sagte Bob. »Man lernt interessante Leute kennen, das ist wahr. Aber am Ende bin ich mit dem Eindruck weggegangen, daß die Probleme der Dritten Welt so gottverdammt kompliziert sind, daß man sie einfach nicht mehr in den Griff kriegt. Je mehr wir uns mit diesen Ländern beschäftigen, desto schlechter geht es denen. Die Experten entwickeln großartige Strategien, aber im Grunde wissen sie nicht, wovon sie reden.«

Ich erinnerte mich daran, daß meine Parkuhr nur anderthalb Stunden lief. Deshalb konnte ich mich nicht mit Bob auf eine Diskussion über das Problem der Dritten Welt einlassen. Mir erschien das Problem überhaupt nicht kompliziert. Es bestand ganz einfach darin, daß wir – die Reichen der Welt – unfähig waren zur Liebe, zur Solidarität, zum

Mitgefühl mit den Habenichtsen. Die Schreckensbilder, die uns das Fernsehen fast täglich aus der Dritten Welt auf den Bildschirm im Wohnzimmer projiziert, lassen uns kalt. Wir gehen mit den Habenichtsen genau so um wie die Frühkapitalisten mit ihren Arbeitssklaven. Wir profitieren von ihrer billigen Arbeitskraft und drängen ihnen Kredite auf, und gelegentlich veranstalten wir einen Wohltätigkeitsball und erlassen ihnen die Zinsen, damit sie neue Schulden bei uns machen können. Wir weigern uns, den armen Ländern einen fairen Preis für ihre Bananen, ihren Kaffee, ihren Tee, ihre Jute, ihre Baumwolle, ihren Zucker zu bezahlen, während wir ihnen unsere Industrieprodukte zu Höchstpreisen verkaufen. Nur den ölproduzierenden Ländern ist es gelungen, sich aus unserem Würgegriff zu befreien. Nachdem wir sie lange schamlos ausgebeutet haben, zwingen sie uns nun dazu, einen angemessenen Preis für das Rohöl zu bezahlen. Sie sind auf unsere Entwicklungshilfe nicht angewiesen, die letztlich weiter nichts ist als eine scheinheilige Manifestation unserer Gier. Wir haben kein Recht, den Ländern der Dritten Welt unsere sogenannte Hilfe aufzudrängen. Anstatt ihnen unsere Kredite wie Bleigewichte um den Hals zu hängen, sollten wir fair mit ihnen teilen. Vor allem müssen wir das Recht der armen Länder respektieren, aus ihren eigenen Fehlern zu lernen. Nur so wird Entwicklung möglich sein.
Ich lenkte das Gespräch auf Rajneesh und erzählte Bob von meinem Artikel, den der zuständige Redakteur abgelehnt hatte. Bob rief ihn sofort an: »Hi George, willst du nicht einen Sprung vorbeikommen? Ein alter Kollege, Andy Elten, ist bei mir.« Er legte den Hörer auf und sagte: »Ich kann verstehen, daß er deine Story abgelehnt hat. Die Bhagwan-Geschichte war ein kleines Feuerwerk im Fernsehen. Puff! Und schon war es verraucht. Das Fernsehen verheizt die Ereignisse schneller, als sie passieren. Deshalb muß es ständig Lappalien oder Scheinereignisse zu Sensationen hochfrisieren ...«
»Meinst du, daß Rajneesh ...?«
»Nein, nein, ich will nicht sagen, daß er ein Scheinereignis war. Da steckt schon mehr dahinter. Ich will nur sagen, daß die Nachrichtenkonsumenten überfüttert sind. Das Wichtige wird genau so schnell vergessen wie das Unwichtige. Dein Guru mit der komischen Mütze und dem Karnevalskleid wußte, wie man sich im Fernsehen gut verkaufte. Trotzdem ist er schon weg vom Fenster.«

In dem Moment betrat George den Glaskasten. Er sah aus wie ein Gentleman aus einer Dunhill-Reklame: kultiviert, elegant nach Landherrenart gekleidet, lockiges Silberhaar, freundlich glänzende Augen in einem rosigen Kindergesicht. Er reichte mir eine weiche Hand, an der ein College-Ring glänzte, und legte eine gewisse Begeisterung in seine sonore Stimme: »Hi Andy, great to meet you!« Bob wiederholte, was er mir gerade zu meiner Rajneesh-Story gesagt hatte. George zog in tiefer Meditation die Augenbrauen zusammen. »Vielleicht haben wir die Bedeutung des Rajneesh-Phänomens unterschätzt«, räumte er ein und reckte seinen schönen Kopf zur Decke hoch. »Wir sollten uns nicht vom Fernsehen unsere Prioritäten und Aktualitäten aufdrängen lassen.« Er war ein sanfter Intellektueller, ein Grübler, ein Mann der Nuancen und des Wenn und Aber. Ich kannte diesen Typ. Er hat gewöhnlich nichts zu sagen und fällt den Machern auf die Nerven, die sich nicht für Finessen interessieren, sondern zur Sache kommen wollen.

»Sie haben geschrieben, ich hätte mich ›zum Glauben verpflichtet‹ und deswegen könnte die ›Times‹ meinen Artikel nicht drucken«, sagte ich.

»Ich habe nicht von mir, sondern von einem möglichen Lesereinwand gesprochen«, korrigierte George freundlich. Er war einer von denen, die vorsichtig formulieren und sich immer absichern. »Wenn ich ein Jesuitenpater wäre und Ihnen einen Insiderbericht aus dem Vatikan angeboten hätte ...«

»Ob wir Sie dann gedruckt hätten, meinen Sie?« unterbrach mich George. »Natürlich hätten wir den Bericht gebracht!«

»Ein Jesuitenpater ist zum Glauben verpflichtet«, triumphierte ich. »Rajneesh ist gegen Glauben in jeder Form!«

George lächelte nachsichtig. »Andy, Sie sind doch ein alter Profi. Sie wissen doch, wie Zeitungen gemacht werden. Und Sie wissen auch genau, was ich meine, oder?«

Ja, ich wußte, was er meinte und was er nicht laut sagen wollte: Die Pressefreiheit hat ihre Grenzen dort, wo sie die Interessen der Etablierten und die Vorurteile des Mobs berührte. Ich schaute demonstrativ auf die Uhr. »Meine Herren, in fünf Minuten läuft meine Parkuhr ab.« Bob und George wußten, daß dies in Los Angeles ein absolut stichhaltiger Grund ist, eine Unterredung abzubrechen, sei sie auch noch so wichtig. Händedruck, Schulterklopfen. Wir taten so, als hätten wir uns wunderbar verstanden. Aber hatten wir das wirklich?

Als ich zu meinem Auto zurückkehrte, sah ich einen Zettel hinter dem Scheibenwischer: Strafzettel wegen Mißachtung des Parkverbots – 52 US-Dollar!
Parkverbot? An einem Platz mit Parkuhr? Auf zur Wache und Protest einlegen! Ich war empört. 52 Dollar! Dafür konnte ich mir bei »Goodwill« eine ganze Garderobenausstattung kaufen! Als ich schon im Auto saß und gerade losfahren wollte, sah ich, etwa zwanzig Meter entfernt, ein kleines Schild: »Parkverbot Mittwochs von 12–2 p. m.« Es war Mittwoch, zehn Minuten nach zwölf.
Am Abend nahmen uns Rainer und Inge zu einer Vorweihnachtsparty mit. Die Gastgeber waren Yuppies – jung, tüchtig, dynamisch, erfolgreich. Ich habe vergessen, wie sie ihr Geld verdienten, jedenfalls hatten sie offenbar reichlich davon. Sie bewohnten ein viktorianisches Stadthaus, mit Erker und Spitztürmchen, altem Fachwerk und verzierten Holzblenden und mit einer alten englischen Stallampe am Eingang.
Sie hatten einen Tick mit dem viktorianischen Zeitalter und schwärmten für Jugendstil. Ich kam mir vor wie bei einer Museumseröffnung oder bei einer Vernissage. Das ganze Haus war zur Besichtigung freigegeben. Wir drängten uns mit einer Schar anderer neugieriger Gäste in das Elternschlafzimmer. Unsere Gastgeberin zeigte uns stolz ihr viktorianisches Himmelbett. Der viktorianische Nachttopf aus reich verziertem Ton löste allenthalben Rufe verblüffter Bewunderung aus. »Guck mal Herbie, wie putzig!« schrillte eine schlanke Blonde, die sich auf Marylin Monroe zurechtgemacht hatte, und hob das Nachtgeschirr mit ihren zarten manikürten Händen hoch wie eine Hostie. Ihr Mann oder Boyfriend fingerte seine Brille aus dem Futteral, setzte sie auf, nahm der Monroe den Nachttopf ab und prüfte ihn wie ein kostbares Kunstwerk. »Zweifellos echt!« sagte er laut und deutlich, so als hätte ihn das Auktionshaus Christie als Experten verpflichtet.
Wir drängten ins Badezimmer. Lauren, unsere Gastgeberin, versicherte uns, daß die Badewanne echt viktorianisch sei. Die Wasserhähne hätten sie jedoch nach zeitgenössischen Vorlagen anfertigen lassen, das Stück für 1450 Dollar. Die Kacheln seien wiederum echt, die hätten sie über Jahre hin gesammelt, die letzten seien erst vor ein paar Monaten per Luftfracht aus London gekommen.
Mädchen mit viktorianischen Spitzenhäubchen und weißen Schürzen schoben sich durch die Menge der Gäste und boten auf viktorianischen

Silbertabletts Sekt mit Orangensaft und Mineralwasser an. Edward, der Hausherr, ein schlanker, sonnengebräunter Mittvierziger im dunklen Blazer, erzählte Astha und mir, daß Lauren und er die ganze Nachbarschaft mit ihrer viktorianischen Renaissance angesteckt hätten. Fast alle Nachbarn renovierten ihre viktorianischen Häuser, es gäbe sogar einige Neubauten im viktorianischen Stil. Man habe einen Verein gegründet, der sich um städtische Zuschüsse bemühe, denn das Ziel sei, die ganze Straße in eine Art Museum für viktorianische Wohnkultur zu verwandeln. Ob uns aufgefallen sei, daß sogar die Straßenbeleuchtung antik sei? Die alten Gaslaternen habe man aus London einfliegen lassen.

»Lauren und ich stecken seit zehn Jahren eine Menge Energie in dieses Hobby«, sagte Edward. »Am Anfang haben wir große Opfer gebracht und uns vieles buchstäblich vom Munde absparen müssen.« Er schob uns mit sanfter Hand in eine Ecke des Salons und schien das Interesse an seiner Party völlig verloren zu haben. »Amerika braucht Geschichte, braucht Patina«, sagte er. »Wir müssen die Wurzeln unseres angelsächsischen Kulturerbes beleben. In Europa gibt es eine Symbiose von Natur und Kultur. Bei uns gibt es nur Natur und Beton. Ihr habt eure herrlichen alten Städte. Rom, Paris, Nürnberg. Ihr habt Kathedralen und Tempel. Ihr habt Parks und die Terrassen der Weinberge . . .« Er hatte sich dicht vor uns aufgebaut und sprach direkt in unsere Gesichter, offenbar froh darüber, seine kulturhistorischen Betrachtungen vor Europäern ausbreiten zu können, die in Kalifornien immer noch ein unverdientes Prestige genießen. Alle glauben, die Europäer seien »sophisticated«, könnten einen falschen von einem echten van Gogh unterscheiden und wüßten die richtige Temperatur für den Rotwein. »Wir haben nur die von Gott gegebene Natur«, wiederholte Edward. »Alles, was schön ist in diesem Lande, ist die Natur, die wir nun systematisch zerstören. Bei uns gibt es keine Symbiose von Natur und Geist wie bei euch.«

»Die liegt aber doch schon reichlich lange zurück«, wandte ich ein. »Inzwischen ist Deutschland schon fast amerikanischer als Amerika.«

Aber Edward ließ sich nicht aus dem Konzept bringen. Der amerikanische Einfluß werde schon wieder geringer, sagte er. Asien sei im Kommen, aber das sei ein anderes Thema. »Ihr Europäer habt uns etwas ganz Wichtiges voraus: Wenn ihr die Orientierung in der Gegenwart verloren habt, könnt ihr aus eurer Geschichte schöpfen. Ihr habt Bezugspunkte, die ihre Gültigkeit über Jahrhunderte bewahrt haben. Und was haben wir? Fast nichts!« Er breitete seine Arme aus wie ein Bauer, der in der Dürre steht und auf Regen wartet. »Auf das indianische Erbe können wir nicht zurückgreifen, denn das haben wir systematisch zerstört. Und gerade im Augenblick brauchen wir Vergangenheit so dringend. Der Optimismus der Pionierzeit ist verschwunden, und der Fortschritt hat sich als Illusion erwiesen. Amerika hat keine Vision mehr. Wir müßten uns auf unsere Geschichte besinnen, aber wir haben keine Beziehung zur griechischen Klassik, uns fehlen die Renaissance und die Aufklärung. Wir haben in der Vergangenheit nicht genug Fehler begangen, aus denen wir lernen könnten...«

Er war ein ungewöhnlicher Kalifornier. Bisher hatte ich nur Kalifornier getroffen, die über Geld, Gesundheit, Baseball oder Filmstars sprachen. Mit diesen braungebrannten kalifornischen Stromlinienmenschen versteht man sich am besten, wenn man mit ihnen am Strand entlangtrabt, Bälle schmeißt, auf Surfbrettern oder Rollbrettern gleitet oder in den schweißgeschwängerten Geräteräumen der Fitnessclubs in die Pedale tritt oder Gewichte bewegt. Edward war der erste Intellektuelle, der mir in Kalifornien begegnete.

Wahrscheinlich hätte er seinen Monolog noch stundenlang durchgehalten, wenn nicht eine robuste Frohnatur mittleren Alters seinen Redefluß mit dem Schrei unterbrochen hätte: »Eddie, was für eine bezaubernde Party!« Mollig und kompakt drängte sie sich mit der Gewalt eines Eisbrechers zwischen uns. Als sie sich ihren Platz an Edwards Seite gesichert hatte, streckte sie ihr Gesicht der Zimmerdecke entgegen wie ein Hund, der den Mond anbellt, senkte ihre langen künstlichen Wimpern und rief: »Ist es nicht ein absolut *himmlisches* Haus?«

»Absolut«, sagte Astha und versuchte, die Fassung zu bewahren. Edward kehrte anscheinend mühelos von seinem geistigen Höhenflug auf den Teppich zurück. »Thank you, Rosie«, sagte er bescheiden. »Ich bin glücklich, daß es dir gefällt.« Rosie, den Kopf immer noch himmelwärts gerichtet, schüttelte ihre blaugefärbten Locken. »*Gefallen*? Ich bin *hingerissen*!«

Edward stellte uns als »zwei Freunde« aus Deutschland vor, obwohl er unsere Namen schon wieder vergessen hatte, aber in Kalifornien ist offenbar jeder mit jedem befreundet – es kostet nichts, befreundet zu sein, und es ist völlig unverbindlich. »Und was machen *Sie* in L.A.?«, fragte uns Rosie plötzlich, und Edward nutzte den Augenblick geistesge-

genwärtig, um sich geräuschlos abzusetzen. Nun war auch Rosie nicht mehr zu halten. »Excuse me!« rief sie und verschwand.
»Wo sind Rainer und Inge?« fragte Astha und sah sich hilfesuchend um. »Wir sitzen in der Falle«, stöhnte sie. »Wir hätten unser Auto mitbringen sollen. Das ist *too much* hier!« Ich schlug vor, daß wir uns erst einmal über das kalte Buffet hermachen sollten, aber Astha tauchte in der Menge unter, um Rainer und Inge zu suchen. Auf dem Flur stand ein antikes Klavier. Eine rotblonde Schönheit, viktorianisch gekleidet und frisiert, griff schwungvoll in die Tasten und versuchte, zwei engelhaften kleinen Mädchen in langen viktorianischen Röcken alte englische Weihnachtslieder beizubringen. Ein zarter Hauch von Marihuana lag in der Luft. Die Cocktails und eine hier und dort diskret geschnupfte Linie Kokain hatten ihre Wirkung getan und den Geräuschpegel angehoben. Die zarten Kinderstimmen gingen im Partylärm unter.
Ich lud Avocado-Mus auf einen alten englischen Teller. Schwarze Kerzen in antiken Silberleuchten warfen einen warmen Schein auf das kalte Buffet, das auf einem langen viktorianischen Eichentisch angerichtet war. Als ich in den Brotkorb griff, um mir eine Scheibe Toast zu holen, kam mir eine zarte, weiße Frauenhand zuvor, die mit einem brillantbesetzten Schlangenring geschmückt war. Neben mir stand eine schlanke Dame ganz in Schwarz. Schwarze Locken umrahmten ein schmales, rassiges Gesicht. Schwarze, feucht schimmernde Augen. Schwarze Kameltreiberhosen, schwarze Seidenbluse. An ihrem weißen Schwanenhals hing ein tellergroßer Beduinenschmuck, zu dem auch zwei silberne, mit Rubinen besetzte Halbmonde gehörten, die sie als Ohrringe trug. Die vollen Lippen waren nicht geschminkt. Mit spitzen Fingern legte sie eine Scheibe Toast auf meinen Teller. »Dafür müssen Sie mir ein Glas Orangensaft holen«, sagte sie. Als ich mit dem Orangensaft zurückkehrte, saß sie auf einem viktorianischen Diwan. »Ich habe den Platz für Sie freigehalten. Übrigens heiße ich Sarah.« Ich stellte mich vor und setzte mich neben sie auf den Diwan. Innerhalb von Minuten hatte sie mich über ihre Vergangenheit informiert, nicht etwa nur über die Zeitspanne von ihrer Kindheit bis zur Gegenwart – wir sind in Kalifornien und da reicht die Vergangenheit etwas weiter –, Sarah ging bis zum Jahr 2530 vor Christus zurück, als sie im Reich der Pharaonen eine Tempelsklavin gewesen und auf ungewöhnliche Weise zu Tode gekommen war: Ihr eifersüchtiger Liebhaber hatte sie im Nil ertränkt! Kein

Wunder, daß sie in diesem Leben schon als Kind furchtbar wasserscheu gewesen sei, meinte sie.

Sie erzählte ihre Past-Life-Geschichte so, als handele es sich um eine Story aus ihrer College-Zeit. »Und dann lernte ich Chris kennen«, sagte sie, und ihre Augen leuchteten auf wie Christbaumkerzen. »Chris hat mein Leben verändert.«

»Chris?«

»Sie kennen Chris nicht?« Sie schien für einen Augenblick verunsichert. »Vielleicht langweile ich Sie mit meiner Geschichte? Glauben Sie nicht an Wiedergeburt?« Ich beeilte mich, ihr zu versichern, daß mich ihre Geschichte brennend interessierte, und daß ich das alte hinduistische Konzept der Reinkarnation für absolut diskutabel hielte.

»Ich glaube eigentlich an gar nichts«, sagte ich. »Entweder weiß ich, oder ich vertraue. Wer glaubt, der zweifelt auch. Und ich hasse Zweifel...«

»Ich hasse Zweifel auch!« Sie beugte sich vor, schlug die Beine übereinander, stützte das Kinn auf die zarte Faust, schien plötzlich merkwürdig erregt. »Aber wieso zweifle ich, wenn ich glaube?« Für einen Augenblick wenigstens schien sie die Wiedergeburt vergessen zu haben. »Wo Glaube ist, gibt es auch Zweifel«, sagte ich. »Nach dem Gesetz der Gegensätze ist das eine ohne das andere nicht möglich.«

»Aber meinen Sie nicht, daß Glaube auch etwas mit Vertrauen zu tun hat? Ist Gottvertrauen nicht eine Form von Glauben?« Sarahs Gesicht war so nahe, daß ich ihren Atem spüren konnte, und ich sah, daß sie keinen Büstenhalter trug. Sie lächelte geheimnisvoll. Gefiel es ihr, daß ich ihr in die Bluse geschaut hatte, oder machte ihr die Diskussion über Glaube und Vertrauen Spaß? Ich sagte: »Gottvertrauen geht weit über den Glauben hinaus. Es ist Liebe zu Gott und bedeutet Hingabe und Auslieferung. Wer glaubt, braucht sich nicht auszuliefern. Er akzeptiert nur ein Dogma. Er wird vom Netz seiner Zweifel aufgefangen, wenn er den Glauben verliert. Der Liebende tanzt ohne Netz auf dem Seil.«

Sarah legte mir die schöne schmale Hand mit dem Schlangenring aufs Knie. »Das kennen wir nur allzugut, nichtwahr? Immer wenn wir uns verlieben, tanzen wir auf dem Seil ohne Netz...«

»... und stürzen immer wieder ab!«

»Ja, und trotzdem gehen wir immer wieder auf das Seil!« Sie lehnte sich in den Diwan zurück und schloß die Augen. »Sie wollten mir von Chris erzählen?«, sagte ich. »Ach ja, meine Session mit Chris!« Sarah tauchte aus ihrem Traum auf und beugte sich zu mir vor. »Chris macht Akkupunktur und Pastlife-Readings. Sie hat chinesische Meister, die sind mehr als zweitausend Jahre alt. Die helfen ihr, wenn sie ihre Sessions gibt...«

»Sie meinen, die sind anwesend?«

»Die Geister sind immer dabei«, sagte Sarah. »Sie glauben mir nicht? Ich hätte es auch nicht geglaubt. Sie müssen das erlebt haben, um es zu glauben. Jedenfalls liege ich bei ihr auf dem Tisch, und sie steckt die Nadeln, und plötzlich bin ich in einem kleinen Boot auf dem Nil, und mein Lover reißt mich an den Haaren über Bord... Das war keine Erinnerung, verstehen Sie? Nach mehr als viertausend Jahren *durchlebte* ich meinen Tod auf dem Nil noch einmal!« Sie schwieg einen Augenblick und schloß die Augen. »Es war furchtbar! Aber seither ist meine Angst vor dem Wasser verschwunden. Übrigens ist mein damaliger Lover in diesem Leben als meine Mutter wiedergeboren worden...«

»Phantastisch!« dröhnte es von hinten. Ein Hüne stand hinter der Couch. Weißes Hemd, Club-Schlips, blauer Blazer. Er sah aus wie ein Hamburger Seemann. Er stützte sich mit fleischiger Hand auf die Diwanlehne, die andere umschloß ein Whiskyglas. Blonder Vollbart, pomadisiertes Haar. Seine hervortretenden blauen Augen verrieten Probleme mit der Schilddrüse. »Phantastisch!« rief er noch einmal und leerte sein Glas mit einem kräftigen Schluck. Sarah schaute über ihre Schulter zu ihm auf. »Ach du bist es, Larry«, sagte sie gereizt. »Und du findest die Geschichte phantastisch? Warum machst du dann nicht einen Film daraus?« Sie wandte sich zu mir, verdrehte gelangweilt die Augen nach oben: »Larry ist nämlich Filmproduzent.«

»Ein unabhängiger und bescheidener Produzent«, ergänzte Larry und rieb sich erschöpft die Stirn. »Bescheiden nur, was den Geschmack anbetrifft«, stichelte Sarah. Larry, gutmütig: »Sarah, dein herber Charme ist unwiderstehlich, wie immer.«

In diesem Augenblick wurde mir klar, daß die beiden miteinander verheiratet waren. Ich war etwas enttäuscht, sah aber auch, daß die beiden sich gut ergänzten.

»Und was machen *Sie*, wenn ich fragen darf?« Ich sagte ihm, daß ich Schreiber sei. Sarah stand auf und legte mir die Hand auf die Schulter:

»See you later ...« Sie nahm ihre Handtasche vom Diwan, und ich fragte sie: »In diesem oder im nächsten Leben?«

Sie lachte: »Haben Sie auch gemerkt, daß wir uns aus einem früheren Leben kennen?«

»Natürlich, ich war Ihre Großmutter! Does that ring a bell?«

»In Jerusalem«, sagte sie und verschwand im Gewühl der Gäste.

»Großmutter ist gut!« dröhnte Larry. »Sie ahnen ja gar nicht, wo meine Frau schon überall gewesen ist.«

»Wie wär's denn mit einem Film: ›Tod auf dem Nil‹?«

Larry setzte sich auf den Platz, den Sarah gerade geräumt hatte, und massierte seine müden, geröteten Augen. »Den Film gibt's schon«, sagte er trocken. »Sie sind wohl neu hier, was?« Er gähnte verstohlen und wartete meine Antwort nicht ab. »Ich will Ihnen mal was sagen: Ich mache Filme, weil ich meinen Lebensunterhalt verdienen muß, okay? Soll ich Ihnen mal verraten, wie ich meine Filme mache? Ich nehme zwei Alt-Stars unter Vertrag. Leute, die seit Jahren aus dem Geschäft sind, noch einen Namen haben und fast nichts kosten. Die sind alle ganz wild auf ein Comeback. Die übrige Besetzung mache ich mit jungen Talenten. Auch billig. Dann das Übliche: Liebe, Leid und Sex; ein kräftiger Schuß Blut und Gewalt und eine ordentliche Stunt-Nummer, wenn's finanziell drin ist. Verfolgungsjagd mit Schrottautos zieht immer. Mit dem Exposé gehst du zu deinen Spezis vom Verleih. Die bringen so ein Machwerk immer in irgendeiner Staffel unter, hängen es an einen Qualitätsfilm dran und dann kann es wochenlang in den Kinos laufen. Als nächstes ist das Fernsehen dran, das hat einen wahnsinnigen Bedarf. Dann geht es in den Export und läuft im Fernsehen und im Kino von Australien über Indien bis nach England. Das bringt auch was ein. Und schließlich geht es in die Video-Kassette. Wenn du nicht gerade einen Film über Wiedergeburt drehen willst, ist die Vorfinanzierung für so ein Projekt überhaupt kein Problem. Ich halte die Produktionskosten unter einer Million und bin mit zweihundert- bis dreihunderttausend Dollar Nettogewinn pro Film zufrieden.«

Er lächelte mich zufrieden an und schlug mir mit seiner dicken Hand freundschaftlich auf das Knie. »Der Drehbuchschreiber«, sagte er gutgelaunt, »ist bei der ganzen Sache das Unwichtigste. Tut mir leid. Sie hören das nicht gerne, ich weiß. Aber das ist die Realität.« Und er lachte plötzlich herzhaft, so als freue er sich über einen gutgelungenen Witz.

Das Dienstmädchen kam mit Sekt und Orangensaft vorbei. Aber das war nichts für Larry. Er drehte sein Glas um, mit der Öffnung nach unten, wuchtete sich vom Diwan hoch, schwankte, fand schließlich das Gleichgewicht. »Wenn Sie auch einen Whisky wollen, kommen Sie mit! Ich weiß, wo die Flasche versteckt ist.« Und ohne meine Antwort abzuwarten, schob er mit vorsichtig schlurfenden Schritten ab.
Sarah, meine neue Freundin aus dem alten Jerusalem, blieb unsichtbar. Mein Partyschwung war erschöpft; ich wollte nach Hause. Wie gerufen, tauchte Astha auf. »Let's go. Inge und Rainer warten schon!« Als wir das Haus verließen, sang die viktorianische Gouvernante mit den beiden Kindern immer noch Weihnachtslieder. »Stille Nacht, Heilige Nacht, alles schläft, einsam wacht...« Und ich dachte an Jerusalem.

Heilige Nacht! Inge hatte den Weihnachtsbaum mit deutschen Wachskerzen geschmückt, was in Kalifornien verboten ist, denn die Häuser sind aus Holz gebaut und brennen ab wie Fackeln, wenn sie Feuer gefangen haben. Deshalb dürfen Weihnachtsbäume in Kalifornien nur mit elektrischen Glühlämpchen bestückt werden. Für Rainer und Inge waren Glühbirnen im Weihnachtsbaum eine barbarische Beleidigung der deutschen Seele. Sie konnten nichts dafür, daß die Sonne schien, die Magnolien blühten, der Ozean zum Baden einlud und das kalifornische Ambiente innige deutsche Weihnachtsgefühle nicht gerade ermunterte. Aber was in ihren Kräften stand, um ein deutsches Weihnachten in Kalifornien auf die Beine zu stellen, das taten sie – und riskierten mit den deutschen Kerzen eine Strafanzeige wegen fahrlässiger Brandstiftung. Deshalb hatten sie Frau Knesebeck gebeten, Christstollen, Pfefferkuchen und Lübecker Marzipan mitzubringen. Das deutsche Schwarzbrot kam aus der deutschen Bäckerei, und was sonst noch nötig war für den deutschen Geschmack, das stammte vom deutschen Kolonialwarenhändler in L.A., bei dem man auch die »Deutsche Zeitung« kaufen konnte, die mit Unterstützung des Deutschen Vereins in Südkalifornien herausgebracht wurde.
Rainer verbrachte den Tag damit, seine elektrische Eisenbahn im Schlafzimmer aufzubauen. Frau Knesebeck leistete ihm dabei Gesellschaft. Astha half Inge in der Küche. Ich saß im sonnigen Garten und las. Los Angeles lag mir zu Füßen. In der Ferne schimmerte der Pazifische Ozean. Nach Weihnachten war mir nicht zumute.

Das letzte Weihnachten hatte ich auf der Ranch in Oregon verbracht. Der Tag wurde nicht gefeiert. Die Kommune arbeitete durch. Bhagwan hielt nichts von religiösen Feiertagen. Nach seiner Meinung ist der einzige Christ, den es je gegeben hat, vor zweitausend Jahren am Kreuz gestorben. Fast alles, was seither im Namen Jesu geschehen ist, hat sein Andenken beschmutzt. Das Christentum entwickelte sich zur blutrünstigsten und intolerantesten Religion in der Geschichte der Menschheit.

Abends um sechs versammelten wir uns zu einem frühen Abendessen um den Tisch. Inge hatte einen Karpfen gebacken. Dazu gab es Sahnemeerrettich, zerlassene Butter und Salzkartoffeln. Rainer füllte die Gläser mit einem guten Weißwein aus dem kalifornischen Napa-Tal. Frau Knesebeck trank zwei Gläschen und ihre Wangen röteten sich. Sie hatte inzwischen irgendwie mitgekriegt, woher wir kamen und was wir in den letzten Jahren gemacht hatten, und wir waren alle erleichtert, daß sie sich nicht darüber aufregte. Das Fest der Liebe hatte uns in dem gastlichen Haus in Hollywood vereinigt. Wir waren nett zueinander. Frau Knesebeck war milde gestimmt und bereit zu verzeihen. »Daß Sie auf diesen komischen Heiligen hereingefallen sind, kann ich ja nun überhaupt nicht verstehen«, sagte sie und schüttelte den Kopf. Und dann fügte sie gutmütig hinzu: »Nun ja, es sind ja auch viele intelligente Leute auf den Hitler hereingefallen. Sowas kommt in den besten Familien vor.« Damit war das Thema Rajneesh durch.

Beim dritten Glas Wein ließ sie sich sogar zu einem Kompliment hinreißen. »Fräulein Inge«, sagte sie und hob das Glas, »der Karpfen war vorzüglich!« Wir alle stimmten ihr begeistert zu, und so kam allmählich doch echte Weihnachtsstimmung auf. Nicht daß Frau Knesebeck uns mit einem Lächeln beglückt hätte, soweit ging sie nicht. Aber wir hatten doch den Eindruck, daß sie das Kriegsbeil begraben hatte. »Rainer«, sagte sie, als wir das Dessert gegessen hatten und Inge Pralinen reichte. »Rainer, wann ist denn nun die Bescherung?« Woraufhin Rainer die Tafel aufhob, eine Platte mit deutschen Weihnachtsliedern auflegte und die Christbaumkerzen anzündete.

Wir nahmen im Wohnzimmer Platz und schauten eine Weile andächtig in den warmen Kerzenglanz. Dann beugte sich Rainer unter den Tannenbaum, holte ein hübsch verschnürtes Geschenk für seine Mama hervor und überreichte es ihr. »Ach«, rief Frau Knesebeck und zierte sich ein bißchen, als sie die bunte Schleife öffnete, »da hast du sicher wieder viel zu viel Geld ausgegeben.« Rainer hob beide Hände und machte eine abwehrende Geste. »Unsinn, Mama! Übrigens ist das ein gemeinsames Geschenk von Inge und mir!« Frau Knesebeck löste ihre Hände einen Augenblick von dem Geschenk und warf Inge einen mißtrauischen Blick zu. Es schien ihr nicht so ganz recht, daß ihr Sohn das Geschenk für sie mit dieser Person zusammen ausgesucht hatte. Aber dann siegte die Neugierde, und mit einem energischen Ruck riß sie das Papier auf, um das Geschenk zu enthüllen. Ich habe vergessen, was es gewesen ist. Jedenfalls schien sie sich zu freuen und gab ihrer Dankbarkeit mit den Worten Ausdruck: »Ach, das ist aber wirklich nett!«

Nun packten wir alle unsere Geschenke aus und bedankten uns gegenseitig. Rainer und ich gingen hinauf ins Schlafzimmer, um mit der elektrischen Eisenbahn zu spielen. Inge und Astha räumten die Küche auf. Frau Knesebeck blieb mit den Geschenken und dem Weihnachtsbaum im Wohnzimmer.

Plötzlich hörte ich ein merkwürdiges Geräusch. Es knatterte und raschelte und wurde immer heftiger. Es hörte sich so an, als ob man mit einem Besenstiel auf einen Berg lose aufgetürmten Zeitungspapiers einschlägt. Die elektrische Eisenbahn fuhr über einen unbewachten Bahnübergang und piepste. Rainer hob den Kopf und lauschte: »Was ist denn das?« Von unten kam Inges Schrei: »Schnell! Die Tür auf!« Rainer schoß aus dem Schlafzimmer. Ich rannte mit ihm die Treppe hinunter. Eine Rauchwolke schlug uns entgegen. Feuer!

Als ich ins Wohnzimmer kam, brannte der Weihnachtsbaum wie ein Flammenwerfer. Die Terrassentür war geöffnet. Von Astha, Inge und Frau Knesebeck keine Spur. Rainer riß eine brennende Gardine vom Fenster neben dem Tannenbaum. Im Raum herrschte eine infernalische Hitze. Ich hielt das Haus für verloren. Wo war Astha? – offenbar in Sicherheit. Ich schwankte einen Augenblick: Sollte ich irgend etwas unternehmen, um das Feuer zu stoppen? Oder sollte ich unser Gepäck ins Freie schleppen und retten? Nein, ich mußte Inge und Rainer helfen. Wir durften uns nicht geschlagen geben!

Ich rannte zur Küche, um einen Eimer zu suchen. In dem Augenblick stürzte Inge durch die Terrassentür ins Wohnzimmer. In beiden Händen hielt sie einen Gartenschlauch. Sie zögerte einen Moment lang, wich vor der dicken Rauchschwade zurück, die ihr entgegenschlug, schloß die Augen, schwankte, schien die Orientierung verloren zu haben. Der Wasserstrahl aus dem Gartenschlauch schoß unkontrolliert durch das Wohnzimmer, brach sich an dem Sessel, in dem Frau Knesebeck soeben noch gesessen und ihr Weihnachtspäckchen geöffnet hatte, prasselte an der Zimmerdecke entlang, schäumte gegen eine Lithographie, die von der Wand fiel, fegte einen Messingbecher vom Rauchtisch. Aber dann gewann Inge die Kontrolle über sich zurück. Sie riß die Augen auf, ihr sanftes, kluges Gesicht nahm einen Ausdruck wilder, kriegerischer Entschlossenheit an, und mit einer ruckartigen Hüftdrehung richtete sie den Gartenschlauch auf den brennenden Baum. Es zischte. Weiße Dampfwolken mischten sich mit dunklem Rauch. Der Wasserstrahl fetzte durch glühenden Christbaumschmuck. Verkohlte Tannennadeln flogen wie Dreckspritzer gegen die Wand und blieben kleben.

»Die Gardinen!« schrie Rainer. Inge ließ ein paar Sekunden von dem Weihnachtsbaum ab und sprühte die brennenden Vorhänge ab, bis nur noch schwarze, triefende Fetzen an den Messingringen hingen. Inzwischen erholten sich die Flammen und züngelten noch einmal zur Decke hoch. Aber Inge war Herrin der Lage. Wie ein Ritter, der sich dem Drachen nähert, um ihm den Todesstoß zu versetzen, ging sie, düsteren Triumph im Gesicht, zwei Schritte vorwärts, hob den Schlauch über ihren Kopf, ließ den Strahl aus nächster Nähe ein paarmal auf und nieder fahren, und Sekunden später erlosch das letzte Flackern in der Baumspitze. »Abdrehen!« rief Inge mit einer Schärfe, die ich ihr nicht zugetraut hatte. Der Wasserstrahl wurde gestoppt. Offenbar war Astha draußen und bediente den Hahn.

Schweigen. Stille. Die Rauch- und Dampfschwaden glitten unter der Zimmerdecke entlang ins Freie. Inge ließ den Schlauch fallen und stemmte die Fäuste in die Hüfte. Rainer hatte einen Gardinenfetzen in der Hand und starrte mit einem Ausdruck ungläubiger Erleichterung in die dampfende Zimmerecke. Ich stand mit einem leeren Wassereimer an der Treppe.

Da tauchte Frau Knesebeck in der Terrassentür auf. Sie stand breitbeinig in ihren Schnürstiefeln auf der Schwelle, reckte den Hals, beugte den Oberkörper ein wenig ins Zimmer vor, drehte den Kopf nach allen Seiten, bis ihr Blick an den verkohlten Resten des Christbaums hängenblieb. Ein paar bunte Glaskugeln schaukelten in qualmenden Zweigen. Die Wachskerzen waren in den Flammen aufgegangen, aber einige

Kerzenhalter klammerten sich noch an nackte Äste. Die weiße Friedenstaube, die vor ein paar Minuten noch die Christbaumspitze geschmückt hatte, hing mit dem Kopf nach unten wie ein Brathühnchen in dem verkohlten Gerippe des Baumes.
Frau Knesebeck nahm diesen Anblick mit weit geöffneten Augen und gierigem Blick auf, und plötzlich explodierte ihr ganzes Wesen in einem röhrenden, durchdringenden Gelächter. Es war der Ausbruch eines eisbedeckten Vulkans. Frau Knesebeck hatte sich kerzengerade aufgerichtet und den Kopf zurückgeworfen. Ihre Augen waren geschlossen, der Mund aufgerissen, und ihr ganzer Körper wurde von diesem elementaren, unglaublichen, irrsinnigen Lachkrampf erschüttert. Mir stockte der Atem, aber dann sah ich, wie Astha hinter Frau Knesebeck auftauchte, die Hände vors Gesicht schlug und aus vollem Herzen in das Gelächter einstimmte. In diesem Augenblick entlud sich die Spannung. Wir alle umringten Frau Knesebeck und lachten aus vollem Hals, und zum ersten Mal fühlten wir uns wirklich miteinander verbunden.

■ *Fünftes Kapitel* ■

Weihnachten war vorbei, und wir hatten es eilig, aus Hollywood zu verschwinden. Aber wohin? Astha wollte zu Ram, der immer noch mit Jayapal in Marina del Rey saß. Ich war nicht begeistert. Wir hatten eine gute Zeit zusammen gehabt, und nun war es schon wieder vorbei. Ich hatte kein Nest mehr, stand praktisch auf der Straße. Astha würde mir fehlen. Aber ich verstand, daß sie zu Ram wollte. Er war ihr Lover, sie gehörten zusammen. Ihre Energien harmonierten auf wunderbare Weise – wunderbar, weil sie im Grunde total verschiedene, ja sogar konträr veranlagte Menschen waren. Ram war ein geselliger Typ, ein Spieler, ein wandernder Beduine, stets bereit, seine Zelte abzubrechen, wenn es kalt wurde, beharrlich, wenn er etwas erreichen wollte, aber schnell erlahmend, wenn das Interesse nachließ – ein Spezialist für den Weg des geringsten Widerstandes, unpraktisch, konfliktscheu, harmoniebedürftig, ein Mensch mit bezwingendem Charme und einem großen Herzen. Astha liebte seine leichte, unbeschwerte Art, aber es fiel ihr schwer, sich daran zu gewöhnen, daß Ram so unberechenbar war. Sie hielt es jederzeit für möglich, daß er »mal eben« zum Supermarkt ging, um Milch zu holen – und nicht mehr auftauchen würde. Sie liebte geordnete Verhältnisse. Sie führte einen Terminkalender. Sie war ein Nestbauer, praktisch, fleißig, systematisch. Sie haßte Partys und Small Talk. Sie genoß Auseinandersetzungen und hatte gerne das letzte Wort. Wenn sie sich eine Meinung gebildet hatte, konnte man sie nur schwer wieder davon abbringen.

Je enger Ram und Astha zusammenlebten, desto fruchtbarer war ihre Beziehung. Die Gegensätze zogen sich an, und der knisternde, funkensprühende Annäherungsprozeß zerstörte rigide Verhaltensmuster, falsche Selbsteinschätzungen, übertriebene Erwartungen. Ihre Beziehungskrisen waren ein wichtiger Bestandteil ihrer Harmonie. Astha und ich harmonierten dagegen am besten, wenn wir Distanz hielten. Wir wollten das lange nicht wahrhaben. Wir haben uns jahrelang zerfetzt, bis wir endlich einsahen, daß wir als Liebespaar einfach nicht zusammenpaßten. Wir kannten nur rauschhafte Höhenflüge und verheerende Abstürze. »Die goldene Mitte«, von der Buddha sprach, war nicht unsere Sache, jedenfalls nicht in einer Liebesbeziehung. Als Freunde kamen wir wunderbar miteinander aus. Wir arbeiteten gut zusammen, wir lachten über dieselben Witze, wir schätzten Situationen und Menschen ähnlich ein, und wir waren uns fast immer darüber einig, was in unserem Leben wichtig und was unwichtig war. Wir kannten uns so gut, daß wir uns gegenseitig nichts vormachen konnten, und weil wir das wußten, konnten wir uns auch kritisieren, ohne uns zu verletzen. Manchmal stritten wir noch, aber wenn auch die Fetzen flogen wie früher, so war es doch ganz anders: Wir führten unseren Streit wie ein Bühnendrama auf, bei dem wir gleichzeitig Schauspieler und Beobachter waren. Und wenn der Vorhang fiel, klatschten wir Beifall und gratulierten uns gegenseitig, daß wir wieder mal so überzeugend gewesen waren.

Wir haben viel voneinander und viel miteinander gelernt. Wir mußten oft unsere Wunden lecken, bis wir endlich einsahen, daß Recht und Unrecht subjektive Begriffe sind. Es war so töricht, Recht behalten zu wollen, sich darüber zu beschweren, daß der andere sich nicht so verhielt, wie wir es erwartet hatten. Jeder von uns tritt nach seinem eigenen Gesetz an und hat das Recht, er selbst zu sein. Simple Einsichten, aber wieviele Menschen halten sich daran? Fällt es uns nicht unendlich schwer, zu begreifen, daß wir allein sind in dieser Welt, daß jeder seinen ureigenen Lebensplan erfüllen, seiner eigenen Bestimmung folgen muß? Daß wir kein Recht haben, uns einzumischen – auch wenn es sich um unsere Geliebte handelt, oder um unseren Geliebten?

Simple Einsichten. Aber was tun wir, wenn unsere Freundin oder unser Freund sich in einen anderen verliebt? Akzeptieren wir ihre Freiheit? Lassen wir sie klaglos ziehen? Können wir in solchen Augenblicken einsehen, daß sie den neuen Freund oder die neue Freundin für die Erfüllung ihres Lebensplans *brauchen*? Daß sie den anderen vielleicht aus einem früheren Leben kennen, eine unerledigte Geschichte mit ihm zu Ende bringen müssen? Wer weiß, vielleicht ist es wirklich so, wie die Hindus und die Buddhisten behaupten. Wissen wir wirklich, daß es *unser* Problem ist, wenn wir eifersüchtig sind?

Astha und ich haben immer wieder versucht, unsere guten Einsichten mit Leben zu erfüllen, nicht nur zu *wissen*, was richtig ist, sondern auch *das Richtige zu tun.* Dabei sind viele Tränen geflossen. Unbewußtes, Eifersucht, Neid, Gier, Angst überkamen uns in Momenten der Krise mit der Wucht einer Naturkatastrophe, und wir waren immer wieder über unsere Wehrlosigkeit, unsere Apathie, unsere Begriffsstutzigkeit entsetzt. Es dauerte oft erschreckend lange, bis wir unser bißchen Bewußtheit zur Geltung brachten und uns so verhielten, wie es unseren schönen Einsichten entsprach. Viel lieber hätten wir unsere unerleuchteten Emotionen nach der Devise »Total sein ist alles!« kräftig ausgetobt. Aber das wurde uns mit der Zeit immer peinlicher. Es ist ziemlich schrecklich, sich in einem quasi halberleuchteten Zustand zu befinden. Man möchte so gerne die Sau rauslassen, aber irgendwie geht es nicht mehr.

Astha fuhr also zu Ram nach Marina del Rey, und ich beschloß, mein Glück in Santa Barbara zu versuchen. Ich hatte mich in diese kleine Stadt, 150 Kilometer nördlich von L. A. gelegen, vor vielen Jahren verliebt, als ich sie als Reporter besuchte. Seither erschien mir Santa Barbara als das Paradies auf Erden. Mag sein, daß die »Sunburst Community« zu dieser Illusion viel beigetragen hatte, eine spirituelle Kommune, die in den Bergen hinter der Stadt eine paradiesische Ranch besaß. Ich hatte zwei Wochen lang mit den Sunburst-Leuten gelebt, hatte mit ihnen gearbeitet, meditiert, diskutiert, getanzt und gelacht und war sehr beeindruckt von ihnen gewesen. Irgendwann würde ich wiederkommen – das war damals mein Gefühl gewesen. Nun war es offenbar soweit. Ich rief Anubodhi, eine junge Schweizerin, an, die in Santa Barbara ein sogenanntes »Sanyas-Haus« betrieb, eine Wohngemeinschaft von Rajneeshis. Das Haus existierte schon seit Jahren. Ich war nie dort gewesen, kannte Anubodhi nicht, hatte aber gehört, daß das Haus sehr schön sei und daß Anubodhi es mit schweizerischer Akkuratesse in Schuß hielt.

»Jaaa, kannst gleich kommen«, sagte sie am Telefon und zog die Vokale nach Schweizer Art in die Länge. »Da wird nämlich das Zimmer neben dem Wohnzimmer frei!« Und damit keine Mißverständnisse aufkommen konnten, fügte sie noch hinzu: »Zwanzig Dollar kostet's halt am Tag, mit dem Essen.« Ich sagte sofort zu, obwohl ich wußte, daß ich bei zwanzig Dollar pro Tag in kurzer Zeit pleite sein würde. Irgendetwas würde sich ereignen – »Don't worry, be happy!«

Das Sanyas-Haus stand in einem verwilderten Garten am Hang. Von den Zimmern im Obergeschoß gab es einen Blick über Santa Barbara und den Pazifik. In der Ferne ragten die Channel Islands aus dem glitzernden Spiegel des Meeres, eine 50 Kilometer entfernte Kette von unbewohnten Inseln. Der Garten lag im Schatten knorriger kalifornischer Eichen. Es roch nach Eukalyptus und wilden Kräutern. Die Aloe-Vera-Kakteen vor der Terrasse hatten sich mit ihren fleischigen roten Blüten geschmückt, und die Paradiesvogel-Blumen reckten ihre schlanken Hälse in einen wolkenlosen Winterhimmel.

Das Haus war im Kolonialstil erbaut und von herrschaftlichem Zuschnitt. Es lag in einer der besten Wohngegenden, in der Nähe der katholischen Mission, dem Wahrzeichen von Santa Barbara. Von der Foothill Road aus, die sich oberhalb der reichen Villenstadt an den Hängen der Santa-Inez-Berge hinzieht, war das Haus nicht zu sehen, und man mußte scharf aufpassen, um die schmale Zufahrt nicht zu verpassen. Auch die benachbarten Häuser versteckten sich hinter Bäumen und wildem Gebüsch.

Anubodhi hatte das Sanyas-Haus von einer Erbengemeinschaft gemietet. Getäfelte Wände, schimmerndes Parkett, große französische Fenster, ein Salon wie ein Ballsaal, ein Kamin aus Marmor, ein Musikzimmer, mehrere Badezimmer. Wieviele Räume das Haus besaß, habe ich nie genau festgestellt. Es gab einen ganzen Flügel mit kleineren Zimmern für das Dienstpersonal. Und was oben los war, blieb weitgehend unbekannt. Oben war Anubodhis Reich. Ich wohnte in einem schmalen Zimmer neben dem Salon. Die Matratze lag auf einem niedrigen Holzrost. Dann stand da ein Korbsessel, auf dem ich gerne saß und die Vögel im Garten beobachtete. Die kühle Winterluft pfiff durch die Fensterritzen; morgens und abends war es empfindlich kalt, aber mittags, wenn die Sonne über die Eiche neben dem Parkplatz stieg und durch die Scheiben brannte, konnte ich nackt auf meinem Bett liegen.

Im Haus ging es zu wie in einem Ferienheim für Nudisten. Fast alle Bewohner waren von der Ranch in Oregon gekommen und hatten das

dringende Bedürfnis, Urlaub zu machen und sich gehen zu lassen. Während Anubodhi unterwegs war und ihr Geld als Putzfrau verdiente, bereiteten ihre Hausgäste in der Küche üppige Frühstücke zu, lagen nackt im Garten, hörten Rockmusik aus Walkman-Kopfhörern, lasen Wildwestromane oder steckten die Köpfe unter die Hauben ihrer Schrottautos, die ständig kaputt waren. Jeden Tag kamen neue Leute, und wenn sie abends um zehn immer noch nicht weitergefahren waren, erlaubte ihnen Anubodhi, vor dem verglimmenden Kaminfeuer zu nächtigen. Da rollten sie ihre Schlafsäcke aus; manche hatten sogar ihre Matratzen von der Ranch mitgebracht. Aber nicht alle Leute schliefen auf ihren eigenen Matratzen. Es gab viele Flirts und Techtelmechtel und ein lebhaftes Bäumchen-wechsel-dich-Spiel. Fast jede Nacht gellten Lustschreie durch das Haus, und am Morgen war es immer wieder interessant zu sehen, wer mit wem geschlafen hatte.
Aus Gründen, die ich nie begriffen habe, bestand Anubodhi darauf, das Sanyas-Haus wie eine Luxuspension zu führen. So fuhr sie denn mit ihrem alten VW-Käfer zum Supermarkt und kaufte Berge von teuren Lebensmitteln ein – französischen Brie, Schweizer Emmentaler, exotische Früchte, Bergquellwasser, Napa-Wein, makrobiotisches Brot und Gemüse, Baguettes, Honig und englische Marmelade. Das alles verstaute sie sorgfältig im Kühlschrank, aber schon am nächsten Tag waren die Fächer wieder leer.
Jeder zweite Hausgast war pleite oder behauptete, kein Geld zu haben. So hatte sich Anubodhi ein System ausgedacht: Die Gäste, die nicht zahlen konnten, sollten sich wenigstens im Haus nützlich machen. Sie sollten das Haus putzen, kochen, den Garten wässern und Kaminholz hacken. Die Nichtzahler fühlten sich wie die Dienstboten für die zahlenden Gäste – lange Gesichter, Protestgemurmel. Das System funktionierte aber auch deshalb nicht, weil Anubodhi in ihrem Haus nichts zu sagen hatte. Sie war kein Kommunemitglied in Rajneeshpuram gewesen, also wurde sie von den Nichtzahlern nicht als Autoritätsperson anerkannt. Sie glaubten, daß Anubodhi jetzt mal an der Reihe war, ihr Ego zu überwinden, Opfer zu bringen und ein totales Engagement einzugehen. Wenn sie dazu nicht fähig war, dann sollte sie wenigstens die Klappe halten und sich nicht dauernd darüber beschweren, daß die Badewannen schwarze Ränder hatten und das Geschirr dreckig war.
Auch Karim, ein gemütlicher Bayer, war Nichtzahler. Aber das hielt ihn

nicht davon ab, seine deutschen Aktien und das Festverzinsliche im Auge zu behalten. Deshalb fuhr er häufig morgens in die Stadt, kaufte das »Wallstreet Journal« und studierte mit roten Backen die Börsenkurse. Er war für den Garten und das Kaminholz zuständig. Ab und zu griff er zu Axt und Harke, aber schon bald verließ ihn der Schwung, und er zog sich mit Akul auf die Couch im Salon zurück, wo die beiden, mit der Börsenzeitung auf den Knien, die internationale Wirtschaftslage besprachen.

Akul war zahlender Gast. Er war reich, offenbar sehr reich, denn er hatte jahrelang in Rajneeshpuram als Hotelgast gelebt. Das hatte ihn ein Vermögen gekostet, aber es war sein Beitrag zu dem Kommuneexperiment gewesen. Die Rolle des zahlenden Gastes war sein Schicksal. Wo immer er war, wirkte er wie ein Gast, und er zahlte. Er spielte mit, aber er gehörte nicht dazu. Kein Mensch wußte, wie Akul zu seinem vielen Geld gekommen war. Er selbst hüllte sich in Schweigen, und er genoß es wahrscheinlich, daß die meisten Leute ihn für skurril, wenn nicht gar für geistesgestört hielten. Er sah aus wie ein Held aus Leni Riefenstahls Olympiaalbum – groß, schlank, gelocktes Blondhaar, nordisches Profil, blaue Augen. Aber seine Seele war in Arabien zu Hause. Er war ein alter Sufi. Sein Gesicht verklärte sich, wenn er im langen Gewand zu arabischer Musik tanzte. Er war der einzige im Hause, der regelmäßig meditierte – immer am Nachmittag, mit dem Rücken zur untergehenden Sonne, und das Gesicht den heiligen Stätten in Mekka zugewandt.

Wahrscheinlich war es Schüchternheit, die er hinter seinem bizarren Auftreten verbarg. Er hatte die Angewohnheit, seine Mitmenschen mit zynischen Verbalinjurien zu erschrecken, die er mit weit aufgerissenen Augen, todernstem Gesicht und sanfter Stimme hervorbrachte. Manchmal brach er in schallendes Gelächter aus, und keiner ahnte, was ihn so unerhört belustigte. Es war nicht leicht, ihm nahe zu kommen. Aber die wenigen Freunde, die er besaß, beschenkte er mit großzügiger Herzlichkeit. Wenn ihn jemand anpumpen wollte, verwandelte sich Akul in eine Marmorstatue. Er verlor augenblicklich sein Gehör, und er konnte notfalls länger als eine Stunde in völliger Unbeweglichkeit und mit erstarrtem Gesicht ausharren, bis der Schnorrer aufgab und sich trollte.

Seine bevorzugten Ausflugsziele waren der Naturkostladen »Follow Your Heart« an der Milpas Street und die heiße Quelle oberhalb der Hot Spring Road in Montecito, denn Akul war ein Gesundheitsfanatiker. Es imponierte ihm, daß ich mit ihm im Morgengrauen die Arica-Gymnastikübungen machte, komplizierte und wissenschaftlich ausgeklügelte Bewegungen, die er mit der Präzision eines gut gedrillten preußischen Rekruten absolvierte. Schon zum Frühstück führte er seinem System kostbare Nährstoffe zu, frisch gepreßten Orangensaft mit Weizengrassirup oder Melasse zum Beispiel und teure Vitamintabletten. Am frühen Morgen schmiß er den Safter an, der das ganze Haus mit dem Getöse einer Motorsäge erfüllte. Unermüdlich stopfte Akul Äpfel und Karotten, aber auch relativ Unergiebiges wie Salatblätter und Sellerieknollen in die rasende Maschine, füllte seine Ration für den Tag in Flaschen ab und verstaute sie im Kühlschrank. Die Äpfel und die Karotten kaufte er im »Follow Your Heart« in Zentnersäcken.

Mit einer Schlauheit, die seinem Reichtum wahrscheinlich sehr förderlich gewesen war, überzeugte er Anubodhi davon, daß er nur für die Übernachtungen, nicht für das Essen zahlen müsse, weil er als Naturkostler leider nicht an den allgemeinen Mahlzeiten teilnehmen könne. Da die Mahlzeiten gewöhnlich gar nicht stattfanden, sondern nur in unserer hungrigen Phantasie existierten, hatte Akul uns Vollpensionisten gegenüber einen entschiedenen Vorteil; jedenfalls brauchte er sich nicht einzubilden, daß mit seinem Geld die Nichtzahler durchgefüttert wurden. Er zahlte pünktlich, hatte das beste Zimmer im Hause und ließ nur mich in das Badezimmer, weil ich nebenan wohnte und mir ein Zimmer »mit Bad« vermietet worden war.

Der gutmütige Bayer Karim organisierte die Ausflüge zur heißen Quelle. Sie begannen immer kurz vor dem Abendessen, das ich nur ungern versäumte. Also wollte ich lieber zu Hause bleiben. Aber dann stellte sich heraus, daß das Abendessen ausfiel, wenn die heißen Quellen lockten, denn Karim nahm die Mädchen mit, die eigentlich das Abendessen kochen sollten. Also ging ich das nächste Mal mit. Wir fuhren eine halbe Stunde mit dem Auto. Dann endete die Straße, und es ging zu Fuß weiter. Ein schmaler Pfad schlängelte sich durch Geröllfelder und dichtes Gebüsch, immer bergan. Es war ein anstrengender Aufstieg. Niemand sprach. Ab und zu öffnete sich der Blick auf das tief unter uns liegende Lichtermeer von Santa Barbara. Ich hielt mich dicht hinter Karim, der den Weg gut kannte. Plötzlich blieb er stehen, hielt mich am Ärmel fest und ließ Akul und die Mädchen an uns vorbeigehen. Als sie außer Hörweite waren, flüsterte Karim in mein Ohr: »Gell, wir müss'n

fei scharf aufpass'n, daß er sich net wieder an Einlauf macht im Jacuzzi.«
Ich war alarmiert. »Einen Einlauf?«
»I mein' den Akul. Der macht sich gern an Einlauf, wann er im Woasser hockt.«
»Was??«
»Ja, und du siagst nix, weils fei stockdunkel is. I soag dir, der macht das so diskret, daß d' goar nix merkst, und wann'st net aufpaßt ... Stinken tuats ja eh – nach Schwefel.«
Kurz darauf waren wir am Ziel. Die heiße Quelle, ein dampfendes Schlammloch, lag in einem sumpfigen Bambushain. In ein paar Minuten saßen wir alle im Wasser. Ich hockte auf einer mit Sacktuch bedeckten Schlammbank. Das Wasser stand mir bis zum Hals. Aber ich konnte mich nicht entspannen. Meine Augen durchbohrten die Finsternis, und ich versuchte, Akuls schwarzen Schatten im Auge zu behalten. Immer, wenn er sich zu bewegen schien, hielt ich den Atem an. Karim spürte offenbar meine Unruhe. »Alles okay«, hörte ich seine Stimme in der Dunkelheit. Aber hatte er die Situation wirklich im Griff? Nach ein paar Minuten hielt ich es nicht mehr aus. Ich verließ die Quelle, zog mich an und machte mich auf den Heimweg. Unterwegs setzte ich mich auf einen Baumstamm, und während ich auf die anderen wartete, schaute ich in den Sternenhimmel. Der Orion lag ganz nahe und riesengroß über dem Horizont. Wie Glühwürmchen sahen die Flugzeuge aus, die in großer Höhe mit Kurs Nordwest auf dem Weg nach Europa waren.

Schon kurz nach meiner Ankunft in Santa Barbara wurde die Lage im Haus kritisch. Die Miete war fällig, und Anubodhis schöne schwarze Augen signalisierten erschreckte Hilflosigkeit. Es sei kein Geld da, verkündete sie und schien den Tränen nahe. Akul und ich leisteten eine kleine Vorauszahlung, aber es reichte nicht. Die Erbengemeinschaft sei erbarmungslos, drohte Anubodhi, und wir sahen uns schon alle auf der Straße. Am Abend saßen wir vor dem Kamin und besprachen die Situation. Wenn wir kein Geld auftreiben könnten, müsse sie eine Anzeige aufgeben und sich als Call Girl verdingen, schluchzte Anubodhi. Ein Nichtzahler rief begeistert: »Eine tolle Idee!«, aber niemand pflichtete ihm bei. Alle meinten, man dürfe die arme Anubodhi nicht zum Äußersten treiben. Wir nahmen sie in die Arme, trösteten sie und

streichelten ihr seidiges Haar. Im Schein der flackernden Scheite sah ich betroffene Gesichter, Tränen, nervös verkrampfte Hände, Angstschweiß. Schweigen breitete sich aus wie eine giftige Wolke.
Akul saß im Hintergrund und machte sein »Pump-mich-nicht-an-Gesicht«. Er hätte die Miete aus der Hosentasche zahlen können, aber er hatte keine Lust, das Ferienheim zu finanzieren. Ich konnte es ihm nicht verübeln. Irgendetwas mußte passieren, um dieses Haus, das uns wie ein Rettungsboot auf hoher See erschien, über Wasser zu halten. Es war Karim, der mit einem plausiblen Vorschlag die Richtung wies. »Mei«, sagte er gutmütig, »wenn's sein muaß, könnt' i ein Inserat als Wünschelrutengänger aufgeben.« Alle atmeten auf. Das war konstruktiv! Das war positiv gedacht! Karim hatte häufig durchblicken lassen, daß er im Besitz geheimnisvoller Kräfte war. Mit Hilfe einschlägiger Geräte, die er in einem kleinen Spezialkoffer verwahrte, konnte er angeblich Wasseradern und Magnetfelder ausfindig machen. Den Untergang der Kommune in Oregon führte er darauf zurück, daß Sheelas Bett direkt über einer unterirdischen Kreuzung einander widerstreitender Kraftströme gestanden hatte. Er konnte deine Aura messen und dein Energiefeld daraufhin abchecken, ob es Weichstellen gab, die auf bisher unvermutete Krankheitsherde schließen ließen.
Anubodhi konnte freilich die allgemeine Erleichterung, die Karims Vorschlag ausgelöst hatte, nicht teilen. »Ja, und waas ist mit den *anderen*?«, fragte sie in dem harten Singsang ihres Schweizer Dialekts. »Mögen die denn garnit versuchen, ein Geld zu verdienen?« Befremdetes Schweigen. Dicke Luft. Karim, Sprecher der Nichtzahler, ergriff das Wort und schlug sich auf Anubodhis Seite: »Recht hat sie! Ein Geld muaß her!« Anubodhi strahlte ihn in voller Dankbarkeit an, und ich hatte das Gefühl, daß sich Karim mit seinem Einsatz einen mindestens zweiwöchigen mietfreien Aufenthalt in ihrem Haus gesichert hatte.
Die Stimmung schlug um. Wo eben noch depressive Verstocktheit geherrscht hatte, breitete sich fröhlicher Optimismus aus. Alle wollten jetzt los und Geld machen. Akul holte zwei Flaschen Wein, und während das Feuer im Kamin knisterte und die Gläser klirrend aneinander schlugen, wurden die originellsten Ideen diskutiert. Am meisten faszinierte der Vorschlag, nach dem Motto »You name it – we do it!« eine vielseitige Dienstleistungsagentur aufzuziehen: Raumpflege, Fensterputzen, Partyservice, Altenhilfe, Babysitting, Hunde ausführen, gärt-

nern, entrümpeln, chauffieren, bügeln, flicken, reparieren... Wir entwarfen auf der Stelle ein Flugblatt, hübsch mit Blümchen und Herzchen verziert, wie wir es von der Ranch gewohnt waren. Denn natürlich wollten wir keinen normalen Service anbieten, sondern einen mit Liebe. Wir wollten positive Energie verbreiten und Licht in die düstere Nüchternheit des Marktplatzes bringen. Wir waren nicht nur fleißig, sondern auch lieb – darin lag unsere Stärke. Anubodhi ließ zwei weitere Flaschen Wein springen, und es war schon lange nach Mitternacht, als wir gut gelaunt, optimistisch und mit dem Gefühl, eine Goldmine angezapft zu haben, ins Bett gingen.

Am nächsten Morgen wanderte das Flugblatt zum Drucker. Wir ließen für den Anfang 500 Stück drucken, und dann schwärmten wir in der Stadt aus und steckten die frohe Botschaft in die Briefkästen unserer zukünftigen Kunden. Karim gab seine eigene Offerte als Annonce im örtlichen Anzeigenblatt auf, das kostenlos in Santa Barbara angeboten wurde. Er hatte lange am Text gefeilt. Er wollte vor allem die Leute mit Schlafstörungen aufrütteln und sie darauf hinweisen, daß ihre Betten wahrscheinlich über tückischen Wasseradern stünden. Er wollte ihnen zeigen, wo sie ihr Lager aufschlagen müßten, wenn sie die Wonnen eines gesunden Tiefschlafs genießen wollten. Und aus Gründen, die mir nicht ganz einleuchteten, erhoffte er sich ein gutes Geschäft mit Hotels. In den Hotels gebe es viele Betten, meinte er.

Unsere Werbeaktion brachte Schwung ins Sanyas-Haus. Kein Sonnenbaden mehr auf der Terrasse, kein träges Geblödel, keine Drückebergerei. Wer nicht für die Firma »You name it – we do it!« unterwegs war, putzte das Haus und kümmerte sich um den Garten. Und Anubodhi nahm zwei Nichtzahler zum Häuserputzen mit. Innerhalb von zwei Tagen waren alle Flugblätter verteilt, und nun warteten wir gespannt auf die Reaktion. Wann immer das Telefon klingelte, zuckten wir in freudiger Erwartung zusammen. Aber das Telefon klingelte selten, und wenn es schrillte, dann waren keine Kunden in der Leitung, sondern irgendwelche Ranchflüchtlinge aus nah und fern, die wissen wollten, wie es uns denn so ginge und was in Santa Barbara los war. »Kann man da gut Kohle machen?« lautete die Standardfrage. Nach einer Woche beschlich uns der Verdacht, daß etwas schief gelaufen war. Unsere Flugblattaktion war verpufft wie ein nasser Feuerwerkskörper, und wir hatten keine Ahnung, was wir falsch gemacht hatten.

Karim erzielte immerhin einen Achtungserfolg. Ein Moteldirektor rief an. Gata, Karims Freundin, nahm das Gespräch an und meldete sich als Karims Sekretärin. Sie sprach englisch mit einem schrillen französischen Akzent und benutzte viele Fremdworte. Der schlaue Bayer wollte sich auf diese Weise das Image eines international anerkannten Magiers der Wünschelrute geben. Die Rechnung schien aufzugehen. Der Direktor sagte, sein Betrieb sei auf Flitterwochenpärchen spezialisiert, und er verspreche sich einen guten Werbeeffekt, wenn er versichern könne, daß die Motelzimmer gegen negative Strahlungseinwirkungen getestet seien. »Oui, oui!« rief Gata und vollführte, den Hörer am Ohr, einen Luftsprung. Ein Termin wurde vereinbart, und schon am nächsten Tage machte sich Karim, begleitet von unseren guten Wünschen und von seiner Sekretärin, auf den Weg zum Flitterwochenmotel.

Als er am Abend zurückkehrte, sahen wir gleich, daß große Dinge geschehen waren. Karim strahlte. Mit der gemessenen Würde des Erfolgsgewohnten ließ er sich auf der Couch im Wohnzimmer nieder und wartete geduldig, bis wir uns alle um ihn versammelt hatten. Wir erfuhren, daß er in Begleitung des Hoteldirektors sämtliche Zimmer mit der Wünschelrute ausgecheckt hatte. In vielen Zimmern hätten die Betten auf Wasseradern oder Magnetströmen gestanden, und er, Karim, habe in diesen Fällen auf die ungünstigen Einflüsse aufmerksam gemacht.

»Sag mal, Karim«, unterbrach Mona, eine praktisch veranlagte, mollige Italienerin. »Wie kann man denn in einem Motelzimmer die Betten umstellen? Da gibt's doch gar keinen Platz dafür!«

»Genau!« pflichtete Karim bei. »Dös is a Problem.«

»Na, und?« bohrte Mona nach. »Was hast du denn denen empfohlen?«

»Wos kann I den'n schon groß empfehlen? I kann denne ja schlecht sagn, dos d'Betten in Flur rausschiebn solln, oder?«

Niemand konnte sich der Logik dieser Bemerkung entziehen. Andererseits schien mir aber nun auch eine gewisse Skepsis berechtigt: Ich glaubte nicht, daß Karim im Hotelgewerbe eine Zukunft hatte.

»Und was haben die bezahlt?« fragte die praktische Mona.

Karim rieb sich verlegen das Kinn. »Bezahlt ham's eigentlich nix . . .«

»Was, du hast für umsonst gearbeitet?« rief ein empörter Akul.

»Naa, umsonst a net. Der Direktor hat mir angeboten, daß i mit der Gata a Wochenend umsonst bei denne wohnen kann.«

Anubodhi legte den Kopf zurück und schloß die Augen mit einem Ausdruck ohnmächtiger Enttäuschung. Von dem Wünschelrutengänger war keine Miete zu erwarten.
Während die Zeit verstrich, zahlte ich jeden Tag zwanzig Dollar. Das Dienstleistungsunternehmen »You name it – we do it« hatte eine Bauchlandung gemacht, ohne überhaupt erst abzuheben. Auf der Terrasse war jetzt wieder Sonnenbaden angesagt. Jeden zweiten Abend ging es auf zu den heißen Quellen. Das Haus sah aus wie ein Saustall, der Kühlschrank war meistens leer, und Anubodhi schüchterte uns jetzt fast täglich mit der Drohung ein, sie müsse nun doch ihre Call Girl-Anzeige aufgeben. Aber von dem Vorschlag, die Nichtstuer rauszuschmeißen, die Finanzen offenzulegen und die Verantwortung für das Haus auf diejenigen zu verteilen, die langfristig mieten und im Kommunestil Pflichten übernehmen wollten, von solchen Offerten wollte sie nichts wissen. Irgendwo in ihrem kleinen, harten Schweizer Dickschädel hatte sich die Idee festgesetzt, daß sie in Santa Barbara, Kalifornien, eine Alpenpension mit allem Komfort betreiben sollte. Und als das Frühjahr kam, wußte ich, daß es allerhöchste Zeit war, mich aus diesem Irrenhaus abzusetzen.

Santa Barbara gefiel mir – besonders, wenn ich mir den Schneematsch auf Deutschlands winterlichen Straßen vorstellte. In Südkalifornien ist der Winter die beste Jahreszeit. Fast jeden Tag schien die Sonne. Eine sanfte Pazifikbrise fächelte die schlanken Palmen auf der Strandpromenade des Cabrillio Boulevards. Auf dem Asphaltband des Radfahrweges, der sich durch Rasenflächen und Blumenrabatten am weißen Sandstrand entlangzog, waren Radler in schimmernden Latexhosen und bunten T-Shirts unterwegs. Langbeinige Mädchen, Walkman-Kopfhörer über den blonden Mähnen, glitten lautlos und elegant auf Rollschuhen dahin. An den Tischen der Straßencafés saßen braungebrannte Menschen unter Sonnenschirmen, tranken Espresso und schleckten Eiscreme. Segelyachten kreuzten vor der Küste. Im Hafen spielte der Wind mit den Wimpeln im Mastenwald, und die bunten Bootskörper an den Molen warfen bizarre Muster auf das spiegelglatte Wasser.
Santa Barbara sah aus wie ein TV-Werbespot, und alles, was die Fremdenverkehrsprospekte mit ihren Hochglanzphotos versprachen, ging in Erfüllung. Hier war es sonnig, sauber, gesund – California at its best.

Der Stadtkern mit dem Geschäftsviertel rund um die State Street, mit Rathaus und Gericht, mit den älteren Wohnvierteln und den Motels, mit der Stadtbibliothek und mit dem Lobero-Theater, lag in der Ebene. Im Laufe der letzten Jahrzehnte hatte sich die Stadt über die Südhänge der Santa Ynez-Berge ausgedehnt. Weiße Villen in subtropischen Gärten. Erhabener Blick auf den Pazifik, Swimming Pools unter Palmen, Jacuzzis, die in der kühlen Morgenluft dampften, private Tennisplätze, Rolls Royce, Mercedes, Jaguar, teure Schulen und Golfplätze.

Ein paar Kilometer nördlich vom Yachthafen lag ein weiteres Millionärsviertel – die Hope Ranch mit ihrem eigenen Pazifikstrand. Hier durfte man zwar mit dem Auto durchfahren, aber die Hope Ranch-Bewohner waren darauf bedacht, den Pöbel auf Distanz zu halten. Halteverbotsschilder säumten die Straßen, und nur wer eine kleine Plastikkarte mit eingeprägtem Code besaß, konnte die Barriere vor der Strandzufahrt öffnen. Die Uniformierten der Hope Ranch-Polizei, einer privaten Sicherheitstruppe, waren unermüdlich mit Streifenwagen unterwegs, um die mit protzigen Villen gespickten Palmenhügel zwischen Pazifik und Freeway 101 (kurz »One-O-One« genannt) zu sichern. Drahtige Damen reiferen Alters kreuzten in flotten Elektrokarren über den kurzgeschorenen Grasteppich des Golfplatzes am Möventeich. Mexikanische Gastarbeiter hielten die Grünanlagen, die privaten Gärten, die Häuser in Schuß.

Während die Frauen Golf spielten, saßen die Herren dieser Gegend in den Chefbüros der Banken und Versicherungen, der Grundstücksgesellschaften und Anwaltssozietäten, der Investmenthäuser und der kleinen, feinen Corporations, die für die Rüstungsmaschine der Vereinigten Staaten Hochtechnologie lieferten und in Santa Barbara deshalb so beliebt waren, weil sie keinen Industriedreck verursachten. Santa Barbara legte Wert auf Sauberkeit und wollte hübsch aussehen.

Seit dem Erdbeben von 1928, das den größten Teil der Stadt zerstört hatte, durfte hier nur noch zweistöckig und im spanischen Stil gebaut werden. Das andalusische Ambiente kam dem Fremdenverkehr zugute, der hier an der »Côte d' Azur des Pazifiks« in hoher Blüte stand. Santa Barbara war stolz auf seine werbewirksame spanische Vergangenheit. Die ersten Weißen, die sich auf diesem von Gott gesegneten Küstenstreifen niedergelassen hatten, waren spanische Abenteurer und ihre Brüder, die katholischen Priester, gewesen. Sie unterjochten die Indianer des Chuma-Stammes, vertrieben sie aus ihren Dörfern, nahmen ihnen das Land und die unberührten Jagdgründe in den malerischen Santa Ynez-Bergen weg, pferchten sie in die katholische Mission, die in Santa Barbara mit Sklavenblut und -schweiß gebaut wurde, steckten sie mit Tripper und Syphilis an und bekehrten sie zum alleinseligmachenden katholischen Glauben. Das indianische Erbe wurde ausgelöscht. Die Straßen in Santa Barbara trugen spanische Namen. Das Rathaus sah aus wie der Palast eines spanischen Granden. Und jedes Jahr wurde eine große Fiesta im spanischen Stil gefeiert.

Die Mainstream-Amerikaner sind davon überzeugt, daß die Geschichte des nordamerikanischen Kontinents erst mit der weißen Besiedlung beginnt. In den Hörsälen der »University of California Santa Barbara« (UCSB), die ein paar Kilometer nördlich von der Hope Ranch am Strand von Isla Vista liegt, gab es nur gelegentlich Vorlesungen über indianische Geschichte. Die Studenten protestierten gegen die Apartheid in Südafrika, das Schicksal der Indianer in ihrem eigenen Lande aber ließ sie kalt. In ihrem Bewußtsein existierten Indianer nur als Statisten in Wildwest-Filmen.

Ich radelte oft über den Campus der UCSB und fühlte mich dabei wie ein Gast in einem exklusiven Ferienclub. Die weißgestrichenen Universitätsgebäude mit ihren getönten Scheiben lagen in einem von stillen Radfahrwegen und Straßen duchzogenen Park. Auf den großzügigen Rasenflächen vor den »Dormitories« sonnten sich junge Leute, hörten Musik aus Kofferradios, kritzelten in ihre Collegehefte, studierten Lehrbücher. Auf den Parkplätzen vor den Hörsälen flimmerte heiße Luft über Tausenden von dichtgeparkten Studentenautos. Hinter Sichtblenden aus Zeltleinwand wurde auf grünen Hardtop Courts gutes Tennis gespielt. Im Garten der Caféteria saß man unter duftenden Eukalyptusbäumen. Auf dem saftigen Rasen des Football-Stadions drillte der Trainer seine Mannschaft. Mit ihren breitgepolsterten Schultern, den glänzenden Schutzgitterhelmen und ihren dicken Knieschützern über den hautengen Hosen sahen die Spieler aus wie Wesen von einem anderen Stern.

Liebespärchen lagen im warmen Sand des universitätseigenen Strandes. Es wurde Volleyball und Frisbee gespielt, und Hunderte von Surfern in schwarzen Schaumstoffanzügen schossen, wendig und elegant auf ihren Brettern balancierend, unter den schäumenden Kämmen der

Pazifikbrandung dahin. Ich saß manchmal stundenlang auf dem Rand der Steilküste, um ihnen zuzuschauen. Delphine spielten im Wasser und zogen in Schwärmen vorbei. Seehunde steckten neugierig ihre Köpfe aus den Wellen, und auch die Surfer erschienen mir wie Wesen des Meeres, wenn sie in gespreizter Kniebeuge und mit ausgestreckten Armen phantomhaft in der silbrig schimmernden Gischt auftauchten und sich in vollkommener Harmonie mit den Wellen bewegten. Wahrscheinlich war es das erregende Gefühl einer Verschmelzung mit den Kräften der Natur, das den Surfsport zu einer so überwältigenden Leidenschaft machte und die Surfer auch bei Regen und Sturm aufs Wasser trieb. Die UCSB erschien mir manchmal wie eine einzige große Surfer-Schule.

Ich konnte mir keinen Bezug zwischen der akademischen Idylle dieser Universität und den Realitäten unseres gefährdeten Planeten vorstellen. Hier studierte die junge Elite einer Rasse, die in der satten Bequemlichkeit eines hochmechanisierten und verantwortungslosen Materialismus moralisch abschlaffte. Wie sollte sie in dieser Club Méditerranee-Atmosphäre die Wirklichkeit jener 95 Prozent der Menschheit begreifen, die am Rande des Existenzminimums existierten? Das soziale Bewußtsein dieser Studenten war schon so gründlich anästhesiert, daß es nicht einmal das Elend der Obdachlosen in den Straßen von Santa Barbara wahrnehmen konnte. Es gab keinen studentischen Protest dagegen, daß die Streifenkommandos des Sheriffs jede Nacht unterwegs waren, um die Obdachlosen mit Strafzetteln zu schikanieren oder sogar zu verhaften. Gnadenlos wurden sie von Parkbänken, unter Bäumen, von Stränden, Wiesen und geschützten Shoppingarkaden aufgescheucht, denn der Stadtrat hatte – um die Obdachlosen loszuwerden – Übernachtung im Freien und sogar in parkenden Autos unter Strafe gestellt. Diese Elenden hatten nicht genug Geld, um für ein Untermieterzimmer in Santa Barbara 400 Dollar hinzublättern. Viele von ihnen hatte die Reagan-Regierung aus staatlichen Heimen für geistig Behinderte entlassen, um Geld aus dem sozialen Bereich für den Rüstungswettlauf lokkerzumachen. Nachts versuchten sie, sich irgendwo zu verkriechen. Tagsüber konnte man sie nicht daran hindern, die mit hübschen Kacheln verbrämten Abfalltonnen im eleganten Banken- und Shoppingviertel nach halb aufgefressenen Hot Dogs und McDonalds-Frikadellen zu durchwühlen. Die Herren der Industrie- und Handelskammer liefen

Sturm gegen die Präsenz dieser abgerissenen Gestalten, die ihre Habseligkeiten in geklauten Supermarktkarren vor sich herschoben. Manche hielten sich niedliche wilde Hunde. Viele schienen die Welt überhaupt nicht wahrzunehmen, wenn sie, mit leerem Blick und in laute Selbstgespräche vertieft, in den dichten Straßenverkehr torkelten und ein reifenkreischendes Verkehrschaos auslösten. Die Geschäftsinhaber an der State Street hielten sie für einen Schandfleck im hübschen Stadtbild und äußerten in der Ortszeitung »Santa Barbara News Press« ihre Besorgnis, daß die Obdachlosen das Image der Fremdenverkehrsmetropole befleckten. Kein einziger Pfarrer öffnete den Obdachlosen zur Nacht das Kirchentor, wenn es regnete und der winterliche Pazifikwind durch die Straßen pfiff. Und die Studenten schwiegen.

Trotzdem mochte ich Santa Barbara. Ich spürte, daß es hier auch Kräfte gab, die gegen den kaltherzigen Materialismus der Stadt angingen. Viele Leute hatten ihre Autos mit Aufklebern geschmückt, die ein ökologisches und politisches Bewußtsein verrieten. Das Schwarze Brett im Naturkostladen informierte über die vielseitigen Aktivitäten einer lebhaften spirituellen Szene. Als ich den »Follow Your Heart«-Laden vor zehn Jahren zum ersten Mal besuchte, gehörte dieser Naturkost-Supermarkt der »Sunburst Community«. Er war nur eines ihrer zahlreichen Unternehmungen, die sie mit einem geradezu fanatischen Perfektionismus betrieb.

Die Sunburst Community existierte nicht mehr in Santa Barbara. Die Leute im »Follow Your Heart« erzählten, daß die Kommune schon vor Jahren in eine Krise geraten war. Mehr als die Hälfte ihrer etwa 300 Mitglieder seien ausgestiegen. Mit dem Rest sei ihr Guru Norman Paulssen nach Nevada oder Utah gezogen, und niemand hätte mehr etwas von ihnen gehört. Norman Paulssen war skandinavischer Abstammung und sah aus wie ein Wikinger. Ein langsamer Denker, liebte er es, mit schleppendem Baß sein Seemannsgarn zu spinnen, zum Beispiel die Geschichte von dem UFO, das direkt vor seiner Nase gelandet war,als er in der Wüste fastete. Ich war überzeugt davon, daß er die phantastischen Geschichten, die er mir auftischte, für die reine Wahrheit hielt. Mag sein, daß er ein Seher war – oder ein Spinner. Beides hielt ich für möglich.

Das Geheimnis seiner Anziehungskraft auf intelligente junge Leute konnte ich nicht ergründen. War es seine unbeholfene Aufrichtigkeit?

Viele seiner Anhänger hatten die Ivy League-Universität der amerikanischen Ostküste besucht und waren Norman Paulssen geistig weit überlegen. Wenn ich es recht begriffen habe, hielten sie ihn für eine Art Medium, das ihnen Botschaften höherer Intelligenzen vermittelte. Heute würde man ihn wahrscheinlich ein »Geist-Vehikel« nennen. Die extraterrestrischen Wesen, die mit dem UFO gekommen waren, hätten ihm befohlen, an der Westküste Amerikas mit jungen Menschen eine Kommune zu gründen und Kontakt mit den Hopi-Indianern aufzunehmen, erzählte er, und er tat, wie ihm geheißen wurde.

Innerhalb von sieben Jahren hatten die Sunburst-Leute die erfolgreichste »New Age«-Kommune in Amerika aufgebaut. Als ich sie 1978 besuchte, lebten sie in den Bergen hinter Gaviota. In einem Eichenhain hatten sie ihre Hütten gebaut – jedes Pärchen lebte für sich. Sie glaubten an die Ehe, und wenn Hochzeit war, kam ein Medizinmann des Hopi-Stammes und vollzog die Trauungszeremonie. Diese geradezu unheimlich kräftigen und gesunden jungen Leute hatten sich zur Keuschheit verpflichtet. Sie schliefen nur miteinander, wenn sie ein Kind zeugen wollten. Jeden Morgen nach dem Duschen flochten die Frauen den Männern die Haare zum Zopf; das war der engste physische Kontakt, den ich zwischen den Geschlechtern in der Sunburst Community beobachten konnte. Ich glaubte, daß die Sunburst-Leute ihre Sexualität unterdrückten, weil sie in ihr – bewußt oder unbewußt – eine Gefahr für die Harmonie und den Zusammenhalt der Gruppe sahen. Aber unterdrückter Sex ist gefährlich; er taucht in anderer Form immer wieder auf: als Aggressivität, als Depression, als Sadismus, als Fanatismus. Die Sunburst-Kommune – so hörte ich später – lief auseinander, weil sie mit der Enthaltsamkeit nicht zurechtkam.

Obwohl mir ihre Einstellung zum Sex nicht geheuer war, fühlte ich mich wohl bei den Sunburst-Leuten. Sie lebten einfach – kein Fernsehen, kein Radio, keine HiFi-Anlagen. Von Bücherweisheit hielten sie nichts, aber sie versuchten, mit Hilfe ihrer Hopi-Freunde von der Natur zu lernen. Sie sammelten Kräuter, waren Experten in der Wettervorhersage und betrieben ihre Landwirtschaft ohne Chemie. Sie arbeiteten mit moderner Technik, aber ihr Lebensstil und ihre Kleidung wirkten altmodisch. Die Männer erinnerten mich an die Gestalten, die ich als Kind in meinem Bilderbuch über germanische Heldensagen gesehen hatte: lange, blonde Haare, Vollbart über der breiten Brust, buschige Brauen, blaue Augen, Hände so groß wie Bratpfannen. Die Frauen hatten rosige, liebe Gesichter, knackige Hinterteile und züchtig geknotetes Haar. In ihren langen Röcken und hochgeschlossenen, kunstvoll bestickten Blusen wirkten sie unerotisch wie die Unschuld vom Lande.

Die Sunburst-Leute besaßen eine Großbäckerei und transportierten ihr Bio-Brot mit eigenen Lkws bis nach San Francisco. Sie betrieben eine Fruchtsaftfabrik, zwei Naturkost-Supermärkte, eine Tankstelle an der Autobahn mit einem erstklassigen Restaurant und einem Einkaufszentrum, in dem vor allem auch ihre Freunde, die Hopi-Indianer, ihre kunsthandwerklichen Produkte verkauften. Sie besaßen eine große Avocado-Plantage und Rinderherden. In den Tiefen des Los Padres-Naturschutzgebiets hüteten sie Tausende von Ziegen und Schafen. Sie hatten einen eigenen Strand am Pazifik, wo sie sonntags zum Baden gingen und ihre Karatekurse abhielten. Sie feierten rustikale Feste und beteten die Sonne an.

Ihre Teenager erzogen sie auf der sogenannten Wilderness-Farm, tief im Los-Padres-National-Park. Diese Farm war zu der Zeit, als ich die Sunburst-Kommune besuchte, seit Monaten von der Außenwelt abgeschnitten, denn die einzige und unbefestigte Zufahrtsstraße war durch einen Erdrutsch blockiert worden. Ich machte mich mit einem Führer zu Pferde auf den Weg und kam mir vor wie ein Cowboy im Wilden Westen. Mein Besuch war durch eine Brieftaube angekündigt worden. Kurz vor Sonnenuntergang durchritt ich einen Fluß und erklomm eine Uferböschung. Die Sunburst-Leute stürmten über eine blühende Wiese herbei, umringten mich aufgeregt, und zwei Mädchen streckten mir atemlos eine wagenradgroße Schüssel mit frisch gepflückten Erdbeeren entgegen. Nie werde ich ihre Gesichter vergessen – so offen, so entspannt, so kindlich heiter, so arglos und unschuldig. Solche Gesichter gibt es in unserer hektischen Zeit nicht mehr. Man sieht sie nur noch auf den Gemälden mittelalterlicher Meister. Nach zwei Tagen war ich von der Wilderness-Farm und ihren Menschen so verzaubert, daß ich mich beinahe nicht mehr von ihnen losreißen konnte.

Die Sunburst Community war eine Erscheinung der Flower-Power-Bewegung. Die jungen Kulturrevolutionäre der sechziger Jahre hatten versucht, die Welt durch Weltflucht zu retten. Manche setzten sich in die wunderbaren Bewußtseinsgefilde ab, die ihnen die Halluzinogene eröffneten, andere – und zu ihnen gehörten die Sunburst-Leute – kehrten zur Natur zurück. Ihr Idealismus wirkte ansteckend auf mich. Ich teilte ihren Abscheu vor dem gewalttätigen Materialismus unseres Jahrhunderts, und ich redete mir ein, daß sie die Herolde des Wassermann-Zeitalters waren, die Sendboten einer Epoche der Spiritualität, der Liebe, des Mitgefühls.

Daß die Sunburst Community in Santa Barbara ansässig gewesen war, deutete ich als ein Indiz dafür, daß die Stadt einen fruchtbaren Boden für spirituelle Bewegungen bot. Vielleicht war die spirituelle Energie der Chuma-Indianer doch noch lebendig? Oder verliefen hier an der Pazifikküste geistige Kraftströme, die sich im Wassermannzeitalter manifestieren würden?

Zehn Jahre später war in Santa Barbara von den Vibrationen eines neuen Zeitalters kaum noch etwas zu spüren. Die »Money Energy« bestimmte nun auch hier unangefochten das geistige Klima. Wahrscheinlich hing der Siegeszug des großen Geldes damit zusammen, daß unter dem Meeresboden vor den Stränden des Landkreises Santa Barbara die größten Erdölvorräte der Vereinigten Staaten entdeckt worden waren. 1969 explodierte ein Bohrturm. Mehr als zehn Millionen Liter Rohöl ergossen sich ins Meer, verpesteten die Strände, töteten Tausende von Seevögeln und überzogen die Bootskörper der eleganten Yachten im Hafen mit einer schmierig-klebrigen Schicht. Die öffentliche Empörung war so elementar, daß die Ölindustrie vorübergehend in die Defensive geriet. Die Ölpest von Santa Barbara löste die amerikanische Umweltschutzbewegung aus, und der damalige Präsident Richard Nixon versprach feierlich, daß so etwas nicht wieder vorkommen werde. Aber inzwischen ist die Zahl der Fördertürme zwischen der Küste von Santa Barbara und den Channel Islands ständig gewachsen. Ich zählte dreizehn, als ich hier ankam, und ahnte, daß man solche Ungetüme vor dieser Paradiesküste nicht aufbauen kann, ohne vorher den Umweltschützern das Kreuz gebrochen zu haben. Ich hatte mich nicht getäuscht. Als ich hier mit der Zeit heimisch wurde, erschien mir Santa Barbara wie ein Modell, an dem Studenten der politischen Wissenschaften den unfehlbaren Mechanismus beobachten können, mit dem die Macht des großen Geldes den Prozeß der demokratischen Willensbildung manipuliert und unterminiert. Fast täglich beobachtete ich, wie die Umweltschutzaktivisten von der Öl-Lobby und den Baulöwen überrollt wurden. Deren bester Freund und Erfüllungsgehilfe, Ronald

Reagan, wohnte hier gleich um die Ecke, wenn er Urlaub machte. Er ließ sich auf seiner Ranch oberhalb von Santa Barbara gerne in naturverbundener Pose fotografieren – zu Pferde, zwischen den Weinstöcken oder mit dem Rindvieh; aber für Naturschutz interessierte er sich nicht. Als ihn ein Journalist auf die Gefährdung der kalifornischen Redwoodtannen aufmerksam machte, soll der große »Communicator« und Traumpräsident der reichen Leute das Problem mit den tröstenden Worten entschärft haben: »If you have seen one, you have seen them all!«

Nach den Aufregungen in Rajneeshpuram unterstützte ich die Umweltschutzaktivisten nur als Sympathisant. Mein Herz war mit ihnen, aber ich wußte, daß sie einen Krieg an der Peripherie führten, den sie nicht gewinnen konnten. Das Problem waren nicht Ölmanager und bestechliche Politiker, sondern das Bewußtsein der großen Mehrheit. Die Mehrheit betete das Auto an wie einen Götzen, die Mehrheit wollte nur in Ruhe Geld verdienen, die Mehrheit haßte den Wandel und liebte leere Versprechungen, die Mehrheit wählte jene Politiker, die im Wahlkampf das meiste Geld für die Werbung ausgeben konnten, die Mehrheit verdiente folglich die Politiker und Wirtschaftsbosse, die das Land beherrschten. Das waren die Leute, die sich die Ängste, die Illusionen und die Vorurteile der Mehrheit zu eigen machten und von ihnen lebten. Bessere Leute konnte es an den Schalthebeln der Macht nur geben, wenn die Menschen aufwachten und bewußter wurden; und ein verändertes Bewußtsein würde schließlich zu einem grundsätzlichen Wandel des politischen Prozesses führen.

Auch die Umweltschutzaktivisten hingen dem marxistischen Irrglauben an, daß das Bewußtsein von den politischen und ökonomischen Verhältnissen geprägt wird. Sie hofften, ihre Ziele mit politischen Mitteln durchsetzen zu können, durch propagandistische Aufklärung, durch die Unterstützung »umweltbewußter« politischer Kandidaten, durch Unterschriftenaktionen und so weiter und so fort. Aber all das veränderte nicht das Bewußtsein. Die Menschen in Santa Barbara wurden dadurch nicht weniger ängstlich und gierig, sie wurden nicht sensibler, wacher, mitfühlender, liebevoller. Und nur wenn das geschehen wäre, hätte die Umwelt wirklich geschützt werden können. Es ist ja keineswegs so, daß die Politiker und die Manager – diese 0,001 Prozent der Bevölkerung – die Umwelt verschmutzen und kaputt machen – wir *alle* sind daran beteiligt, wir Autofahrer und Spraydosenbenutzer, wir Konsumenten von chemisch vergifteten Lebensmitteln, wir Plastiktütenfetischisten und Geschirrspülmaschineninhaber. Wenn wir etwas für die Umwelt tun wollen, müssen wir die marxistische These auf den Kopf stellen und unser Bewußtsein verändern, damit sich die politischen und wirtschaftlichen Verhältnisse verändern können. Wir brauchen keine Weltverbesserer, unter welcher Flagge sie auch marschieren mögen; sie haben schon genug Unheil angerichtet. Wir brauchen mehr Meditation.

Ich war nicht nach Santa Barbara gekommen, um die Welt zu verbessern. Ich war weit davon entfernt, anderen Menschen meine Überzeugungen aufdrängen zu wollen. Ich wollte mit mir selbst experimentieren und nach innen gehen. Während ich die unübersehbare, materielle Schönheit der Stadt genoß, fiel es mir nicht schwer, mich mit ihrer geistigen Sterilität abzufinden. Santa Barbara erinnerte mich an einen kalifornischen Pfirsich: schön, glatt, saftig, aber ohne Geschmack. Die Stadt bot keine erregende Abwechslung, sie forderte mich nicht heraus, sie war neutral wie eine weiße Leinwand, auf die ich mein eigenes Programm projizieren konnte. Das war für die Übergangszeit nach Rajneeshpuram genau das, was ich suchte.

Manchmal erschien mir Santa Barbara wie ein gepflegtes Altersheim. Manchmal sah ich in dieser Stadt weiter nichts als einen attraktiven Grundstücksmarkt für Leute, die ihre Millionen in L. A., New York oder Las Vegas machten. Aber wer war ich, um mich darüber aufzuregen? War es denn im Deutschland eines Helmut Kohl etwa besser?

Wenn ich auf dem Opferfelsen der Chuma-Indianer an der Painted Cave Road hoch über Santa Barbara saß und die Sonne im flüssigen Gold des Pazifik unterging, traten mir Tränen in die Augen. Wenn ich nachts im stillen Innenhof des »Presidio« dem Plätschern des Springbrunnens lauschte und die Sterne über mir nahe waren, ging mir das Herz auf, und ich fühlte mich im Einklang mit der Existenz. Ich liebte die langen Spaziergänge an einsamen Stränden, wo kein Sheriff hinkam, um die Nacktbader zu verhaften. Ich saß gerne auf der Strandterrasse des Cafés »Zum braunen Pelikan« und sah den Drachenseglern zu, die im Aufwind der Steilküste ihre Schleifen zogen. Ich unternahm mit Begeisterung stille Radtouren im Nationalpark der Ynez-Berge.

Am liebsten hätte ich mich freilich irgendwo aufs Land zurückgezogen. Aber dort gab es keine Arbeitsmöglichkeiten. In der Landwirtschaft arbeiteten mexikanische Gastarbeiter für einen Mindestlohn, mit dem ich beim besten Willen nicht ausgekommen wäre. Auch in Santa Barbara drückten die Mexikaner auf die Löhne. Viele waren illegal im Land und arbeiteten sogar noch unter dem Mindestlohn, der bei 4,55 Dollar pro Stunde lag. Sie wurden von den Unternehmern schamlos ausgebeutet. Ohne die Mexikaner hätten die meisten Restaurants und Hotels schließen müssen. Küchenhilfen, Putzmänner, Kofferträger, Gärtner – alles Mexikaner. Aber auch die Studenten, die sich ein Zubrot verdienten, drängelten sich auf dem Arbeitsmarkt und schließlich auch noch viele Universitätsabsolventen, die lieber im schönen Santa Barbara bleiben wollten, als irgendwo anders eine Karriere zu starten. Sie gingen surfen wie immer und arbeiteten halbtags oder nachts als Kellner, Maurer, Gärtner, Portiers oder fuhren Pizzas für »Rusty's Pizza Parlour« aus.

Seit ich bei Anubodhi wohnte, versuchte ich, Astha und Ram zu überreden, nach Santa Barbara umzuziehen. Aber in Marina del Rey schienen sich die Dinge in eine andere Richtung zu entwickeln. Jayapal hatte eine Firma gegründet: *»Hito«* sollte Rayon-Mode auf der asiatischen Paradiesinsel Bali produzieren und auf dem amerikanischen Markt verkaufen. Ram wurde Vizepräsident dieser Importgesellschaft, aber weder er noch Jayapal hatten eine auch nur nebelhafte Vorstellung von Textilien, von Mode oder von Bali. Schon bevor es losging, gab es die ersten Schwierigkeiten: Jayapal wollte mit Ram nach Bali umsiedeln, aber Astha hatte keine Lust auf Bali, und Ram wollte nicht ohne sie gehen. Jayapal war enttäuscht, denn ohne Ram, seinen engsten Freund und Pokerbruder, würde es auf Bali vielleicht nicht so lustig sein. Er hatte Hito eigentlich nur gegründet, weil er mit guten Freunden aus Kommunezeiten auf Bali leben wollte. Widerstrebend übertrug er Ram den Job des Verkaufsmanagers in Amerika. Aber Santa Barbara käme als Firmenstandort natürlich überhaupt nicht in Frage. Das war sein letztes Wort, bevor er sich nach Bali absetzte. Die Firma sollte im Brennpunkt der wirtschaftlichen Ereignisse aufblühen, dort wo der »juice« und die »energy« ist – in Los Angeles!
Astha und Ram machten sich also in L.A. auf Wohnungssuche. Sie wollten in Strandnähe wohnen, wo die Luft etwas besser ist, aber schon nach ein paar Tagen gaben sie auf. Die Mietpreise von Santa Monica,

Pacific Palisades, Marina del Rey oder gar Malibu konnten sie sich nicht leisten, und in Venice Beach war die Kriminalität so verheerend, daß man mit einer Maschinenpistole unter dem Kopfkissen schlafen mußte, wenn man sich sicher fühlen wollte. Ich hatte Astha am Telefon gesagt, daß ich auf der Suche nach einem großen Haus war. Je mehr Leute sich die Miete teilten, desto besser. Die Untermieter würden sich von selbst einfinden, wenn es das Haus erst mal gab, so hoffte ich.

Bei Anubodhi ging es zu wie im Taubenschlag. Fast jeden Tag zogen Leute aus; andere kamen an und blieben für unbestimmte Zeit. Ich hing am Telefon und streckte meine Fühler aus. Dolma erreichte ich in Anchorage. Sie trat dort in einem Stripteaselokal auf, verdiente glänzend, hatte aber genug von ihrer Entkleidungsmeditation und wollte nach Santa Barbara umziehen. »Ich gehe lieber putzen«, sagte sie tapfer.

Eines Tages kam Durga. Ein Freund lieferte sie mit zwei Koffern und einer dünnen Schaumstoffmatratze bei Anubodhi ab. Sie fiel mir um den Hals, und ich spürte, daß es ihr nicht gut ging. Sie hatte einen hochbezahlten Job als Leiterin eines Fremdenverkehrsunternehmens aufgegeben, als sie vor zwölf Jahren zu Bhagwan gekommen war. Seither hatte sie nur noch einen Wunsch: ewig und immer in Rajneeshs Nähe zu sein. Klaglos hatte sie die Härten des Kommunelebens in Poona und später in Rajneeshpuram ertragen, aber jetzt hatte sie offenbar Schwierigkeiten, sich in der Welt wieder zurechtzufinden.

Sie ließ sich erschöpft auf meine Matratze fallen. Ich sah, daß sie dünn geworden war und daß sich an ihren Mundwinkeln scharfe Falten gebildet hatten. Zum ersten Mal fielen mir die grauen Strähnen in ihrem schwarzen Haar auf. Wenn wir uns auf der Ranch begegnet waren, hatten wir uns gerne über die Ereignisse in der Kommune lustig gemacht. Genau wie ich verbarg sie ihre Gefühle gerne unter einem Schleier der Ironie. In ihren veilchenblauen Augen schimmerte gewöhnlich eine skeptische Distanz. Aber jetzt schien ihr Blick glanzlos. Sie stützte sich mit dem Ellbogen auf die Matratze, legte ihren kleinen, schmalen Kopf in den Handballen und schaute sich nervös im Zimmer um.

»Sag mal, 20 Dollar soll das hier kosten?«, sagte sie. »Die Anubodhi spinnt wohl. Sind wir hier im Hilton, oder was?« Sie schloß die Augen und wischte sich mit dem Unterarm über die Stirn. »Ich komme mir sowieso schon dauernd wie im Irrenhaus vor. Jeden Tag frage ich mich, was ich in der Welt eigentlich zu suchen habe ...«

»Wo?«

»Wo? Auf dem Marktplatz natürlich!« Sie schob den Kopf vor und schaute mich mit einem Ausdruck empörter Hilflosigkeit an. »Hast du denn Bock da drauf, noch mal bei diesem Rattenrennen mitzumachen? Mich kotzt das ganz schön an, kann ich dir sagen!«

Sie wollte sich erleichtern, und ich ließ sie reden. Es hätte im Moment keinen Zweck gehabt, ihr zu sagen, daß die Sonne schien, daß sie unter Freunden war, daß sie ein Dach über dem Kopf hatte und nicht an Krebs oder Aids litt. Sie hätte mir nicht zugehört. Sie war deprimiert, und so erschien ihr die Welt als ein Jammertal. Die Hölle ist die Welt, die wir uns selber schaffen.

Durga sprang auf und wühlte in ihrer Reisetasche. »Meinst du, ich kriege die Anubodhi auf zehn Dollar runter, wenn ich meine Matratze auf die Veranda schmeiße?«

»Würde ich nicht machen«, sagte ich. »Ist viel zu kalt nachts.« Sie schaute mich prüfend von der Seite an. »Und wie ist es hier bei dir?«

»Nun relaxe doch erst mal«, sagte ich ausweichend, denn nach drei Jahren Rajneeshpuram hatte ich keine Lust mehr, mein Zimmer mit irgend jemandem zu teilen, nicht einmal mit Deborah Winger, meiner Lieblingsschauspielerin. »Ich sehe schon«, sagte Durga bedrückt, »du hast keinen Bock.« Sie stand auf, griff ihre Tasche, und verließ das Zimmer.

Endlich war es soweit: Astha und Ram kamen zu einer Erkundungsvisite. Astha fuhr in ihrem neuen Auto vor – Chevrolet Malibu Station Wagon, vierzehn Jahre alt, ein kastanienrotes Flaggschiff, in dem ganze Familien Kaffee kochen konnten, und für 500 Dollar ein Geschenk des Himmels. Sie hatte ihn im Hof des Gebrauchtwarenladens der Heilsarmee in Costa Mesa bei Newport Beach entdeckt. Vizepräsident Ram war noch nicht motorisiert, denn noch stand Hito nur auf dem Papier, und sein Anfangsgehalt lag mit 500 Dollar unter dem Existenzminimum. Jayapal war auf Bali und hatte seit langem nichts von sich hören lassen. Ram tappte im Dunkeln, was seine berufliche Zukunft anbetraf. Sollte sich das Hito-Projekt in Luft auflösen, so schwebte ihm eine Karriere als Warenbörsenspekulant oder Anlageberater vor. Als er bei

Anubodhi auftauchte, hatte er das «Money Magazine«, den »Daily Investor« und das »Wallstreet Journal« unter dem Arm. Mit seinen modischen Cottonhosen, dem locker geschnittenen Jackett und dem offenen Sporthemd sah er aus wie ein flotter Mercedes-Sportwagenfahrer aus Montecito. Es gefiel ihm bei Anubodhi. Die Villa mit den holzgetäfelten Wänden und dem Marmorkamin paßte zu den Vorstellungen, die er sich von seinem zukünftigen Lebensstil machte. Er hatte fast sein ganzes erwachsenes Leben lang auf den staubigen Pfaden Indiens nach seinem Meister gesucht und dann jahrein jahraus im Samurai-Dress vor Rajneeshs Haus Wache geschoben. Nun wollte er endlich nachholen, was seine Jugendfreunde inzwischen auf ihren Colleges und in klimaregulierten Managerbüros gelernt hatten: Geld machen!

Ich stand mit einem Makler in Verbindung, der mir in Montecito, dem feinsten Viertel von Santa Barbara, eine Villa mit sechs Schlafzimmern und sechs Bädern angeboten hatte. Kamine in allen Räumen, Schwimmbad mit Sauna, Chauffeursappartement über einer Garage, in der vier Autos Platz hatten. Der Park mit den hohen Palmen, den Zitronen- und Orangenbäumen und dem samtigen Rasen war von einer hohen Mauer umgeben – ein exklusives Paradies, in dem wir uns den ganzen Tag unbeobachtet bewegen konnten, so wie Gott uns geschaffen hatte. Der Besitzer war auf einer sechsmonatigen Europareise und wollte das Anwesen verkaufen, wenn er nach Santa Barbara zurückkehrte. Der Makler bot fürs erste einen sechsmonatigen Mietvertrag an, und die monatliche Miete sollte nur 2500 Dollar betragen.

Als ich Astha und Ram davon erzählte, riß es Ram vom Sofa hoch. »Das ist doch genau das, was wir suchen! Ruf doch gleich mal den Makler an!« Er ging in die Küche, holte das Telefon, das an einer zehn Meter langen Schnur hing und legte es mir in den Schoß. »Das ist eine Schnapsidee«, sagte Durga. Ihre Stimme hatte die irritierende Frequenz einer Autohupe. »Nun laß uns das doch mal anschauen«, vermittelte Astha. »Was wir hier machen, ist doch sowieso nur ein Spiel.«

»2500 Dollar!« protestierte Durga. »Ihr spinnt ja!«

Ram legte ihr beruhigend die Hand aufs dunkel gelockte Haupt. »Anschauen kostet nichts. Let's have fun, okay!« Ich wählte die Nummer des Maklers. Zwar hatte auch ich das Gefühl, daß diese Villa im Hollywoodstil für den Anfang vielleicht doch etwas über unsere Verhältnisse gehen könnte, zumal ich auch schon wußte, daß wir 5000 Dollar

Kaution zahlen sollten. Aber im Augenblick kam es mir vor allem darauf an, Ram für Santa Barbara zu begeistern. Sobald er sich für Santa Barbara entschieden hatte, würde es ihm auch gelingen, Jayapal umzustimmen, und das Hito-Hauptquartier konnte an die pazifische Côte d'Azur verlegt werden.

Der Makler war bereit, uns das Anwesen sofort zu zeigen. Auf nach Montecito! Wir hatten uns nach kalifornischer Art gekleidet – Jeans, Tennisschuhe, T-Shirts. Nur Ram sah eine Spur eleganter aus. Aber in Kalifornien laufen auch die Multimillionäre gerne in Jeans herum, und wenn man dazu Reebok-Sneakers trägt, kann man sich in dieser Aufmachung sogar in der Oper sehen lassen. Mit dem Auto war es eine andere Sache. Wir mußten Asthas Mexikanerschlitten (das ansehnlichste Auto, das wir besaßen) in einer anderen Straße abstellen und das letzte Stück zu Fuß gehen. Denn mit diesem Auto konnte man unmöglich eine 2500-Dollar-Villa mieten. Der Makler hätte uns nicht mal das Parktor geöffnet. Die Gegend war vielversprechend. Herrschaftliche Villen im spanischen Stil, schmiedeeiserne Parktore, sorgfältig getrimmte Hekken, weiße Kiesauffahrten im Palmenschatten, flammende Hibiskussträucher, exotische Kakteen und überall die Warnschilder »Dieses Anwesen ist durch eine Westec-Alarmanlage geschützt!«

Ein paar Minuten entfernt lag die San Ysidro-Ranch, ein rustikales Luxus-Cottagehotel, in dem Winston Churchill, Aldous Huxley, Roosevelt und andere Berühmtheiten abgestiegen waren und in dem John F. Kennedy und Jaqueline ihre Flitterwochen verbracht hatten. Als wir am Tor der San Ysidro Road Nr. 1650 klingelten, fühlte ich mich hier schon wie zu Hause. Niemand meldete sich. Aber bald fuhr ein roter Porsche vor, und wie von Zauberhand bewegt, öffnete sich das Parktor. Aus dem Porsche sprang ein junger Mann – weiße Leinenhose, Blazer, Brillantine im Haar, Collegering am Finger. Schwungvoll streckte er mir die Hand entgegen. »I am sorry! Sie haben schon lange gewartet?«

»Aber nein«, wehrte ich ab. »Meine Freunde und ich haben einen kleinen Spaziergang gemacht und uns die Gegend angesehen.« Ich machte Astha, Ram und Durga mit dem Makler bekannt, der John hieß, einfach John. »Hi John«, sagte Ram fröhlich, »great to meet you!« Der Makler fuhr sein rotes Cabriolet vor die Garage, während wir uns der Prachtvilla im andalusischen Stil über die steil ansteigende Betonauffahrt zu Fuß näherten. »Ich glaube, ich spinne!« murmelte Durga.

»Relax!« zischte Ram, und Astha brach in ein prustendes Gelächter aus. Als wir vor dem Portal ankamen, hatte John schon die Tür aufgeschlossen. Wir betraten eine mit blank geschliffenen Ziegeln ausgelegte Halle. Maurische Bögen, Stufen, die zum Salon hinunter führten, Parkettboden, vier Meter Kaminfront, weinumrankte dorische Säulen hinter den französischen Terrassenfenstern. In der Ferne die majestätische Weite des Pazifiks.

Astha stand im Eingang und schaute an die gewölbte Decke, wo ein Kristallüster hing. »Soll der hier hängen bleiben?«

»Wieso?« fragte der Makler unsicher. »Gefällt er Ihnen nicht?«

»Wenn es ein venezianischer Leuchter wäre ...«, sagte Astha unbestimmt und ging die Treppe zum Salon hinunter. »Ein wunderbarer Blick, finden Sie nicht auch?« sagte John. »Sehr hübsch.« Astha öffnete die Flügeltür zur Terrasse. »Kann der Pool beheizt werden?«

»Aber selbstverständlich!« Der Makler gab sich Mühe, uns zu beeindrucken. Er zog das Ziertaschentuch aus dem Jackett und tupfte sich die Stirn. »Wollen Sie die Sauna sehen?« Schon fummelte er am Schlüsselbund und suchte den Saunaschlüssel. »Nicht nötig«, sagte Astha. Durga hatte sich in den Garten verkrümelt. Ram ging in die Knie, steckte den Finger in den Pool und zog ihn mit übertriebener Heftigkeit wieder aus dem Wasser. »Holy Shit!« rief er erschreckt. »Das ist ja eisig!«

»Ha, ha!« johlte der Makler, so als hätte Ram einen hinreißenden Witz gemacht. Ich schaute auf die Uhr und tat so, als hätten wir es eilig. »Können wir noch schnell die Schlafzimmer sehen?«

»Sofort!« John ging ins Haus zurück und bat uns, ihm zu folgen. Alle Schlafzimmer hatten einen offenen Kamin und direkten Zugang zum Garten. Champagnerfarbener Teppichboden, Badezimmer mit Spiegelwänden und versenkten Doppelwannen. An jeder Zimmerdecke hing ein Kristallüster. Astha schaute sie mit hochgezogenen Brauen an. »Wenn Sie wollen, können wir die Lüster natürlich abnehmen und auslagern«, sagte John bereitwillig. »Dafür wären wir dankbar«, sagte ich und tat so, als sei das Problem mit den Kristallüstern die letzte Formsache, die vor unserem Einzug noch erledigt werden müßte. Während wir das Haus besichtigten, zermarterte ich mir das Hirn darüber, wo die 5000 Dollar Kaution herkommen sollten. Wenn wir mit zehn Leuten hier einzogen, würde auf jeden ein Mietanteil von 250 Dollar kommen. Das hieß, daß jeder Mieter mit 500 Dollar Kaution antreten müßte. Wer sollten diese zehn Leute mit 500 Dollar »cash« sein? Soweit ich wußte, hatte noch nicht einmal Ram genug Geld, um hier einzuziehen. Er stand mit dem Makler vor dem Fenster und machte flockige Konversation. »Ein nettes Haus, wirklich. Beinahe ideal ...«

»Gefällt Ihnen was Bestimmtes nicht?« fragte John vorsichtig und schaute sich um, so als sei er auf der Suche nach Rissen in den Wänden oder Brandflecken auf dem Teppich. »Ich persönlich kann es nicht leiden«, sagte Ram, »wenn die Küche nur durch einen Tresen vom Eßzimmer getrennt ist.« Er erzählte dem respektvoll lauschenden Makler, daß wir häufig europäische Gäste haben würden und daß die nicht daran gewöhnt seien, dem Personal beim Kochen zuzuschauen.

»Sie sind Geschäftsmann?« fragte John, und Ram nickte bedeutungsvoll. »Darf ich fragen, welche Art von ...« Ram unterbrach ihn: »Ich manage mein eigenes Portefeuille!« Astha hustete vernehmlich. Sie konnte es nicht leiden, wenn Ram, wie sie glaubte, den Bogen überspannte. Wie sollte sie die 5000 Dollar herunterdrücken, wenn Ram als Finanzbaron auftrat? Sie warf mir einen gequälten Blick zu.

»Über die Vorauszahlung bin ich nicht so glücklich«, sagte ich, um schon mal eine Bresche zu schlagen. Astha stieß sofort nach: »Vor allem, wenn der Mietvertrag nur über ein halbes Jahr läuft.« John wandte sich beunruhigt von Ram ab. »Aber das ist absolut üblich!« rief er. »Die erste und die letzte Miete, bei Vertragsabschluß. *Absolut* üblich!« Er setzte sich auf die Fensterbank und öffnete hektisch seinen schmalen 500-Dollar-Aktenkoffer, und ich fürchtete schon, daß er uns mit der Verlesung irgendwelcher Unterlagen langweilen wollte. »Okay«, sagte ich. »Das muß jetzt nicht entschieden werden.« Ich schlug vor, daß er vom Hausbesitzer das Einverständis erwirken sollte, entweder den Mietvertrag auf ein Jahr zu verlängern oder mit der Vorauszahlung auf 2500 Dollar herunterzugehen. Ich war sicher, daß der Besitzer auf alle Fälle bei einem halben Jahr bleiben wollte. Vielleicht würde er mit der Vorauszahlung flexibel sein. Es war ein Schuß ins Dunkle. John schien nicht erbaut. »Ich fürchte, da werden wir kein Glück haben«, sagte er und zog die Lippen spitz zusammen.

»Wir bleiben jedenfalls in Verbindung«, sagte ich und war froh, daß wir erst einmal Zeit gewonnen hatten. Nichts wie raus hier, dachte ich und war wütend, daß Durga nicht zu sehen war. Astha verschwand hinter dem Haus, um sie zu suchen.

Erst jetzt fiel John auf, daß wir ohne Auto waren. »Ach herrje«, sagte er. »Sie haben Ihr Taxi nicht warten lassen. Soll ich Ihnen eins rufen?«
»Nicht nötig, schönen Dank!« sagte Ram gelassen. »Ich denke, wir werden eben zu Fuß zur Ysidro-Ranch raufgehen und eine Kleinigkeit lunchen.« Er wandte sich mir lächelnd zu. »Was meinst du?«
»Gute Idee!« sagte ich. In dem Moment kehrte Astha mit Durga zurück. Wir gingen die Auffahrt hinunter, und Ram erzählte den beiden eilig die Geschiche mit unserem Mittagessen. Am Tor drehten wir uns noch einmal um. John stand neben seinem Porsche und schaute uns nach. Er hatte die Hände in die Hüften gestemmt, und man konnte an seiner ratlosen Miene sehen, daß er keine Ahnung hatte, was er von uns halten sollte. Wir winkten ihm fröhlich zu und verschwanden um die Ecke Richtung Ysidro-Ranch.
Den Rest des Tages verbrachten wir am Telefon, und am Abend war klar, daß wir die Mannschaft für die Villa an der San Ysidro Road nicht zusammenkriegen würden. Der Brocken war einfach zu groß für uns. Chaitanya Hari, mit dem wir zuversichtlich gerechnet hatten, wollte Santa Fé in New Mexico nicht verlassen. Er habe sich gerade frisch verliebt, sagte er, aber ich hatte das Gefühl, daß er auch mißtrauisch war und glaubte, wir Ranch-Flüchtlinge aus Oregon seien mehr an seinem Geld als an ihm selbst interessiert. Zum ersten Mal in seinem Leben spielte ihm seine Musik einen Haufen Geld ein – und er genoß es. Aber »loving-caring-sharing« war seine Sache nicht.
Unsere andere Hoffnung war Akul. Er konnte mit einem Telefongespräch alle unsere finanziellen Startschwierigkeiten beseitigen. Er hatte die Kohle, die wir jetzt brauchten, bis wir Jobs gefunden hatten und Geld verdienten. Aber Akul hatte keine Lust, in Amerika zu bleiben. Er saß sozusagen schon auf seinen Koffern und wartete nur darauf, daß Rajneesh sich irgendwo wieder seßhaft machte; dann wollte Akul ihn besuchen und bei ihm bleiben.
Die andalusische Villa in Montecito löste sich also wie eine Fata Morgana im blauen Nichts auf, und wir Flüchtlinge setzten die Suche nach einer anderen Oase fort. Ohne Ram, denn Ram ergriff schon am nächsten Morgen die Flucht, als er erfahren hatte, daß Anubodhi ihm 20 Dollar abnehmen wollte. Aber Astha hielt die Stellung. Sie hatte das Zigeunerleben satt. Sie wollte nicht mehr auf den Besucherritzen bei anderen Leuten herumlungern. Und Los Angeles war auf jeden Fall

passé. Sie wollte ihre Zelte in Santa Barbara aufschlagen, und nirgendwo sonst. »Paß mal auf«, sagte sie unternehmungslustig, »wir werden uns jetzt um niemanden mehr kümmern. Wir beide mieten ein Haus, und dann sehen wir weiter...« Das war die Idee, die ich von Anfang an sowieso für die beste gehalten hatte. Wenn wir uns auf andere verließen, würden wir in ein paar Wochen pleite sein und kein Dach über dem Kopf haben. Es war höchste Zeit, daß wir zur Sache kamen.

Morgens um sieben holten wir uns die »Santa Barbara News Press« vom nächsten Zeitungsautomaten und studierten beim Frühstück die Anzeigen. Von neun bis elf machten wir die Maklerkontakte, und den Rest des Tages waren wir unterwegs, um uns Häuser anzuschauen. Es gab Gegenden, die wir nur einmal besuchten und nie wieder sehen wollten: Da wohnten Leute, die jeden Morgen eine amerikanische Flagge vor ihren Bungalows aufzogen, so als handele es sich bei ihren Anwesen um eine militärische Einrichtung. Das waren republikanische Patrioten, Mainstream-Amerikaner, die ihre Mentalität mit merkwürdigen Aufklebern an ihren Chevies, Buicks und Oldsmobiles Ausdruck gaben: »This car is insured by Smith & Wesson« (Smith & Wesson ist Hersteller beliebter Handfeuerwaffen). Oder: »You need Oil to move!« Oder: »Americans buy american!« Oder: »Jesus lives!«

In diesen Gegenden roch es nach Holzkohlenfeuern und Barbecuefett, und jeden Abend dröhnten die motorisierten Rasenmäher in den Vorgärten. Durch die Fenster sah man das bunte Geflimmer der Fernsehgeräte, die von früh bis spät vor sich hinblökten. In den Garagen, fast so groß wie die Häuser, war nicht genügend Platz für die gewaltigen Wohnmobile, mit denen diese Menschen in den Ferienmonaten die Freeways verstopften – Ungetüme auf Rädern mit Spitzengardinen vor den Fenstern, TV-Schüsselantenne auf dem Dach und 300-PS-Motor, der mühelos auch noch das Familienboot oder den Jeep auf Anhängern mitschleppen konnte. Manchmal schienen die Wohnwagen größer als die Häuser, und die Motorboote wirkten auf dem Beton der Abstellplätze unbeholfen wie fette Walrösser, die von einer tückischen Flutwelle an Land geschwemmt worden waren.

Es waren gesellige Menschen, die hier wohnten. »Howdi!« riefen sie und bleckten die Zähne zum Jimmy-Carter-Grinsen. »Howdi« war die Kurzformel für »How are you doing?«, aber es hätte sie wahrscheinlich völlig aus der Fassung gebracht, wenn ich stehen geblieben wäre und gesagt hätte: »Das finde ich aber wirklich schön, daß Sie sich so für mich interessieren. Ich werde Ihnen gerne ausführlich erzählen, wie es mir geht. Haben Sie ein Stündchen Zeit?«

Sie trugen Jeans und Sneakers und hatten ständig eine Bierdose in der Faust. Die Frauen schmückten sich gerne mit Lockenwicklern und schoben Babys in handlichen Faltkarren vor sich her. Kinderkriegen war »in«. Wenn die Kleinen nicht vor der Glotze saßen, flitzten sie auf Rollbrettern über die unbelebten Asphaltstraßen. Müßiggang gab es hier nicht. Wenn die Leute von der Arbeit kamen, legten sie sich nicht aufs Ohr, sondern machten sich rund ums Haus zu schaffen – Rasen mähen, Auto waschen, Hecken stutzen, malen, sägen, hämmern, grillen ... Und wenn sie nicht arbeiteten, spielten sie Korbball oder schwangen sich auf Rennräder.

Aber ihre Geschäftigkeit wirkte nicht spontan – selbst dann nicht, wenn sie spielten. Viele trugen Walkman-Kopfhörer, und es kam mir so vor, als ob sie über die kleinen Lautsprecher ständig Befehle empfingen. Automatisch und emsig schienen sie irgendwelche Rituale zu befolgen, ein Programm zu erledigen, ein Pensum zu erfüllen, und mit einem Auge schielten sie zu den Nachbarn, um sich zu vergewissern, daß sie im Gleichschritt mit ihnen waren. Sie taten nicht, wozu sie mit ihrem ganzen Herzen Lust hatten, sondern sie taten das, was die anderen taten. Nicht nur das: Sie *kauften* auch, was die Nachbarn kauften. Überall die gleichen Häuser, die gleichen Autos, die gleichen Wohnwagen, die gleichen Videogeräte, die gleichen Rasenmäher, die gleichen Räder ...

Es war undenkbar, daß hier einer seinen Rasen mit der Sense mähte oder Kaninchenställe im Vorgarten aufstellte. Die Abweichung von der Norm wäre eine unerträgliche Herausforderung gewesen. Was würde geschehen, wenn wir hier mit unseren Schrottwagen aufkreuzten und mit sechs bis acht Leuten in einen dieser Bungalows einzögen? Ich hatte keine Lust, mir das im einzelnen vorzustellen. Es war ein Ding der Unmöglichkeit. Am dritten Tag unserer Häusersuche holten wir uns vom Makler die Schlüssel zu einem Haus, das in einer etwas weniger spießigen Gegend lag. Gutbetuchte Mittelklasse, durchsetzt mit Yuppies und ein paar arrivierten Mexikanern. Die Grundstücke waren etwas größer und lagen am Hang. St. Francis Way – die Adresse gefiel uns, weil sie an den christlichen Mystiker erinnerte. Wir parkten vor der

Garage, die in Höhe des ersten Stockwerks lag. Zum Eingang mußte man Treppen hinuntergehen. Das Haus war in den Berg hineingebaut und stand auf Stelzen.

Wir schlossen die Haustür auf – und hielten den Atem an! Mein erster Gedanke war: »Das ist es!« Astha ergriff meine Hand. »Das ist es!« sagte sie leise, so als wolle sie einem heiligen Ort ihren Respekt erweisen. Wir standen in einer Wohnhalle, die wie ein Kirchenschiff gebaut war. Braune Balken stützten die spitzgiebelige Decke. Weiß getünchte Wände. Lindgrüner Teppichboden. Ein Kamin aus Ziegelsteinen. Die Schiebetüren der Fensterfront öffneten sich zu einer großen, aus Brettern gefügten Terrasse, die im Schatten einer knorrigen kalifornischen Eiche lag. Der Blick fiel in einen wilden Garten. Wir sanken spontan auf die Knie und legten die Stirn auf den Boden. Das würde unser Meditationsraum sein.

Wie Kinder rannten wir Hand in Hand von einem Zimmer zum anderen. Im Obergeschoß gab es drei Schlafzimmer, zwei Bäder und ein Eßzimmer. Die Küche war komplett eingerichtet mit Herd, Kühlschrank und Geschirrspülmaschine. Die Schlafzimmer lagen Richtung Süden und waren durch einen langgestreckten Balkon miteinander verbunden. Am Ende des Korridors gab es einen Garagenzugang, und eine Treppe führte hinunter zum Untergeschoß. Es bestand aus einem einzigen Raum, der sich über die ganze Grundfläche des Hauses hinzog, aber – wenn auch ohne Türen – in drei Segmente aufgeteilt war. Am Fuß der Treppe lag der mittlere Teil mit einer Schiebetür zur Gartenterrasse. Links davon gab es einen fensterlosen Bereich mit einer Spiegelwand, hinter der sich ein Einbauschrank befand. Rechts führten ein paar Stufen hinauf in ein kleines Zimmer mit Bad und eigenem Zugang zur Terrasse. Aber auch dieses Zimmer war nicht durch eine Tür von den anderen getrennt. Der merkwürdigen Architektur war es wahrscheinlich zu danken, daß dieses geräumige Haus noch nicht vermietet war, obwohl es mit 1700 Dollar Monatsmiete verhältnismäßig billig angeboten wurde.

Wir öffneten die Schiebetür und gingen auf die Terrasse. Die Sonne schien, und im Garten, der terrassenförmig angelegt war, leuchteten die Zitronen und die Orangen. Der Blick fiel in ein kleines Tal. Hinter dem Hügel auf der anderen Seite schimmerte das Meer. Dies war unser Haus, und kein anderes! Wir fuhren zurück zum Maklerbüro. Das Auto parkten wir außer Sichtweite. Kathy, die junge Vizepräsidentin der Grundstücksfirma, empfing uns in einem eleganten Büro. Wir waren sportlich gekleidet, so als kämen wir gerade vom Strand, und stellten uns Kathy als deutsche Filmemacher vor. Wir seien auf unbestimmte Zeit in Kalifornien, um mit ein paar Freunden an einem Script zu arbeiten. Das fand sie »terribly interesting«, und als ich ihr sagte, daß wir es satt hätten, uns in Hotelzimmern herumzudrücken, und daß es für das augenblickliche Stadium unserer Arbeit wichtig sei, ein kleines ruhiges Plätzchen zu haben, fand sie das vollkommen einleuchtend. Mit der Miete könne sie freilich nicht heruntergehen, wehrte sie einen Vorstoß von Astha ab. Der Besitzer des Hauses arbeite bei einer amerikanischen Ölgesellschaft im indonesischen Busch und sei praktisch nicht zu erreichen. 1700 Dollar sei sein unterstes Limit. Daran müsse sie sich als seine Interessenvertreterin halten. »Kein Problem«, sagte ich und tat so, als ob Geld letztlich keine Rolle spiele. »Wann können wir einziehen?«

»Wieviele Leute sind Sie denn?«

»Wir sind zu acht.« Ich dachte, es sei auf alle Fälle besser, zwei Leute mehr zu nennen. Je mehr, desto kleiner der Mietanteil für jeden einzelnen. »Eigentlich vermieten wir keine Häuser an Gruppen«, sagte Kathy und wirkte plötzlich etwas streng. »Wir haben sehr schlechte Erfahrungen mit Kommunen gemacht. Da tun sich Hippies und Studenten zusammen und wollen sich die Miete teilen, aber keiner will die Verantwortung übernehmen.«

»Ich weiß, Kathy!« stimmte ihr Astha begeistert zu. »Ich weiß, wovon Sie reden! Ich hatte mein Haus in Deutschland an Studenten vermietet. Es war eine Katastrophe!«

»Nach drei Monaten sah es aus wie im Saustall«, bekräftigte ich. »Heizung kaputt. Algen im Pool. Teppichboden versaut, und der Typ, der den Mietvertrag unterzeichnet hatte, war längst ausgezogen und keiner wußte, wo er steckte. Nie wieder!« Kathy lächelte verständnisvoll. »Es wäre mir angenehm, wenn alle acht Mieter den Mietvertrag unterschreiben würden«, sagte sie plötzlich und mir stockte das Herz. Wir hatten noch gar keine Ahnung, mit wem wir in das Haus einziehen würden. Astha verbarg ihr Gesicht im Taschentuch und putzte sich umständlich die Nase. »Ach«, sagte ich und rieb mir das Kinn. »Das ist aber nicht so praktisch. Die sind im Augenblick in alle Winde zerstreut.«

»Drei sind für ein paar Wochen nach Deutschland geflogen«, sagte Astha beiläufig und steckte ihr Taschentuch wieder ein. »Ich glaube, Kathy, es wäre wirklich am besten, wenn Andrees und ich den Vertrag abschließen. Warum die Dinge komplizieren? Was meinen Sie?« Kathy schien unschlüssig. »Es wäre für den Vermieter eine zusätzliche Sicherheit...«

»Okay, Kathy«, unterbrach ich sie. »Aber wir kennen uns doch nun schon. Ich jedenfalls habe ein Gefühl, als wenn wir uns schon seit langem kennen...« Ich lächelte sie innig an und sah, wie der Schatten des Zweifels aus ihrem freundlichen Gesicht wich. Sie überreichte uns zwei Bündel Formulare und sagte: »Also gut, ich will Ihnen keine Schwierigkeiten machen. Sie müßten nur diese Formulare ausfüllen. Ich bereite inzwischen die Verträge vor. Ist es Ihnen recht, wenn wir uns morgen zur gleichen Zeit treffen? Sie unterschreiben, und ich gebe Ihnen die Hausschlüssel.«

Damit war unser Meeting beendet. Wir verabschiedeten uns von Kathy wie alte Freunde, fuhren zu Anubodhi und studierten die Fragebogen. Der Umfang der Formulare hatte uns schon mißtrauisch gemacht, aber was wir nun lasen, alarmierte uns, um es milde auszudrücken. »An Eides Statt« sollten wir nicht nur darüber Auskunft geben, wo wir herkamen, wie unser letzte und vorletzte Adresse gelautet hatte, wo wir vor fünf Jahren gewohnt hatten und wo wir beschäftigt waren (in diesem Jahr und in den fünf Jahren davor), wieviel wir verdienten und wo unsere drei letzten Steuererklärungen abgegeben worden waren. Wir sollten auch mitteilen, was für ein Auto wir fuhren, mit welcher Bank wir zusammenarbeiteten und wie es um unseren Wertpapierbesitz stand. Unsere Einkommens- und Vermögensverhältnisse sollten wir mit einer schriftlichen Erklärung unserer Bank belegen.

Offensichtlich hatte es keinen Zweck, auch nur annäherungsweise bei der Wahrheit zu bleiben. Vielmehr mußten wir uns hier und jetzt entscheiden, ob wir unser schönes Haus am St. Francis Way sausen lassen sollten, ober ob wir uns mit einem Bein ins Gefängnis stellen wollten. Nach dem Rajneesh-Motto »Real life is always on razors edge!« entschieden wir uns für das Knastrisiko, griffen zum Kugelschreiber und trugen so dick wie nur irgend möglich auf.

Von Rajneeshpuram in Oregon durfte natürlich keine Rede sein. So schrieben wir, daß wir vor sechs Wochen aus Deutschland gekommen waren (und hofften, daß Kathy unsere Pässe nicht einsehen wollte). »Wie hoch willst du denn dein Monatseinkommen ansetzen?« fragte Astha und kratzte sich mit dem Kugelschreiber hinter dem Ohr. »25 000 Dollar. Das ist das Mindeste für einen erfolgreichen Filmemacher. Weniger wäre unglaubwürdig.«

»Nun gut«, sagte Astha, »dann schreibe ich auch mal 25 000 auf. Und was ist mit Wertpapieren?«

»Jede Menge natürlich! Anderthalb Millionen? Wie klingt das?«

»Wunderbar! Ich schreibe ›zirka zwei Millionen‹. So genau will die das ja sicher gar nicht wissen.« Wir hatten schon ausgemacht, daß wir als Bankadresse ein kleines Frankfurter Privatinstitut angeben wollten. Unsere amerikanische Bank, die »Interstate«, benutzten wir nur für unsere täglichen Ausgaben, so wollten wir Kathy erklären. Die »Interstate« sei sozusagen nur für unser Taschengeld in Amerika zuständig. Was wir machen wollten, wenn Kathy auf einem Statement unserer deutschen Bank bestehen sollte, mußten wir uns noch überlegen. Die Sache mit dem Auto war dagegen schnell entschieden. Ich erklärte im Fragebogen, daß wir keinen eigenen Wagen besäßen, sondern Mietwagen benutzten.

Wir tanzten auf dünnem Eis, denn wenn Kathy auf die Idee kam, unsere Angaben nachzuprüfen, brauchte sie nur das Departement for Motorvehicles anzurufen. Der DMV-Computer würde innerhalb von Sekunden die Information ausspucken, daß Astha und ich die Besitzer von billigen Schrottwagen waren. Es kam also darauf an, auf Kathy einen so überwältigenden Eindruck zu machen, daß ihr Zweifel an unseren Angaben absurd erscheinen mußten. Kurz vor dem Einschlafen kam mir noch die Idee, wie wir das Ding mit unserer deutschen Bank drehen konnten.

Am nächsten Morgen rief ich das Telex-Büro in Santa Barbara an und erkundigte mich, ob Kathys Firma einen Fernschreiberanschluß besaß. Kein Anschluß. Wie ich erwartet hatte, wunderbar! Gegen Mittag saßen wir wieder bei Kathy im Office. Ihre Sekretärin servierte Kaffee und Kekse, und sie studierte unsere Fragebögen. Ich war keine Spur nervös. Ich kam mir vor wie ein Schauspieler in einer harmlosen Komödie. Astha und ich führten ein Stück auf und saßen gleichzeitig als Zuschauer im Parkett. Kathy würde ihren Teil zum Happy-End beitragen, davon war ich fest überzeugt.

Natürlich wollte sie wissen, wo denn unser Bankstatement sei, und ich tischte ihr die Geschichte mit unserer kleinen, feinen Frankfurter Privatbank auf. Mit spitzen Fingern nahm sie ihre Lesebrille von der Nase. »Können Sie das Statement von Frankfurt besorgen?«, fragte sie, und ich hatte das Gefühl, daß es ihr peinlich war, uns schon wieder Ungelegenheiten zu bereiten. »Natürlich können wir das, Kathy«, sagte ich. »Das wird zwei Wochen dauern, wenn ich heute in Frankfurt anrufe. Aber inzwischen können wir ja schon mal einziehen ...«

»Das geht leider nicht!« sagte sie mit ungewohnter Schärfe, so als fühlte sie sich in die Enge getrieben. »Ohne Bankerklärung kann ich das nicht verantworten.« Die Komödie hatte ihren Höhepunkt erreicht. In der nächsten Minute würde sich entscheiden, ob wir das Haus bekamen oder nicht. »Kathy«, sagte Astha im sanften Tonfall einer Therapeutin, die mit einem bockigen Patienten spricht. »Lassen Sie uns doch mal überlegen, wie wir aus diesem Dilemma herauskommen können.«

»Also, ohne Bankerklärung... Ich sehe da wirklich keine Möglichkeit...« Kathy schien unglücklich darüber, daß ihr keine Lösung einfiel. Und Astha sagte: »Ich kann einfach nicht mehr im Hotel leben. Ich bin richtig allergisch dagegen. Und jetzt nochmal vierzehn Tage, um auf dieses Papier aus Frankfurt zu warten... That's too much! Ich suche lieber ein anderes Haus. Können Sie das verstehen, Kathy?«

»Moment mal!« rief ich dazwischen und beugte mich vor. »Alles ganz einfach! Ich habe eine Idee. Wo ist Ihr Fernschreiber?«

»Fernschreiber?«

»Ja, Ihre Telexmaschine. Wir tickern meine Bank in Frankfurt an und kriegen die Antwort in zehn Minuten ...«

»Aber wir haben keinen Fernschreiber«, sagte Kathy beklommen. Sie schämte sich richtig. »Keinen Fernschreiber?« rief ich ungläubig. »Um Gottes Willen, was machen wir denn *jetzt*?«

Bedrücktes Schweigen. Dann sagte Astha: »Können wir nicht irgendwas mit Empfehlungen machen?« Kathys Gesicht hellte sich auf. »Sie können eine Empfehlung beibringen?«

»Aber sicher doch«, sagte ich und nannte Rainer und seine Firma, die in L. A. einen klangvollen Namen hatte. Um Zeit zu sparen, war Kathy damit einverstanden, daß Rainer sie anruft und die Empfehlung später schriftlich nachreicht. Als wir uns von Kathy verabschiedeten, hätte ich sie beinahe umarmt. Wir schwebten in Hochstimmung aus ihrem Büro, beschwingt wie Schulkinder am ersten Ferientag.

Schon am Nachmittag rief Rainer bei Kathy an. »Wenn Sie Deutsche wären«, sagte er zu Kathy, »dann würden Sie natürlich wissen, wer die beiden sind. Die kennt in Deutschland jeder.« Wir werden Rainer ewig dankbar sein, daß er für uns so beherzt über den Schatten seiner Seriosität gesprungen ist. Ohne ihn wären wir aufgeschmissen gewesen.

Zwei Tage später zogen wir am St. Francis Way ein, sieben Leute ohne Job und am Rande der Pleite. Möbelwagen war nicht nötig, denn wir hatten nicht einmal Matratzen. Astha hatte einen roten Christstern im Topf gekauft. Den stellte sie auf den Tresen zwischen Küche und Eßzimmer.

Es war ein guter Anfang.

■ *Sechstes Kapitel* ■

Wir fühlten uns wie in einer Nußschale auf stürmischer See. Alle Anstrengungen waren darauf gerichtet, uns über Wasser zu halten. Wir hatten ein Dach über dem Kopf, aber keine Matratzen, keine Decken, kein Bettzeug. Wir hatten eine Geschirrspülmaschine, aber kein Geschirr, kein Besteck, keine Töpfe und Pfannen. Wir hatten drei Badezimmer, aber keine Handtücher. Gottseidank brauchten wir uns nicht um den Garten zu kümmern, denn wir hatten natürlich auch kein Gartengerät. Für den Garten gab es drei Mexikaner, die zweimal im Monat kamen – das war in der Miete inbegriffen. Jeder Tag brachte uns der nächsten Mietzahlung näher, und wir mußten sehen, daß wir unsere Jobs auf die Reihe kriegten.

Wir schwärmten in der Stadt aus und stürmten die Gebrauchtwarenläden der Heilsarmee und anderer wohltätiger Vereine. Für ein paar Dollar kauften wir das Allernötigste, aber die Matratzen wurden erst am nächsten Tag angeliefert. Am Abend holten wir uns bei »Rusty's« eine Pizza, die wir auf dem Boden des Eßzimmers verspeisten. Dazu tranken wir billigen Napawein aus Pappbechern.

Die Zimmer hatten wir verteilt: Astha, Ram und ich zogen in die drei Zimmer im Obergeschoß, Durga, Santa, Gita und Nadama nach unten. Unsere Wohngemeinschaft war zufällig zustande gekommen. Wir waren alle Sanyasins, das verband uns. Aber wir lebten nicht zusammen, weil wir eng befreundet waren oder weil wir uns einig darüber waren, wie wir unter schwierigen Umständen am besten miteinander auskommen könnten. Wir saßen unter einem Dach, weil wir zur gleichen Zeit ein Dach über dem Kopf brauchten – mit anderen Worten: Astha und ich hatten genommen, wen wir kriegen konnten und wer das Geld für die erste und die letzte Miete aufbringen konnte.

Es gab ein paar Grundspielregeln, auf die wir uns leicht einigen konnten, weil wir von der Ranch her daran gewöhnt waren. Zum Beispiel liefen wir nicht mit Straßenschuhen im Haus herum, sondern zogen sie an der Haustür aus. Wer rauchen wollte, mußte in den Garten gehen; im Haus war rauchen verboten. Und in der Küche wurde nur vegetarisch gekocht. Wir waren an das Kommuneleben gewöhnt, aber auf der Ranch in Oregon war alles ganz anders und sehr viel einfacher gewesen. Auf der Ranch brauchten wir uns nicht um unseren Lebensunterhalt zu kümmern – wir wurden versorgt. Unsere Zimmer wurden geputzt und unsere Wäsche gewaschen. Wir brauchten nicht einzukaufen und zu kochen. Wir hatten nichts mit der Gas- und Stromrechnung zu tun und nichts mit der Müllabfuhr. Wir mußten uns nicht über die Aufteilung der Telefonrechnung einigen, und wir mußten keine gemeinsame Haushaltskasse führen. Wir machten unsere Arbeit, die uns zugeteilt wurde; wir verdienten kein Geld, aber dafür hatten wir auch keine Ausgaben.

Als wir an jenem Abend im Kreis beisammen saßen und unsere Pizza aßen, genossen wir jenes optimistische und herzliche Gefühl der Zusammengehörigkeit, das alle Notgemeinschaften in existentiellen Krisensituationen verbindet. Wir kamen uns wie die Überlebenden einer Erdbebenkatastrophe vor. Und Gott sei Dank ahnten wir nicht, wie schwierig es sein würde, am Rande des Existenzminimums miteinander auszukommen.

Durga hatte eigentlich eines der oberen Zimmer beziehen wollen. Aber dann hatte sie es angesichts der Miete mit der Angst gekriegt. Sie fürchtete sich vor dem Hungertod. Ich hatte den Eindruck, daß ihr die Welt wie ein Schlachtfeld voller Tücken und Gefahren erschien, wie ein feindliches Terrain voller Kreaturen, die sich gegen sie verschworen hatten und ihr nach dem Leben trachteten. Und wie ein ängstliches Kind, das sich nachts im Wald verlaufen hat, machte sie eine Menge Lärm, um ihre Angst zu betäuben. Wenn sie sich mitteilen wollte, redete sie nicht in einer normalen Tonlage, sondern tat so, als müsse sie sich auf einer Massenversammlung Gehör verschaffen.

»Kinder!« schrie sie, und wir zuckten zusammen, »Kinder, ist es nicht toll, wie das alles gelaufen ist!« Sie ergriff ihren Pappbecher, als wenn sie einen Toast ausbringen wollte, führte ihn hektisch zum Mund, so daß der Rotwein überschwappte, verschluckte sich, fing an zu husten und brach schließlich in ein hysterisches Gelächter aus. Sie war nicht etwa betrunken oder unter Drogen, nein, sie wollte nur auf sich aufmerksam machen und Zuwendung erzwingen. Sie fühlte sich schrecklich vereinsamt, aber sie sprach nicht darüber, und wir, die wir sie ein bißchen anstrengend fanden, hatten nicht die Energie oder die Geduld, ihr die liebevolle Aufmerksamkeit zu schenken, die sie von uns erwartete.

Astha holte das Salz, das noch im Karton war, und streute es auf den Rotweinfleck. »Mach doch nicht solche Umstände!« schrillte Durga, »das tritt sich doch ein und dann ist es weg.« In diesem Augenblick kam mir zum ersten Mal der Verdacht, daß es vielleicht ein Fehler gewesen war, meine Unterschrift unter einen Mietvertrag zu setzen, der mich verpflichtete, dieses Haus in dem gleichen Zustand abzugeben, in dem ich es vorgefunden hatte.

Im Wohnzimmer plärrte ein Kofferradio. Das hatte Gita von der Ranch mitgebracht. Sie stammte aus Indonesien, wo sich das tägliche Leben auf einem akustischen Niveau abspielt, das man in etwas ruhigeren Breiten als unerträgliche Lärmkulisse empfinden würde. Ich hatte auf der Ranch eine Zeitlang das Zimmer mit ihr geteilt, und schon damals war mir aufgefallen, daß sie das Radio nicht etwa einschaltete, um dem Programm zu folgen. Es ging ihr nur um das Geräusch an sich. Anfangs hielt ich Gita noch für eine Musikliebhaberin, aber dann fiel mir auf, daß sie auf minutenlange Tonstörungen – verursacht durch Gewitter oder andere atmosphärische Einwirkungen – überhaupt nicht reagierte. Wenn ich sie mit einem »He, Gita!« darauf aufmerksam machte, zuckte sie erschreckt zusammen und stellte den Kasten sofort ab. »*Entschuldige* bitte«, sagte sie schuldbewußt wie ein Kind, das mal wieder beim Nasebohren erwischt worden war. Aber fünf Minuten später schaltete sie das Radio wieder ein. Musik, Nachrichten, Rauschen ... »He Gita!« Und Gita wieder mit ihrer Kinderstimme: »*Entschuldige* bitte!«

Sie brauchte den anonymen Lärm offenbar, um das Geschrei der Dämonen zu übertönen, die in der Tiefe ihrer Seele rumorten. Sie wirkte auf mich wie die überspannte Stahlsaite eines schlecht gestimmten Musikinstruments. Sie saß auf einem Vulkan. Sie bewegte sich unentwegt am Rande der Katharsis. Ich glaube, daß sie sich vor ihren eigenen Aggressionen fürchtete. Deshalb mimte sie die kindliche Sanftmütige. Unter dieser Maske setzte sie ihren eisernen Willen durch – beharrlich, diskret, still. Wenn ihr ein Vorstoß mißlang, entschuldigte sie sich zerknirscht, spielte das brave Kind und zog sich auf eine elastische Defensivposition zurück. Dort verharrte sie unbeweglich wie ein jagender Salamander, bis die Aufmerksamkeit ihrer Mitmenschen erlahmte. Dann schlug sie blitzschnell und geräuschlos zu.

Gita hatte also ihr unvermeidliches Radio angeschlossen. Santa Barbaras Rock-'n'-Roll-Sender KCYD fetzte unermüdlich heiße Musik in die Gegend. Wir zogen mit unseren Pappbechern in den Meditationssaal um und tanzten barfuß auf dem weichen Velours. Nadama kam mit einem Stapel Kaminholz aus dem Garten. In wenigen Minuten loderte ein kräftiges Feuer, das den kahlen Raum mit gemütlicher Wärme erfüllte. Über die weißen Wände geisterten die Schatten der Tanzenden. Astha setzte sich neben mich auf den Boden und drückte meine Hand. Wir waren stolz darauf, daß wir im Paradies ein Nest gebaut hatten, in dem sich unsere neue kleine Familie wohlfühlen konnte.

Innerhalb von drei Tagen kam unser Haus, das wir wie ein Rettungsboot empfanden, flott in Fahrt: »General Telephone« legte einen Anschluß; von der Heilsarmee waren die gebrauchten (aber chemisch gereinigten) Matratzen gekommen; jeder steckte 20 Dollar in die »Investitionskasse«, und Astha und ich fuhren mit dem Geld zum Gebrauchtwarenladen der Heilsarmee, um das Nötigste für die Küche zu kaufen.

Das mit der Investitionskasse war nicht ohne Diskussion abgegangen. Santa, Gitas ergebener Boyfriend, ein früh ergrauter, schlanker Amerikaner, erhob Einspruch. Nicht etwa laut und grob – das war nicht seine Art. Santa ließ sich zu nichts hinreißen – weder zu Freudenausbrüchen noch zu Tobsuchtsanfällen. Er sah aus wie ein Fernsehstar und hätte gut in den Dallas-Clan gepaßt. Das Lächeln in seinem rosigen Gesicht wirkte wie angefroren. Er gab sich immer sanft und freundlich, aber tief in seinem Innern kochte die Lava seiner unterdrückten Gefühle. Er war Gita sehr ähnlich, die ihn fest im Griff hatte. »Meiner Meinung nach«, flüsterte Santa und zeigte sein makelloses, schneeweißes Gebiß, »meiner Meinung nach sollten diejenigen für die Kücheneinrichtung aufkommen, die das Haus gemietet haben.«

Mein Gott, dachte ich, geht das schon wieder los!? Einen ganzen Abend hatten Astha und ich auf Santa und Gita eingeredet, bis sie endlich eingesehen hatten, daß sie sich an der Vorauszahlung für die letzte Monatsmiete beteiligen mußten. Und mit Durga hatten wir uns angelegt, weil sie nicht sieben Dollar zum telefonischen Anrufbeantworter beisteuern wollte, den wir unbedingt kaufen mußten, damit unsere Kundenanrufe nicht ins Leere gingen. Ständig kamen Anrufe für sie, die wir beantworteten und notierten, und die Telefonate würden schon bald zunehmen, wenn wir unsere Job-Anzeigen in der »News Press« plaziert hatten.

Mit Unbehagen spürte ich, wie schnell ich die Grenze meines Mitgefühls erreichte. Ich rang um die Engelsgeduld, die nötig war, um diesen Kindergarten am St. Francis Way irgendwie in Gang zu halten. Selbstmitleid! Hatten Astha und ich uns nicht verdient gemacht? Und was ernteten wir dafür? Schräge Blicke, Gemecker, dämliche Vorschläge! Die Herrschaften waren nicht damit zufrieden, daß sie in einer Villa an der pazifischen Côte d'Azur wohnten – sie erwarteten, daß wir ihnen auch noch die Einrichtung stellten. Sie wollten uns als Mama und Papa haben, damit sie die kleinen Nervensägen spielen konnten.

»Wie kommst du denn darauf«, fragte ich Santa, »daß Astha und ich die Kücheneinrichtung alleine bezahlen sollten?«

»Ihr habt das Haus«, sagte Santa sanft, »und wir anderen wissen ja gar nicht, wie lange wir hier bleiben. Wenn wir ausziehen, habt ihr die Kücheneinrichtung, und wir sind unsere zwanzig Dollar los, oder sehe ich das falsch?«

»Ich glaube, das siehst du falsch«, sagte ich. »Denn wenn du ausziehst, wirst du doch sicher rechtzeitig einen Nachfolger suchen, der dir deine Mietvorauszahlung gibt und auch die 20 Dollar für die Kücheneinrichtung.«

Santas Lächeln erlosch. »Du meinst, du willst uns unsere Mietvorauszahlung nicht zurückgeben, wenn wir ausziehen?« Ich schloß die Augen und atmete ruhig durch. »So ist es«, sagte ich. »Denn deine Mietvorauszahlung ist bei Kathy, der Maklerin, genau wie meine. Und erst wenn wir das Haus aufgeben, kriegen wir sie von Kathy wieder zurück. Und wenn du vorher raus willst, mußt du dir dein Geld von deinem Nachmieter holen!«

Santa schüttelte mißbilligend den Kopf, sagte aber nichts mehr. Hatte er nun verstanden oder nicht? Wahrscheinlich ging es schon gar nicht mehr darum, etwas zu verstehen. Dieses Haus war auf dem besten Wege, sich in ein Irrenhaus zu verwandeln. Oben wohnten die Irren der Ersten Klasse, unten die Irren der Zweiten Klasse. Tatsächlich hatten

Astha und ich schon bemerkt, daß sich hier ein Klassenkampf anbahnte. Das Haus hatte seine Tücken. Oben und unten waren die Wohnverhältnisse so verschieden, daß man sie kaum vergleichen konnte. Oben hatten wir schöne Zimmer und konnten die Tür hinter uns zumachen. Diejenigen, die unten wohnten, meckerten über ihr »Massenlager« und schielten neidisch nach oben. Daß wir oben fast doppelt so viel Miete zahlten wie sie unten, war schnell vergessen. Plötzlich hatten wir am St. Francis Way eine Situation, über die Karl Marx ein ganzes Buch geschrieben hätte. Hatte er nicht vielleicht doch recht damit gehabt, daß das Sein das Bewußtsein bestimmt? Prägten nicht die Wohnverhältnisse im Untergeschoß das Bewußtsein ihrer Bewohner? Rührte ihre rebellische Undankbarkeit nicht daher, daß sie sich in dem »Massenlager« als Mieter Zweiter Klasse empfinden mußten? Oder war es so, daß diejenigen, die weniger riskieren und deshalb weniger Miete zahlen wollten, dort unten wohnten, wo das Dach über dem Kopf billiger war? Wenn es so war, dann hatte Marx doch Unrecht, denn dann bestimmte das Bewußtsein die Wohnverhältnisse.
Marx hin oder her – das dumpfe Ressentiment, das sich im Untergeschoß ausbreitete, verdichtete sich nie zu einer revolutionären Situation, es wurde nicht einmal artikuliert. Es war existent, aber nicht greifbar. Manchmal schien es sogar verschwunden – das waren Momente schöner Harmonie. Aber zu anderen Zeiten machte es sich in Sabotageakten gegen die Hausordnung Luft oder in einem passiven Widerstand gegen die Spielregeln, die Astha und ich postulierten, damit sich das Irrenhaus nicht auch noch in einen Saustall verwandelte. Wir waren die einzigen, die es störte, wenn abends die Küche nicht aufgeräumt oder die Pflanzen im Garten nicht gewässert wurden. Nach Jahren strenger Kommunedisziplin auf der Ranch schlug das Pendel jetzt in die andere Richtung.
Inzwischen steuerten wir unaufhaltsam auf unseren finanziellen Zusammenbruch zu. Eine Woche war schnell vorbei, und in drei Wochen war die nächste Mietzahlung fällig: 1700 Dollar. Hinzu kamen die Kosten für Gas, Strom und Müllabfuhr. Und wer weiß, wie hoch die Telefonrechnung sein würde. Jeden Morgen kauften wir die »News Press« und studierten den Anzeigenteil mit den Stellenangeboten. Nadama war der erste, der einen Job fand. Er wurde Packer in einer Umzugsfirma. Sieben Dollar Stundenlohn. Durga hatte ein erstklassi-

ges Zeugnis über ihre Tätigkeit als Hoteldirektorin in Wiesbaden. Ich zeigte ihr eine Annonce des feinen »San Ysidro Ranch«-Hotels. Die suchten eine Empfangsdame für ihr Restaurant – eine »repräsentative Erscheinung mit Menschenkenntnis und Verantwortungsgefühl«.

»Wenn du mit deinem Zeugnis aufkreuzt, gehört der Job dir! So wie du aussiehst! Und dann sprichst du auch noch drei Sprachen...«, versuchte ich sie zu ermuntern.

»Quatsch! Ich denke doch gar nicht daran!«

Ich war sprachlos. Sah ich etwas grundsätzlich falsch? »Was hast du denn?« fragte ich vorsichtig.

»Was ich habe?« schrillte sie. »Ich habe keine Lust, wieder dort anzufangen, wo ich vor zwölf Jahren aufgehört habe. Dafür kann man bei dir natürlich kein Verständnis erwarten!«

War sie zu lange bei Rajneesh gewesen? Konnte sie nicht mehr mit »normalen« Leuten umgehen? Fühlte sie sich verunsichert, weil sie keine passende Garderobe besaß oder weil sie nicht mehr gewöhnt war, Verantwortung zu übernehmen?

Am nächsten Tag entdeckte ich in der »News Press« den Job für mich! Das »Biltmore-Vier-Jahreszeiten-Hotel« (ebenso fein wie die Ysidro Ranch) suchte einen »Recreation Manager«. Ich wußte zwar nicht, was ich mir darunter vorzustellen hatte, aber »recreation« bedeutete »Erholung«, und das klang vielversprechend. Es fiel mir nicht schwer, mich in der Rolle eines »Erholungs-Managers« zu sehen. Zwei Stunden später stellte ich meinen »Oskar« auf dem Gästeparkplatz des »Biltmore« ab, ging zum Empfangsdesk und fragte nach Miß Ellen, der Personalchefin. Der Concierge fragte mich nach meinem Namen und rief Ellen an. Er legte den Hörer auf. »Miß Ellen erwartet sie, Mr. Elten«, sagte er beflissen und winkte einen Hotelboy heran, der mir den Weg zeigte. Miß Ellen saß hinter einem Schreibtisch aus Chrom und Glas und telefonierte, als ich ihr Büro betrat. Sie unterbrach ihr Gespräch für einen Augenblick, legte die Hand über die Muschel, strahlte mich an und flüsterte: »Entschuldigung! Ich bin gleich soweit. Bitte nehmen Sie Platz.«

Ich setzte mich in den Sessel vor ihren Schreibtisch, zupfte die Bügelfalten meiner besten Heilsarmeehose zurecht, schlug die Beine übereinander und war sehr zufrieden damit, wie sich das Vorstellungsgespräch anließ. Die Leute haben Stil, dachte ich. Hier wird man auch als

Angestellter wie ein Herr behandelt. Ellen legte den Hörer auf, faltete ihre schmalen Hände mit den überlangen Plastik-Aufklebenägeln vor ihrer schwarzen Seidenbluse und fragte mich beflissen: »Was kann ich für Sie tun, Mr. Elten?«

Ich lächelte zutraulich. »Sie können mir wahrscheinlich den Job des Erholungsmanagers geben.«

Ellen zog ihre dünn gestrichenen Augenbrauen hoch. »Wie bitte?«

»Ich habe in der ›News Press‹ gelesen, daß Sie einen Erholungsmanager suchen. Und deswegen ...«

»Sie wollen sich vorstellen?«

»Ja, ich dachte, das könnte was für mich sein. Ich habe sehr viel ...« Weiter kam ich nicht, denn nun wurde Ellen sachlich. »Wenn Sie sich bewerben wollen«, sagte sie überaus kühl, »müssen Sie im Wartezimmer Platz nehmen und sich gedulden, bis Sie an der Reihe sind.« Sie schaute durch mich hindurch, als gebe es mich überhaupt nicht mehr vor ihrem Schreibtisch. Ich stand auf, deutete eine Verbeugung an und zog mich würdevoll zurück.

Das Wartezimmer war voll, die Klappstühle an den Wänden besetzt. Ich füllte an einem Stehpult einen Fragebogen aus, faltete meine Hände auf dem Rücken und blieb an der Tür stehen. Quer durch den Raum waren lebhafte Gespräche im Gang. Es wurde spanisch gesprochen. Die meisten Bewerber waren Mexikaner – kleine, rundgesichtige Frauen, die schwarzen Haare unter Kopftücher gebunden, und untersetzte Männer, die gerne lachten und dabei ihren Zahnersatz aus stumpfem Stahl zeigten. Eine weiße Amerikanerin – hübsch, drall und lebhaft – erzählte ihrer blonden Nachbarin, daß sie auf einer Ölplattform draußen im Pazifik als Köchin einen Haufen Geld verdient hätte – 750 Dollar die Woche, und jede vierte Woche sei frei, die verbringe man an Land. Warum sie den Job denn aufgegeben habe, fragte die Blonde, und die Dralle sagte: »Ich hatte es satt. Die Kerle fassen einem dauernd zwischen die Beine. Du mußt ewig auf der Hut sein.« Die Blonde machte große Augen. »Ach, was du nicht sagst! Erzähl' mal weiter ...« Aber als die Dralle gerade Luft holte, um ihr Sittengemälde von der Ölplattform abzurunden, wurde sie aufgerufen und verschwand aus dem Wartezimmer. Ich setzte mich auf ihren Stuhl und fragte die Blonde, um welchen Job sie sich bewerben wolle. Serviererin in der Bar, sagte sie, und so kamen wir ins Gespräch. Sie arbeite immer nur so lange, bis sie genug

Geld beisammen habe, um wieder ein paar Wochen am Strand zu verbringen. Ihre Lieblingsbeschäftigung sei Windsurfen. »Im Sommer arbeite ich nur ungerne«, sagte sie. »Besonders von September bis Dezember. Das ist die beste Zeit für die Beach.« Die hatte offenbar die Ruhe weg, die uns Ranchflüchtlingen noch abging. Während wir uns unterhielten, wurden die Mexikaner auf spanisch aufgerufen, immer mehrere auf einmal. Als meine blonde Nachbarin an der Reihe war, blieb ich schließlich allein im Wartezimmer zurück und studierte die Anschläge an der Wand. Einer war für uns Jobsucher besonders vielversprechend. Das »Biltmore«, so hieß es da auf spanisch und englisch, halte sich an das Gesetz über den Mindestlohn. Der lag seit acht Jahren unverändert bei 4,55 Dollar pro Stunde. Wenn man ein Hotel mit Zimmerpreisen zwischen 150 und 750 Dollar pro Nacht betreibt, kann man sich offenbar solche großzügigen sozialen Gesten leisten. Ein anderer Anschlag machte darauf aufmerksam, daß Trinkgeldempfänger ihre Tips versteuern müßten. Als ich das las, beschloß ich, mich als Erholungsmanager über diesen lächerlichen Einfall des amerikanischen Finanzamtes hinwegzusetzen. Soweit kommt es noch, dachte ich, daß wir kleinen Angestellten die Trinkgelder versteuern, die die »Biltmore«-Gäste ganz legal von ihren Steuern absetzen dürfen.
Endlich saß ich wieder bei Ellen vor dem Schreibtisch. Ich hatte mir vorgenommen, im großen und ganzen bei der Wahrheit zu bleiben. Unter der Rubrik »Erfahrungen im Hotelgewerbe« hatte ich »Kellner im ›Zorba the Buddha‹-Restaurant, Rajneeshpuram/Oregon« eingetragen, wo ich mal einen Tag zur Aushilfe gearbeitet hatte. Ellen studierte meinen Fragebogen.
»Sie sind Kellner, Andrees?« Mr. Elten existierte nicht mehr.
»Ich habe Erfahrung als Kellner«, antwortete ich ausweichend. »Aha«, sagte sie. »In Rajneeshpuram? War das nicht da, wo man diesen Guru rausgeschmissen hat? Wie hieß er noch gleich?«
»Rajneesh.«
»Rajneesh! Richtig! Und da waren Sie Kellner, Andrees?«
»Unter anderem auch Kellner.«
»Unter anderem? Sie waren ein Anhänger von diesem, wie heißt er noch gleich?«
»Rajneesh.«
»Von diesem Rajneesh?«

»Ja.«
»Aha. Und haben Sie sonst noch einen Beruf gelernt?«
»Ich bin Schriftsteller.«
Sie hob ihren Blick von meinem Fragebogen und durchbohrte mich mit ihren stahlblauen Augen, und ich wußte, daß ich einen Fehler gemacht hatte. Ellen würde jetzt wahrscheinlich vermuten, daß ich eine Geschichte über die mexikanischen Küchensklaven im »Biltmore«-Hotel recherchieren wollte, die keine Green Card hatten und deshalb mit Hungerlöhnen abgespeist wurden. Oder vielleicht dachte sie, daß ich prominente Gäste ausspionieren wollte. Ein Schreiber unter dem Hotelpersonal ist für jeden Personalchef wahrscheinlich wie eine Ratte im Kühlschrank – jedenfalls das letzte, was man sich wünscht. Aber nun war es zu spät.
»Wie sieht denn der Job eines ›Recreation Managers‹ aus?« fragte ich, um Ellen von der Fährte abzulenken. »Der ›Recreation Manager‹ hat seinen Desk in der Lobby«, erklärte sie überraschend bereitwillig. »Er bucht für die Gäste Golf- und Tennistermine. Er berät sie über Restaurants, Nachtlokale und das Kinoprogramm. Er bestellt Tische für sie und Theaterkarten.«
»Sehr gut!« rief ich begeistert, so als wäre mir der Job auf den Leib geschrieben. »Ich weiß Bescheid, Ellen. Ich kenne das Gewerbe aus meiner jahrzehntelangen Erfahrung als Gast. Niemand weiß besser, was ein Gast braucht, als der Gast selbst.« Und wie es denn mit der Bezahlung sei, wollte ich noch schnell wissen. »Vier Dollar fünfundfünfzig die Stunde«, sagte Ellen.
»Aber wahrscheinlich jede Menge Trinkgelder?«
Ellen griff zum Telefon und signalisierte, daß das Vorstellungsgespräch zu Ende war. »Nein«, sagte sie abschließend, »der Posten des ›Recreation Managers‹ liegt nicht im Trinkgeldbereich.« Ich stand auf. »Das ist ja ein Jammer«, sagte ich. »Dann vergessen Sie meinen Antrag bitte.«

Es dauerte nicht lange, bis sich unsere Adresse in Amerika herumgesprochen hatte. Die ersten Besucher trafen ein. Der Meditationsraum – immer noch kahl wie eine Volleyballhalle – verwandelte sich in einen Schlafsaal, in dem unsere Gäste ihre Habseligkeiten und ihr Bettzeug ausbreiteten. Vor dem Haus parkten ihre Schrottwagen zu beiden Seiten der Straße. Es sah aus, als hielte ein weitverzweigter Mexikaner-Clan bei uns seine Jahresversammlung ab. Die Nachbarn grüßten uns nicht mehr. Wir erschienen ihnen höchst verdächtig. In dieser Gegend wohnten anständige Leute, Familien mit regelmäßigem Einkommen und Kindern auf dem College. Hier wußte man, wie der Nachbar sein Geld verdiente, welchem Club und welcher Kirche er angehörte und mit wem er umging. Menschen wie uns hatte es hier noch nie gegeben. Immer neue Gesichter, offenbar wechselnde Paare, keine Kinder, unregelmäßige Lebensweise, Mexikanerschlitten... Unheimlich!

Nur unser Nachbar zur Rechten war freundlich: ein weißhaariger, imposanter Mexikaner, ein Patriarch. Er herrschte über eine Großfamilie, die aus mindestens achtzehn Personen bestand. Dazu gehörten drei Frauen mit Kindern. Die Männer tauchten nur gelegentlich auf. Wahrscheinlich waren sie als Lastwagenfahrer unterwegs. Dem Alten gehörte ein Transportunternehmen, das offenbar gut florierte. Er hatte es geschafft in Amerika. Er selbst schien nicht mehr zu arbeiten; er machte sich im Garten zu schaffen. Dort gab es Schaukeln, Wippen, Karussells, Baumhäuser, Sandkästen und viele Haustiere – Hunde, Katzen, Hühner und Kaninchen. Ich glaube, daß es sogar eine gezähmte Ratte gab. Der Alte liebte die Kinder. Er spielte mit ihnen, und manchmal sah ich ihn stundenlang mit einem Baby auf dem Arm. Er grüßte freundlich, aber er wollte von uns genauso wenig wissen wie von seinen anderen Nachbarn. Er war sich bewußt, daß er mit seinem Clan in Feindesland lebte, genau wie unsere merkwürdige Wohngemeinschaft. Ich war froh, daß wir ihn zum Nachbarn hatten. Er zog wenigstens einen Teil der mißtrauischen Neugierde auf sich und die Seinen und erleichterte uns damit das Leben. Seine Familie existierte wie eine Welt für sich – Klein-Mexiko in Santa Barbara.

Manchmal gab der Alte ein Fest. Dann wurden Klappstühle und Picknicktische im Garten aufgestellt und bunte Luftballons in die Bäume gehängt. Der blaue Rauch der Holzkohlenfeuer zog in dichten Schwaden über die Tequila-Flaschen auf den Tischen und hüllte die nachbarlichen Gärten ein. Das Bier wurde in Fässern angeliefert. Aus Lautsprechern dröhnte spanische Musik, schmalzige Tenöre sangen wehmütige Weisen von Liebe und Leid. Die Gäste erschienen in dunklen Anzügen und die Frauen in bunten Cocktailkleidern. Aber schon bald wurden die Jacketts und die Stolas in die Büsche gehängt, und man kam zur Sache. Auf Papptellern türmten sich scharfgewürzte Rippchen und Lenden, der

Tequila floß in Strömen, der Alte zapfte das Bier und füllte die Becher. Die Kinder tobten durch den Garten, spielten Fangen und warfen Bälle über die Menge der Gäste. Schon vor Sonnenuntergang ging das Geknutsche im Gebüsch los, und gegen Mitternacht kam es zu wüsten Streitereien. Wutgebrüll, schrille weibliche Klageschreie, eifersüchtige Ehemänner verprügelten ihre Frauen. Als der Sheriff mit dem Streifenwagen eintraf, verschwanden die Gäste in der Nacht wie ein Rudel flüchtendes Rotwild. Der Alte saß, die Arme verschränkt, die glimmende Zigarette im Mundwinkel, unbeweglich und zufrieden auf einem Klappstuhl neben dem Bierfaß und warf im Schein der Glühlampengirlande einen scharfen Schatten auf den mit Pappbechern übersäten Rasen. Ein gelungenes Fest.
Wir hatten oft Mühe, unsere Gäste wieder loszuwerden. Wenn sie sich ans Telefon hängten und langatmige Ferngespräche führten, trat uns der Angstschweiß auf die Stirn. Anfangs hielten wir die Tür auf und hießen jeden willkommen, der uns die Ehre gab. Aber schon bald erlahmte unsere Gastfreundschaft, vor allem, wenn uns geübte Schnorrer auf die Bude rückten. Wir hatten schon viel Lehrgeld bezahlt, bis wir ihre ausgefeilten Methoden endlich durchschauten. Mandiro zum Beispiel: Er gehörte zu denen, die mit dicken Supermarkttüten vor unserer Tür auftauchten. Mit südländischem Ungestüm fiel er uns um den Hals, als wären wir seine besten Freunde. Dabei hatten wir auf der Ranch eigentlich nie was miteinander zu tun gehabt.
»Kinder«, rief Mandiro begeistert, »ich habe eingekauft. Keiner betritt die Küche. Heute koche ich!«
Und er kochte eine köstliche italienische Spaghettisauce. Sogar zwei Flaschen Wein hatte er mitgebracht. Ein idealer Gast. Wir waren erleichtert. Gegen Mitternacht verkündete er mit feierlicher Bescheidenheit, daß er sich nun zum Schlafen in sein Auto zurückziehen werde. Wir protestierten natürlich. »So weit kommt es noch! Im Auto – du spinnst wohl?« Astha rannte los und holte ein Handtuch und ein Kopfkissen für ihn. Eine Gästematratze mit Bettwäsche hatten wir noch nicht. Mandiro richtete sich also im Meditationsraum ein ... Nach einer Woche war er immer noch da. Nie wieder kaufte er im Supermarkt ein, und in der Küche sah man ihn nur noch, wenn er den Kühlschrank ausräumte, sich Spiegeleier zum Frühstück briet oder vor dem Abendessen schon mal ein paar Sandwiches reinschob. Zwei Wochen nachdem

er endlich abgereist war, kam unsere erste Telefonrechnung. Uns traf fast der Schlag, und zuerst verdächtigten wir uns gegenseitig. »Wer hat für 24 Dollar mit Florenz telefoniert? Satyananda, das mußt du gewesen sein!« Mit Florenz? Ich hatte überhaupt nicht mit Italien telefoniert, und außerdem lebten meine Töchter nicht in Florenz, sondern in Rom. Endlich fiel uns Mandiro ein. Mandiro war das natürlich gewesen! Das sah ihm ähnlich. Aber wo steckte er? Niemand wußte, wo der schlaue Italiener abgeblieben war.

Er war nicht der einzige Profischnorrer. Ziemlich clever waren auch die Leute, die nicht abends ankamen, wenn wir auf der Hut waren. Sie überraschten uns am frühen Morgen und verkündeten, daß sie einen großen Umweg gemacht hätten, nur um uns auf ein halbes Stündchen zu besuchen. Sie hatten ihre Duschutensilien unter dem Arm und verschwanden erst mal für eine Stunde im Badezimmer. Wir hörten das Wasser rauschen und dachten an unsere nächste Gasrechnung. Nach der Morgentoilette waren die Gäste dann bereit, mit uns zu frühstücken. Sie hatten jede Menge Zeit, während wir gewöhnlich nach einer Weile etwas für unseren Lebensunterhalt tun mußten. Wir verließen also das Haus und unsere frischen Gäste verabschiedeten uns, als wären sie und nicht wir am St. Francis Way zu Hause. Sie würden auch bald gehen, sagten sie. Sie müßten nur noch das Auto reparieren und waschen, und wo denn das Polierwachs und die anderen Reinigungssachen zu finden seien? Sobald wir weg waren, hängten sie sich ans Telefon und führten ihre Überseegespräche. Und wenn wir abends nach Hause kamen, waren sie entweder immer noch da (»wir haben das mit dem Auto nicht hingekriegt«), oder sie waren verschwunden – und mit ihnen das meiste, was wir im Kühlschrank hatten.

Anfangs waren wir noch geteilter Meinung gewesen, was unsere »Gästepolitik« anbetraf. Auf der einen Seite waren diejenigen, die für eine Strategie der offenen Tür eintraten. Wer auch immer kam, er war willkommen; es gab ja Platz genug im Haus. Auf der anderen Seite waren die Skeptiker, zu denen auch ich mich bald schlug. Wir traten dafür ein, daß nur noch persönliche Freunde umsonst bei uns hausen sollten, und zwar jeweils in den Zimmern derjenigen, die sie besuchten. Die anderen, die wir nur flüchtig aus Poona oder Oregon kannten, sollten ihre Schlafsäcke im Meditationsraum ausbreiten. Die erste Nacht war frei, danach sollten sie jeden Tag fünf Dollar fürs Essen und für Strom und

Gas bezahlen. Der Streit um unsere Gästepolitik hielt an, bis die ersten Rechnungen für Telefon, Gas und Strom kamen. Da gab es lautes Heulen und Zähneklappern, und seither beherrschten die Skeptiker unangefochten das Feld.

Ich fürchte, wir haben als Gastgeber keine besonders gute Figur gemacht. Wir waren nicht so großherzig wie die Beduinen in der Wüste, die ihre letzte Hammelkeule mit dem Fremden teilen. Unsere Armut erschreckte uns. Wir waren nicht darauf vorbereitet, am Rande der finanziellen Katastrophe zu wandeln. Manchmal packten uns Schwindelgefühle, wenn wir uns vorstellten, daß uns nicht mehr viel von jenen Obdachlosen trennte, die am Cabrillo Boulevard die Abfalltonnen ausräumten.

Es war ziemlich schrecklich, wenn – um ein Beispiel zu nennen – im Haus heftiger Streit darüber entbrannte, daß in der Haushaltskasse drei Dollar fehlten. Drei Dollar! Eine lächerliche Summe! Aber wenn du eine halbe Stunde lang Badezimmer bei fremden Leuten putzen mußt, um drei Dollar zu verdienen, dann gewinnt diese Summe ein völlig anderes Gewicht. Wenn du für drei Dollar dreißig Minuten deines kurzen Lebens hart arbeiten mußt, dann redest du nicht mehr von einer »lächerlichen Summe«. Dann sind drei Dollar ein Vermögen, dann interessierst du dich brennend dafür, wo dieses Vermögen abgeblieben ist. Und ehe du dich versiehst, bist du in eine hysterische Diskussion über den Verbleib von drei lumpigen Dollars verwickelt.

Du glaubst, du bist großzügig, mitfühlend und selbstlos? Warte, bis die Armut dich in ihrem Würgegriff hat und du nicht weißt, ob es morgen noch für ein paar Einkäufe im Supermarkt reichen wird. Leben in Armut ist wie ein Leben in einer Testbatterie: Du kannst sehr schnell erfahren, ob die goldenen Münzen deiner Bewußtheit, die du immer so stolz gezählt und vorgezeigt hast, auch wirklich echt waren, oder ob es sich um Plastikwährung gehandelt hat, die sich unter Druck in Dampf auflöst.

Wir lesen täglich über die Armut in der Zeitung oder in Büchern. Wir bekommen das Elend der Entwicklungsländer im Fernsehen vorgeführt. Aber wir haben keine Ahnung, was es heißt, arm zu sein. Wir kennen diesen würdelosen Zustand nicht. Wir sind nur darüber informiert, und die Information geht nicht unter die Haut. Information ist wertlos, wenn die Erfahrung nicht hinzukommt. Und solange wir nicht wirklich wissen, was Armut ist, haben wir so gut wie keine Chance, unser Bewußtsein zu entwickeln. Armut ist wie ein läuterndes Fegefeuer. Du gehst hindurch und alle deine schönen Masken verbrennen, hinter denen du deinen Egoismus, deine Kaltherzigkeit, deine Verlogenheit versteckt hast. Übrig bleibst du in deiner Nacktheit, so wie du bist, ohne Schmuck und Schein.

Ich sage nicht, daß Armut die Wiege der Bewußtheit ist. Wer in die Armut hineingeboren wird und in ihr aufwächst, wird höchstwahrscheinlich sein Leben lang unbewußt bleiben. Nur wenigen Menschen ist der Sprung aus einem Zustand der Armut in die Erleuchtung gelungen. Wer arm ist, macht sich keine Gedanken über seinen Seelenzustand, er denkt ans Essen. Er braucht seine Energie für das nackte Überleben. Der Anstoß zum inneren Wachstum kommt aus dem Überfluß, er kommt aus der Erfahrung, daß die Seele hungrig bleibt, wenn der Bauch voll ist. Aber inneres Wachstum ist ein langer Prozeß, der durch Höhen und Tiefen führt, und ohne das, was George Gurdjieff das »freiwillige Leiden« nennt, entwickelt sich das Bewußtsein nicht.

Nachdem das »Biltmore«-Hotel seine große Chance verpaßt und mich nicht auf den Posten des Erholungsmanagers berufen hatte, mußte ich mir dringend eine andere Erwerbsquelle erschließen. Schreiben kam nicht in Frage. Meine Erfahrung mit der »Los Angeles Times« hatte mich darüber belehrt, daß ich nicht in jenem geistigen Spektrum zu Hause war, aus dem die auflagenstarken Zeitungen ihre Inspirationen beziehen. Ich hatte die falschen Ideen, die falschen Vorstellungen, die falschen Ansichten. Und beim besten Willen konnte ich mir nicht vorstellen, bei der »Santa Barbara News Press« als Lokalreporter zu arbeiten. Eine Zeitlang hatte ich mit der Idee gespielt, mich als Drehbuchautor zu versuchen. Aber je mehr ich vom amerikanischen Fernsehen sah, desto geringer wurde meine Hoffnung, daß ich für dieses Medium des Irrsinns einen nützlichen Beitrag leisten könnte. Wenn also nicht schreiben – was dann? Mir fiel nichts Besseres ein als Autofahren. Das war das einzige, was ich außer Schreiben einigermaßen gut beherrschte. Ich beschloß also, Chauffeur zu werden. Meine Zielgruppe waren jene reichen Witwen in den Villen von Montecito, die zum Autofahren zu alt und tatterig waren und deshalb ihre Cadillacs in den Garagen verrosten ließen. Ich würde diese Greisinnen zu ihren Ärzten fahren, zu ihren

Bridge-Partys, zu den Kaufhäusern. Ich würde sie nicht nur chauffieren, sondern ihnen auch bei angemessener Bezahlung als Animateur zur Verfügung stehen, als Gesellschafter, als Unterhalter, als Confidant. Entsprechend entwarf ich meine Anzeige für die News Press: »Europäischer Gentleman alter Schule sucht Stellung als Chauffeur und Gesellschafter. Call Andrees. 682-68 70«.

Drei Tage lang nichts. Ich konnte es nicht fassen. Ich wäre jede Wette eingegangen, daß es in Santa Barbara Hunderte von alten Damen gab, die auf einen Chauffeur wie mich schon immer gewartet hatten. Aber ich hatte mich geirrt. Ich wußte damals noch nicht, daß die alten Damen in Santa Barbara, auch die Achtzig- und Neunzigjährigen, sich am Steuerrad festkrallen wie Ertrinkende am Rettungsring. Daß nichts als der Tod sie davon abhalten kann, ihre Autos zu steuern – kein nachlassendes Augenlicht und keine Taubheit, kein Alzheimer-Zittern, kein Parkinsonsches Beben und keine Alkoholsucht. Solange das Herz schlägt und noch ein Hauch von Leben in ihnen ist, stürzen sich diese verwegenen Geronten in den Straßenverkehr. Warum? Weil sie glauben, daß der Tod nach ihnen greift, sobald sie nicht mehr fahren können. Während ihre Kräfte schwinden, wird ihnen das elektrisierende Machtgefühl immer wichtiger, das ein sanfter Druck auf das Gaspedal eines Achtzylinders vermittelt. Nach drei Tagen gab ich die Hoffnung auf eine Chauffeurskarriere auf.

Am vierten Tag nahm unser Anrufbeantworter eine dunkle, energische Frauenstimme auf. »Hier ist Baronin Holzhausen mit einer Nachricht für Andrees. Bitte rufen Sie mich zurück. Es ist wegen der Anzeige. Meine Nummer ist 969-94 94. Danke!«

Ein Lichtblick! Ein Wendepunkt! Baronin Holzhausen? Aber sie hörte sich wie eine Amerikanerin an. Also angeheirateter Adel. Die Telefonnummer deutete auf Montecito. Ich griff zum Telefon. Eine junge Mädchenstimme: »Ihr Anruf wird schon erwartet. Einen Moment, ich verbinde mit der Baronin.« Kurze Pause, dann die tiefe Stimme, die ich vom Anrufbeantworter kannte. »Hallo, Andrees! Gut, daß Sie anrufen. Können Sie gleich mal vorbeikommen, ja? Wahrscheinlich kann ich Sie gebrauchen. Sie sind Franzose? Nein? Aber Sie sprechen französisch? Auch nicht? Okay, was nicht ist, das ist nicht. Sie sind Deutscher? Wunderbar! Also – wann können Sie kommen? Morgen nachmittag erst? Früher geht es nicht? Viel beschäftigt, was? Hahaha! Also dann bis morgen drei Uhr, okay? Thank you, bye bye!« Es klickte. Sie hatte eingehängt, und ich stand da, etwas benommen mit dem Hörer in der Hand. Die Energie, die da über die Leitung gekommen war, hätte mich beinahe aus meinen Turnschuhen gehoben. Aber ich wußte, daß ich einen Job hatte. Die Frau gefiel mir. Die hatte nicht diese vorfabrizierte und glatte kalifornische Höflichkeit. Sie war so direkt wie ein kleiner Bulldozer. Wahrscheinlich brauchte man gute Nerven, wenn man mit ihr mehr als eine halbe Stunde verbringen wollte.

Meine unmittelbare Sorge galt jedoch der Garderobenfrage. Mein Ralph-Lauren-Blazer aus dem »Goodwill«-Laden von Palo Alto war das einzige seriöse Kleidungsstück, das ich besaß. Aber ein Chauffeur trägt keinen Blazer, wenn er sich bei einer Baronin in Santa Barbara-Montecito vorstellt. Dunkler Anzug war angesagt. Krawatte. Schwarze Halbschuhe und Socken. Ein anständiges Oberhemd. Zum ersten Mal wurden mir die Konsequenzen meiner Berufswahl bewußt. Ich mußte in den Chauffeursjob investieren wie ein Unternehmer. Plötzlich kam nagender Zweifel auf: Lohnte sich das Risiko? Konnte ich mir diese aufwendige Ausstattung leisten? Sollte ich nicht vielleicht doch erst mal im Blazer und Rollkragenpullover antreten und das Garderobenproblem vor mir herschieben, bis ich den Job sicher in der Tasche hatte und wußte, was ich dabei verdienen würde? Nein, ich wollte total sein und alles auf eine Karte setzen! Keine Halbherzigkeiten!

»Astha«, rief ich und legte den Hörer auf. »Hilfe!« Sie war die Expertin für die Ramschläden, mit denen die Wohltätigkeitsvereine Geld verdienten und den Armen halfen. Sie verbrachte fast jede freie Minute dort und hatte schon die unglaublichsten Funde gemacht – eine Tischlampe aus Nymphenburger Porzellan für fünf Dollar zum Beispiel. Ihrer Leidenschaft für die Ramschläden und ihrem Spürsinn war es zu danken, daß unser Haus am St. Francis Way nicht mehr aussah wie ein noch nicht bezogener Neubau. Im Meditationsraum gab es jetzt bunte Kissen auf dem Boden und zwei hübsche Stehlampen. Im Eßzimmer saßen wir nicht mehr auf dem Boden, sondern auf zwei Picknickbänken, die mit einem Holztisch fest verschraubt waren – rustikal, aber originell. Astha war die erste, die ihre Matratze mit einer wertvollen Überdecke schmückte, und nahezu täglich kam sie mit irgendwelchen Fetzen an, die fast nichts gekostet hatten, aber Etiketten mit klangvollen Namen besaßen: Yves St. Laurent, Cardin, Klein, Banana Republic... Die

Reichen räumen ihre Kleiderschränke, trennen sich von dem Kram, den sie nicht mehr sehen wollen oder den sie von der buckligen Verwandtschaft geerbt haben, und die Ramschläden der gemeinnützigen Verbände schätzen den Wert und stellen steuerabzugsfähige Quittungen aus. Das ist das Geheimnis der amerikanischen Secondhand-Stores.

Meine Garderobe für den Job bei der Baronin von Holzhausen bedeutete für Astha eine willkommene Herausforderung. »In zwei Stunden wirst du aussehen wie der Baron von Holzhausen persönlich«, versprach sie und behielt recht. Am Abend betrachtete ich mich zu Hause vor dem Spiegel und wußte, daß ich in meiner Secondhand-Garderobe nicht nur den Chauffeur für die Baronin von Holzhausen spielen, sondern sie auch zu den exklusivsten gesellschaftlichen Veranstaltungen begleiten konnte: mitternachtsblauer Dreiteiler von Lanvin – ein Anzug wie nach Maß, reine Lammwolle. Die Krawatte von Hermes (100 % Seide). Italienische Schuhe, fast neu. Dunkelblaues Oberhemd (100 % Cotton). Kosten insgesamt: 42 (zweiundvierzig) Dollar, und ich sah für einen Chauffeur viel zu fein aus. Ohne Übertreibung kann ich versichern, daß Amerika heute auf dem Gebiet der Secondhand-Läden absolut führend in der Welt ist.

Die Baronin wohnte im Gästehaus eines großen Anwesens am Rande von Montecito. Ein Taxi dorthin kostete zu viel Geld; ich mußte also wohl oder übel mit meinem zerbeulten »Oskar« vorfahren. Wahrscheinlich war es sogar gut, wenn ich eine gewisse finanzielle Bedürftigkeit an den Tag legte, denn meine neue Aufmachung als Gentleman konnte womöglich zu übertriebenen Vorstellungen bezüglich meiner Vermögensverhältnisse führen. Ich hatte schon beschlossen, den unschuldig verarmten Herrn mit interessanter Vergangenheit zu spielen. Bis auf die Tatsache, daß ich nicht *unschuldig*, sondern *schuldhaft* verarmt war, entsprach meine Geschichte sogar den Tatsachen.

Die Baronin öffnete selber die Tür. Eine nervöse Energie schlug mir entgegen wie eine aufreizende Duftwolke. Ihre kleine, schmale Erscheinung wirkte auf mich wie ein in schwarze Seide gehüllter Dynamo. Sie trug einen elegant-legeren Hausanzug, darunter eine flammend-rote Seidenbluse, auf der ein antiker Brillantschmuck glänzte. »Hallo, Andrees!« rief sie, so als stünden wir schon seit Jahrzehnten auf vertrautem Fuße. Sie schaute mich mit weit aufgerissenen blauen Augen an. Diese Augen! Ich hatte noch nie einen Menschen erlebt, der so viele wider-

sprüchliche Stimmungen gleichzeitig ausdrücken konnte. Wache Neugierde unter einem Schleier alkoholisierter Gleichgültigkeit, Melancholie und Hoffnung, herzliche Wärme und kühle Schüchternheit. »Hallo, Andrees!« rief sie noch einmal und streckte mir eine zarte, kalte Hand entgegen. Es fiel mir auf, daß sie einen sehr schönen ägyptischen Skarabäen-Ring trug. War ein Handkuß angemessen? Nein, diese Frau war nicht auf europäischen Schlössern aufgewachsen. Die hatte eine ungenierte Lebendigkeit, die man in Adelshäusern nicht häufig findet. Die Baronin – so glaubte ich – war ein Kind aus dem Volke, und die gezierten Rituale der feinen europäischen Kreise waren ihr wahrscheinlich zuwider. Also ergriff ich ihre Hand und sagte »Hi, Baroneß!« Das war kalifornisch, und um noch einen Schuß Europa beizumengen, knickte ich in der Hüfte ab und deutete eine Verbeugung an.
Sie konnte keinen Augenblick lang still sein. Wie eine Katze, die ihren Schlafplatz vorbereitet, trat sie von einem Fuß auf den anderen. Sie fuchtelte mit den Armen, verzog ihr Gesicht und rollte die Augen. »Kommen Sie herein, Andrees«, rief sie laut, so als stünde ich am anderen Ufer eines Flusses. Ruckartig vollzog sie auf dem schmalen Stift ihres Stöckelschuhs eine 180-Grad-Kehre, schien einen bangen Augenblick lang das Gleichgewicht zu verlieren, fing sich dann geschickt, indem sie das rechte Bein ausfuhr, es energisch auf den neapolitanischen Fliesenboden ihres Salons aufsetzte und der Schwerkraft des bereits fallenden Körpers entgegenwirkte. »Hoppla«, sagte sie mit ihrer dunklen Stimme und einem kaum merklichen Lispeln, das Schwierigkeiten mit einem schlecht sitzenden Zahnersatz vermuten ließ. Sie richtete sich auf, steuerte das Sofa mit drei kurzen, abgehackten Schritten an und ließ sich mit einer erstaunlich geschickten Drehung aus der Hüfte in die weichen Kissen fallen. Kaum saß sie, stand sie schon wieder auf und trat von einem Fuß auf den anderen. »Was möchten Sie trinken, Andrees?«
»Ein Glas Sodawasser, bitte.«
»Sodawasser? Keinen Schuß Whisky dazu?«
»Ich trinke grundsätzlich nicht, wenn ich Auto fahre!«
»Sie wollen wohl einen guten Eindruck machen, was?« Mißbilligend zog sie ihre Mundwinkel herunter und füllte mein Glas. Ein bißchen Sodawasser ging daneben und floß auf die Jugendstilvase mit den langstieligen Orchideen zu, aber das schien die Baronin nicht zu stören. Sie hob

ihr Glas und zwinkerte mir zu: »Cheers! Ein kleiner Drink macht einen doch nicht gleich besoffen, oder?«
Ich stimmte ihr sofort zu, denn ich war nicht hier, um Streitgespräche zu führen. Ich wollte einen Job haben. Sie trippelte zum Sofa zurück, ließ sich wieder in die Kissen fallen, beugte sich vor und kam zur Sache.
»Ich brauche keinen Chauffeur«, sagte sie und jagte mir einen kleinen Schrecken ein. (Was um Gottes Willen, braucht sie denn sonst?) »Ich brauche jemanden, der mich ab und zu zum Essen begleitet. Oder ins Theater. Oder ins Konzert. Was sagen Sie dazu?«
»Great!«
»Hahaha. Kein schlechter Job, was?« Sie griff hastig zu ihrem Glas und lehnte sich ins Sofa zurück, wobei ein bißchen Weißwein überschwappte und einen dunklen Flecken auf ihrer Bluse hinterließ. »Hoppla«, sagte sie und flippte mit den Fingernägeln über den Flecken, wobei sie die Hand aus dem Gelenk herausschleuderte. »Prost!« Sie nahm einen kräftigen Schluck, stellte ihr Glas ab und erklärte feierlich: »Ich war drei Monate in einer psychiatrischen Klinik. Nervenzusammenbruch. Eine traurige Geschichte.« Sie zögerte einen Augenblick, so als überlege sie, ob sie mir ihre traurige Geschichte schon jetzt oder erst später erzählen sollte. »Ich will wieder unter Menschen, verstehen Sie, Andrees?«
»Natürlich. Sie gehen gerne aus?«
»Ich hasse alles, was mit Haushalt zu tun hat. Ich bin es gewöhnt, außerhalb zu essen ...« Santa Barbara sei zwar ein langweiliges Kaff, meinte sie, und Restaurants wie in Paris gäbe es hier natürlich nicht, aber wenn man nicht zu Hause essen wolle, müsse man eben mit dem vorlieb nehmen, was geboten werde. Im Grunde habe sie dieses Dorf satt; sie sei hier nur gelandet, weil ihr Sohn hier lebe. Keine Kultur, keine Finesse, platte Partys, Kokain auf Silbertabletts, Gequatsche über Psychiater, Geld und die neueste Diät. »Ich bin Amerikanerin«, sagte sie, »aber die Amerikaner langweilen mich zu Tode, besonders die mit viel Geld.« Sie zupfte ein Taschentuch aus dem Ärmel ihrer Seidenjacke und tupfte das Rouge auf ihren Lippen, das etwas kräftig aufgetragen war. »Was nehmen Sie denn die Stunde?« fragte sie beiläufig.
»Zehn Dollar.«
»Das ist okay. Wie wär's mit Sonnabend abends? Sagen wir sieben Uhr, hier bei mir?«

»Excellent!«
»Meine Sekretärin wird einen Tisch bestellen.«
Ruckartig, aber nicht ohne Anstrengung, hievte sie ihren kleinen Körper aus dem Sofa und trat wieder wie eine Katze von einem Bein aufs andere. Die Abendsonne schien durch das französische Fenster ihres mit Cremefarbe lackierten Salons und tauchte den Bronze-Buddha vor dem Barockspiegel in warmes Licht. Ich schaute in einen Dschungel-Garten. Knorrige Eichen breiteten ihre Äste über Fenchelsträuchern und Farnen aus. Auf der Terrasse blühten Kakteen in großen Tontöpfen. Das Haus wirkte in dieser Wildnis wie das Refugium eines Eremiten.
Die Baronin begleitete mich zur Tür. Als sie mir ihre blaugeäderte Samthand reichte, fiel mir ein, daß sie mich überhaupt nicht nach meiner Herkunft oder nach meinen Lebensumständen gefragt hatte. Das ist das Wunderbare an diesen Amerikanern: Sie nehmen dich so wie du bist – im Hier und Jetzt. Niemand interessiert sich für deine Vergangenheit. Du genießt Vertrauen. Du bist ein netter Kerl, solange du deine Mitmenschen nicht vom Gegenteil überzeugt hast. Selbst über meinen verbeulten Mexikanerschlitten schien sich die Baronin nicht zu wundern.
»Das waren Zeiten, als der modern war«, sagte sie, und es erschien mir wie ein Kompliment. Der Motor heulte auf, und als ich über weißen Kies davonrollte, sah ich die zierliche Gestalt von Alice Baronin von Holzhausen im Rückspiegel. Sie stand in der offenen Tür ihres kleinen feudalen Hexenhauses und winkte mir nach wie einem guten Freund.

»Zehn Dollar die Stunde?« fragte Durga ungläubig, als ich zu Hause am St. Francis Way von meinem ersten Job erzählte. »Du schlägst dir auf Kosten der Baronin den Bauch voll und kriegst dafür auch noch Geld?« Sie machte nur sechs Dollar als Putzfrau. Mehr zahlte ihr der smarte Teenager nicht, der eine Putzagentur in Santa Barbara besaß und Durga angeheuert hatte. Dafür fuhr er sie mit seinem Auto zur Arbeit.
Am St. Francis Way waren die Dinge jetzt in Schwung gekommen. Auch Astha ging putzen. In ihrem erlernten Beruf als Psychotherapeutin konnte sie nicht arbeiten, denn sie hatte keine kalifornische Lizenz. Aber als Putzfrau konnte man immer sein Geld verdienen. Sie arbeitete auf eigene Rechnung, denn sie hatte ein Auto und war nicht auf einen Arbeitgeber angewiesen, der sie zur Arbeit fuhr. Ihr erster Job war

draußen in Carpenteria, zwölf Meilen südlich von Santa Barbara. Dort putzte sie die Wohnung von »Dirty Dick«, einem geschiedenen CIA-Agenten, der eine Magnum, Kaliber 38, und Pornohefte unter seinem Bett versteckt hatte.

Gita putzte in Montecito. Mit ihrer asiatischen Zähigkeit hängte sie sich stundenlang ans Telefon und rief – das Telefonbuch vor der Nase – systematisch Leute an, die in Montecito unter feinen Adressen registriert waren. »Hi!« rief sie mit ihrer Kinderstimme ins Telefon, »ich bin Rosie. Ich habe gehört, daß Sie eine erfahrene und zuverlässige Putzfrau suchen. Bin ich da richtig verbunden?« Sie benutzte für die Arbeit ihren bürgerlichen Namen. Nach drei Stunden hatte sie die erste Kundin. Von da an nahm sie auch einen Stadtplan zu Hilfe und rief nur noch Leute an, die in der Nähe dieser ersten Kundin wohnten. »Hi! This is Rosie speaking …« Wir hörten es den ganzen Tag und warteten darauf, daß sie mal eine Pause machte, denn wir hatten alle Anzeigen in der Zeitung geschaltet und bildeten uns ein, daß zahllose Kunden keine Chance hatten, uns zu erreichen, weil Rosie unser Telefon ständig mit Beschlag belegte.

»He Gita, jetzt reicht's aber erst mal«, protestierte Astha schließlich. Und Gita legte erschreckt die flache Hand vor den Mund wie ein Kind, das bei einem bösen Streich überrascht worden war. »Oh, Entschuldigung!« rief sie und ließ den Hörer auf die Gabel fallen. Aber schon Minuten später war sie wieder in der Leitung. »Hi! This is Rosie …«

Gita gehörte zu den unscheinbaren Typen, die hinter dir in die Drehtür gehen und vor dir wieder herauskommen. Innerhalb weniger Tage hatte sie ihre Jobs auf der Reihe. Die Idee, daß sie als Putzfrau ihr Geld verdienen wollte, erschien mir aberwitzig. Am St. Francis Way tat sie so, als hätte sie noch nie in ihrem Leben einen Putzlappen in der Hand gehabt. Aber vielleicht machte sie uns auch gar nichts vor – sie entstammte einer indonesischen Großgrundbesitzerfamilie und erzählte exotische Geschichten vom Leben in den Herrenhäusern der Gummiplantagen, wo ganze Rudel von Sklaven Tag und Nacht auf Befehle warteten und Dreck wegräumten. Wir taten ihr womöglich Unrecht, wenn wir ihr vorwarfen, daß sie ihr Geschirr nicht abwusch, ihre Haare im Badewannenabfluß kleben ließ und den Küchenboden nicht fegte. Vielleicht sah Gita den Dreck wirklich nicht, vielleicht wußte sie gar nicht, wie man mit einem Besen umgeht. Aber wie, in Gottes Namen, wollte sie als Putzfrau überleben? Sie war die einzige, die sich darum keine Sorgen machte. »Du mußt nur nett zu den Leuten sein«, sagte sie leichthin, und ich wunderte mich über die Lebensklugheit, die sie hinter ihrer Kindermaske verbarg. »Die meisten Frauen suchen in Wirklichkeit jemanden, mit dem sie reden können. Die fühlen sich einsam in ihren großen Häusern.«

Santa, ihr Boyfriend, blitzte sie durch seine dicken Brillengläser bewundernd an, wenn sie solche Weisheiten von sich gab. Er war Gitas Zauber so total verfallen, daß er sich nicht einmal traute, mit uns zum Nacktbadestrand zu gehen. Gita lehnte diesen Strand ab – zehn Jahre in Bhagwans »Sex-Kloster« hatten ihre katholische Prüderie nicht erschüttern können. Folglich durfte sich auch Santa nicht den teuflischen Versuchungen dieses lockeren Küstenstreifens aussetzen.

Er wirkte stets wie eine Dampfmaschine unter Hochdruck. Ab und zu zischte es, und er stieß kleine heiße Wolken aus, aber gewöhnlich gelang es ihm, seinen Dampf unter Kontrolle zu halten. Er hatte Angst vor seiner eigenen Energie, deshalb nahm er jede Gelegenheit wahr, sich physisch auszutoben und seinen Kräften einen harmlosen Abgang zu verschaffen. Dabei war er eigentlich ein Intellektueller, einer von der grüblerischen Sorte, die hinter jedem schlichten Phänomen phantastische Probleme entdecken.

Auf der Ranch hatte er wie ein Berserker in der Pipe Crew gearbeitet und unterirdische Röhren verlegt. Und hier in Santa Barbara war er auf die bizarre Idee gekommen, in den Santa-Ynez-Bergen einen Steinbruch zu erschließen. Er hatte da oben einen alten Bekannten, der in einer selbstgebauten Holzhütte lebte. Die Hütte hatte die Baubehörde nicht genehmigt, und der Grund und Boden war nicht als Wohngebiet ausgewiesen. Aber Santas Freund – ein Anarchist aus den wilden Zeiten der Anti-Vietnamkriegsmärsche – hatte sich dort oben verschanzt und war finster entschlossen, lieber zu sterben, als sich den Gesetzen zu beugen. Santa hatte mit dem Verrückten einen Pachtvertrag abgeschlossen. Der Steinbruch war natürlich erst recht illegal, aber gerade das schien Santa zu reizen. Er lag immer noch im Krieg mit seinem akademisch-bürgerlichen Elternhaus, mit dem Staat, der Regierung, mit dem militärisch-industriellen Komplex (seine besondere Spezialität!) und weiß der Himmel mit wem sonst noch. Jeden Morgen fuhr Santa seine Freundin Gita zur Arbeit nach Montecito, und dann verschwand er in den Bergen.

Dort verbrachte er den ganzen Tag, und niemand wußte so richtig, was da oben los war. Abends hatte er gerade noch Kraft genug, Gita wieder aus Montecito abzuholen. Im St. Francis Way schleppte er sich durch die Haustür, dann brach er auf dem Teppich des Meditationsraumes zusammen wie ein leerer Kartoffelsack. Gita öffnete ein paar Dosen und Tüten. Sie konnte nicht kochen, aber Santa machte das nichts aus. Er liebte Kartoffel-Chips und Coca-Cola, Maiskolben und Erdnußbutter, mehr brauchte er nicht.

Längst hatten wir die gemeinsame Küche in unserer Wohngemeinschaft aufgegeben – die Geschmäcker und die Vorstellungen über die Höhe des Küchenetats waren zu verschieden. Astha und ich kochten und aßen leidenschaftlich gern, Durga wollte am liebsten gar nichts fürs Essen ausgeben, Ram nahm, was Astha und ich auf den Tisch brachten, Nadama erschien zu vielen Mahlzeiten nicht und wollte deshalb nichts in die Freßkasse tun, Gita und Santa hatten einen exotischen Geschmack... Kurzum, es war ein Chaos, mit dem wir nicht fertig wurden. Seitdem jeder nach seinem eigenen Geschmack kochte, ging es friedlicher in der Küche zu, und wenn Gita und Durga ab und zu freiwillig ihren Küchendreck weggeräumt hätten... aber lassen wir das; ideale Verhältnisse gibt es nicht in der irdischen Welt, und wer Perfektion erzwingen will, macht sich nur unglücklich.

Erst viel später habe ich die Zufahrt gesehen, die Santa ganz allein und nur mit Schaufel und Spitzhacke aus dem Berg geschlagen hatte. Die Straße war mindestens hundert Meter lang, und Santa hatte sie gebaut, damit Lastwagen direkt an seinen Steinbruch heranfahren konnten. Mit Vorschlaghammer und Brecheisen attackierte er mächtige Findlinge, brach sie auf und zerlegte sie in flache Platten für Gartenwege und Terrassen. Oder er schlug unförmige Steinbrocken zu Bausteinen unterschiedlicher Größe zu. Es war eine herkulische Arbeit, und er war in seinem Element: je schwerer, desto besser – und möglichst ganz allein.

Die Arbeit mit dem Brecheisen fiel ihm leichter als das Marketing. Schon bald saß er da oben auf einem Haufen Steine und wußte nicht, wie er sie loswerden sollte. Da er keine Lizenz besaß, konnte er keine Reklame machen – die Konkurrenz hätte ihn sofort ans Messer geliefert. Da kam Ram ins Spiel, Ram, der Kontaktmensch, der Weltmeister im Telefonieren und im Leuteaufreißen. Er hatte auf Hito-Kosten einen kleinen Honda Civic gekauft, sechs Jahre alt, fast 100 000 Kilometer auf dem Tacho – eines von den Autos, die dir zeigen, ob du vertrauen kannst. Es verbrauchte auf jeder Fahrt nach Los Angeles einen Liter Öl, aber es sprang immer an.

Ram fuhr oft nach Los Angeles, denn auf Bali sollte die Produktion »demnächst« beginnen, und so mußten die Weichen gestellt werden: Kontakte mit dem Zoll am Flughafen und auf der Textilbörse in L. A. Es fügte sich günstig, daß Ram »einer von unsere Leit« war, denn der Textilmarkt war fest in jüdischer Hand. Als Gojim hätte er da keinen Fuß auf den Boden gebracht. Aber Ram fühlte sich auf der »Mart« bald wie zu Hause. Er fand Vertreter mit lustigen Namen wie Samuel Goldblatt und David Ehrenmann, Leute, die ihr ganzes Leben lang mit Textilien gehandelt hatten. Weil sie Ram gerne mochten, interessierten sie sich für Hito noch bevor der erste Fetzen aus Bali eingetroffen war. Vor allem gaben sie ihm gute Ratschläge.

Ram hatte nicht die geringste Ahnung, wie der Textilmarkt funktionierte. Er kannte die Importbestimmungen nicht. Er wußte nicht, was eine doppelte Buchführung ist. Er ahnte, daß er einen Computer brauchen würde, sobald es mit Hito richtig losging, also fing er schon mal an, sich in die Computerliteratur zu vertiefen. Er schleppte dicke Bücher aus der städtischen Leihbibliothek nach Hause, Bücher über den internationalen Geldmarkt, die Rohstoffbörse, über Wallstreet und den Handel mit Junk-Bonds. Astha beobachtete es mit Mißbehagen. »Du hast neuerdings eine widerliche Money-Energy drauf«, setzte sie ihm zu. »Wenigstens *einer* im Haus muß sich ernsthaft ums Geld kümmern«, verteidigte sich Ram. Als Hito-Vizepräsident mußte er mitreden können, wenn von der Wirtschaftslage die Rede war. Wie funktionieren die Fusionsstrategien der Finanzbarone? Wie entstehen Geschäftsimperien und wie brechen sie zusammen? Wie kann man an der Rohstoffbörse von Chicago Millionen verdienen und verlieren? Wie beeinflußt die Auslandsverschuldung den Binnenmarkt? Welche Auswirkungen hat die Kreditpolitik der großen Privatbanken gegenüber den Entwicklungsländern auf den Diskontsatz? Ram las Tag und Nacht.

Astha konnte keinen direkten Zusammenhang zwischen diesen fundamentalen Problemen der Weltwirtschaft und Hito entdecken. Sie besaß eben kein Verhältnis zum Geld. Ram investierte in die Zukunft, in *seine* Zukunft. Die Gegenwart sah nicht so rosig für ihn aus. Mit seinen 500

Dollar Anfangsgehalt kam er nicht über die Runden, zumal auch die vielen Fahrten nach Los Angeles Geld kosteten. Er mußte also versuchen, ein paar Dollar extra zu machen, bis Hito im Geschäft war und Jayapal das Gehalt seines Vizepräsidenten angemessen erhöhen würde. So kam Santa mit seinen Sandsteinplatten gerade zur rechten Zeit. Ram versprach, in Los Angeles bei den Baustoffhändlern die Klinken zu putzen. Santa brachte aus den Ynez-Bergen Mustersteine mit. Sie verschwanden im Heck des Honda, der unter der Last auf die Achsen sackte.

Während das Geschäft mit der Bali-Mode und den Sandsteinplatten noch in den Kinderschuhen steckte, hatte Nadama in der Umzugsfirma schon die Karriereleiter bestiegen. Er bezog ein festes Monatsgehalt und machte sich Hoffnungen auf den Posten des stellvertretenden Lagerhausmanagers. Aber er war nicht der Typ, der umsichtig einen Fuß vor den anderen setzt, bis er ganz oben ist. Er war ein Künstler, ein Mensch mit spontanen Einfällen, und es fiel ihm schwer, seine Ausgaben an seinen Einnahmen zu orientieren. So hatte er Schulden gemacht und einen Kleinlaster mit Wohnaufbau gekauft. Als Ram ihn fragte, wozu er denn dieses benzinfressende Monstrum brauche, überraschte er uns mit einer esoterischen Begründung. Einem Sucher stehe es nicht an, meinte er, Wurzeln zu schlagen. Ein Sucher müsse mobil sein, immer auf dem Weg ...

Wenn ich Nadama richtig verstanden habe, wollte er in der spirituellen Vertikale existieren – die Füße in der Luft und den Geist himmelwärts gerichtet. Aber ich hatte auch den Verdacht, daß die Anschaffung des Wohnwagens damit zusammenhing, daß ihm die 150 Dollar Miete bei uns zu viel waren. Er hatte schon mal durchblicken lassen, daß er seinen Lkw in der Einfahrt parken wollte. Ich glaube, er wollte in der Einfahrt *leben*, eine Verlängerungsschnur in seinen Wohnwagen ziehen, Klo und Küche im Haus benutzen und die Miete möglichst sparen. Wahrscheinlich war er nur deshalb noch nicht mit seinem Vorschlag herausgekommen, weil sein Wohn-Lkw ein Desaster auf Rädern war und Nadama ihn am liebsten wieder verscheuert hätte. Dafür hätte er freilich einen Interessenten finden müssen, der noch naiver war als er selber, und das war nicht so einfach. Jedenfalls funktionierte an dem Lkw so gut wie nichts. Wann immer Nadama starten wollte, mußte einer von uns mit dem Auto heranfahren. Nadama wartete schon mit dem Starterkabel. Er hatte es an die tote Batterie seines Lkws angeklemmt und zog es nun unter die Motorhaube des Hilfsfahrzeugs, um sich dort den Saft zu holen. Wenn es gelang, den Lkw in Schwung zu bringen (häufig gelang es nicht), erschütterte erst einmal eine Serie von Auspuffexplosionen die Fensterscheiben in der Nachbarschaft, und eine dicke blaue Benzinwolke verdüsterte die kalifornische Sonne. Unverdrossen setzte sich Nadama ans Steuer, legte krachend den Gang ein und rollte los. Neue Auspuffexplosionen, Funken und schrille, metallische Geräusche, die dem Autofan wie ein scharfes Messer in die Seele schnitten! Wir waren froh, wenn Nadama hinter der nächsten Straßenbiegung verschwand. Seine Probefahrten waren uns peinlich und hatten gewiß viel zu unserem schlechten Ruf in der Nachbarschaft beigetragen. Gewöhnlich kehrte er schon nach wenigen Minuten zurück, und wir konnten an seinem verzerrten Gesicht erkennen, daß die Probefahrt mal wieder ein Fiasko gewesen war.

Aber auch in Ruhestellung hatte Nadamas Wohn-Lkw seine Schwächen. Der Kühlschrank und die Gasheizung waren kaputt. Das Dach leckte, und es roch nach verfaultem Holz. Nadama – ohnehin schon ein ernster Mensch – verfiel in Depressionen und verbrachte jede freie Minute unter der Motorhaube. An einem frühen Sonntagmorgen sah ich mit Schrecken, daß es ihm gelungen war, das Getriebe auszubauen und in seine Teile zu zerlegen. Er saß in der Lotos-Position auf dem Beton der Einfahrt, vor sich die Getriebeteile auf einem Bettlaken, kratzte sich mit der ölverschmierten Hand am Kopf und fragte mich (ausgerechnet mich!): »Sag mal, verstehst du was von Getrieben?«

Gottseidank kam in diesem Augenblick Anam zu Besuch. Er war Finanzberater eines europäischen Flugzeugkonzerns gewesen, bevor er nach Rajneeshpuram gekommen war. Dort hatte er ein paar Monate lang in der Autowerkstatt gearbeitet, und seither genoß er den Ruf eines versierten Kraftfahrzeugmechanikers. Wieviel Anam wirklich von Autos verstand, blieb immer etwas unklar, denn mit den Mechanikern ist es so wie mit den Ärzten – sie doktern erst mal forsch drauflos, und wenn sich keine Besserung einstellt, behaupten sie, es fehlten ihnen die einschlägigen Instrumente, und dann überweisen sie dich an den Spezialisten.

Anam hatte interessante Theorien über gewisse Krankheitssymptome, und er wirkte unheimlich kompetent, wenn er leise und flüssig – den Ellbogen leicht auf die Karosserie gestützt – über die Regulierung des

Zündpunktes oder über ausgeschlagene Nockenwellenlager referierte, oder wenn er – den Kopf unter der Motorhaube – mit dem Schraubenzieher mal hier, mal dort ein bißchen drehte und seine Diagnosen stellte: »Riß in der Verteilerkappe!« oder »Zylinderkopfdichtung!«

Wie weit seine praktischen Fähigkeiten auch immer reichen mochten, Anam flößte Vertrauen ein. Sein unverwüstlicher Optimismus war so ansteckend, daß er sich sogar auf die Autos zu übertragen schien. Jedenfalls habe ich erlebt, daß Schrottwagen, die wir schon aufgegeben hatten, wieder zum Leben erwachten, wenn Anam sich ans Steuer setzte und den Zündschlüssel drehte.

Nadama saß inmitten seiner Getriebeteile auf dem Bettlaken, als Anam am St. Francis Way mit einem fünfzehn Jahre alten 8-Zylinder-Chrysler-Coupé vorfuhr. »Allah schickt dich!« schrie Nadama begeistert, sprang auf, nahm Anam in die Arme und begrüßte ihn wie den Erlöser persönlich. Anam war an solche überschwenglichen Begrüßungen gewöhnt, denn wo immer er auftauchte, hatten die Rajneeshpuram-Flüchtlinge Trouble mit ihren Schrottwagen. Noch bevor er ins Haus kam, beugte er sich über die Getriebeteile, rieb sich das Kinn mit zarter Intellektuellenhand, hob schließlich ein Teil auf, das wie ein Kugellager aussah und sagte zu Nadama: »Nimm das mal mit zu ›Pep Boy‹ und hole ein neues. Und dann bauen wir den Scheiß wieder zusammen.«

Nadama strahlte wie ein Kind, das in die Weihnachtskerzen schaut, schwang sich auf sein Motorrad (ja, er hatte sich auch ein Motorrad gekauft, weil der Lkw ja nicht lief) und donnerte ab zu »Pep Boy«, dem großen Autozubehörgeschäft an der State Street, das auch sonntags geöffnet hatte, weil die Amerikaner am Wochenende gerne an ihren Autos basteln.

Anam wohnte in Laguna Beach, südlich von Los Angeles, wo viele Sanyasins nach dem Ende der Ranch in Oregon gelandet waren. Er war schon ein paar Wochen vor mir aus Rajneeshpuram weggegangen und hatte deshalb einen Erfahrungsvorsprung auf dem Arbeitsmarkt. Er war ein pfiffiger Hansdampf in allen Gassen – klein, drahtig, lebendig und immer gut gelaunt. Seine Jahre mit Rajneesh hatten ihn in Deutschland erst mal aus dem Geschäft geworfen, aber das machte ihm nicht das Geringste aus. Er wollte Erfahrungen sammeln. Erfahrungen! Das war sein Lieblingswort. Erfahrungen mit sich selbst, mit dem Leben eines illegalen Ausländers am Rande des amerikanischen Existenzminimums, Erfahrungen mit fremdartigen Menschen, mit Wohngemeinschaften, und vor allem Erfahrungen mit Frauen. Er war ständig verliebt – meistens unglücklich, aber das focht ihn nicht an, denn so tragisch nahm er die Liebe nicht. Er war ein Kavalier und hatte ein Faible für lockere Mädchen. Sie nutzten ihn schamlos aus, aber das schien ihm ein perverses Vergnügen zu bereiten. Er brachte es fertig, sich nach Mitternacht ins Auto zu setzen und fünfzig Meilen zu fahren, um seine Geliebte vom Haus eines anderen Lovers abzuholen. Dabei machte er wertvolle Erfahrungen mit seiner Eifersucht.

Anam hatte als Tankstellenwart angefangen, für fünf Dollar die Stunde. »Eine tolle Erfahrung«, schwärmte er und streckte sich vor dem Kamin im Meditationsraum aus. »Die Chevron-Tankstelle am Pacific Coast Highway im Zentrum von Laguna Beach. Remmidemmi rund um die Uhr. Sieben Stunden hintereinander weg, keine Pause. Ich habe geschwitzt, sage ich dir. Tanken. Ölstand messen. Getriebeöl checken. Wasser, Batterie. Du machst die Motorhaube auf und kannst den Meßstab für das Öl nicht finden. Ums Verrecken nicht. Es gibt Autotypen, das ahnst du gar nicht, bei denen ist der Meßstab so gut versteckt, daß du ihn nicht mal findest, wenn du weißt, wo er ist. Du suchst und suchst, und die Kundin steht neben dir und wartet und meckert, weil du so lange brauchst, und du genierst dich natürlich, sie zu fragen: ›Entschuldigen Sie bitte, wo kann man denn bei Ihnen das Öl messen?‹ Endlich wirst du fündig, und du checkst das Öl, und die Kundin steigt ein und wartet im Auto mit dem Geld in der Hand. Du liest die Benzinuhr an der Zapfsäule ab. ›Neun Dollar fünfzig!‹ Sie gibt dir das Geld. In dem Augenblick steckt der Chef den Kopf aus dem Laden und ruft dich zum Telefon. Die Kundin startet den Motor; hinter ihr wartet schon ungeduldig der nächste Kunde. Du rennst los zum Telefon, und plötzlich macht es einen Riesenknall hinter dir. Du fährst herum. Und da steht dieser neue Volvo, den du eben aufgetankt hast, und aus dem Tankstutzen hängt der abgerissene Schlauch von der Zapfsäule, und es schlägt wie ein Blitz bei dir ein: Menschenskind, du hast vergessen, den Zapfhahn rauszunehmen! Und die Tante ist mit ihrem Volvo losgebraust und hätte beinahe die Säule mitgenommen; wenn der Schlauch nicht abgerissen wäre, hätten das Ding und die ganze Tankstelle in die Luft gehen können! Und du ringst nach Luft, und es wird dir schwindelig. Die Kundin springt aus ihrem Volvo und zetert: ›Der Einfüllstutzen!

Alles ruiniert! Das ist ein neues Auto! Das kostet Sie Schadenersatz!‹ Der Chef wirft dir einen vernichtenden Blick zu und versucht, den Tankverschluß aufzuschrauben, aber der Stutzen ist aufgerissen, die Kappe paßt nicht mehr. Der nächste Kunde hupt schon ungeduldig. Das Telefon wartet. Der Chef beruhigt die Kundin: ›Very sorry, Madam. Wir regeln das natürlich. Bringen Sie uns die Reparaturrechnung!‹ Und er stopft einen Putzlumpen in den Stutzen, und die Kundin fährt endlich ab. Du stehst da mit dem abgerissenen Schlauch in der Hand und kommst dir ziemlich blöde vor. ›Am besten, Sie verschwinden und relaxen erst mal‹, sagt der Chef, und du bist erleichtert, daß er dir nicht den Zapfhahn über den Schädel schlägt, und du verschwindest ganz schnell und geräuschlos . . .«

»Das ist eine wahre Geschichte?« fragte ich. Anam lag vor dem Kamin und stocherte mit dem Feuerhaken in der Flamme herum. »Traurig, aber wahr«, sagte er und grinste.

»Und wie ist die Sache ausgegangen?«

»Am nächsten Morgen bin ich zur Arbeit erschienen. Der Chef war nicht da. Der Kassierer empfängt mich: ›Der Chef läßt ausrichten, daß du dich erst mal erholen sollst.‹ – ›Wieso?‹ frage ich. Und der Kassierer sagt: ›Du sollst in Zukunft einen großen Bogen um die Tankstelle schlagen‹, sagt der Chef. Ich frage den Kassierer, ob das heißt, daß ich entlassen bin, und der zieht die Schultern hoch und sagt: ›An deiner Stelle würde ich mich hier nicht mehr blicken lassen.‹ – ›Und was ist mit meinem Wochenlohn?‹ frage ich. ›Den kannste vergessen‹, sagt er. ›Kannst froh sein, wenn er dir nicht noch 'ne Reparaturrechnung schickt.‹ Und ich frage empört: ›Ist denn der Laden hier nicht versichert?‹ – ›Versichert?‹ sagt der Kassierer. ›Ja, wo gibt's denn sowas?‹ Und das war dann das Ende meiner Karriere als Tankstellenwart.«

Anam sattelte vom Tankstellenwart auf Fensterputzer um. »Das wäre doch was für dich«, schwärmte er. »Du bist dein eigener Herr. Arbeitest auf eigene Rechnung. Die Investitionskosten sind gering.« Er zog ein Notizbuch und einen Kugelschreiber aus der Tasche und riß ein Blatt heraus. »Du brauchst drei Scheibenreiniger – einen kleinen für die französischen Fenster«, sagte er und schrieb mit. Dann schaute er vom Blatt auf und hob warnend den Kugelschreiber hoch. »Die französischen Fenster – weißt du, die mit den Streben und den kleinen Butzenscheiben –, die mußt du unbedingt vermeiden! Mit denen machst du stundenlang rum und kommst nicht auf deine Kosten. Wenn du ein Haus mit französischen Scheiben siehst, dann machste am besten einen großen Bogen.«

Er konzentrierte sich wieder auf seinen Zettel. »Also, drei Scheibenputzer habe ich gesagt. Squeegees heißen die übrigens auf englisch, damit du weißt, wonach du im Eisenwarenladen fragen mußt.« Er tat so, als hätte er meine Karriere als Fensterputzer schon gestartet. »Der kleine für die französischen Fenster (falls du sie nicht ganz und gar vermeiden kannst). Einen großen Squeegee brauchst du für Schaufenster und Panoramascheiben. Bungalows mit großen Scheiben sind das Ideale, merk' dir das! Alles ebenerdig, schnelle Arbeit, guter Verdienst. Und dann brauchst du noch einen Squeegee mittlerer Größe, für normale Fenster.«

Er kaute an seinem Kugelschreiber und überlegte. »Kauf' nur Merker-Squeegees! Alles andere ist Scheiße.« Er schrieb »Merker« auf. »Fensterleder sind unverschämt teuer in Amerika. Es reicht, wenn du anständige Lappen hast. Am besten sind Kinderwindeln, die fusseln nicht. Deck' dich reichlich mit Windeln ein, das ist wichtig. Und stecke sie am Abend in die Waschmaschine und in den Trockner. Es kann dich Stunden zusätzliche Arbeit kosten, wenn dir beim Fensterputzen die trockenen und sauberen Lappen ausgehen.«

Nadama kam mit dem neuen Kugellager von »Pep Boy« zurück, aber Anam war jetzt beim Gespräch übers Fensterputzen in Fahrt geraten und wollte sich nicht unterbrechen lassen. »Fang' schon mal an«, ermunterte er Nadama, »und sieh' zu, wie weit du kommst. Ich bin gleich so weit!«

»In zwei Stunden ist es dunkel«, muffte Nadama kleinlaut und schob enttäuscht ab. »Don't worry – be happy!« rief Anam ihm hinterher. Dann wandte er sich wieder zu mir. »Wo war ich?«

»Bei den Lappen.«

»Richtig! Trocken und sauber – das ist wichtig!« Er schrieb »Lappen (Windeln)« auf. »Eimer?« fragte ich.

»Natürlich.« Anam schrieb »Eimer« auf. »Eigentlich brauchst du auch eine Leiter«, sagte er, »aber ich rate dir: Mach' nur ebenerdige Häuser. Freistehende Bungalows sind das Ideale. Nimm keine Häuser, die im Gebüsch stehen. Freier Zugang zu den Fenstern ist wichtig. Spart viel Zeit. Soll ich das aufschreiben?«

»Das kann ich mir merken«, sagte ich und spürte, wie mich die Fensterputzerei immer mehr in ihren Bann schlug.
»Du brauchst zwei mittellange Stangen für die Squeegees. Damit kommst du an die halbhohen Fenster ran. Und wenn mal ein hochliegendes Fenster dabei sein sollte, mußt du mit einer ausfahrbaren Stange aus Aluminium arbeiten. Zuerst montierst du den nassen Putzfeudel auf die Stange und wäschst das Fenster damit. Danach steckst du den Squeegee auf die Stange und ziehst damit die Nässe von der Scheibe. Das muß ruckzuck gehen, damit die Scheibe nicht trocknet, bevor du den Squeegee montiert hast. Soll ich das aufschreiben?«
»Ja, schreib' mal ›ruckzuck!‹«, sagte ich und schaute ihm über die Schulter.
»Schade«, sagte er. »Ich habe die ganze Ausrüstung meinem Partner übergeben, als wir uns getrennt haben. Sonst hättest du das alles haben können.«
»Warum hast du eigentlich mit dem Fensterputzen aufgehört?« fragte ich mißtrauisch.
Anam schob einen Scheit in den Kamin. »Ich wollte mal wieder was anderes machen«, sagte er. »Eine neue Erfahrung...« Er erzählte, daß er mit seinem Partner oft bis zu zweihundert Dollar am Tag gemacht habe. Eine märchenhafte Summe! »Die Hauptsache ist, daß du dich beim Kostenvoranschlag nicht verschätzt«, sagte Anam. »Das ist die Kunst. Wenn du zu hoch gehst, geht der Job an die Konkurrenz. Und wenn du zu billig bist, kommst du nicht auf deine Kosten. Am Anfang verschätzt du dich oft. Du bist todsicher: ›Das mach' ich in vier Stunden.‹ Und dann legst du los, und nach sechs Stunden ist immer noch kein Ende abzusehen.«
Anam griff wieder zum Kugelschreiber. »Übrigens brauchst du noch einen scharfen Kratzer; eine Spezialklinge für die harten Sachen wie Farbspritzer und so weiter. Und in das Wasser kommt ein Schuß Ammoniak und ein Eßlöffel Essig.« Er schrieb Ammoniak und Essig auf und den Kratzer, und das war's dann.
»Und wie bist du an die Kunden gekommen?«
»Handzettel! Die müssen richtig formuliert sein. Ganz wichtig ist, daß du ›Diskont‹ versprichst. ›Neujahrs-Diskont! 50 Prozent off!‹ Die Amerikaner wollen das Gefühl haben, daß sie Geld sparen. Den Diskont mußt du dann später mit dem Voranschlag ausgleichen. ›50 %-Einfüh-

rungs-Diskont!‹ klingt auch immer gut. Und dann so Floskeln wie ›Geld zurück, wenn die Arbeit nicht gefällt!‹ Sowas baut Vertrauen auf. Letztlich kannst du viel mit Charme machen, aber natürlich nicht alles.«
Nadama erschien in der Tür – von Kopf bis Fuß mit Öl verschmiert. Ein Bild des Jammers. »Okay«, rief Anam. »Ich komme ja schon!«
Kurz nach Einbruch der Dunkelheit hallte das Geräusch einer feuernden Feldhaubitze durch die Nachbarschaft, und die Panoramascheibe des Meditationszimmers klirrte. Nadama startete zu einer neuen Probefahrt.

Ram kehrte aus Los Angeles mit einem Riesenauftrag für Sandsteine zurück. Wir waren alle sehr aufgeregt. Das Geschäft würde Santa zu einem Kapitalisten machen. Wir konnten ihn anpumpen und Ram bekäme eine anständige Provision. Santas Vorrat reichte bei weitem nicht aus. Gita änderte ihre Arbeitszeiten als Putzfrau so, daß Santa morgens zwei Stunden früher mit der Arbeit im Steinbruch beginnen konnte. Ich riet ihm, mit Amit Kontakt aufzunehmen. Vielleicht konnte er mit »Crazy Horse« kommen und im Steinbruch helfen. Aber Santa lehnte Hilfe ab. Er wollte keinen Partner und keine Angestellten. Ich vermutete, daß er seinen Steinbruch nicht als ein Business sah, sondern als ein psycho-physisches Fitness-Center, wo er überschüssigen Dampf ablassen konnte, ohne seine Mitmenschen in Mitleidenschaft zu ziehen. Er wollte schuften und allein sein. Das war die Hauptsache. Die Produktion und der Verkauf von Sandsteinen liefen sozusagen nebenher. Der Großauftrag aus Los Angeles war für ihn eine willkommene Herausforderung, seine körperlichen Anstrengungen zu verdoppeln. Daß er damit viel Geld verdienen konnte, fand er okay, aber nicht so wichtig.
Es kam, wie Ram und ich es befürchtet hatten: Santa konnte den Liefertermin nicht einhalten. Das Geschäft platzte. Krise am St. Francis Way! In zwei Wochen war die Miete fällig, und bisher hatten nur Gita, Astha und Durga das Geld beisammen. Durga – zäh und beharrlich wie immer – hatte sich für zehn Dollar ein gebrauchtes Fahrrad gekauft. Damit machte sie sich von dem Teenager mit seiner Putzagentur unabhängig, ging auf eigene Rechnung putzen und verdiente jetzt, wie Astha und Gita, neun bis zehn Dollar die Stunde.
Das Hito-Geschäft war immer noch nicht angelaufen. Ram und ich entdeckten eine Anzeige in der »News Press«: »Quality Taxis« suchte

Fahrer. Vielleicht konnten wir bei denen ein paar Dollars machen; es ging jetzt vor allem darum, so schnell wie möglich das Geld für die Miete zu verdienen. »Quality Taxis« pfiff auf dem letzten Loch, denn »Yellow Cabs«, die größere Firma, arbeitete mit Dumpingpreisen, um »Quality« zu killen und das Monopol am Markt zu erobern. Das wußten wir aber nicht, als wir das Hauptquartier von »Quality Taxis« betraten. Es bestand aus einem kleinen, fensterlosen Raum mit direktem Zugang zur Straße. Die Tür stand offen. Ein junger Mann in Jeans und T-Shirt hing am Telefon und wies die Fahrer über Funk ein. Wir winkten ihm von der Tür aus zu. Er spuckte eine Zigarettenkippe aus dem Mundwinkel, nahm ein Bein vom Tisch herunter und trat die Kippe mit dem Turnschuh auf dem Teppichboden aus. »Hi«, sagte er und hielt die Hand über die Telefonmuschel. Mit einer Kopfneigung lud er uns ein, auf Klappstühlen Platz zu nehmen. Auf dem Boden lagen Kartoffelchip-Krümel und leere Coladosen. Ein elektrischer Heizlüfter quirlte heißen Mief. An der schmierigen Kalkwand hing ein Einsatzplan. Er verriet, daß »Quality Taxis« 42 Wagen laufen hatte.
Der junge Mann legte den Telefonhörer auf. »Hi«, sagte er. »Ich bin Bill. Ich mache hier den Manager mit George. Aber der ist gerade nicht da. Ihr wollt für uns fahren, okay? Ihr wollt die Bedingungen wissen, okay?« Er fragte uns nicht nach unseren Namen, und woher wir kamen, interessierte ihn nicht. Er wollte nur wissen, ob wir einen »clean driver's record« hatten. »Keine Unfälle? Kein Alkohol am Steuer, kein Speeding?« fragte er, und wir schüttelten den Kopf.
»Okay. Es gibt Leute, die behaupten, bei ›Yellow Cabs‹ kriegen die Fahrer mehr Geld. Alles Quatsch! Laßt euch nichts vormachen, okay?« Er streckte uns eine Schachtel Phillip Morris entgegen und zog sie automatisch wieder zurück, als wir uns nicht bedienten. Dann kam er zur Sache. »Quality Taxis«, so erfuhren wir, zahlt seinen Fahrern kein Gehalt und keine Provision. »Quality Taxis« vermietet seine Fahrzeuge an die Fahrer für 150 Dollar pro Tag. »Alles, was ihr über 150 Dollar reinfahrt, gehört euch, okay?« sagte Bob.
»Und was ist, wenn wir weniger als 150 Dollar einfahren?« fragte Ram.
»Das ist euer Risiko, okay? Aber je länger ihr fahrt, desto besser verdient ihr.« Bob blies eine Rauchwolke unter die Decke und schaute uns aufmerksam aus den Augenwinkeln an. »Logisch«, sagte ich. »Aber

wieviele Stunden muß man denn so im Durchschnitt fahren, damit man auf seine Kosten kommt?«

»Zehn Stunden ungefähr. Zwölf Stunden ist natürlich besser, okay?«

»Zwölf Stunden?« fragte Ram. »Und wieviel Dollar macht man dann in der Stunde?«

»Vierfünfzig, fünf Dollar, manchmal ist auch mehr drin, okay?«

Ram und ich schauten uns an und standen gleichzeitig auf. Das Telefon klingelte. Bob nahm den Hörer ab, und wir zogen uns diskret zurück.

George Gurdjieff hat einmal gesagt: »Wer auf dem spirituellen Weg ist, muß lernen, seinen Lebensunterhalt mit dem linken Fuß zu verdienen.« Als Taxifahrer hätten wir's gerne mit dem rechten Fuß auf dem Gaspedal gemacht. Aber zwölf Stunden jeden Tag? Das war nicht das, was Gurdjieff gemeint hatte. Ich war nicht auf den »Marktplatz« zurückgekehrt, um alte Gewohnheiten wieder aufzunehmen. Ich hasse diese roboterhafte Arbeitswut in den sogenannten zivilisierten Ländern. Sie läßt uns vergessen, wie man Feste feiert, wie man liebt und genießt. Sie ist Symptom unserer psychischen Misere, die mindestens so schlimm ist wie die materielle Misere in den Ländern der Dritten Welt. Warum diese Hektik, diese blinde Betriebsamkeit? Warum diese Angst vor dem Nichtstun? Wir können es nicht ertragen, wenn sich unsere Energie nach innen richtet in jene schmerzliche, unheimliche Leere, die wir nicht wahrhaben möchten. Nicht einmal in unserer Freizeit möchten wir das riskieren. Und so fliegen wir lieber mit Hapag Lloyd zum Mittagessen von Hamburg nach Palermo (Abflug 10 Uhr morgens – Rückkehr 17 Uhr), als mit uns selbst an der Hand auf eine Abenteuerreise nach innen zu gehen.

Ich war bereit, mit einem Minimum an Geld auszukommen. Ich wollte so wenig verdienen, daß ich unter der Einkommenssteuergrenze blieb. Ich hatte keine Lust, mit meinen Steuergroschen die Produktion von Stealth-Bombern zu finanzieren, die pro Stück mehr als eine Milliarde Mark kosten, aber zu nichts zu gebrauchen sind. Ich wollte nicht unbedingt bequem leben, aber so vernünftig wie möglich. Es kam nicht darauf an, *was* ich tat. Taxifahren wäre okay gewesen, aber nicht zwölf Stunden am Tag. Ich wollte irgend etwas Einfaches tun, fünf Stunden am Tag, mehr nicht. Viel wichtiger als Geld war mir freie Zeit zum Nichtstun, zur Muße, zur Besinnlichkeit. Ich wollte mir meinen Rhythmus nicht mehr von sogenannten Sachzwängen aufdrängen lassen. Ich wollte das Tao fließen lassen. »Still sitzen. Nichts tun. Der Frühling kommt, und das Gras wächst ganz von selbst.« Das war meine Idealvorstellung. Die verdammte Miete war fällig, aber ich wollte mich nicht aus der Ruhe bringen lassen. Sklavenfahrer bei »Quality Taxis« kam nicht in Frage. Nur ruhig Blut – es mußte auch anders gehen.

»What next?« fragte ich Ram, als wir wieder auf der Straße waren.

»Fuck it!«, sagte er. »Let's go and rob a bank!«

Als ich am St. Francis Way in mein Zimmer kam, saß Dolma auf meiner Matratze, Dolma, die kleine Stripteasekünstlerin aus Alaska! Sie sprang auf und fiel mir um den Hals. »He Dolma«, sagte ich, »du kommst genau richtig. Ich brauche eine Partnerin zum Fensterputzen!«

■ *Siebtes Kapitel* ■

Dolma war wie ein rettender Engel zu uns gestoßen. Ram hatte ihr sofort sein Zimmer abgetreten und war in den Meditationsraum umgezogen, denn er war pleite und konnte die Miete nicht aufbringen. Dolma zog also in das dritte Zimmer im Obergeschoß. Sie stellte ihr Bhagwan-Foto auf und zündete Kerzen in Silberleuchtern an. Der Wandschrank war fast zu klein für die vielen teuren Kleider, die sie aus Alaska mitgebracht hatte. Wenn Not am Mann sei, vertraute sie mir an, könne sie die Miete für das Haus vorschießen. Dolma hatte in Alaska 500 Dollar und mehr am Abend verdient und Rücklagen gemacht. Sie brauchte erst einmal eine Weile nicht zu arbeiten, aber die Idee, mit mir auf Fensterputztouren zu gehen, fand sie so lustig, daß sie sofort bereit war, als Partner ins Geschäft einzusteigen.

Das Kommunemädchen, das auf der Ranch den Gabelstapler gefahren hatte, war kaum wiederzuerkennen. Sie hatte abgenommen, ihr Gesicht war schärfer geworden; man konnte sehen, daß sie unter Streß gelebt hatte. Sie legte Rouge auf, und ihre Nägel waren lackiert. Eine Dauerwelle hatte ihr glattes Haar in eine Negerkrause verwandelt, in der warmer Henna-Glanz schimmerte. Sie trug einen teuren Cashmere-Pullover und einen kurzen, engen Jeansrock dazu. Auf den ersten Blick hatte mich ihre Veränderung etwas beunruhigt, aber dann sah ich in ihren Augen, daß sie die gleiche geblieben war – offen, warmherzig, ehrlich. Nicht ganz die gleiche, denn sie wirkte erwachsener, gewandter, entschiedener. Ihre Kindlichkeit war verschwunden, und sie war aus Alaska als selbstbewußte junge Frau zurückgekehrt.

Astha und Durga hatten für alle gekocht, und als wir beim Abendessen auf der Picknickbank im Eßzimmer bei Tofugemüse und Rotwein saßen, wollten wir natürlich wissen, wie man als Stripteasetänzerin in Alaska reich werden kann. »Du hast nur gestrippt?« fragte Santa und rückte seine Brille zurecht. Gita warf ihm einen wütenden Blick zu. Sie saß mit roten Ohren am Tisch und war brennend an dem Thema interessiert, aber daß Santa offenbar auch wissen wollte, ob Dolma mit den Kunden ins Bett gegangen war, das gefiel ihr überhaupt nicht.

Dolma gab bereitwillig Auskunft. In den amerikanischen Striplokalen, sagte sie, gehe es sehr züchtig und verklemmt zu. Die Kunden dürften die Mädchen nicht einmal anfassen, wenn sie nach ihrer Stripnummer von der Bühne herunterkämen und sich bei ihnen auf den Schoß setzten. Das sei der Moment, wo das Geld gemacht werde. »Du setzt dich bei irgendeinem Typen auf den Schoß, und dann bestellt er einen Drink und läßt ein Trinkgeld springen. Du folgst deinem Instinkt, der dich zu den richtigen Leuten führt. Die Schüchternen geben gewöhnlich mehr als die Angeber. Es kommt gar nicht so sehr darauf an, wie du aussiehst oder wie deine Stripnummer war, wichtig ist, wie du *bist*. Es kommt auf deine Energie an. Wenn du locker und lustig bist, fliegen die Männer natürlich auf dich. Die meisten sind schüchterne Kinder; die wollen liebgehabt werden. Ich hatte immer das Gefühl, daß sie am liebsten auf *meinem* Schoß gesessen hätten. Ich habe die immer nur wie Kinder behandelt und meinen Spaß dabei gehabt. Das Geld war mir gar nicht so wichtig; vielleicht bin ich deshalb manchmal mit fast 1000 Dollar nach Hause gekommen.«

Tausend Dollar an einem Abend! Für einen Augenblick herrschte im Eßzimmer andächtige Stille. Dann sagte Ram: »Ich stelle mir das trotzdem ganz schön stressig vor ...«

Dolma füllte ihr Rotweinglas nach. »Stressig waren eher die Mädchen. Die sind mir schon bald auf den Geist gegangen. Wenn nicht ein paar Sanyasins da gewesen wären, hätte ich es keine drei Tage ausgehalten. Aber wir haben in der Garderobe immer zusammengehockt, haben Bhagwan-Lectures mit dem Walkman gehört und unseren Spaß gehabt.«

Wir saßen noch lange an unserem Picknicktisch beim Rotwein, hörten Dolmas Geschichten zu und redeten über die alten Zeiten auf der Ranch. Die Ranch! Unser Lieblingsthema. Eine Vergangenheit, die uns unwirklich erschien und doch so lebendig war. Ekstase und Hölle.

Hingabe und Verrat. Hoffnung und Enttäuschung. Vertrauen und Intrige. Tollkühnheit und Angst. Liebe und Haß. Glückseligkeit und Schmerz. Wir hatten in einem fast unerträglichen Spannungsfeld gelebt, in dem alle unsere Erfahrungen von Extremen geprägt waren und unsere ganze Kraft darauf gerichtet war, das Unvereinbare zu vereinen – Utopia in gelebte Wirklichkeit umzusetzen. Unsere Hoffnungen waren in einem Alptraum untergegangen, und unsere Erinnerungen – die schönen und die häßlichen – waren in Schmerz getaucht. Aber stärker denn je war die Sehnsucht nach dem Unerfüllten, nach Liebe ohne Haß, nach Hingabe in bewußter Wachheit.

Die Hoffnung auf ein verwirklichtes Utopia war ungebrochen. Aber die Enttäuschung darüber, daß wir versagt hatten, war wie eine offene Wunde. Solange sie nicht geheilt war, schleppten wir die Vergangenheit als einen Ballast mit uns herum, und es fiel uns schwer, im Hier und Jetzt zu sein und uns in der Welt zu orientieren. Die Wunde tat weh und raubte uns manchmal den Schlaf. Und in unserer Schlaflosigkeit überfielen uns die Erinnerungen wie grelle Fieberphantasien, die aus den Turbulenzen unseres Unbewußten aufstiegen. Und es wurde uns bewußt, wie tief uns die Arbeit mit dem Meister beeinflußt hatte.

Kurz vor Mitternacht stand Dolma auf, klopfte sich mit der flachen Hand auf den Mund und gähnte: »Ich muß ins Bett. Ich bin seit sechs unterwegs.«

Noch in der Nacht entwarf ich den Handzettel für unsere Fensterputzaktion:

»Wollen Sie mit klarem Blick ins Neue Jahr schauen? Wir putzen
Ihre Fenster fleckenlos, glänzend – vor allem preiswert!
50 % Neujahrsdiskont!!!
Freie Preisvereinbarung. Geld zurück, wenn die Arbeit
nicht gefällt.
Bitte rufen Sie Andy und Erica an: 628-68 70«

Am nächsten Morgen – Dolma schlief noch – brachte ich den Handzettel zum Drucker und graste die Eisenwarenläden in Santa Barbara und Goleta ab. Aber die Scheibenreiniger der Marke »Merker« fand ich nicht. Ich wollte unser Fensterputzunternehmen nicht durch unverantwortliche Experimente mit dem Gerät gefährden. Also fuhr ich weiter nach Los Angeles. Irgendwo südlich vom Sunset Boulevard wurde ich fündig und war am späten Nachmittag in Santa Barbara zurück, gerade noch rechtzeitig, um die Handzettel von der Druckerei zu holen.

Dolma hatte inzwischen über die Garderobenfrage nachgedacht. »Wir müssen unbedingt professionell aussehen«, sagte sie und schlug taubenblaue Overalls vor. »Mit Namensetikett auf der Brusttasche natürlich. Andy und Erica – das muß in der Branche zu einem Begriff werden!« Ich hatte im Eisenwarenladen schon fast hundert Dollar ausgegeben und meldete schüchtern Bedenken an: »Vielleicht sollten wir erst mal das Echo auf unsere Handzettel abwarten, bevor wir weitere Investitionen riskieren?« Aber Dolma – als Stripperin an ein gefährliches Leben gewöhnt – hielt es mit dem berühmten Panzergeneral Guderian, der seine Durchbrüche mit der Strategie erzielt hatte »Nicht klekkern, sondern klotzen!« Dolma bestand darauf, daß wir die Overalls sofort beschafften und die Namensschildchen sticken ließen.

Wir hielten unser erstes Strategy-Meeting vor dem Kamin im Wohnzimmer ab. »Der Gedanke an Mißerfolg darf gar nicht erst aufkommen«, sagte Dolma und schob einen Scheit Eukalyptusholz in die Flammen. »Wir müssen Erfolg *visualisieren*, verstehst du?«

»Aha«, sagte ich.

»Wir schließen die Augen und stellen uns Erfolg vor: Ununterbrochen klingelt das Telefon, und die Kunden rufen an. Wir rasen von einem Termin zum anderen. Abends zählen wir das Geld, reiben es genußvoll zwischen Daumen und Zeigefinger und bündeln die Scheine mit Gummibändern. Das Geschäft entwickelt sich schnell, und wir müssen Angestellte anheuern. Nette, fleißige Mexikaner. Wir zahlen ihnen sechs Dollar die Stunde, obwohl sie keine Green Card haben. Wir sind keine Ausbeuter. Wir machen sehr vorteilhafte Kostenvoranschläge.«

Dolma hatte sich auf dem Teppich ausgestreckt und die Augen geschlossen. »Das Unternehmen läuft so gut«, phantasierte sie weiter, »daß wir einen Manager einstellen; einen tüchtigen jungen Mann, Ph. D. in Betriebswirtschaft. Er macht die Arbeit, und wir verbringen unsere Tage am Strand...«

»Okay«, sagte ich. »Morgen früh als erstes die Overalls.«

Am nächsten Morgen fuhren wir zu »K-Mart« nach Goleta und besorgten die Arbeitsanzüge. Die Namensschilder bestellten wir in einem Textilgeschäft. Wir hatten unsere Handzettel mitgenommen und starteten nun unsere Verteileraktion. Ich schlug vor, mit den Villenvierteln in Strandnähe zu beginnen, denn ich wußte von meinen Ferienaufenthalten auf Sylt, daß die Meeresluft, so gesund und sauber sie auch sein mag, die Fensterscheiben ständig mit einem salzigen Film überzieht. Wir parkten in stillen Vorortstraßen, schwärmten aus und steckten die Handzettel in die Briefkästen, die in Kalifornien aus zylinderförmigen Metallschatullen bestehen und weithin sichtbar direkt am Straßenrand auf Holzsäulen angebracht sind. So brauchten wir oft das Auto gar nicht zu verlassen – ich fuhr an den Briefkästen vorbei und Dolma steckte die Handzettel durchs Autofenster in die Schatullen. Wir kamen schnell voran, und schon gegen zehn Uhr vormittags hatten wir alle Handzettel verteilt.

Zufällig befanden wir uns in der Nähe unseres Lieblingsstrandes, und zufällig hatte ich auch Handtücher und Sonnenöl dabei. Also schlug ich vor, daß wir unseren ersten Arbeitstag mit einem kleinen Ausflug an den versteckten und wenig besuchten Strand von More Mesa krönten. Dolma war sofort einverstanden. Ich parkte das Auto am Mockingbird Lane, und wir machten uns zu Fuß auf den Weg durch die hügelige Wiesenlandschaft. In der Ferne ragten die Santa-Ynez-Berge in den klaren Winterhimmel. Wilde Blumen leuchteten. Es roch nach Fenchel und Eukalyptus. Über uns zogen Bussarde ihre stillen Bahnen. Die Sonne schien uns ins Gesicht. Der Sand des Wiesenpfades wärmte unsere nackten Füße. Am Rand der Steilküste standen hohe Eukalyptusbäume. Durch ihr silbriges Laub leuchtete der Pazifik – eine lichtsprühende, schwindelerregende Unendlichkeit.

Als wir die mit Holzscheiten befestigten Stufen hinuntergingen, tönte uns das Geräusch einer sanften Brandung entgegen. Die Wellen brachen sich beinahe zärtlich an einem fast unberührten Sandstrand, der sich in der Ferne hinter Ausbuchtungen der Steilküste verlor. Das Meer atmete in völliger Windstille – außer dem Geräusch der Brandung gab es keinen Laut. Wir waren allein. Soweit das Auge reichte, kein Mensch.

Wir rissen uns die Kleider vom Leib und stürzten uns ins Meer. Das Wasser war kalt und nahm uns einen Augenblick lang den Atem. Wir jauchzten und planschten wie die Kinder. Ich spürte, wie mir das Blut in die Haut schoß und meinen Körper wärmte. Wir schwammen der Sonne entgegen in ein gleißendes, fast schmerzhaftes Licht, das sich in dem leicht aufgerauhten Spiegel des Meeres brach. Braune Pelikane segelten

so tief, daß ihre weitgespannten Flügel das Wasser zu berühren schienen.
Wieder am Ufer, liefen wir durch den Schaum der Brandung, immer weiter und weiter. Die Sonne brannte. Atemlos ließen wir uns fallen, streckten Arme und Beine im heißen Sand aus, schlossen die Augen, nahmen Stille auf, atmeten Freiheit.

Es war Samstag, und am Abend war ich mit der Baronin zum Abendessen verabredet. Die ganze Wohngemeinschaft nahm an meinen Vorbereitungen Anteil. Astha bügelte meinen dunklen Anzug und mein Oberhemd auf. Ich hatte mir noch schnell bei »Supercut« die Haare schneiden lassen, einem Billig-Friseur an der State Street, wo man mit frisch gewaschenen Haaren ankommen muß und in fünfzehn Minuten für acht Dollar abgefertigt wird. Santa fand es unmöglich, daß ich mein Auto nicht gewaschen hatte, das sei in Kalifornien wichtiger als saubere Fingernägel, meinte er. Aber nun war es zu spät, und ich konnte mir die fünf Dollar nicht leisten, die ein Run durch die nahegelegene Waschanlage gekostet hätte. Santa putzte wenigstens meine Autoscheiben. Ram half mir, die Krawatte zu binden. Dolma schnitt eine Rose im Garten und befestigte sie am Revers meines Anzugs. Alle drängten sich mit mir ins Badezimmer, wo ich mich vor dem Spiegel zur Selbstbesichtigung aufbaute. Ich war etwas erschreckt, denn ich sah im Spiegel einen Herrn, den ich seit zehn Jahren für tot gehalten hatte. Aber da stand er, der Herr Elten, und sah so aus, als sei er im Begriff, mit dem schmalen Aktenköfferchen auf Dienstreise zu gehen. »Ein Herr von Welt!« sagte Astha zufrieden, und Durga schrillte: »Der Herr Starreporter!« Die letzten Jahre waren scheinbar spurlos an mir vorübergegangen.
Pünktlich um sieben klingelte ich bei der Baronin. Sie öffnete die Tür, und einen Moment lang war ich geblendet von dem Gefunkel eines Brillantschmucks, der hoch am Hals ansetzte und sich tief in das Dekolletée ergoß. Dazu die passenden Ohrringe – zwei Fünfkaräter, von kleineren Brillanten herzförmig umrandet.
»Hallo!« rief die Baronin und streckte mir beide Hände entgegen. »You look wonderful, Andrees! Let's have a drink!«
Wie eine aufgezogene Blechpuppe trippelte sie vor mir her, ergriff die Weinflasche, die auf dem Glastisch im Salon stand, hielt sie mir entgegen und sagte: »Sie schenken ein, Andrees!«

Ich schenkte ein und füllte auch mein Glas. Es schien mir nicht mehr sinnvoll, den verantwortungsbewußten Chauffeur zu spielen, der Alkohol im Dienst verabscheut. Hier wurde mehr von mir erwartet – eine unbedenkliche Geselligkeit, vielleicht sogar eine Solidarität im Suff. Ich war auf alles gefaßt.

»Cheers!« rief die Baronin von Holzhausen und hob ihr Glas. Wir stießen an, und sie ließ sich wieder mit dieser geschickten Drehung aus der Hüfte in die Kissen des Sofas fallen. »Rodeo Drive?« fragte ich und schaute bewundernd ihr Kleid an, einen noblen, atemberaubend einfach geschnittenen Hauch aus Seide. »Richtig!« rief sie mit ihrer dunklen Stimme und hob das Glas. »Cheers!«

Ich trank ein Glas Weißwein und aß von den Nüssen, die sie mir zuschob. Ihre Sekretärin habe bei »Norbert« einen Tisch gebucht, sagte sie, und ich machte mich auf ein gutes Essen gefaßt. »Norbert« genoß den Ruf, das beste (und teuerste) Restaurant in Santa Barbara zu sein. Sie hatte ihre Gucci-Armbanduhr auf den Glastisch gelegt und schaute gelegentlich nach der Zeit. »Noch zehn Minuten, dann gehen wir los«, sagte sie. »Noch ein Glas Wein?« Ich nahm die Flasche und füllte unsere Gläser nach. Welches Lokal ich denn am liebsten habe, fragte sie, und ich sagte ihr, daß ich für Restaurants kein Geld habe. »Ach?«, sagte sie und zog die Augenbrauen hoch, aber warum ich kein Geld hatte, schien sie nicht zu interessieren. Pünktlich nach zehn Minuten stand sie auf, pustete die Kerze vor dem Bronze-Buddha aus und schaltete das Licht aus, bis auf zwei Lampen, die auf die Keramikengel an der Wand gerichtet waren. Sie trippelte zum Ausgang und übergab mir mein Handwerkszeug für den Abend – eine goldene Visa-Kreditkarte und die Autoschlüssel. Auch ein 20-Doller-Schein lag auf der Kommode bereit – ich schob ihn in die Jackentasche.

Ich stützte sie, als wir zum Wagen gingen, denn sie war ein bißchen wackelig auf den Beinen. »Ich hatte eine Operation am Fuß«, entschuldigte sie sich. Sie setzte sich neben den Fahrersitz und drückte die Radiotaste, die auf den Klassiksender eingestellt war. Aus den vier Lautsprechern des Toyota tönte Beethovens Violinkonzert. Sie legte den Kopf zurück, verdrehte genießerisch die Augen und dirigierte schwungvoll mit weit ausgebreiteten Armen. Ich rückte zur Seite, um ihrer musikalischen Begeisterung Spielraum zu geben.

»Beethoven«, sagte ich.

Sie senkte die Arme und schaute mich überrascht an, und ich spürte, daß ich bei ihr einen Punkt gewonnen hatte, weil ich Beethovens Violinkonzert kannte. Langsam steuerte ich den Toyota über den weißen Kies der Auffahrt zum East Valley Drive und lobte den Klang der Lautsprecher. Das gab ihr Gelegenheit, über Autos zu reden. Sie habe ihren letzten Rolls Royce vor einem halben Jahr verkauft, als sie wegen ihres »Nervenzusammenbruchs« nicht mehr fahren konnte. Seither sei sie an Autos nicht mehr interessiert. »Die Cadillacs sehen wie Buicks aus«, sagte sie, »und die Rollses sind auch nicht mehr das, was sie mal waren. Die Welt wird immer ordinärer. Es gibt keinen Stil mehr, keine Klasse! Alles sieht gleich aus – die Leute, die Autos, die Häuser. Ein grauer Brei. Ich langweile mich zu *Tode!*« Den letzten Satz stieß sie wie einen Schrei aus, und sie schlug wütend auf die Radiotaste – die Stimme des Reklameansagers, der an das Beethoven-Konzert eine Bierwerbung angehängt hatte, erstarb. Stille. Nur das leise Summen des Motors war zu hören.

»Sie *langweilen* sich?« fragte ich nach einer Weile.

»Sie etwa nicht?«

»Das ist mir zu langweilig, mich zu langweilen. Ist es nicht aufregend, daß ich mit Ihnen im Auto sitze und zu ›Norbert‹ fahre? Das Leben ist voller Überraschungen!«

»Sie gefallen mir, Andrees«, lachte sie.

Norbert empfing uns an der Tür, und auch die Kellner eilten herbei und strahlten. »Hallo, Norbert!« rief die Baronin und ergriff Norberts schüchtern ausgestreckte Rechte mit beiden Händen. »I am absolutely delighted to be here! Wie geht es? Was macht die liebe Gattin?«

Die Gäste an den Tischen schauten sich neugierig nach uns um. Die Baronin genoß ihren Auftritt, und ich begriff, daß dies der wichtigste Augenblick des Abends für sie war. Sie war einsam, sie wollte Beachtung – mehr noch: Sie wollte geliebt werden. Sie begrüßte jeden Kellner mit lebhaftem Händeschütteln. Verbeugungen, überschwengliche Komplimente. Norbert starrte auf das Brillantgefunkel ihres Dekolletées und brachte die allgemeine Bewunderung auf einen knappen Nenner. »Sie sehen *hinreißend* aus, Baronin. Wie immer!«

»Danke, danke!« rief die Baronin und trat unruhig von einem Fuß auf den anderen. Ihre tiefe Stimme hallte durch die kleinen, intimen Räume des Lokals, das im gemütlichen Stil eines süddeutschen Bürgerhauses

eingerichtet war. »Dabei ging es mir in letzter Zeit nicht besonders!« Die Kellner schauten sie sorgenvoll an, und Norbert sagte mitfühlend: »Ach, das hören wir aber gar nicht gern. Wo hat es denn gefehlt?«
Dankbar ergriff die Baronin die Gelegenheit, Norbert, das Personal und die Gäste über die Unregelmäßigkeiten ihrer Blutzirkulation aufzuklären und über den *»phantastischen Healer«,* dem sie sich neuerdings anvertraue. Ein Mystiker sei das, ein Phänomen, ein Mann mit übersinnlichen Fähigkeiten. Norbert führte uns zu unserem Tisch und reichte die Karte.
»Zwei Cabernets, bevor wir zur Sache kommen«, sagte die Baronin, und Norbert gab die Bestellung an einen Kellner weiter.
Ich brachte das Gespräch auf den Healer, nachdem wir uns auf gedünsteten Heilbutt geeinigt hatten, und die Baronin war in ihrem Element. Er habe eine Gesundheitsfarm in Arizona und komme zweimal im Monat nach Santa Barbara, um seine Patienten zu empfangen.
»Sie waren schon in Arizona?«
»Ja, natürlich. Ich war mit meiner Freundin Betty dort. Wunderbar gelegen. Sehr eindrucksvoll. Lord Bertrand arbeitet vor allem mit Entgiftung – und mit strikter Diät.«
»Lord Bertrand?«
Der Kellner brachte den Wein. Die Baronin griff schwungvoll zum Glas und verschüttete etwas Cabernet über die Tischdecke. »Hoppla«, sagte sie und deckte den Flecken mit der Serviette zu. »Cheers, Andrees! I think you are a great guy!«
»Cheers to a great lady«, sagte ich, und wir stießen an.
Sie beugte sich über den Tisch vor, so als wolle sie mir ein Geheimnis anvertrauen. »Bertrand saß lange im britischen Oberhaus. Cambridge hat ihm den Ehrendoktor verliehen. Oder war es eine andere Universität?« Sie rieb den Weinflecken mit der Serviette ins Tischtuch und starrte angestrengt zur Stuckdecke hinauf. »Cambridge war es wohl nicht«, räumte sie zögernd ein. »Naja, ist ja auch egal. Jedenfalls hat der Mann übersinnliche Fähigkeiten. Vor ein paar Jahren kam sein höheres Selbst durch und befahl ihm, nach Amerika zu gehen.«
»Sein höheres Selbst kam durch?«
»Ja, er steht mit seinem höheren Selbst in Verbindung. Sie wissen, was ich meine?«
Ich nickte. »Und wie war das mit der Entgiftung?«

»Wunderbar! Unser Körper ist bekanntlich vergiftet. Und Bertrand hat diese Geräte, die das Blut austauschen – das giftige kommt raus und das frisch gereinigte kommt rein. Man sitzt auf bequemen Liegesesseln an den Geräten, und die waschen das Blut. Dazu gibt es nur Fruchtsäfte und leichte Suppen.«

»Erstaunlich! Und was kostet das?«

»Tausend Dollar am Tag!« Sie verzog das Gesicht. »Ehrlich gesagt, fand ich das ein bißchen übertrieben. Ich war fast drei Wochen dort.«

Ich war seit einer Stunde mit der Baronin beisammen, und als der Heilbutt serviert wurde, hatte ich schon zehn Dollar verdient. Bescheiden im Vergleich zu dem, was Seine Lordschaft der Baronin abgeknöpft hatte, aber ich war glücklich und zufrieden, denn es waren die ersten Dollars, die ich in Amerika verdient hatte!

Sie aß mit großem Appetit und setzte sich mit aristokratischer Nonchalance über alle Tischmanieren hinweg. Bisher hatte sie sich erstaunlich gut gehalten, aber nun tat der Wein seine Wirkung. Als ihr zum drittenmal die Gabel aus der Hand fiel, packte sie sie mit einem herzhaften »Goddammit!« und warf sie unter den Tisch. Fortan zerteilte sie den Fisch mit dem steil aufgerichteten Messer, nahm die Heilbutthappen mit Daumen und Zeigefinger auf, drehte sie in der zerlassenen Butter, legte den Kopf in den Nacken und fuhr die tropfenden Brocken in ihren weit geöffneten Mund ein. Hin und wieder wischte sie ihr Gesicht mit der Serviette ab und strahlte mich an: »Das schmeckt, was?«

»Great!« strahlte ich zurück und machte mir Gedanken, wie ich sie nach dem Essen hier herauskriegen sollte. Wahrscheinlich würde ich sie vom Stuhl hochwuchten und über die Schulter werfen müssen. Diskret deutete ich mit dem Zeigefinger auf das Oberteil ihres kostbaren Kleides, um sie auf ein paar deftige Fettflecken aufmerksam zu machen. Sie schaute über den glitzernden Wasserfall ihres Brillantschmucks nach unten, runzelte die Stirn und sagte: »Fuck it!« Damit war der Fall erledigt, und sie bestellte das Dessert: Vanilleeis mit heißen Sauerkirschen in Schwarzwälder Kirschwasser flambiert.

Ihre motorischen Störungen nahmen zu, aber geistig schien sie ungebrochen. Wahrscheinlich beflügelte sie der Alkohol, als sie plötzlich ihre Hand auf meine Hand legte und sagte: »Call me Alice. Makes things easier.«

»Cheers, Alice«, sagte ich, und wir stießen an. Vorsichtig brachte ich das

Gespräch auf ihren »Nervenzusammenbruch«. Plötzlich war sie hellwach, und ein harter Glanz trat in ihre Augen, als sie mir von ihrem Sohn Gerald erzählte, von Gerald, dem Playboy, dem Ferrarifahrer, dem Kokainhändler, dem Kaviar- und Champagnerhelden. Ihr einziges Kind. Ihr Ein und Alles. Ihr Sohn, dem sie wie einem Geliebten verfallen war. Er sei unter schlechten Einfluß geraten, erzählte sie, und zum ersten Mal sprach sie mit gedämpfter Stimme, damit die Gäste an den anderen Tischen nicht mithören konnten. Er habe mit einer kokainsüchtigen Poloclub-Hure zusammengelebt und hätte selber angefangen, Kokain zu schnupfen. Und dann habe er einen Gangsteranwalt engagiert, und die beiden hätten sie, Alice von Holzhausen, für unzurechnungsfähig erklären lassen. Eines Tages sei sie in ihrem Haus von einer Horde von Raufbolden überfallen worden, denen ihr eigener Sohn die Tür geöffnet habe; sogenannte Krankenpfleger, die sie gepackt und in eine Zwangsjacke gepreßt hätten.
»Ich konnte es nicht fassen«, flüsterte sie eindringlich. Sie beugte sich über den Tisch vor, bis ihr Gesicht nur eine Handbreit von meinem entfernt war. Ihre Augen schwammen in Tränen. Die Pupillen flatterten unruhig, wie kleine Vögel, die aus einem Käfig ausbrechen wollten, und ich spürte ihre bodenlose Verzweiflung. »Ich wälzte mich mit der Zwangsjacke auf dem Boden, und über mir sah ich die Augen meines Sohnes. Diese Kälte!« Sie legte die Hand mit dem ägyptischen Skarabäenring an den Hals und schauderte. »Diese Kälte in seinem Blick! Ich hatte ihn noch nie so erlebt. Das war das Kokain. Er war nicht mehr Herr seiner Selbst.«
Sie richtete sich auf; ich gab ihr mein Taschentuch. Sie trocknete sich die Augen, öffnete ihre Puderdose und zog ihre Lippen nach. Ich fragte sie, warum ihr Sohn ihr das angetan habe. »Mein Geld«, sagte sie. »Es gibt keine andere Erklärung. Er wollte mein Geld haben. Am nächsten Morgen schickte er mir einen Zweihundert-Dollar-Blumenkorb in die psychiatrische Anstalt.«
Es habe ein halbes Jahr gedauert, erzählte sie, bis es ihr gelungen sei, wieder aus der Anstalt herauszukommen. Zum Schluß habe es ihr sogar ganz gut dort gefallen. Sie habe als Arzthelferin bei der Krankenbetreuung mitgeholfen (»terribly interesting«). Mit dem Sohn habe sie sich versöhnt. Er habe inzwischen eine Ölprinzessin aus Texas geheiratet.
Ich gab dem Kellner Alice' goldene Visa-Kreditkarte. Bis er die Rech-

nung brachte, erfuhr ich noch, daß der Baron von Holzhausen Alice ein ansehnliches Vermögen hinterlassen hatte, als er vor fünfzehn Jahren am Herzschlag gestorben war. »Er war fünfundzwanzig Jahre älter als ich«, sagte sie. »Ein wunderbarer Mann. Als er mich heiratete, habe ich viel Abwechslung in sein Leben gebracht – und viele Sorgen, so fürchte ich. Aber er hat mich vergöttert.« Leider habe er es versäumt, ihr vor seinem plötzlichen Tod den Code seines Nummernkontos bei der Schweizerischen Kreditanstalt anzuvertrauen, auf dem er 40 Millionen Dollar angelegt hatte. Und obwohl sie erstklassige Anwälte mit der Angelegenheit betraut habe, sei es ihr bisher nicht gelungen, an das Geld heranzukommen. »Diese Schweizer Bankiers sind alle Gangster«, schimpfte sie und warf ihr Weinglas um. Es war leer, und sie ließ es liegen.

Der Kellner brachte die Rechnung und die Kreditkartenquittung. Ich addierte zur Endsumme zwanzig Dollar für Trinkgeld, denn ich fühlte mich mit Norberts Kellnern proletarisch verbunden und wollte ihnen eine kleine Freude machen. Dann unterzeichnete ich mit »von Holzhausen«, trennte den gelben Durchschlag ab, zerriß das Kohlepapier und reichte meiner neuen Freundin Alice ihre Visa-Karte zurück.

Sie klammerte sich mit beiden Händen am Tisch fest, als sie mit dem Oberkörper vor und zurück schwankte und einen dreimaligen Anlauf nahm. Dann kam sie vom Stuhl hoch, und während sie auf eingeknickten Beinen um ihr Gleichgewicht rang, erreichte ich sie mit einem Satz, schob meine Hand in ihre Achselhöhle und drückte sie energisch in die Vertikale. Nach allen Seiten freundlich grüßend, schob ich sie Richtung Ausgang. In der Tür drehte ich mich noch einmal kurz um, hob die freie Linke im Triumph und winkte den Kellnern zu, die unseren Abgang mit gespannter Aufmerksamkeit verfolgt hatten. Geschafft!

Eine Viertelstunde später parkte ich den Toyota vor ihrem Haus. »Wie ist es mit nächstem Sonnabend?« fragte sie, als ich sie aus dem Auto hievte. »Great idea!« sagte ich, schloß die Haustür auf, schaltete das Licht ein, stellte sie auf der Schwelle ab. Ich stabilisierte sie und verabschiedete mich mit vielem Dank für den wunderschönen Abend, während ich mich im Rückwärtsgang zu meinem Schrottauto zurückzog. Sie blieb in der Tür stehen und wartete mit erhobener Hand, bis ich winkend an ihr vorbeifuhr und in die Dunkelheit eintauchte. Aus der Jackettasche zog ich den Zwanzig-Dollar-Schein, den sie mir gegeben hatte, und drückte ihn an die Stirn. Das Geld war nicht leicht verdient...

Den Sonntag verbrachten wir am Strand. Es war ein schöner Winter. Hin und wieder regnete es einen Tag lang, und die »News Press« freute sich darüber, daß wir uns bei den Niederschlägen den Durchschnittswerten der letzten zehn Jahre annäherten. Wasser war ein wichtiges Gesprächsthema in der Stadt, denn im allgemeinen regnete es nicht. Von einem Wetter kann man in Santa Barbara eigentlich gar nicht sprechen – jedenfalls nicht in dem Sinne, wie wir es als Nordeuropäer verstehen. Das Normalwetter ist wolkenloser Sonnenschein. Gewitterstürme, Platzregen, Hagel, Glatteis und Schneeverwehungen sind hier unbekannt. Ein- oder zweimal im Jahr blitzt es ein bißchen, und manchmal frischt der Wind etwas auf, aber gewöhnlich ist das Wetter genauso wie das Leben in der Stadt – es gibt keine Höhen und keine Tiefen, sondern nur eine strahlende, großartige Ereignislosigkeit.

Am liebsten hätten wir die ganze Woche an der More Mesa Beach verbracht, denn Santa Barbara hat diese angenehme, aber auch gefährliche Ferienparadiesatmosphäre, in der Träume blühen und die Arbeitsmoral verkommt. Wir mußten uns erst daran gewöhnen, daß die sonnigen Tage hier keine Sonderangebote vom lieben Gott sind, die man unbedingt wahrnehmen muß. In den ersten Wochen ergriff uns eine fieberhafte Unruhe, wenn uns die Sonne weckte: nur schnell die Nebensächlichkeiten erledigen und dann nichts wie los an den Strand! Wir nannten diese Manie bald den »Strandstreß« und waren manchmal geradezu erleichtert, wenn es regnete und wir mit gutem Gewissen und ganz entspannt unserer Arbeit nachgehen oder zu Hause bleiben konnten.

Von geregelter Arbeit konnte freilich keine Rede sein. Die Mädchen hatten ein paar Putzjobs, aber Ram hing durch, und Dolma und ich warteten auf das lebhafte Echo, das wir uns von unserer Handzettelaktion versprachen. Aber als wir am Sonntagabend vom Strand zurückkamen, hatte kein einziger Kunde auf den Anrufbeantworter gesprochen. »Das kann man am Wochenende nicht erwarten«, sagte Dolma. Aber auch am Montag gab es keinen Auftrag. »Wir müssen aggressiver werden«, schlug ich vor. »Wir dürfen die Zettel nicht einfach in die Briefkästen schmeißen. Wir müssen sie persönlich überreichen.« Das leuchtete

auch Dolma ein, also ließen wir neue Handzettel drucken, und dann ging das Klinkenputzen los.
Wir suchten uns andere Stadtviertel aus, parkten das Auto außer Sichtweite, gaben uns einen inneren Ruck und machten uns an die Arbeit. Wir gingen getrennt, denn wir wollten bei möglichst vielen Häusern vorsprechen, und außerdem glaubten wir, daß wir als Paar einen etwas zu ungewöhnlichen Eindruck machen würden. Wir sahen auch mit unseren blauen Overalls nicht wie normale Fensterputzer aus, so glaubten wir jedenfalls. Tatsächlich hatten wir keine Ahnung, wie typische Fensterputzer aussehen. Schon bald gewöhnte ich mir eine flotte Routine an: Klingeln, zurücktreten und in respektvollem Abstand mit dem Zettel in der Hand warten. Sobald die Tür geöffnet wird, ein gutgelauntes kalifornisches »Howdie!« ausstoßen, und dann sofort – ehe der Kunde eine Chance hat, zu reagieren – mit der Offerte herauskommen: »My name is Andy! Ich habe gerade gesehen, daß Ihre Fenster mal wieder gründlich gewaschen werden sollten. Haben Sie etwas dagegen, wenn ich das für Sie tue? Ich gebe im Augenblick 50 % Neujahrsrabatt!« Gewinnendes Lächeln. Falls der Kunde nicht interessiert sein sollte, gutgelaunten Optimismus aufrecht erhalten. »Vielleicht wollen Sie es sich noch mal überlegen!« Übergabe des Handzettels. »Hier ist unsere Telefonnummer. Entschuldigen Sie bitte die Störung!«
Ich war erstaunt, wie nett die Leute auf meine Anbiederei reagierten. Keiner hetzte die Hunde auf mich. Keiner schlug mir die Tür vor der Nase zu. Die Amerikaner haben Respekt vor Menschen, die sich mit ihrer eigenen Hände Arbeit durchbringen wollen. Die meisten Hausfrauen entschuldigten sich dafür, daß sie keinen Fensterputzer beschäftigen wollten. Sie putzten die Fenster selber, oder die Putzfrau tat es oder ein anderer Fensterputzer, der schon seit Jahren für sie arbeitete.
Als die vierte oder fünfte Dame meine Dienste mit der Begründung ablehnte, daß sich das Fensterputzen »während der Regenzeit« nicht lohne, wurde ich mißtrauisch: Hatten wir für unsere Fensterputzaktion das falsche Timing gewählt? Auch Dolma hatte Verdacht geschöpft. »Scheiße«, sagte sie, »wir fangen außerhalb der Saison an!« Ich wollte es nicht wahrhaben. Schließlich hatten wir schon mehr als 100 Dollar investiert! Es mußte doch auch Leute geben, die ihre Fensterscheiben im Winter nicht einfach verdrecken lassen. »Wir müssen jetzt trotz Startschwierigkeiten am Ball bleiben«, drängte ich.

Wir gingen also weiter von Tür zu Tür, ließen immer mehr Handzettel drucken und arbeiteten uns langsam von der Küste ins Inland vor. Nicht ein einziger Auftrag. Nichts! Aber wir ließen uns nicht entmutigen. Vier Tage lang verteilten wir Handzettel – von neun Uhr morgens bis zwei Uhr nachmittags. Dann gingen wir zur More Mesa Beach, um den Tag freundlich abzurunden. Aber die Situation wurde von Tag zu Tag kritischer. Wie eine Gewitterwolke dräute die Miete am Horizont, und schon war der Tag abzusehen, da wir unsere Ernährung auf Popcorn und Käsespaghetti umstellen mußten. So glaubte ich jedenfalls. Mitten in der Nacht wachte ich auf, und böse Gedanken beschlichen mich. Ich stierte in die Dunkelheit und sah einen abgerissenen Obdachlosen mit dem Supermarktkarren über den Cabrillo Boulevard schieben. Und wer war das? *Ich* war das! Ich war pleite, arbeitslos, hungrig... und hatte diese merkwürdigen Schwächeanfälle! Aids? Krebs? Ich sah mich in der Gosse, hilflos, todkrank. Kein Geld für den Arzt und seit zehn Jahren nicht mehr krankenversichert. Mein Gott, wie konnte ich bloß in diese Situation hineinschlittern?
War ich wach oder träumte ich? Ich lag mit offenen Augen im Bett und begriff, daß ich wach war und trotzdem träumte! Ich träumte, weil ich dem Computer in meiner Gehirnschale mal wieder erlaubt hatte, verrückt zu spielen und auf Panik zu schalten. Ich schlief im Wachzustand – mein Gedankenapparat schnurrte auf Hochtouren, eine fleißige Maschine, die außer Kontrolle lief und nur noch auf absurde Signale aus den Tiefen des Unterbewußtseins hörte. Wir alle kennen diesen Zustand: in unseren Tagträumen produziert unser Gehirn Gedanken und Assoziationsketten, die von unseren Ängsten, Hoffnungen und Wünschen stimuliert werden, nicht von den Befehlen eines wachen Bewußtseins. Das wache Bewußtsein ist immer in der Gegenwart. Das Gehirn funktioniert in der Vergangenheit. Das Bewußtsein sieht die Welt so, wie sie im Hier und Jetzt ist – das Gehirn verarbeitet Erinnerungen. Die schmerzhaften Erinnerungen setzt es in Angst um, die angenehmen in Hoffnung. Aber weder Ängste noch Hoffnungen haben etwas mit Realität zu tun. Deshalb fordern alle Weisen: »Traut eurem Gehirn nicht! Geht über euren Verstand hinaus!«
Ich lag mit offenen Augen im Bett und erinnerte mich an den indischen Weisen Meher Baba. Er war der Erfinder des Wahlspruchs, der fünfzig Jahre nach seiner Zeit als Schlagertitel in den internationalen Hitlisten

auftauchte: »Dont't worry – be happy!« Das war der ganze Kern von Meher Babas Lehre. Mehr braucht man von Religion nicht zu wissen. In diesen vier Worten steckt das Rezept für die Erleuchtung. Don't worry – be happy. So leicht gesagt und so schwer getan! Gibt es nicht unendlich viele scheinbar einleuchtende und absolut zwingende Gründe dafür, sich Sorgen zu machen und unglücklich zu sein? Das Ozonloch, die zweifelhafte Treue des Ehemanns, die Abholzung der Regenwälder, die gelegentlichen Herzschmerzen, die Staatsverschuldung, das bevorstehende Examen, die Verseuchung der Meere, mangelnde Bewegung auf dem Konto, der saure Regen, der unsichere Arbeitsplatz, die Überbevölkerung in Asien, der unfreundliche Chef, die Apartheid in Südafrika, die kalte Schulter der Geliebten, der internationale Terrorismus, die Hungerkatastrophe in Äthiopien und schon wieder zwei Kilo mehr auf der Badezimmerwaage – und besonders die bevorstehende Miete am St. Francis Way und kein Geld auf der Bank.

Wären wir nicht völlig unverantwortliche Individuen, wenn uns das alles kalt ließe, wenn wir uns über diese fundamentalen Probleme einfach hinwegsetzten und uns *keine Sorgen* machten? Vorsicht! Denn so fragt der Computer, der von den falschen Leuten programmiert worden ist! Der Computer behauptet, daß es sinnvoll, nobel und intelligent sei, sich Sorgen zu machen. Das ist die Information, die ihm von unbewußten Eltern, von Pfarrern, Lehrern und von scheinheiligen Politikern eingegeben worden ist. Sie alle haben ein Interesse daran, daß wir uns Sorgen machen, denn wenn wir besorgt sind, sind wir auch ängstlich, und ängstliche Menschen lassen sich leichter manipulieren.

Die Neigung, sich Sorgen zu machen, ist eine psychische Krankheit, die sich in der sogenannten zivilisierten Welt wie eine Seuche ausgebreitet hat. Es gibt nur ganz wenige unbesorgte Menschen – die Erleuchteten, die Weisen, die Seher. Und auf der anderen Seite gibt es die Weltmeister der Besorgtheit, die Wohltäter der Menschheit, die vielen sogenannten Engagierten, die von sich behaupten, daß sie nur um das allgemeine Wohl besorgt sind und keine persönlichen Sorgen haben. Sie sind mit größter Vorsicht zu genießen. Wenn wir sie etwas näher kennenlernen, können wir gewöhnlich sehen, daß diese Engagierten von besonders vielen persönlichen Sorgen geplagt werden und daß sie sich nur deshalb so vehement für »die großen Anliegen« einsetzen, weil sie mit ihren persönlichen Problemen nicht fertig werden.

In der Psychologie spricht man von Projektionen: Fast alle Menschen – nicht nur die Berufswohltäter – sehen ihre eigenen unangenehmen Eigenschaften nicht bei sich selbst, sondern entdecken sie bei ihren Mitmenschen. Und wir alle neigen dazu, unsere persönlichen Probleme auf unsere Umwelt zu projizieren – auf die Familie, die Regierung, das »System« oder sogar auf den ganzen Planeten.

Tatsächlich gibt es keinen Unterschied zwischen persönlichen und nicht-persönlichen Sorgen, zwischen privaten Sorgen und den Sorgen um das Allgemeinwohl. Alle Sorgen kommen aus der gleichen Quelle: aus der Unbewußtheit. Solange wir uns Sorgen machen, ganz gleich welcher Art, sind wir unbewußt, können wir Realität nicht wahrnehmen, sind wir unglücklich und unfrei.

Wann immer ich mir Sorgen mache, werde ich mißtrauisch. Da stimmt doch etwas nicht! Schlafe ich schon wieder? Natürlich schlafe ich! Ein wacher Blick auf meine Situation genügte, um beispielsweise zu sehen, wie unwahrscheinlich es war, daß ich mit dem Supermarktkarren auf dem Cabrillo Boulevard herumschlurfen würde. Ich konnte jederzeit für 4,50 Dollar die Stunde bei McDonald's anfangen, wenn es unbedingt sein mußte. Ich hatte viele Freunde, die mich nicht hängen lassen würden. Wenn ich wach war, konnte ich sehen, daß mein Computer verrückt gespielt hatte, und daß es nicht den geringsten Grund gab, mir irgendwelche Sorgen zu machen.

Die Welt ist weiter nichts als ein Spiegel, der unsere eigene Verfassung reflektiert. Wenn wir uns Sorgen machen, wenn wir uns nicht in der Existenz wohl aufgehoben fühlen und unglücklich sind, erscheint uns die Welt als ein Jammertal. Wenn wir glücklich sind, ist die Welt schön, nicht nur in Santa Barbara, wo ewig die Sonne scheint, sondern auch in Wanne-Eickel, Uelzen oder in der Süd-Bronx/New York. Die Hölle ist nicht irgendwo im Jenseits; die Hölle ist die Welt, in der die Leute wohnen, die sich ewig Sorgen machen.

Das bedeutet nicht, daß auf unserem Planeten alles zum besten bestellt ist. Die Welt ist nicht in Ordnung, denn die Welt ist schon immer der Spiegel gewesen, der die Verfassung der Menschen reflektiert. Und seit es Menschen gibt, existieren sie als unbewußte Wesen. Die Welt sieht genauso aus, wie die Menschen, die in ihr leben. Es ist so seit ewigen Zeiten, und niemand hat bisher daran etwas ändern können – kein Papst, kein Hitler, kein Stalin und auch kein Billy Graham.

Auch ich kann daran nichts ändern. Ich komme gar nicht auf die Idee, die Menschen ändern zu können, denn ich leide nicht unter Größenwahn. Ich bin genauso hilflos, was zum Beispiel das Ozonloch anbetrifft, wie jeder andere auch. Ich weiß, daß man das Ozonloch nicht mit Fernseh- und Parlamentsdebatten zukleistern kann. Ich weiß, daß wir alle unsere Lebensgewohnheiten von Grund auf ändern müßten – ein schmerzhafter Prozeß und für Menschen, deren Glücksgefühl vom Konsum abhängt, eine fast unerträgliche Zumutung. Aber Tatsache ist, daß wir alle wesentlich bescheidener leben müßten – weniger Auto fahren, weniger Strom verbrauchen, weniger in der Gegend herumfliegen – wenn wir etwas wirklich Konkretes gegen das Ozonloch unternehmen wollten.

Sollte ich unglücklich darüber sein, daß die Menschen offenbar nicht bereit sind, *freiwillig* bescheidener zu werden? Sollte ich mir Sorgen machen, wenn ich in der Zeitung lese, wie die Menschen den Planeten langsam aber sicher zugrunde richten? Ich glaube nicht. Ich bin fest davon überzeugt, daß meine Sorgen und mein Unglücklichsein der Menschheit kein bißchen helfen können. Im Gegenteil – ich würde die Misere der Welt mit meinem Jammer nur noch verschärfen. Unglückliche Menschen können nur Unheil anrichten, und noch nie hat ein unglücklicher Mensch einen anderen Unglücklichen glücklich gemacht.

So bin ich denn nicht bereit, mir Sorgen zu machen und unglücklich zu sein. Ich habe auch nicht die Absicht, andere Menschen glücklich zu machen. Gott helfe mir, dieser Versuchung zu widerstehen! Aber wenn ich mich auch meinen Zeitgenossen nicht aufdrängen möchte, so heißt das nicht, daß mich ihr Leid kalt ließe. Ich leide mit ihnen, denn ich bin ein Teil von ihnen. Was ihnen weh tut, das tut auch mir weh. Wir gehören alle zusammen; kein Mensch ist eine Insel. Ich will mich von meinen Mitmenschen nicht isolieren, aber ich begnüge mich damit, die Verantwortung nur für mich selbst zu übernehmen. Ich bin frei, ich bin kreativ – ich kann mein Leben sinnvoll gestalten, ihm Bedeutung geben. Mein Ehrgeiz ist nicht, Gutes zu tun, sondern immer bewußter zu werden, denn solange wir unbewußt sind, können wir nichts Gutes tun. (Weiß Mutter Theresa, diese wundersame Katholikin, was sie tut, wenn sie in den Elendsvierteln von Kalkutta gegen Geburtenkontrolle agitiert?)

Wir sind bewußt, wenn wir unsere Aufmerksamkeit nach innen richten und mißtrauisch werden, wenn uns der Drang überkommt, die Welt zu retten, die Natur, die Obdachlosen oder was auch immer. Ist unser Ego im Spiel? Wollen wir Gutes tun, weil wir uns gut fühlen – oder weil wir uns gut fühlen *wollen?* »An ihren Taten sollt ihr sie erkennen!« ist ein gefährlicher Spruch. Richtiger wäre: »An ihrem Sein sollt ihr sie erkennen!« Es gibt Menschen, die durch ihr schieres Sein Gutes bewirken. Sie können gar nicht anders. Wo immer sie auftauchen, verbreiten sie völlig absichtslos gute Stimmung, Freude, Optimismus. Diese Menschen übertragen ihre gesunden Schwingungen auf ihre Umgebung und bewirken Bewußtseinsveränderung. Diese Menschen haben ihr Ego überwunden und einen inneren Kern gebildet. Sie sind ausgeglichen, zentriert, still. Ihre Energie steckt an. Ihr Licht wärmt. Ihr Wesen heilt. *Sie* sind die wahren Wohltäter der Menschheit.

Wir tun Gutes, wenn wir unser Ego überwinden. Unsere Wohltätigkeit ist die Arbeit an uns selbst. Unsere guten Taten sind unbestechliche Selbstbeobachtung, Schärfung unseres Bewußtseins und der beharrliche Versuch, ehrlicher, offener, verletzbarer, liebevoller zu werden. Das sind unspektakuläre Taten. Niemand beglückwünscht uns dazu. Die Presse berichtet nicht darüber. Kein Reporter bittet uns um ein Interview. Wir kriegen keinen Orden, keinen Ehrendoktorhut und keinen Nobelpreis dafür. Dennoch werden wir reichlich belohnt: durch gute Laune. Dont't worry – be happy!

Der Anruf kam, als wir schon nicht mehr damit gerechnet hatten. Eine freundliche Dame war am Telefon und bat uns um einen Kostenvoranschlag. Wir machten uns sofort auf den Weg. Sie wohnte in der Nähe von Anubodhis Sanyas-Haus, in einer Gegend, in der wir keine Handzettel verteilt hatten. Schon von weitem sah ich, daß wir uns hier in einem ungünstigen Gelände bewegten: Viele französische Scheiben, alle Häuser zweistöckig. »Laß uns umkehren«, schlug ich vor. Meine innere Stimme warnte mich. Aber Dolma war empört: »Umkehren?« rief sie und griff ins Lenkrad, offenbar fest entschlossen, jede Kursänderung zu verhindern. »Jetzt geht es endlich los, und du willst kneifen? Soweit kommt's noch!« Ich gab sofort nach, denn ich fürchtete, daß Dolma sich aus der Firma zurückziehen würde, wenn ich jetzt stur blieb. Also ließ ich dem Schicksal seinen Lauf.

Wir klingelten an einem schmiedeeisernen Gartentor. »Hi«, krächzte es aus dem Lautsprecher der Sprechanlage. »Hier sind Ihre Fensterputzer!« rief Dolma fröhlich ins Mikrofon. Ein heftiger Summton – das Tor öffnete sich geräuschlos. Dolma sprang ins Auto zurück, und wir rollten über eine steile Asphaltauffahrt bergan. Plötzlich schossen zwei Schäferhunde hinter einer Hecke hervor und stürzten sich mit gefletschten Zähnen und rasendem Gebell auf unser Auto. Erschreckt kurbelte Dolma die Scheibe hoch. Langsam fuhr ich weiter, während die Hunde versuchten, ihre Zähne in die Reifen unseres Autos zu schlagen. Die Auffahrt endete vor einem Portal mit dorischen Säulen. Ich hielt den Wagen an. Die Hunde sprangen rechts und links an den Türen hoch, und wir starrten in ihre aufgerissenen Rachen.

Ohrenbetäubendes Bellen. Kein Mensch zu sehen. Dolma und ich schauten uns ratlos an. Aussteigen erschien uns als Wahnsinn. Ich drehte mein Fenster einen Zentimeter weit herunter und versuchte, die Hunde zu beruhigen. »Okay«, sagte ich mit tiefer, weicher Stimme. »Ist alles gut. Ihr seid brave Hunde, ganz brave Hunde ...« Aber die verdammten Köter gebärdeten sich nur noch wilder.

Um die Hausecke bog ein kleines Kind auf einem Fahrrad mit Stützrädern. Es hielt vor dem Auto an, steckte den Finger in den Mund und beobachtete uns neugierig. Dolma winkte dem Kleinen hysterisch zu, wie eine Schiffbrüchige, die auf hoher See einen Retter entdeckt hat. Das Kind reagierte nicht. Die Hunde waren außer sich. Ich drückte auf die Hupe, denn irgend etwas mußte geschehen. An Umkehr war nicht mehr zu denken, denn das Parktor hatte sich wieder hinter uns geschlossen.

Im ersten Stock ging ein Fenster auf (ein französisches Fenster mit lauter kleinen, dreckigen Scheiben!) und eine junge, blonde Frau winkte uns freundlich zu. »Kommt herein!« rief sie. »Die Haustür ist offen!« Schon war sie wieder verschwunden. Die Hunde bellten und kratzten hysterisch mit ihren Tatzen am Fenster. Der Kleine nahm seinen Finger aus dem Mund und grinste erwartungsvoll. Wir blieben sitzen. »Scheißjob!« sagte ich, aber Dolma wollte sich kein schlechtes Gewissen machen lassen. »Warte doch erst mal ab!« zischte sie. Die blonde Dame erschien in der Tür und rief die Hunde. Sie zogen sich ein paar Meter vom Auto zurück, behielten uns aber unverwandt im Blick und knurrten böse. »Kommt doch herein«, rief die Dame und blieb hinter den dorischen Säulen stehen.

»Du bist der Mann«, sagte Dolma entschieden, »du gehst zuerst!« Ich war aufgebrochen, um ein paar Dollar beim Fensterputzen zu verdienen – und nun stand ich vor einem unmöglichen, zweistöckigen Haus mit französischen Scheiben und mußte mich zwei zähnefletschenden wilden Tieren stellen. Mit einem letzten tiefen Blick nahm ich Abschied von Dolma, stieß die Tür auf und stieg aus dem Auto. Die Hunde knurrten, aber sie rührten sich nicht. Also drückte ich die Brust heraus, machte einen Bogen um die Tiere, schritt locker auf das Haus zu und stellte mich vor: »Ich bin Andy, Ihr Fensterputzer!«

»Hi, Andy«, sagte die nette junge Dame, und ich drehte vorsichtig meinen Kopf nach hinten, weil ich den Hunden nicht traute und weil ich wissen wollte, was meine Kollegin Dolma im Schilde führte. Dolma saß immer noch im Auto. Ich gab ihr ein Zeichen, näher zu treten.

»Ich heiße Leslie Collins. Eine Freundin hat mir Ihren Handzettel gegeben«, sagte unsere Kundin. »Nett, daß Sie gleich gekommen sind.«

»Danke«, sagte ich. »Wir hatten zufällig gerade einen freien Termin im Programm . . .«

»Hi!« hörte ich Dolmas Stimme hinter mir. »Sind Ihre Hunde immer so freundlich?« Mrs. Collins lachte. »Kommen Sie nur! Die Hunde gewöhnen sich schnell an Sie.« Dolma machte auf Zehenspitzen einen großen Bogen um die Hunde und gesellte sich zu uns. Wir kamen zur Sache. Hausbesichtigung. Wir mußten einen Kostenvoranschlag machen – unseren ersten. Das Haus war eine Katastrophe. Im ersten Stock konnten wir mit unserer ausfahrbaren Stange nichts ausrichten, und eine Leiter hatten wir nicht. Im Erdgeschoß mußte man die Fenster durch Hecken und Blumenbeete zu erreichen versuchen. Und von innen sah es nicht besser aus – an manche Fenster kam man nur heran, wenn man schwere Möbel beiseite rückte und Blumentöpfe und zerbrechlichen Nippes von den Fensterbänken abräumte. Ich war fest entschlossen, den Job abzuschmettern, und so wartete ich nicht darauf, was Dolma zu sagen hatte. Ich stemmte die Fäuste in die Hüften, schaute der netten blonden Mrs. Collins unverfroren in die Augen und sagte: »Das ist ein Hundertfünfzig-Dollar-Job!«

Hundertfünfzig Dollar würde sie jedenfalls nicht bezahlen – es war ein Phantasiepreis, der mir spontan über die Lippen gekommen war. Ich sah, wie Dolma zusammenzuckte. Mrs. Collins zeigte keine Wirkung.

»Mit Neujahrsrabatt?« fragte sie nur. Und ich anwortete schnell: »Ja, den haben wir schon berücksichtigt.« Dolma schaute mich besorgt an. Sie glaubte wahrscheinlich, ich sei übergeschnappt. »Das habe ich mir schon gedacht«, sagte Mrs. Collins. »Letztes Mal habe ich 300 Dollar bezahlt.«

Ich dachte, mich rührt der Schlag. 300 Dollar! Das war wahrscheinlich der angemessene Preis! Das verlangte der Fachmann! Ich hatte – ahnungslos wie ich war – den Arbeitsaufwand mit Sicherheit katastrophal unterschätzt.

»Können Sie gleich anfangen?«

Ich überlegte fieberhaft, wie wir uns aus der Affäre ziehen könnten. »Wir haben leider unsere Leiter nicht dabei«, sagte ich und dachte, wenn wir hier erst mal heraus sind, lassen wir uns nie wieder sehen. »Kein Problem«, sagte Mrs. Collins hilfsbereit. »Wir haben eine Leiter in der Garage. Die haben auch die anderen Fensterputzer benutzt.« Wir saßen in der Falle! Der Kleine schaute zu uns auf und feixte. Die Hunde knurrten immer noch. Dolma sagte: »Okay, dann kann's ja losgehen!« Ich hätte sie erwürgen können!

Es war noch früh am Vormittag. Wir holten unser Gerät aus dem Auto. Die Hunde wichen nicht von unserer Seite. Der Kleine stellte sich auf die Zehenspitzen und untersuchte den Kofferraum. In der Küche bereiteten wir die Eimer vor – ein satter Schuß Ammoniak, ein Eßlöffel Essig, warmes Wasser. Ich holte die Leiter aus der Garage. Wir klemmten jede Menge Windeln unter unsere Gürtel und zogen die Gummihandschuhe an. Dolma sagte: »Wollen wir innen anfangen?« Ich hatte nichts dagegen.

Wir stürzten uns in die Arbeit. Vertrauensvoll, wie die Amerikaner sind, ließ uns unsere blonde Kundin mit den Hunden und ihrem kleinen Sohn allein und fuhr zum Einkaufen. Während wir auf Küchenstühlen standen und die kleinen Scheiben der französischen Fenster putzten, lagen die Hunde mit der Schnauze zwischen den Pfoten auf dem Teppich und ließen uns nicht aus den Augen. Mit dem Kleinen hatten wir uns bald angefreundet. Er schleppte einen dritten Küchenstuhl herbei, holte sich eine Windel aus dem Karton und machte sich über das nächstbeste Fenster her. Wir hätten ihn im Auge behalten sollen, aber wir waren so total mit unserer Aufgabe beschäftigt, daß uns die Arbeitsmethode des Kleinen erst ziemlich spät auffiel: Er kam vom Stuhl herunter, tauchte seine Windel in den Eimer, und während er mit dem triefenden Lappen zu seinem Fenster zurückkehrte, zog er eine nasse Ammoniakspur auf das Parkett. Wir wischten sofort den Boden auf. Zu spät: das Ammoniak hatte sich schon in die Politur gefressen und erschreckend glanzlose Flecken hinterlassen. Was die scharfe Chemikalie mit den Teppichen machen würde, die leider auch in Mitleidenschaft gezogen worden waren, konnte man noch nicht übersehen. Wir gingen mit kaltem, klaren Wasser auf sie los, aber wahrscheinlich hatte schon ein langfristiger Zerstörungsprozeß begonnen, der sich nicht mehr rückgängig machen ließ.

Während Dolma und ich die Teppiche putzten, fiel der Kleine mit seinem Küchenstuhl um und riß den Eimer mit. Geschrei. Rasendes Hundegebell. Das trübe Ammoniakwasser ergoß sich über Parkett und Teppiche, floß unter das Klavier, unter das schwere Sofa, unter eine mit wertvollem Porzellan gefüllte Glasvitrine. Dolma hob das schreiende Kind auf. Ich holte eine Praline aus der Silberdose, die auf dem Couchtisch stand und stopfte sie dem Kleinen in den Mund. Die Hunde wedelten begierig mit dem Schwanz. Ich warf ihnen eine Handvoll Pralinen zu, aber sie leckten nur lustlos an den Süßigkeiten. Schokoladenflecke auf den Teppichen – das fehlte noch! Ich warf mich auf den Boden, um die Pralinen wieder einzusammeln, aber da wurden die Hunde unheimlich wütend. Der Kleine hatte mehr Glück. Er grabschte einem der Hunde eine Praline vor der Nase weg und stopfte sie in den Mund. Der Hund guckte verblüfft und ließ es sich gefallen.

Ich leerte den anderen, noch vollen Eimer aus, und wir rutschten atemlos auf dem Bauch über den Boden, um das Ammoniakwasser mit den Schwämmen aufzusaugen. Auch der Kleine rutschte mit. Erst jetzt fiel mir ein, daß er keine Gummihandschuhe trug und mit bloßen Fingern in der ätzenden Brühe herumplanschte. Ich sprang auf, griff den Kleinen am Arm und zerrte ihn hinter mir her zum nächsten Badezimmer. Er leistete entschlossenen Widerstand und schrie wie am Spieß. Dolma lugte unter dem Couchtisch hervor. »Was ist denn nun schon wieder los?« rief sie.

»Wir müssen deine Patschhändchen waschen!« redete ich freundlich auf den Kleinen ein. »Das Wasser ist baba!« Und ich verzog schaudernd das Gesicht. Jetzt begriff auch Dolma, um was es ging: »Ach du heilige Scheiße! Keine langweilige Minute!« Im Badezimmer gelang es mir endlich, den Kleinen zu beruhigen. »Wenn die Mami kommt und sieht, daß du in dem Baba-Wasser planschst, dann wird sie ganz böse«, versuchte ich ihn einzuschüchtern – und hoffte, daß die Mama nie wiederkommen würde. Dann brachte ich den Kleinen ins Wohnzimmer zurück, entschlossen, ihn keine Sekunde mehr aus den Augen zu lassen.

Dolma lag immer noch auf dem Boden und streckte ihren Arm unter die Glasvitrine. Das gebrechliche Möbel stand auf wackeligen Beinen und fing an, zu schwanken. Plötzlich klirrte das Meissner Porzellan. »Paß auf!« schrie ich und schloß die Augen. Als ich sie wieder aufmachte, saß Dolma mit eingezogenem Kopf vor der vibrierenden Glasvitrine und redete leise und eindringlich auf das Porzellan ein: »Okay, okay, schön stehen bleiben! Okay, so ist's brav, okay ...«

Motorengeräusch. Mrs. Collins kehrte vom Einkaufen zurück. Ich warf mich wieder auf den Boden und half Dolma fieberhaft beim Aufwischen. Wir rückten die Möbel zurecht und sprangen mit unseren Squeegees an die Fenster zurück. In dem Augenblick betrat Mrs. Collins den Salon. Der Kleine sagte: »Mami, das Wasser ist baba!« Unsere Kundin blieb Gott sei Dank in der Türe stehen. Von dort konnte sie die nassen Flecken auf dem Teppich nicht sehen. »Immer noch im Wohnzimmer?« wunderte sie sich. »Ich sehe schon, Sie machen es *sehr* gründlich.« Zufrieden nahm sie ihr Söhnchen auf den Arm und zog sich zurück.

Die ersten anderthalb Stunden waren vergangen, und wir hatten noch so gut wie nichts geputzt. Aber jetzt, wo der Kleine aus dem Wege war, ging es schneller voran. Ich hatte gehofft, daß wir den Job in acht Stunden machen könnten, aber es dauerte fast sechs Stunden, bis wir mit den Fenstern innen fertig waren. Draußen, wo wir mit der Leiter im Gebüsch und in den Beeten manövrieren mußten, würde es jedenfalls wesentlich länger dauern. Jeden Augenblick erwarteten wir, daß Mrs. Collins die Ammoniakspuren auf dem Wohnzimmerboden entdecken und in schrille Entsetzensschreie ausbrechen würde.

Erst wollten wir mit den Fenstern im Erdgeschoß anfangen, aber dann fiel uns glücklicherweise noch rechtzeitig ein, daß es zweckmäßiger war, oben anzufangen, denn beim Putzen würde unvermeidlich Wasser abtropfen und auf die unteren Fenster treffen, die wir dann ein zweites Mal hätten putzen müssen. Allerdings konnten wir nicht zu zweit auf der Leiter stehen. Dolma schlug vor, daß ich aufsteige und sie unten bleibt

und die Leiter festhält. Vorhin war sie ängstlich im Auto sitzen geblieben und hatte mich praktisch den Hunden zum Fraße vorgeworfen, und nun erwartete sie, daß ich wie ein Zirkusakrobat mein Leben in schwindelnder Höhe riskierte, während sie unten dekorativ ihre manikürte Hand auf die Sprosse legte und vorgab, meine Nummer abzusichern. Dabei wollte sie sich doch in Wahrheit nur einen faulen Lenz machen!
Andererseits sah ich ein, daß ich hier als Mann gefordert war. Ich mußte Mut zeigen, mit gutem Beispiel vorangehen und meinem Berufsrisiko sozusagen unerschrocken ins Auge blicken. Dabei war mir bewußt, daß professionelle Fensterputzer, genau wie die Dachdecker und Schornsteinfeger, ohne Sicherheit in halsbrecherischen Höhen arbeiten. Es würde auf Mrs. Collins einen ganz schlechten Eindruck machen, wenn Dolma die nächsten Stunden nur damit zubrachte, die Leiter festzuhalten. Wahrscheinlich war Mrs. Collins sowieso schon mißtrauisch geworden, weil wir nur so langsam vorwärts kamen. So schlug ich vor, daß Dolma im Haus blieb und versuchte, von innen an die Außenseite der Fenster heranzukommen, soweit das irgendwie möglich war. Dolma war einverstanden.
Ich goß etwas Wasser ab, hing mir einen Eimer an den Gürtel und erklomm die Leiter langsam, Sprosse für Sprosse. Erst als ich oben angekommen war und mich und meinen Eimer auf der schwankenden Leiter einigermaßen stabilisiert hatte, bemerkte ich, daß die Fenster mit Fliegengittern gesichert waren, so daß man von außen gar nicht an die Scheiben herankommen konnte! Dolma hatte meinen dramatischen Aufstieg beobachtet und sah es im gleichen Augenblick. »Ach, du heilige Scheiße!« rief sie von unten, und ich hoffte, daß Mrs. Collins sie nicht verstehen würde. Ich hatte nämlich das Gefühl, daß unsere Kundin uns aus einem sicheren Versteck ständig beobachtete.
Fliegengitter! Das war ja wohl das Letzte. Ich hätte es natürlich wissen müssen. In Santa Barbara haben alle Fenster Fliegengitter, obwohl es überhaupt keine Fliegen gibt. Das Fliegengitternetz war auf einen Aluminiumrahmen gespannt, und der Rahmen steckte in beweglichen Halterungen, die am Fensterrahmen angebracht waren. Ich schaute mir den Mechanismus genau an – entschlossen, auch diese Krise zu überwinden. Immer wieder wurde es mir bewußt: es gab kein Zurück mehr. Wir mußten irgendwie mit dem Job fertig werden! Ein Schraubenzieher war das mindeste, was man zur Entfernung der Gitter brauchte, und ich

rief Dolma zu, sie möge sich in der Garage umsehen, denn daß wir auch einen Schraubenzieher brauchen würden, hatte mir Anam leider nicht verraten. Dolma rannte los und kam ewig nicht wieder. Ich stand mit meinem Eimer am Gürtel auf der Leiter, kam mir unheimlich doof vor und war wütend. Hatte sie sich von Mrs. Collins zum Tee einladen lassen? Gerade als ich absteigen und nach ihr suchen wollte, kam sie zurück und schwenkte triumphierend einen Schraubenzieher über ihrem Kopf. »Gefunden!« rief sie.

»Kannst du ihn mal raufbringen?«

»Ich?«

»Ich wüßte nicht, wer sonst.«

»Kannst du nicht runterkommen?« Sie blieb wie angewurzelt am Fuß der Leiter stehen, und ich dachte empört, wenn sie den Schraubenzieher nicht raufbringt... Aber da kam sie schon, ganz langsam und vorsichtig, und ich hatte Mitleid mit ihr, kam ihr entgegen und nahm ihr den Schraubenzieher ab. Kurz darauf ließ ich das erste Fliegengitter herunterfallen. In dem Augenblick kam Mrs. Collins und sagte: »Die anderen Fensterputzer haben die Fliegengitter mit ›Dove‹ abgeschrubbt.«

Dolma sperrte entgeistert den Mund auf. »Mit was??«

Ich stand oben auf der Leiter und hätte beinahe das Gleichgewicht verloren. Daß auch die Fliegengitter gewaschen werden sollten, hätte ich nicht im Traum erwartet. Anam! Warum hatte der Idiot denn davon gar nichts gesagt?

»Mit ›Dove‹«, wiederholte Mrs. Collins. »Das Geschirrspülmittel, kennen Sie das nicht?«

»Ach so«, sagte Dolma. »Natürlich!«

»Und was benutzen Sie?« fragte Mrs. Collins.

»Wir haben unser ›Dove‹ vergessen. Haben Sie welches im Hause?« rief ich von oben.

»Klar«, sagte Mrs. Collins und war die Hilfsbereitschaft in Person. Jetzt war die Arbeitsteilung klar: Ich würde oben auf der Leiter arbeiten und Dolma unten die Fliegengitter mit ›Dove‹ und einer Handbürste schrubben. Die Sonne senkte sich schon über den Horizont. Es konnte keine Rede davon sein, daß wir vor Einbruch der Dunkelheit mit der Arbeit fertig sein würden. Der Job nahm kein Ende.

»Sie können die Leiter und Ihre Sachen stehen lassen«, sagte Mrs. Collins gutmütig, als wir im Dunkeln unser Gerät zusammensuchten.

»Sie sind ja morgen früh wieder hier.« Es war sechs Uhr abends. Wir hatten neun Stunden gearbeitet und waren total geschafft. Also ließen wir alles stehen und liegen und verabschiedeten uns. Die Hunde wedelten mit dem Schwanz und begleiteten uns zum Auto. Der Kleine erschien, Lätzchen um den Hals, in der Haustür, winkte uns zu und rief: »See you!« Er freute sich schon auf die nächste Runde. Als wir durch das schmiedeeiserne Tor rollten, das sich vor uns in geisterhafter Geräuschlosigkeit öffnete, fiel mir Dolma um den Hals und brach in ein hysterisches Gelächter aus. Und wir lachten beide, bis wir zu Hause waren.
Beim Abendessen gaben wir unsere Fensterputzergeschichte zum besten und lösten am St.-Francis-Way orkanhafte Heiterkeit aus. Das war gewöhnlich die beste Stunde des Tages, wenn wir mit roten Ohren und glänzenden Augen abends bei Tisch saßen, unsere Erlebnisse austauschten und Tränen lachten. Unsere Lage war hoffnungslos, aber nicht ernst. Das Leben war lustig und wir genossen es. Wir hatten wahrscheinlich mehr Spaß am Leben als die Leute, für die wir arbeiteten, die Herrschaften mit den großen Häusern, den dicken Scheckbüchern und den klotzigen Autos. Denn das Beste in Santa Barbara war umsonst zu haben: der blaue Himmel, die Sonne, die Berge, der Strand, die schöne Stadt und die gute Laune.
Am nächsten Morgen kehrten wir schon um acht zu Mrs. Collins zurück. Je früher wir dort waren, desto geringer die Gefahr, daß sie die Verwüstungen auf ihrem Parkettboden entdeckte. Dolma hatte braune Schuhcreme mitgenommen und wollte damit in unbeobachteten Augenblicken die Ammoniakflecken attackieren. Die Gelegenheit ergab sich, als Mrs. Collins wieder zum Einkaufen fuhr. Die Hunde begrüßten uns wie alte Freunde des Hauses. Der Kleine – Harry hieß er – half Dolma beim Schrubben der Fliegengitter. Die Stunden vergingen, ohne daß er irgendwelche Katastrophen anrichtete.
Ich stand auf schwankender Leiter und putzte ein Fenster nach dem anderen. Der erfahrene Fensterputzer putzt die nach Süden gerichteten Fenster am frühen Morgen, denn wenn mittags die Sonne darauf brennt, erhitzen sich die Scheiben, und heiße Fenster lassen sich nicht gut putzen. Aber Anam hatte mir nichts davon gesagt, und ich merkte es erst, als ich mittags an der Südseite des Hauses auf der Leiter stand. Ich hätte viel Zeit sparen können, wenn ich es früher gewußt hätte, aber unser Zeitgefühl hatten wir längst verloren.

Als ich das letzte Fliegengitter eingehängt hatte, schaute ich auf die Uhr: es war genau fünf Uhr nachmittags. Mrs. Collins war begeistert. *»So* gründlich hat bei mir noch niemand die Scheiben geputzt«, sagte sie und gab uns unseren Hunderfünfzig-Dollar-Scheck. Sogar die Hunde freuten sich und wedelten mit den Schwänzen.
Wir waren ausgezogen, um als Fensterputzer fünfzehn Dollar in der Stunde zu verdienen. Tatsächlich hatten wir es nur auf 4,17 Dollar gebracht. Aber die Erfahrung war unbezahlbar gewesen.

In den nächsten Tagen hatten Dolma und ich noch zwei Fensterputzerjobs; danach kam kein Auftrag mehr herein. Ein weiteres Diner mit der Baronin – diesmal im Restaurant des teuren »El-Encanto«-Hotels, brachte moralischen Auftrieb und zwanzig Dollar, die beim Einkaufen im »Albertson«-Supermarkt und im »Long's Drugstore« drauf gingen. Die erste Telefonrechnung war gekommen, aber wir hatten sie erst einmal ungeöffnet ans schwarze Brett in der Küche gehängt. Die Mahnung würde frühestens in zwei Wochen eintrudeln, und bis dahin konnten wir telefonieren und auf bessere Zeiten hoffen.
Die Stimmung blieb gut, zumal Astha eines Abends mit einem riesigen Fernsehgerät nach Hause kam, das sie irgendwo für zwanzig Dollar aufgetrieben hatte. Wir wuchteten den Apparat zu dritt aus ihrem Station-Wagen und stellten ihn im Meditationsraum auf. Es war ein großer Augenblick – die ganze Wohngemeinschaft hatte sich versammelt. Jahrelang hatten wir auf der Ranch kein Fernsehen gehabt, und nun gab es einen großen Nachholbedarf. Gegenüber vom Kamin befand sich eine Steckdose der »Cox Cable Company«, die ihren Kunden für etwa zwanzig Dollar Monatsbeitrag die schöne bunte Welt der amerikanischen Fernsehunterhaltung auf mehr als dreißig Kanälen erschloß. Wir waren keine Kunden und hatten keinen Beitrag bezahlt. Deshalb machten wir uns keine Hoffnung, als Ram das Kabel in die »Cox«-Dose steckte und den Apparat einschaltete. Schneetreiben auf dem 28-Inch-Schirm unseres vorsintflutlichen General-Electric-Geräts. Doch plötzlich verdichtete sich das Geflimmer zu einem gestochen scharfen Bild: Eishockey-Match – die »Los Angeles Kings« gegen Montreal auf Kanal 32! In Farbe natürlich! Wir führten einen Indianertanz auf. »Cox« hatte vergessen, den Anschluß zu sperren, als unsere Vorgänger ausgezogen waren, und unser Zwanzig-Dollar-Fernseher war super.

Einige Wochen lang diente das Meditationszimmer als Fernsehzimmer. Die fromme Gemeinde ging vor der Mattscheibe nach innen, bis das Interesse schließlich nachließ. Nur Gita und Santa, unsere strammsten Meditierer, hielten an der TV-Meditation fest. Wenn sie abends nach Hause kamen, schalteten sie sofort die Glotze ein, so wie andere Leute das Licht oder die Zentralheizung. Es war ein automatischer Reflex. Santa sank auf den Teppich, schlief ein und schnarchte. Gita ging duschen und bereitete das Abendessen in der Küche vor. Der Apparat lief... Maschinengewehrsalven dröhnten durchs Haus (»Miami Vice«), Pferdegetrappel und indianisches Kriegsgeschrei (Western), Motorengebrüll und hektisches Idiotengestammel (Chevrolet-Reklame), der Apparat lief und lief, und niemand schaute zu. Ich schlich mich auf Zehenspitzen heran und stellte die Glotze ab. Aber kaum war ich in mein Zimmer zurückgekehrt und hatte die Tür hinter mir zugezogen, röhrte der Apparat wieder los. Nichts konnte Santa leichter aus dem Tiefschlaf reißen als eine plötzliche Sendepause. Erschreckt fuhr er hoch, riß die Brille vom Gesicht, rieb sich die Augen, kroch zum Apparat, drückte auf den Knopf, kroch zurück, sank um, schlief wieder ein.

Santa und Gita fühlten sich nur wohl, wenn der Bildschirm flimmerte und der Lautsprecher dröhnte. Das fanden sie gemütlich. Wenn Gita in der Küche fertig war, brachte sie das Essen in den Meditationsraum, setzte sich auf den Boden und weckte Santa. Dann saßen sie beide schweigend nebeneinander, aßen und guckten. Aber erst nach dem Essen ging es richtig los. Dann flippten sie von einem Sender zum anderen (Lautstärke immer auf volles Rohr geschaltet), und ein Potpourri des Wahnsinns schallte durchs Haus. Ich saß in meinem Zimmer mit Ohropax in den Ohren, übte mich in meditativer Selbstbeobachtung und entdeckte ein noch völlig unverbrauchtes Aggressionspotential.

Nach einer Weile hörte der hektische Programmwechsel auf, und es wurde wieder etwas ruhiger. Ich kam aus meinem Zimmer: Santa und Gita lagen Hand in Hand vor dem Fernsehgerät und schliefen. Es war zehn Uhr und auf Kanal 5 liefen die Fernsehnachrichten mit Hal Fishman.

■ Achtes Kapitel ■

Am letzten Tag des Monats fuhr ich zur Maklerfirma und zahlte die Miete: 1700 Dollar. Der Scheck war gedeckt; das Geld kam pünktlich. Irgendwie hatten wir es doch noch rechtzeitig zusammengekriegt. Wir machten einen guten Eindruck bei Kathy. Die Lage am St. Francis Way stabilisierte sich langsam. Wir strickten eifrig an dem Netz, das wir unter unser Hochseil spannen wollten, denn wir kamen uns manchmal vor wie Zirkusartisten in schwindelnder Höhe.

Ich arbeitete jetzt an zwei Abenden in der Woche für Dick. Den Job verdankte ich Renu, der rührigen, stets gut gelaunten kleinen Renu, die leider nicht bei uns im Haus wohnte, sondern in einer anderen Sanyas-Wohngemeinschaft in Santa Barbara. Renu rief an und fragte, ob ich Lust hätte, abends Restaurant-Couponhefte auszuliefern, pro Couponheft einen Dollar. Ich konnte mir darunter nichts vorstellen, sagte aber sofort zu. Renu hatte eine glückliche Hand. Erst vor drei Tagen hatte sie einen Idealjob aufgerissen. »Want to make $ 20.00 in half an hour? Call 969 9397!« Wir alle hatten die winzige Anzeige in der »News Press« übersehen. Nicht so Renu. Sie rief sofort an, stellte sich vor – und der Job war ihrer. Sie fuhr einmal in der Woche zu einem älteren Ehepaar, das in ihrem kleinen Garten zwei Hunde hielt. Das Ehepaar war nicht zu Hause, als Renu zum ersten Mal kam. Vor der Tür lagen eine Kehrschaufel, ein Besen und ein Plastiksack bereit; unter der Kehrschaufel ein Zwanzig-Dollar-Schein. Renu steckte das Geld ein, nahm Schaufel und Besen, sammelte die Hundehäufchen im Hinterhof ein und steckte sie in den Mülleimer: zwanzig Dollar in zwanzig Minuten! Ein Dollar pro Minute! »Pooper Scooper« hieß der Job.

Ich verabredete mich mit Renu vor Dicks Büro. Dick machte »Telephone Sales Promotion«. Sein Office lag zu ebener Erde an der Carillo Street. Renu wartete dort auf mich. Sie war klein, schlank und lebendig wie eine Eidechse. Ich konnte sie mir gut als Tochter eines Indianerhäuptlings vorstellen, zu Pferde und mit Adlerfedern im Haar. Sie hatte helle, lustige Jägeraugen und ein scharfes Profil. Wie immer sah sie aus, als käme sie gerade vom Strand – verwehte Haare, barfuß, aufgerollte Jeans. Sie lehnte an ihrem Auto und lutschte an einem Himbeereis. An ihrem kleinen, weißen Honda fehlte ein Schutzblech, der Rost fraß sich durch die Motorhaube, und die Tür ließ sich nicht abschließen. Trotzdem beneidete ich sie um ihr kleines Sparauto. Wer die Mexikanerschlitten-Phase hinter sich hatte, war schon aus dem Keller ins Erdgeschoß aufgestiegen. Einmal »Pooper Scooper« und Renu konnte ihre gesamten monatlichen Autokosten decken.
Renus Eltern wohnten in The Palisades, einem Reiche-Leute-Vorort an der Pazifikküste von Los Angeles. Der Vater schmollte. Er hatte sich immer noch nicht davon erholt, daß seine intelligente, rassige Tochter vor zehn Jahren zu diesem unmöglichen indischen Guru nach Poona gegangen war, statt das College zu besuchen und einen dynamischen jungen Erfolgsmenschen zu heiraten, wie die anderen netten Töchter in The Pacific Palisades. So weigerte er sich, seiner Tochter nach dem Debakel von Oregon zu helfen. Strafe muß sein. Aber Renu bewies dem Vater, daß es auch ohne ihn ging, was den alten Herrn einerseits ärgerte, ihm andererseits aber auch imponierte. Das jedenfalls berichtete Renus Mutter, die gelegentlich in Santa Barbara auftauchte.
Ich traf Renu kurz vor sechs Uhr abends. Dicks Büro war noch geschlossen. Renu erklärte mir, worum es bei unserem Job ging. Dick hatte mehrere Dutzend Restaurants in Santa Barbara dazu gebracht, Coupons auszustellen. Wer mit einem solchen Coupon am Montag oder Dienstag abend im Restaurant erschien und eine Zeche von mehr als fünfzehn Dollar machte, konnte eine zweite Person mitbringen, die dann umsonst bewirtet wurde. Es war Nachsaison, und mit der Coupon-Aktion wollten die Restaurants in den Wintermonaten über die Runden kommen. Dick verkaufte die Hefte mit den Restaurant-Coupons für fünfzehn Dollar das Stück über Telefon.
»Unser Job ist es«, sagte Renu, »die Hefte zu den Kunden zu bringen und das Geld zu kassieren.«

Damit ich mich einarbeiten konnte, war sie bereit, mich auf meiner ersten Tour zu begleiten. Während sie mir den Job erklärte, trafen noch ein paar junge Leute ein und warteten mit uns vor der Tür. Sneaker, Jeans, Hornbrille – sie sahen aus wie Studenten, und sie waren es auch. »Das sind die Leute, die am Telefon sitzen und die Coupon-Hefte verkaufen«, flüsterte Renu. »Ein Spezialistenjob. Dafür muß man begabt sein. Am besten sind die Juden.«
Dick kam zehn Minuten zu spät, entschuldigte sich und schloß das Büro auf. Auf langen Tischen standen etwa fünfzehn Telefone. Zu jedem Telefon gehörte ein Telefonbuch und ein Holzstuhl. Das war die ganze Einrichtung der Firma »Dick's Telephone Sales Promotion Inc.«. Dick, ein kleiner, agiler Ex-Jurastudent, setzte sich auf einen Tisch und überreichte jedem Studenten eine hektographierte Liste mit Straßennamen. »Good Luck!« sagte er jedesmal aufmunternd, wenn er einen Zettel weggab. »Good luck! Good luck!«
Die Studenten rannten mit ihren Zetteln an die Telefone, schlugen die Telefonbücher auf, blätterten hektisch darin herum und fingen an zu telefonieren. Jeder hatte von Dick verschiedene Buchstaben des Alphabets zugeteilt bekommen; der eine rief nur Leute an, deren Namen mit A begannen, der nächste hatte B und so fort. Alle konzentrierten sich auf das gleiche Stadtviertel, aber jeder bediente andere Straßen. Innerhalb von Minuten war das kleine Büro erfüllt vom eindringlichen Telefongemurmel der Verkäufer. Hochbrisanz-Energie! Die Studenten preßten die Hörer ans Ohr und redeten, als ginge es um Leben und Tod. Manche klemmten den Hörer mit der Schulter fest und gestikulierten mit beiden Händen. Andere kratzten sich am Kopf, bohrten hektisch in der Nase, scharrten mit den Füßen auf dem ungefegten Linoleumboden des Büros. Jede Minute war kostbar. Jeder Kunde brachte dem Verkäufer eine Provision von zwei Dollar.
Renu stellte mich vor, und Dick begrüßte mich überschwenglich. »Great to have you on board, Andy!« Dick war der geborene Unternehmer. Er verstand es, seine Mitarbeiter zu begeistern, so daß sie sich gerne von ihm ausbeuten ließen. Auch ich war schon nach wenigen Minuten ganz scharf darauf, mich für Dick auf den Weg zu machen. Er übergab uns eine Liste mit den Adressen von Leuten, die gestern am Telefon ihre Bereitschaft erklärt hatten, ein Restaurant-Coupon-Heft für fünfzehn Dollar oder zwei Hefte für fünfundzwanzig Dollar zu kaufen. Sie hatten

versprochen, an diesem Abend zwischen sechs und acht zu Hause zu sein und das Geld in Cash oder per Scheck bereit zu halten. Alle zwanzig Leute auf unserer Liste wohnten in der gleichen Gegend.
»Nichts wie los!« drängte ich Renu. Wenn wir die Leute auf unserer Liste in einer Stunde abklapperten, hatten wir jeder zehn Dollar verdient – nicht schlecht. Aber Renu wollte sich nicht unvorbereitet in die Dunkelheit stürzen. Sie breitete einen Stadtplan auf dem Tisch aus, sortierte unsere Adressen in der günstigsten Reihenfolge, legte die kürzeste Fahrtroute fest und markierte sie mit einem gelben Filzstift auf dem Stadtplan. Dann trabten wir zum Auto – zu ihrem Auto, denn wir wollten Benzin sparen. Ich setzte mich ans Steuer. Renu saß neben mir, mit der Taschenlampe in der Hand und dem Stadtplan auf den Knien. »An der nächsten Ampel links!« dirigierte sie mich.
Es war immer noch Hauptverkehrszeit, und wir kamen nicht so schnell voran, wie ich gehofft hatte. Eine halbe Stunde war schon vergangen, und wir hatten noch kein Heftchen abgegeben. Aber als wir endlich unsere Zielgegend erreicht hatten, ging es ziemlich flott. Sobald wir eine Adresse gefunden hatten, sprang Renu mit dem Coupon-Heft aus dem Auto, rannte zur Haustür, klingelte, stieß ein fröhliches »Hi-Your-Restaurant-Coupons-Are-Here!« aus, kassierte ab, rannte zum Auto zurück, sprang auf ihren Sitz und rief mir die nächste Order zu: »Geradeaus, erste Straße rechts!« Der Job gefiel mir gut.
Wir schafften es nicht in einer Stunde, und nicht alle zwanzig Kunden waren zu Hause, wie sie versprochen hatten. Aber immerhin waren wir kurz vor acht Uhr wieder in Dicks Büro und überreichten das Geld – 290 Dollar. Zwei Kunden waren »No Show«, das heißt, wir hatten sie nicht angetroffen. Dafür hatten zwei andere zwei Heftchen gekauft. Dick knallte mir lobend seine Unternehmerpranke auf den Rücken und zahlte uns sofort in bar aus. Ich steckte zehn Dollar ein, Renu die anderen zehn. Ich wollte ihr einen halben Dollar fürs Benzin geben, aber sie lehnte großzügig ab. Wir gingen ins »Acapulco«, um unseren Teamerfolg zu feiern. Als ich gegen neun in den St. Francis Way zurückfuhr, hatte ich die zehn Dollar von »Dick's Telephone Sales Promotion Inc.« über das »Acapulco« schon wieder in Umlauf gebracht. Es war der Anfang einer neuen Karriere. »Wenn du alleine fährst«, hatte Renu gesagt, »kommst du leicht auf acht Dollar in der Stunde.«
Das nächste Mal fuhren wir also getrennt. Ich brachte eine Taschen-

lampe und einen Filzstift mit. Dick händigte uns unsere Adressen aus, und wir legten auf dem Stadtplan unsere Fahrtrouten fest. Renu war schon nach fünf Minuten fertig und flitzte mit einem »Good luck!« aus dem Büro. »Good luck!« war offenbar der Firmenspruch von »Dick's Telephone Sales Promotion Inc.«. Ich brauchte eine gute Viertelstunde, bis ich meine Strategie für den Abend festgelegt hatte. Als ich zum Auto trabte, war es dunkel und es regnete. Rush-Hour. Schleichverkehr.

Ich brauchte weitere zwanzig Minuten, bis ich mein Einsatzgebiet erreicht hatte – die Mesa, eine hügelige Kleinbürger-Villengegend mit vielen verschlungenen und schlecht beleuchteten Straßen. Im Regen war es schwer, die Hausnummern vom Auto aus zu erkennen. Endlich die erste Adresse! Ich klingelte und schaute auf die Uhr – vierzig Minuten waren schon weg. Ich klingelte noch einmal. Ein junger, dicklicher Mann kam im Jogginganzug an die Tür. »Hi-Here-Are-Your-Restaurant-Coupons« rief ich frisch und streckte ihm das Coupon-Heft entgegen.

»Meine *was?*« fragte der junge Mann mißmutig, schob die Hand in die Trainingshose und kratzte sich.

»Deine Restaurant-Coupons!«

»Restaurant-Coupons?«

»Ja, deine Restaurant-Coupons, die du gestern am Telefon bestellt hast.«

»Ich??«

»Ja, für fünfzehn Dollar.«

«Fünfzehn Dollar?« Er zog die Mundwinkel nach unten und schüttelte den Kopf.

»Bist du denn nicht der ...« Ich kramte in meiner Jackentasche und suchte den Zettel mit den Kundennamen, aber der Zettel lag im Auto.

»Sorry, ich habe nichts am Telefon bestellt«, sagte der kleine Dicke und schickte sich an, die Tür zu schließen.

»Einen Moment!« rief ich verzweifelt und hätte beinahe den Fuß in den Türspalt geschoben. »Ich hab' den Zettel mit dem Namen im Auto ...« Ich rannte zum Auto und holte den Zettel. Als ich zum Haus zurück kam, sagte der junge Mann: »Du meinst wahrscheinlich Bob. Das ist mein Room Mate. Der geht manchmal mit seiner Braut essen!« Ich fand den Namen mit der Taschenlampe auf meiner Liste. »Bob Ronstein?«

»Ja, das ist er.«

»Kann ich den mal sprechen?«
»Der ist zu ›Safeway‹, Eiscreme holen. Willst du warten?«
»Wann kommt der denn wieder?«
»Zehn Minuten vielleicht? Keine Ahnung . . .«
Ich schaute auf die Uhr. Die erste Stunde war bald vorbei und noch kein Heft losgeworden. Wer weiß, wie lange der Bursche unterwegs sein würde! »Ich komme gleich noch mal vorbei«, sagte ich, rannte zum Auto zurück und gab Gas. Auf zur nächsten Adresse! Alles stockfinster, kein Straßenschild zu sehen und keine Fußgänger, die man fragen konnte. Plötzlich gab die Taschenlampe ihren Geist auf! Ich warf sie in hohem Bogen aus dem Auto, trat wütend das Gaspedal durch. Die Reifen meines erschrockenen Straßenkreuzers kreischten auf. Er schoß auf eine Kreuzung zu. Ein anderer Wagen kam von rechts. Ich stemmte mich aufs Bremspedal, schlug mit dem Kopf an die Sonnenblende, brachte »Oskar« zum Stehen – zwanzig Zentimeter von dem anderen Wagen entfernt. Uff! Eine kleine blaue Wolke stieg über dem nassen Asphalt auf. Es roch nach verbranntem Gummi.
»Bist du denn noch zu retten?« fragte der andere Fahrer gelassen. Er hatte die Seitenscheibe seines BMWs heruntergekurbelt und schaute mich besorgt an, wie einen Geistesgestörten. »Sorry«, murmelte ich, ging in den Rückwärtsgang und schlich mich davon. Der BMW rauschte ab. Erst jetzt fiel mir ein, daß ich den Fahrer nach meiner nächsten Adresse hätte fragen können. Der Wutanfall war abgeklungen; ich war noch einmal mit dem Leben davongekommen und beschloß nun, meine Restaurant-Coupon-Heftchen in aller Ruhe zu verteilen. Zeit ist ohnehin eine Illusion, dachte ich. Was machte es denn schon aus, wenn ich bis Mitternacht unterwegs sein würde? Es war doch eigentlich ganz witzig, hier nachts durch die Gegend zu fahren und nette Leute kennenzulernen. Aber ohne Taschenlampe ging nichts. Also fuhr ich zum nächsten Supermarkt und kaufte eine neue für 4,50 Dollar. Danach fing ich noch mal von vorne an und kehrte zu Bob Ronstein zurück. Aber Bob war immer noch unterwegs, Eiscreme holen. Also auf zur nächsten Adresse, die ich vorhin nicht finden konnte.
Diesmal ging es besser. Eine kleine alte Dame empfing mich. »Kommen Sie doch rein, junger Mann«, sagte sie und blitzte mich freundlich durch ihre dicke Brille an. »Ich habe Sie schon erwartet!« Sie trippelte aufgeregt in ihr Wohnzimmer, und ich folgte ihr. »Nehmen Sie doch Platz! Ich

bin gleich soweit.« Sie kramte in ihrer Handtasche. »Wo hab' ich denn nun bloß wieder mal das Scheckbuch gelassen?« Sie legte die Handtasche auf die Kommode zurück und drehte sich ratlos im Kreis. »Wollen Sie ein Gläschen Wein trinken, ja?«

Ich hob schüchtern abwehrend die Hände. »Nein danke, ich habe noch viel zu tun heute abend . . .«

»Ja, ich weiß. Immer in Eile. Immer viel zu tun. Mit meinem Randy war das auch immer so . . .« Sie zog die obere Kommodenschublade auf und suchte ihr Scheckbuch. »Randy war auch immer in Eile. Sie erinnern mich an meinen Randy . . .« Sie zog die zweite Schublade auf. »Randy ist vor drei Jahren mit dem Auto verunglückt – oder ist es schon vier Jahre her?« Sie kramte abwesend in der Schublade. »Wo bloß das Scheckbuch geblieben ist?« Plötzlich hielt sie inne und tippte sich mit dem Zeigefinger an die Stirn. »Hab' ich's vielleicht in der Küche?« Sie trippelte eilig davon, drehte sich in der Wohnzimmertür um und fragte: »Eine Tasse Tee vielleicht? Was Warmes in den Magen?« Ich schüttelte den Kopf: »Vielleicht ein anderes Mal. Ich muß wirklich weiter.«

»Immer in Eile . . .« Sie verschwand in der Küche. In dem Augenblick entdeckte ich ihr Scheckbuch auf einer Konsole. »Ich hab's gefunden!« rief ich und sprang vom Sessel auf. Endlich kam wieder Schwung in den Job. Die alte Dame kehrte ins Wohnzimmer zurück. Ich drückte ihr das Scheckbuch in die Hand, und als sie den Kugelschreiber in ihrer Handtasche nicht finden konnte, gab ich ihr meinen. Sie setzte sich an den Couchtisch. »Den wievielten haben wir denn heute?« fragte sie, und dann trug sie die Überweisung erst mal in das kleine Kunstlederbuch für die »Transaction Records« ein. »An wen muß ich das überweisen?«

»Dick's Telephone Sales Promotion Inc.«

»Dick's *was?«*

Ich wiederholte es noch zweimal. »Sie können auch zwei Coupon-Hefte für fünfundzwanzig Dollar kaufen«, sagte ich, denn ich hatte mir überlegt, daß ich den unerwarteten Zeitaufwand für diese nette alte Dame durch erhöhten Umsatz wenigstens zum Teil ausgleichen könnte. »Wenn Sie *zwei* Hefte kaufen, können Sie fünf Dollar sparen!«

Sie ließ den Kugelschreiber sinken. »*Zwei* Hefte für *fünf* Dollar?«

»Nein, zwei Hefte für fünfundzwanzig, anstatt für dreißig Dollar.«

Sie war jetzt etwas verwirrt, aber als sie endlich begriffen hatte, wie sie fünf Dollar sparen konnte, fragte sie: »Brauche ich denn *zwei* Hefte?«

»Ich weiß nicht«, sagte ich zögernd, denn ich brachte es nicht über mich, ihr zwei Hefte aufzudrängen.

Plötzlich legte sie den Kugelschreiber mit einer gewissen Entschiedenheit auf den Couchtisch und sagte: »Eigentlich brauche ich überhaupt keine Restaurant-Coupons!« Stille. Ich war alarmiert!

»Ein Heftchen brauchen Sie auf jeden Fall!« platzte ich heraus. »Wenn Sie Ihre Freundin nur ein einziges Mal zum Essen einladen, hat sich die Ausgabe für das Coupon-Heft schon gelohnt...«

»Sie meinen Linda? Die hat so viel Geld, die brauche ich nicht ins Restaurant einzuladen«, sagte sie empört, und ich hatte alle Mühe, sie wieder von Linda abzulenken. Schließlich kaufte sie ein Heftchen. Als sie den Scheck unterschrieb, sagte sie: »Ich kann mich gar nicht erinnern, warum ich diese Coupons überhaupt bestellt habe. Aber der junge Mann war ja *so* nett am Telefon. Wir haben uns ganz wunderbar unterhalten...« Sie reichte mir zum Abschied die Hand. »Grüßen Sie ihn bitte von mir! Und kommen Sie zu einer Tasse Tee, wenn Sie etwas mehr Zeit haben.« Ich versprach es und winkte ihr vom Auto aus noch einmal zu. Es war halb neun. Ich war seit zweieinhalb Stunden im Dienst und hatte einen Dollar verdient.

Gegen halb elf kehrte ich zu Dicks Büro zurück. An der verschlossenen Tür klebte ein Zettel: »Andy: Steck' alles in den Briefkastenschlitz. Dein Geld zahle ich beim nächsten Mal aus. Dick.« Ich schob das Geld und die nicht ausgelieferten Hefte durch die Briefkastenklappe und zog Bilanz: zwölf Coupon-Hefte ausgeliefert. Zwei Kunden »No Show«, einer hatte es sich anders überlegt. Viereinhalb Stunden gearbeitet, zwölf Dollar eingenommen. Das waren weniger als drei Dollar pro Stunde – ein neuer Rekord nach unten! Wenn ich die 4,50 Dollar für die Taschenlampe noch abzog und mindestens zwei Dollar für Benzin und Oel... Aber so kleinlich wollte ich gar nicht sein.

Meine Zukunft lag nicht in der Auslieferung von Restaurant-Coupon-Heften für »Dick's Telephone Sales Promotion Inc.« – soviel war sicher, als ich gegen halb elf am St.-Francis-Way erschien und feststellte, daß vom Abendessen nichts übrig geblieben war.

In der nächsten Zeit machten Dolma und ich noch zwei oder drei Fensterputzjobs; dann kamen keine Aufträge mehr herein. Es war tatsächlich die falsche Jahreszeit, und außerdem hatte ich im Branchentelefonbuch entdeckt, daß wir gegen eine Konkurrenz antraten, die aus nicht weniger als 37 wohl etablierten Fensterputzbetrieben bestand – »licensed and insured«. Das waren also Firmen mit Gewerbelizenz, die ordentlich versichert waren und die Ammoniakflecken auf dem Parkett nicht unter dem Teppich verstecken mußten. Und wir hatten gedacht, wir könnten unsere Kunden mit unseren putzigen Handzetteln beeindrucken. »Wollen Sie mit klarem Blick ins Neue Jahr schauen?« Blöde Idee!

Dolma verbrachte jetzt die meiste Zeit am Strand. Sie hatte sich ein hübsches, kleines Auto gekauft und war froh, den grimmigen Temperaturen von Anchorage entronnen zu sein. Aber bald fing sie an, sich zu langweilen. Eines Tages packte sie ihre Koffer und sagte bye-bye: Am 1. März begann in Oakland bei San Francisco eine einjährige Akkupunktur-Ausbildung, und sie hatte beschlossen, daran teilzunehmen. Wir fanden das alle eine wunderbare Idee und wünschten Dolma viel Glück, aber wer sollte nun in ihrem Zimmer wohnen und die Miete dafür bezahlen? Ram kam nicht in Frage, denn Jayapal hatte ihn zu einem Geschäftsbesuch in Sachen Hito nach Bali eingeladen. Er wollte erst Ende Februar zurück sein.

Astha und ich hafteten als Unterzeichner des Mietvertrages dafür, daß die Miete pünktlich bezahlt wurde, aber wir beschlossen, uns keine Sorgen zu machen. Immer mehr hatten wir das Gefühl, daß die Dinge sich nach einem verborgenen Regieplan zu unseren Gunsten ordneten, daß alles, was wir erlebten, nicht zufällig geschah, sondern eine tiefere Bedeutung hatte. Diese Ahnung, daß es keine Zufälle im Leben gibt, ist Suchern wohlvertraut. Wir spürten deutlich, daß wir nicht zufällig in Santa Barbara waren, sondern daß wir hier, fern vom hektischen und häßlichen Getümmel der Großstädte, sozusagen unter freundlichen Bedingungen, etwas dazulernen sollten.

Das Wichtigste war wohl, *Vertrauen* zu lernen. Vertrauen ist die Kunst des Loslassenkönnens. Keine Erwartungen, Hoffnungen, Wünsche mehr – loslassen! Wenn wir uns im Zustand des Loslassens befanden, erlebten wir immer wieder, daß wir im richtigen Augenblick genau das kriegten, was wir brauchten. Das heißt nicht, daß uns die gebratenen Tauben in den Mund flogen – wir mußten uns tummeln, damit Geld ins Haus kam. Es bedeutete auch nicht, daß wir das kriegten, was wir gerne haben *wollten.* Nein, wir kriegten, was wir *brauchten* – nicht mehr, aber auch nicht weniger.

Unsere Eltern und Lehrer haben uns eingebläut, daß wir uns in einer feindlichen Welt behaupten müssen. Daß es wichtig ist, der Konkurrenz immer eine Nasenlänge voraus zu sein. Daß wir Pläne schmieden und sie beharrlich verfolgen müssen. Daß Lebensglück vom beruflichen Erfolg abhängt. Daß uns nichts geschenkt wird. Daß rostet, wer rastet. Daß Müßiggang aller Laster Anfang ist. Daß Mißtrauen gesund und daß Kontrolle besser ist als Vertrauen.

Die meisten Menschen versuchen, nach diesen Prinzipien zu leben. Die Erfolgsmenschen sind ehrgeizig und dynamisch, fleißig und rücksichtslos und machen aus der Welt ein Irrenhaus. Und die Versager, diejenigen, die nicht so schnell und nicht so schlau sind, werden ängstlich, verlieren die Selbstachtung, nehmen Drogen. Beide sind gute Klienten für die Psychotherapeuten. Weder der Erfolgsmensch noch der Versager hat eine Chance auf Glück. Denn Glückseligkeit gibt es nur in der Liebe, und Liebe wächst nicht in einem Klima der Konkurrenzangst und des Mißtrauens. Liebe ist die höchste Form des Vertrauens.

Wir mußten alles vergessen, was die Eltern, die Lehrer, die Professoren, die »Gesellschaft« uns eingetrichtert hatten. Wir versuchten, die Weisheit der Taoisten zu beherzigen. »Still sitzen. Nichts tun. Der Frühling kommt, und das Gras wächst ganz von allein.« Das ist die Philosophie des Vertrauens, die uns das Tao lehrt. Wir haben sie nicht so verstanden, daß wir am St. Francis Way die Hände in den Schoß legen sollten. Mit still sitzen und nichts tun beschreiben die Taoisten die meditative Lebenshaltung. Still sitzen heißt innerlich still sein, heißt die Geschwätzigkeit des Kopfes zum Schweigen bringen. Nichts tun heißt vertrauen können, loslassen können, geschehen lassen können. Still sitzen und nichts tun bedeutet den Verzicht darauf, das Leben kontrollieren zu wollen, bedeutet die Einsicht, daß das Gras ganz von allein wächst, daß wir es nicht aus dem Boden zu ziehen brauchen, daß *wir* die Grashalme sind, die das Universum zur rechten Zeit wachsen läßt.

Wir waren von Kindesbeinen an wie Rennpferde dressiert worden; nun war es an der Zeit, das Tempo zu verringern. Es war ein interessantes Experiment, denn wir lebten in einer Welt, die total unter dem Einfluß der materialistischen Hypnose stand: Time is money! Tummle Dich und mach Kohle! »Live in the fast lane!« Aber wir hatten keine Lust mehr, unser Leben auf der »Überholspur« zu leben. Wir nahmen das Gas weg. Wir schalteten ein paar Gänge zurück. Wir waren nicht darauf aus, viel

Geld zu verdienen – wir wollten viel freie Zeit haben. Wir wollten unsere Energien umorientieren – von außen nach innen, von schnell auf langsam, von Hast auf Besinnlichkeit, von blindem Eifer auf bewußtes Nichtstun. Der niedrigste Gang – jeder Autofahrer weiß das – hat den stärksten Antrieb.

Ich wartete immer noch auf den großen Durchbruch. Meine stilvollen Abende mit der Baronin waren – vor allem für meine Freunde in der Wohngemeinschaft – eine niemals versiegende Quelle der Heiterkeit, aber sie brachten nur achtzig Dollar im Monat – noch nicht einmal ein Viertel meiner Miete. Es war ein lustiger Job, und manchmal konnte er sich sogar zu Spitzenerlebnissen steigern – so zum Beispiel, als ich die Baronin zu einem Konzertabend mit dem israelischen Stargeiger Itzhak Perlman und dem Philadelphia-Symphonie-Orchester begleitete. Ein kultureller Hochgenuß mit einer nur geringfügigen Einschränkung, die darin bestand, daß die Baronin glaubte, ihre goldene Kreditkarte verloren zu haben, und ich – ihrem stürmischen Drängen nachgebend – auf dem Parkettboden des Konzertsaals herumkroch, um die Karte unter den benachbarten Stühlen zu suchen. (Drei Tage später tauchte sie in einer anderen Handtasche auf.) Der Job mit der Baronin war meine einzige sichere Einnahme in jenen ersten Monaten in Santa Barbara, und ich werde dieser freundlichen und gefährdeten Seele ewig dankbar dafür sein, daß sie gerne mit mir zum Essen ausging. Für meinen Lebensunterhalt freilich reichte es nicht. Und auf die Fensterputzerei war kein Verlaß, obwohl ich die Flinte noch nicht ins Korn geworfen, sondern sogar eine neue Taktik entwickelt hatte. Ich rückte jetzt immer gleich mit meinem Handwerkszeug an. Das heißt, ich hatte meinen Eimer in der Hand und die Windeln und Scheibenreiniger im Gürtel, wenn ich von Tür zu Tür ging und meine Dienste anbot. Auf diese Weise, so hoffte ich, konnte ich der Konkurrenz um eine Nasenlänge voraus sein: Mit der Konkurrenz mußte man telefonisch einen Termin ausmachen – ich aber stand leibhaftig, dynamisch und einsatzbereit schon auf der Matte und konnte sofort loslegen. Tatsächlich habe ich ab und zu einen Auftrag an Land gezogen, aber ob das nun an meiner neuen Taktik lag oder einfach daran, daß die Regenzeit vorüber war und die Fensterputzsaison begonnen hatte, vermag ich nicht zu sagen. Wie auch immer – die Fensterputzerei war keine Existenzgrundlage. Sie brachte ein Zubrot, mehr nicht, und auch meine eleganten neuen Businesskarten änderten daran nichts. Ich hatte sie im Stahlstich drucken lassen – schlicht aber nobel:

Clean Windows?
Call Andy
682–6870

Fünfhundert Karten liegen heute noch in meinem Schreibtisch.
Eines Tages erregte eine Kleinanzeige in der »News Press« meine Aufmerksamkeit: »›*Easy Lift*‹ needs driver with chauffeur license. But will also train. Call Aylene 967–4605.« Ich hatte keine Ahnung, wer »Easy Lift« war, rief aber sofort Aylene an. Ich sei Busfahrer in Oregon gewesen, sagte ich. Sie fragte, ob ich einen kalifornischen Busführerschein hätte. Ich hatte nur eine Lizenz aus Oregon, die in Kalifornien nicht gültig ist. »Macht nichts«, sagte Aylene, »komm trotzdem mal vorbei!«
Eine halbe Stunde später betrat ich das Easy-Lift-Büro. Es war eines von diesen ebenerdigen Büros, die man von der Straße aus durch die stets offene Tür betritt und dann gleich mitten ins Geschehen eintaucht. Es war Anfang März, aber auf dem Tisch neben der Tür stand ein mit bunten kleinen Glühbirnen geschmückter Weihnachtsbaum aus Plastik. Die Glühbirnen brannten, was auf anhaltende Weihnachtsstimmung bei Easy Lift schließen ließ. Der Weihnachtsbaum stand schräg auf der Kippe, bedrängt von zwei alten Lastwagenreifen. Zum Weihnachtsschmuck gehörten noch zwei mit Senf verschmierte Pappteller, auf denen angefressene Hot dogs lagen, zwei leere »Sprite«-Dosen und eine leere, offene Pralinenschachtel. Unter dem Tisch befand sich ein offener Karton mit Penzoil-Motoröl in Plastikbehältern.
»Hi!« rief ich in die dämmrige Tiefe des Raumes. Als sich meine Augen an das schwache Licht gewöhnt hatten, tauchten die groben Umrisse einer Person auf, die wie eine ungeheure Qualle über den schmalen Sitz eines Büroschemels schwappte. »Hi!« rief sie mit heller Stimme. Eine Frau also. Sie starrte auf die Mattscheibe eines Computers, und ich sah, daß diese Frau ihre auseinanderfließende Form irgendwie in Bluejeans gepreßt hatte. Obenherum wurde sie von einer grell geblümten Nylonbluse zusammengehalten, die sich über ihre fast unabsehbare Brustweite straffte. Sie beugte sich breitbeinig über das Computer-Keyboard, ein Bild wuchtiger Konzentration.

»Hi!« sagte sie und tippte in die Maschine, »I'm Carol! Come on in!« Der Computer-Drucker prasselte. Aus dem Lautsprecher der Funkanlage krächzte es: »Bus acht an Easy Lift! Bus acht an Easy Lift!«
»Leg los, Norman! Over«, sagte Carol und beugte sich zu einem Tischmikrofon vor, das aus den Papiermassen auf ihrem Schreibtisch herausragte. Das Telefon klingelte. Sie nahm ab und klemmte den Hörer mit der Schulter ein, damit sie die Hände für den Computer frei hatte. »Easy Lift Transportation!« sagte sie ins Telefon, während Norman aus dem Lautsprecher tönte: »Die Betty Riverman ist eine ›No Show‹. Ich klingele seit fünf Minuten an der Tür, und ...«
»Hold it, Norman! Over«, rief Carol. Dann ins Telefon: »Bitte bleiben Sie einen Moment dran ...« Zurück zu Norman: »Typisch Betty! Die hat wieder ihr Hörgerät nicht angeschmissen. Ich rufe die gleich mal an. Das Telefon hört sie besser. Bleib, wo du bist, Norman! Over.«
Norman: »Ten four!«
Carol ins Telefon: »Was kann ich für Sie tun?«
Während sie zuhörte, tippte sie weiter auf dem Computer, griff zum Kugelschreiber, machte eine Notiz. »Ich hab' das notiert: Freitag 12.30 Uhr, 640 Ost Anapamu ... Ist das korrekt? Okay? Also 640 Ost Anapamu zum Cottage Hospital. 14 Uhr zurück. Was? Ja, hin und zurück drei Dollar. Danke. Gern geschehen.« Sie legte den Hörer auf, nahm ihn wieder ab, wählte eine Nummer, tippte weiter, während sie auf Antwort wartete. »Hallo Betty? Haben Sie Ihr Hörgerät eingeschaltet? Nein? Dachte ich mir doch! Der Norman steht seit einer halben Stunde vor der Tür und klingelt Sturm ... Okay, okay. Nicht so schlimm. Kann ja mal passieren. Bye-bye!«
Sie beugte sich zum Funkmikrophon vor: »Easy Lift an Bus acht!«
»Bus acht. Ten Four.«
»Norman, die Betty kommt gleich raus. Over.«
»Wieder das Hörgerät, was? Over.«
»Ja, die alte Geschichte. Over.«
»Bus acht, over.«
Während sie auf dem Computer tippte, telefonierte und mit Norman sprach, war mir der Kontrast zwischen ihrem plumpen Körper und ihrem fein geschnittenen Profil aufgefallen. Sie bewegte ihre imposante Masse mit einer tänzerischen Grazie, als sie – ohne sich auf der Tischplatte aufzustützen – von ihrem Büroschemel hochkam, die Fäuste in

die Hüften stemmte und ein paar schnelle, fast kokette Kniebeugen andeutete. »Man muß was für die Linie tun, wenn man den ganzen Tag im Büro hockt«, sagte sie gut gelaunt, feuerte mit der Spitze ihrer Birkenstock-Sandale eine leere Cola-Dose unter den Schreibtisch und nahm wieder Platz.

«Ich wette, daß Sie Andrees sind«, sagte sie.

»So ist es. Ist Aylene da?«

Carol nickte, wickelte zwei fetttriefende Doughnuts aus einer Papierserviette, legte den Kopf zurück und ließ den einen Doughnut zur Hälfte in ihrem weit geöffneten Mund verschwinden. Ein paar gezuckerte Brösel fielen in den Ausschnitt ihrer Bluse, und während sie noch zubiß, versuchte sie die Krumen mit den erstaunlich zarten Fingern ihrer freien Hand aus dem Büstenhalter zu fischen. Einen erwischte sie und schob ihn hinter dem Schmalzgebäck her.

»Willst du?« fragte sie und streckte mir den anderen Doughnut entgegen. Ich lehnte freundlich ab. Sie stopfte den zweiten Doughnut in ihren Mund, kaute kräftig, drehte sich in ihrem Büroschemel zu einer halb offenstehenden Tür um und rief: »Aylene! Andrees ist hier!«

»Schick ihn rein!«

Carol gab mir mit einer Kopfbewegung in Richtung Tür zu verstehen, daß ich bei Aylene antanzen konnte.

»Hi, Andrees!« rief Aylene aus vollem Mund. Auch eine zweite Dame, die ich zunächst nur von hinten sah, kaute kräftig, als sie sich zu mir umwandte. Sie saßen sich an Aylenes Schreibtisch gegenüber und nahmen mit kleinen fettigen Fingern eine wagenradgroße Pizza auseinander, die in einem geöffneten Karton zwischen ihnen lag. Diese beiden Frauen waren mindestens ebenso imposante Erscheinungen wie Carol. Mit gespreizten Ellbogen, gekrümmten Rücken und vorgeschobenen Köpfen beugten sie sich über die Tischplatte vor – zwei kolossale Nagetiere bei der Fütterung. Sie schenkten mir nur einen flüchtigen Blick, und dann waren sie wieder bei ihrer Pizza, die sie schmatzend, stumm und lustvoll in sich hineinstopften.

Aylene schob den leeren Pizzakarton über den Rand der Tischplatte, wischte sich mit dem Handrücken den Mund ab, lächelte zufrieden wie ein sattes Baby und sagte, während sie auf ihre Partnerin am Schreibtisch deutete: »Andrees, das ist Molly. Molly weist unsere Fahrer ein.«

Molly drehte sich wieder zu mir um. »Hi, Andrees«, sagte sie und rang nach Luft, so als habe sie sich von dem Pizza-Massaker noch nicht erholt. »Nett, dich zu sehen.« Sie war ein freundlicher, blasser Kloß mit schwarzen Ringellocken, die ihr kokett in die runde Stirn fielen.

Aylene bot mir den freien Stuhl zu ihrer Linken an, rupfte ein Kleenex aus der Schachtel, nahm ihre Brille vom Gesicht und putzte die dicken Gläser. Sie schaute mich mit kleinen, tiefsitzenden Augen an, straffte ihren massigen Oberkörper und wurde dienstlich: »Wir brauchen jemanden, auf den man sich verlassen kann.«

»Da komme ich ja gerade richtig«, sagte ich und trat mit dem Fuß auf eine glitschige Masse. Erschreckt schaute ich unter den Schreibtisch – aber es war nur eine Bananenschale.

»Ist was?« fragte Aylene mißtrauisch.

»Nur eine Bananenschale.« Ich lächelte positiv.

Aylene rollte ihren Bürostuhl ein wenig zurück, entdeckte die Bananenschale, beugte sich vor, um sie aufzuheben, erreichte sie aber nicht, weil ihr die eigene Fülle im Wege war, und gab auf. Ich hob die Schale mit spitzen Fingern auf. Aylene reichte mir den Papierkorb und sagte: »Haben Sie Erfahrung mit alten Menschen, Andrees?«

»Natürlich, ich bin doch selber ein alter Mensch!«

»Haha«, kicherte Aylene und schlug sich mit ihren kleinen Patschhändchen auf die Backen wie ein schüchterner Teenager. Ich hatte fast den Eindruck, daß sie ein bißchen mit mir flirten wollte. »A dirty old Man, was?« kicherte sie.

»Das ist nur ein Gerücht«, sagte ich und grinste unverschämt. Ich wollte den Job haben, um jeden Preis, denn ich brauchte dringend Geld, und Easy Lift mit den drei dicken Frauen gefiel mir. Das Büroambiente erschien mir freilich etwas merkwürdig, und ich hoffte, daß die Fahrzeuge der Firma anders aussahen. Auf dem Sideboard neben Aylenes Schreibtisch welkten Rosen in einer Konservendose. Die Familienfotos der Chefin waren halb verdeckt von einer rostigen Lichtmaschine und anderen Autoersatzteilen. In der Ecke stand ein gläserner Trinkwasserballon auf einem Metalltisch; die Pappbecher, die dazugehörten, waren aus der Halterung gerutscht und lagen verstreut zwischen leeren Cola-Dosen, Papierknäueln, abgebrannten Streichhölzern und schmierigen Plastiktellern. Der Teppichboden war blau oder graublau, so genau konnte man es nicht erkennen, denn er war mit Ölflecken und Dreck übersät und an den Türschwellen löste er sich in Fetzen auf. Spinnweben hingen an der Decke, die einmal weiß gewesen sein mußte, und an der Wand, dem Sideboard gegenüber, waren ausrangierte Bussitze aufgestapelt. Durch die Ritzen der Klotür drang bestialischer Gestank. Das Tageslicht wurde von blinden Fensterscheiben gedämpft. Die Klimamaschine war außer Betrieb und hing schräg aus ihrem Holzrahmen, so als hätte der Mechaniker mitten in der Reparaturarbeit die Lust verloren.

»Und Sie waren Busfahrer in Oregon? Wo denn da?« Aylene lehnte sich zurück und verschränkte ihre Arme, die wie zwei feiste Würste aus den kurzen Ärmeln ihrer cremefarbenen Bluse quollen.

»In Rajneeshpuram.« Ich war sicher, daß sie damit nichts anfangen konnte, aber ich hatte mich getäuscht. »War da nicht dieser Guru? Dieser Bursche, den sie rausgeschmissen haben?«

»Genau!«

»Sind Sie ein Anhänger von dem, Andrees?«

»Ja«, sagte ich fröhlich. »Ich finde den total abgefahren.«

»Ach«, sagte Aylene, »das ist ja witzig!« Und Molly rutschte aufgeregt auf ihrem Stuhl und sagte: »Das ist ja irrsinnig interessant, Andrees. Da würde ich gerne mal mehr von Ihnen hören, okay?«

»Aber nicht jetzt«, sagte Aylene streng. »Jetzt müssen wir mal sehen, daß wir hier zu Potte kommen. Würden Sie denn auch sonntags fahren können, Andrees?«

»Klar, wann immer Sie wollen!«

»Wir brauchen Sie als Teilzeitfahrer, Andrees. Montags und Mittwochnachmittag und sonntags.«

»Nur als Teilzeitfahrer?«

»Während der Ferienzeit ist mehr zu tun.«

Teilzeit oder Vollzeit – mir war alles recht, und auch als ich hörte, daß es nur 5,50 Dollar pro Stunde gab, war ich einverstanden. Ich wollte den Job haben. »Wenn Sie sich bewähren«, sagte Aylene feierlich, »kann ich nach einem Monat schon auf sechs Dollar raufgehen.«

Ich streckte meine Hand über den Schreibtisch und sagte: »Abgemacht!« Aylene zögerte einen Augenblick verblüfft. Dann gab sie mir ihr dickes Patschhändchen und strahlte wie ein glückliches Kind. »Abgemacht, Andrees!« Molly würde mit mir ein paar Stunden im Bus fahren und mich einweisen. Ich würde mich untersuchen lassen und eine ärztliche Gesundheitsbescheinigung beschaffen. Dann würde ich mit

einem Easy-Lift-Bus zum Department für Motor Vehicles fahren und dort eine kalifornische Führerscheinprüfung für Busfahrer ablegen. In spätestens einer Woche konnte ich anfangen.
Die gemeinnützige Firma »Easy Lift Transportation« betreute mit ihren zehn Bussen geistig und körperlich behinderte Menschen wie ein billiges Taxiunternehmen. Mein Job würde es also sein, alte Leute, Krüppel und Geistesgestörte in der Stadt herumzufahren, zu Ärzten, Verwandten, Krankenhäusern, Schulen und so weiter. »Die geistig Behinderten sind besonders liebe Menschen«, sagte Aylene. Carol tauchte in der Tür auf und rief: »Haben wir einen neuen Fahrer?«
»Andrees!« rief Aylene begeistert und wuchtete sich aus ihrem Sessel hoch. Die drei dicken Frauen umringten mich und lachten, und ich kam mir in ihrer Mitte wie ein Zwerg vor.
»Herzlichen Glückwunsch!« rief Aylene und klopfte mir mit ihrem dikken Händchen auf die Schulter, und ich hatte zum ersten Mal das Gefühl, in Santa Barbara zu Hause zu sein.

Schon am nächsten Tag war ich mit Molly in einem Easy-Lift-Bus unterwegs, einem Spezialfahrzeug mit Klappsitzen und einem hydraulischen Aufzug, mit dem man Rollstuhlfahrer an Bord hieven konnte. Wenn alle Sitze hochgeklappt waren, hatten sechs Rollstuhlfahrer Platz. Molly schärfte mir ein, daß jeder Rollstuhl mit Schnallen befestigt werden mußte. Für die Schnallen, die in einem Korb hinter dem Fahrersitz lagen, gab es spezielle Halterungen am Boden des Fahrzeugs. Mindestens drei Schnallen war die Vorschrift.
Es gab viele Vorschriften. Vor Antritt der Fahrt mußte der Bus an Hand einer Liste durchgecheckt werden. Ölstand für Motor und Hydraulik, Benzin, Lichtanlage, Bremsen, Reifendruck, Wasserstand, Aufzug, Verbandskasten ... Der Fahrer hakte die einzelnen Punkte auf der Liste ab und gab sie bei Ende der Fahrt mit den anderen Unterlagen im Büro ab. Auf einem Fahrplan, den der Computer ausgedruckt hatte, konnte der Fahrer sehen, wen er wann und wo abholen mußte, ob der Passagier im Rollstuhl saß oder sich aus eigener Kraft bewegen konnte, ob er Cash zahlte oder umsonst fahren durfte. Bei jeder Station mußte der Fahrer seine Ankunftzeit und den Kilometerstand in seine Computerliste eintragen. Wichtig war auch, daß er kurz nach Antritt der Fahrt die Funkverbindung mit der Zentrale überprüfte und daß er unterwegs

ständig dem Funksprechverkehr mit den Fahrern folgte, denn es war so gut wie sicher, daß Carol auch für ihn gelegentlich eine wichtige Mitteilung hatte.

Der Fahrer war gehalten, seinen Bus sanft zu bewegen. Langsam anfahren, vorsichtig bremsen, vor allem auch auf Unebenheiten der Straße achten, denn die Rollstühle waren nicht gefedert. Damit die Kranken nicht aus den Stühlen fielen (viele konnten sich nicht festhalten), mußten sie mit gepolsterten Gurten angeschnallt werden. Am Ende jeder Fahrt mußte der Fahrer die Gurte wieder einsammeln. Wenn er es vergaß, konnte es passieren, daß seine Gurte mit irgendwelchen Rollstuhlfahrern unterwegs waren und er keine Gurte mehr an Bord hatte. Mit einem nicht angeschnallten Passagier an Bord durfte aber ein Easy-Lift-Bus nicht bewegt werden – erstens, weil es polizeilich verboten war, und zweitens, weil die Versicherung für ein nicht angeschnalltes Unfallopfer kein Geld rausrückte.

Je mehr ich über den Job von Molly erfuhr, desto mehr Respekt flößte er mir ein, zumal meine Ortskenntnis von Santa Barbara trotz meiner Arbeit für »Dick's Telephone Sales Promotion Inc.« nicht besonders gut war. Molly zeigte mir wenigstens jene Plätze, die der Easy-Lift-Fahrer regelmäßig besuchte: das Krebsbestrahlungs-Institut vom Cottage Hospital (besonders denkwürdig, weil der Fahrer die überdachte Anfahrt in einem speziellen Winkel anstechen mußte, um zu vermeiden, daß das Busdach an der gefährlich niedrigen Betondecke hängenblieb!), das städtische Rehabilitationszentrum für Körperbehinderte, kurz REHAB genannt, das sogenannte Hillside-House, ein Heim für Schwerbehinderte und Geistesgestörte, die Wohlfahrtsklinik, die städtische Psychiatrie und diverse Altersheime und Altenpflegeheime.

Nach fünf Tagen machte ich meinen kalifornischen Busführerschein, und ein Arzt bescheinigte mir für 55 Dollar, daß ich kerngesund war. An einem denkwürdigen Montag im März, pünktlich um 12.14 Uhr, meldete ich mich zum ersten Mal bei Easy Lift zum Dienst. Meine Chefin Aylene kam extra aus ihrem Büro ins Vorzimmer, um mich moralisch aufzurüsten. »Laß dich nicht aus der Fassung bringen«, sagte sie gutmütig. »Am Anfang gibt's manchmal Schwierigkeiten. Das ist ganz normal.« Schon eine halbe Stunde später war ich ihr für diesen guten Rat von Herzen dankbar. Carol gab mir meinen Computerfahrplan, eine Tüte fürs Fahrgeld und die Checkliste. Ich fuhr Bus neun.

Ich hatte fünfzehn Minuten Zeit, die Fahrtüchtigkeit von Bus neun zu überprüfen. Es fehlte Kühlwasser, also ging ich zurück ins Büro, bat Carol um ein Gefäß und holte Wasser aus dem Klo. Es fehlten auch zwei Liter Öl. Also ging ich wieder ins Büro und holte zwei Plastikbehälter mit Penzoil aus dem Karton unter dem Weihnachtsbaum. Die fünfzehn Minuten waren verstrichen. Außer Wasser und Oel hatte ich nichts überprüft, aber es war höchste Zeit, denn in zehn Minuten sollte ich schon im »Beverly-Manor«-Pflegeheim in Santa Barbara sein, um George abzuholen und zum City College zu bringen. Und ich war draußen in Goleta, zehn Kilometer entfernt. Also nichts wie los! Ein paar Sachen wie die Bremsen und die Innenbeleuchtung konnte ich unterwegs überprüfen.

Auf der Autobahn griff ich zum Funkmikrofon und drückte die Taste. »Van nine to Easy Lift! Van nine to Easy Lift!« Carol meldete sich: »I can hear you loud and clear, Andrees. How is it going? Over.«

»Was??«

»Wie's geht, wollte ich wissen. Over.«

»Ach so. Gut geht's. Over.«

»Great! Easy Lift ten four.«

»Van nine ten four«, meldete ich mich ab, und im selben Augenblick entdeckte ich, daß der Zeiger der Benzinuhr sich dem roten Reservebereich näherte. Ich schaltete auf den zweiten Benzintank um. Der war völlig leer. Holy Shit! Ich hätte natürlich beim Bus-Check sehen müssen, daß fast kein Benzin da war. Nun entfernte ich mich mit 55 Meilen pro Stunde von der Firmentankstelle in Goleta. Eine zweite Tankstelle, die Easy-Lift-Fahrer benutzen konnten, lag am anderen Ende von Santa Barbara. Ich schaute auf die Uhr: In drei Minuten sollte ich bei George sein. Aber wo genau lag das Pflegeheim »Beverly Manor«?

Während ich das Tempo auf 65 m/h steigerte und mißtrauisch nach Polizeiwagen Ausschau hielt, breitete ich einen Stadtplan auf dem Steuerrad aus und versuchte, die Adresse von »Beverly Manor« zu finden. Ein schrilles Hupsignal von hinten! Ich war aus Versehen in eine andere Spur geraten. Im Rückspiegel sah ich, wie der Fahrer, der mich gerade überholen wollte, empört mit den Fäusten aufs Steuer schlug und mir einen Vogel zeigte. Mein Stadtplan rutschte auf den Boden, und ich verpaßte die »La-Cumbre«-Ausfahrt, die ich hätte nehmen müssen. Ich fuhr zwei Kilometer weiter zur nächsten – »Las Positas«.

Blick auf die Uhr: für George war ich schon fünf Minuten zu spät. Das erste Rotlicht vor der Autobahnbrücke. Ich stoppte und stellte mit Genugtuung fest, daß die Bremsen funktionierten. Während ich auf grün wartete, nahm ich den Stadtplan vom Boden auf und suchte fieberhaft nach meiner Adresse. Endlich wurde ich fündig. Schrilles Hupgetöse hinter mir! Ich hatte nicht bemerkt, daß die Ampel auf grün geschaltet war, und die Fahrer hinter mir sauer wurden. Ich streckte den Arm aus dem Fenster und machte das Fuck-you!-Zeichen. Vollgas und zurück auf die Autobahn. Bei »La Cumbre« raus, aber bei der nächsten Ampel aus Versehen falsch abgebogen. Es wurde heiß im Bus neun.
»Easy Lift an Bus neun! Easy Lift an Bus neun!« tönte es aus dem Lautsprecher. Ich fühlte mich nicht betroffen. Ich suchte die Encitas-Straße und das »Beverly Manor«.
»Easy Lift an Bus neun! Easy Lift an Bus neun!«
Blick auf die Uhr: fünfzehn Minuten zu spät.
»Easy Lift an Bus neun! Easy Lift an Bus neun... He, Andrees, wo steckst du denn?«
Andrees? Da war *ich* wohl gemeint! »Bus neun an Easy Lift!« rief ich ins Mikrofon. Carol, etwas ungehalten: »Andrees, wie lange brauchst du denn noch bis zum ›Beverly‹? Over.« Ich konnte kein Wort verstehen.
»Nix verstehen!« rief ich. »Zu laut im Bus!«
»Easy Lift an Bus neun!« rief Carol.
»Ich kann mein eigenes Wort nicht verstehen. Was ist los??«
»Andrees, das ›Beverly‹ fragt an, wo du bleibst? Wo steckst du denn? Over.«
»Moment, ich verstehe nichts. Ich parke mal eben den Bus. Over.« Ich nahm das Tempo weg und hielt nach einer Parklücke Ausschau. »Easy Lift an Bus neun! Easy Lift an Bus neun!« nervte Carol. Endlich eine Parklücke. Ich stellte den Motor ab und griff zum Mikrofon. »Bus neun an Easy Lift!«
Carol, schon resignierend: »Wir wollten bloß mal wissen, wie lange du noch bis zum ›Beverly‹ brauchst. Over.«
»Ach so. Ich bin schon so gut wie da. Was ist denn?«
»George wartet seit zwanzig Minuten, Andrees. Over.«
Fuck you, dachte ich. Soll er doch warten. Nur mit der Ruhe! Nur nicht durchdrehen! Gemessen an kosmischen Vorgängen ist es völlig bedeutungslos, ob George wartet oder nicht. »Bus neun, ten four!« meldete ich

mich ab und hängte das Mikrofon ein. Fünf Minuten später fuhr ich beim Pflegeheim Beverly Manor vor. Vor der Glasschwingtür wartete George in seinem Rollstuhl. Ich vermutete jedenfalls, daß es George war, denn er hatte den Kopf wie ein Kampfstier gesenkt und schaute mich – Empörung im Blick! – aus den Augenwinkeln von unten her an. Er scharrte erregt mit seinen Turnschuhen auf dem Asphalt der Auffahrt, fuchtelte hektisch mit den dünnen Armen und stieß unartikulierte Schreie aus.

»Bist du George?« fragte ich sicherheitshalber, denn ich hatte keine Lust, mit dem falschen Passagier zum City College zu fahren. Er warf den Kopf nach hinten, verdrehte die Augen, bis nur noch das Weiße der Augäpfel zu sehen war und schlug mit der Faust auf sein kleines Rollstuhltischchen ein. War er nun George oder nicht? Ich ließ ihn erst mal stehen, ging durch die Glasschwingtür und fragte die Dame am Empfang, ob das George war, der da draußen so energische Aussagen machte. »Allerdings«, sagte die Dame pikiert. »Sein Computer-Kurs im City College hat vor zehn Minuten angefangen. Natürlich ist er ungehalten!« Sie durchbohrte mich mit grauen Polareisaugen, und ich setzte mich im Rückwärtsgang ab.

»Sorry, George«, sagte ich und löste die Bremsen seines Rollstuhls. »Ich heiße Andrees. Bin neu bei Easy Lift. Kenne mich noch nicht so gut aus, okay?« George gelang es, mit der linken Hand die rechte abzufangen, die immer noch auf das Tischchen hämmerte. Er legte das Kinn auf die Brust und beruhigte sich. Ich fuhr seinen Rollstuhl an den Bus heran und versuchte, den Lift zu bewegen. Aber der Aufzug rührte sich nicht. Ich drückte sämtliche Knöpfe – nichts! George war außer sich. Er trampelte mit den Füßen auf den Boden, schlug mit beiden Armen um sich, warf den Kopf hin und her, gab gurgelnde Laute der Empörung von sich. Ich griff zum Mikrofon. »Bus neun an Easy Lift! Bus neun an Easy Lift!«

»Schieß los, Andrees! Over.«

»Der Lift bewegt sich nicht! Over.«

Pause …

»Bus neun an Easy Lift!«

»Ja, Andrees. Was ist mit dem Lift? Over.«

»Der rührt sich nicht! Over.«

»Bus zwei an Bus neun!« meldete sich eine tiefe Männerstimme. »Go

ahead. Over«, sagte ich zu dem Fahrer von Bus zwei. Draußen gebärdete sich George und wurde immer nervöser.
»Hier spricht Bill. Hast du die Handbremse angezogen, Andrees? Over«, fragte die tiefe Stimme. Ich hatte die Bremse *nicht* angezogen, und erinnerte mich jetzt, daß der Lift nur bei angezogener Handbremse funktionierte. »Schönen Dank, Bill! Over«, rief ich, zog die Bremse an, fuhr den Lift aus, rollte George an Bord, ging auf die Knie und schnallte seinen Rollstuhl an. Er tobte und tobte, und Speichel floß aus seinem Mund, der eingefallen war wie ein Krater. Ich war darauf gefaßt, daß er mir mit seinen kleinen verkrampften Fäusten ein paar hinter die Ohren knallen würde. Aber so weit ging er nicht.
Während ich noch an seinem Rollstuhl arbeitete, fiel mir ein, daß ich bei Abfahrt meinen Kilometerstand nicht eingetragen hatte. Scheiß drauf – ich konnte mich jetzt nur noch um das Wesentliche kümmern. George sollte Cash bezahlen, hieß es in meinem Computerfahrplan. »Geld?« fragte ich und rieb meinen Daumen und Zeigefinger zusammen. George legte den Kopf auf die Seite, schaute aus den Augenwinkeln scharf nach links unten, bewegte die linke Hand, den Zeigefinger nach unten gerichtet, ruckartig hin und her, lallte etwas Unverständliches und blickte mich mit einem Ausdruck herzzerreißender Hilflosigkeit an. Ich kam mir vor wie ein Idiot, weil ich nicht verstand, was er mir sagen wollte. Plötzlich entdeckte ich den Umschlag, der mit Tesafilm an der Lehne seines Rollstuhls festgeklebt war. Ich legte den Finger darauf. »Ist das Geld da drin?« George riß den Mund weit auf und seine Augen leuchteten. Er brachte keinen Ton heraus, und sein stummes Lachen fuhr mir wie ein Messer ins Herz. Er war glücklich darüber, daß wir uns zum ersten Mal verstanden hatten. Ich nahm das Geld an mich und steckte es in meine Tüte.
Wir kamen mit 35 Minuten Verspätung am City College an, und ich war traurig darüber, daß George einen guten Teil seines Computerkurses verpaßt hatte. Es überraschte mich, daß er überhaupt in der Lage war, an einer solchen Lehrveranstaltung teilzunehmen. Er wirkte vollkommen behindert und wurde wahrscheinlich auch von den meisten Menschen so behandelt. Aber der menschliche Geist kann auch in den geschundensten Körpern Triumphe feiern, und daß in manchen verkrüppelten Leibern die schönsten Seelen wohnen, war eine der wichtigsten Erfahrungen, die ich als Easy-Lift-Fahrer machte.

Meinen nächsten Termin hatte ich längst verpaßt. Carol sagte mir über Funk, daß Bill für mich eingesprungen sei und daß ich gleich zum städtischen Altentagesheim in die Hollister-Straße fahren sollte, um Dorothy abzuholen und nach Hause zu bringen. Dorothy – etwa 75 Jahre alt, aber rüstig und energisch – schob ihren breitkrempigen Hut ins Genick, raffte mit der Linken ihren Rock, hielt sich mit der Rechten am Griff neben der Bustreppe fest und wuchtete sich mit erstaunlicher Behendigkeit an Bord. »Wer bist *du* denn?« Sie schaute mich mißmutig von oben bis unten an. »Andrees«, sagte ich. »Ich bin ein neuer Fahrer.« Sie hielt mir eine Fahrscheinkarte entgegen, in die ich ein Loch knipsen mußte. »Das sehe ich, daß du ein Neuer bist«, sagte sie. Ich knipste ihre Karte ab, und sie ließ sich auf den Sitz hinter mir fallen. Ich beobachtete sie im Rückspiegel und wartete darauf, daß sie sich anschnallte. »Na, was ist? Geht's los oder nicht?« Sie begegnete meinem Blick im Spiegel und schob ungeduldig ihren Hut zurecht. »Kannst du dich selber anschnallen?« fragte ich. »Natürlich!« bellte sie und schnallte sich an.
Unterwegs machte ich einen verwegenen Versuch, sie mit meinem Charme zu erobern. »Was treibt ihr denn da so im Tagesheim?« fragte ich und lächelte ihr im Rückspiegel zu. »Bingo«, schnarrte sie.
»Bingo?« rief ich. »Dorothy, du siehst aus, als hättest du eine Million Dollar im Bingo gewonnen!«
»Quatsch!« rief sie. »Wenn ich 'ne Million Dollar hätte, dann würde ich nicht in diesem beschissenen Bus fahren!«
Den Rest der Fahrt verbrachten wir schweigend. Als ich sie abgesetzt hatte, teilte ich Carol über Funk mit, daß ich nun erst mal tanken müßte. Wieso denn das, wollte sie wissen, und ob ich denn beim Fahrzeugcheck nicht gemerkt hätte ... und so weiter und so weiter, und sie fragte alle Easy-Lift-Fahrer, ob jemand Zeit hätte, meinen nächsten Auftrag zu übernehmen, damit ich erst mal zum Tanken fahren konnte. Norman sprang ein. »Thank you, Norman!« rief ich über Funk und kam mir reichlich blöde vor, weil dies nun schon mein zweiter Versager war, und die Schicht hatte doch erst begonnen. Aylene würde meinen Stundenlohn nie von 5,50 Dollar auf sechs Dollar aufbessern! Wahrscheinlich würde sie mich rausschmeißen, wenn das so weiterging.
Die Tankstelle hatte automatische Zapfsäulen, die man mit einer Kundenlochkarte in Betrieb nehmen konnte. Aber wie? Kein Mensch zu sehen, und nicht einmal Carol wußte über Funk Bescheid. Bill, der

»Seniorfahrer«, gab Hilfestellung über Funk. Ich tankte hundertfünfzig Liter und brauste los zur Heilsarmee, wo sechs alte Leute darauf warteten, daß ich sie nach Hause brachte.

Eine neue Kirche, weißer Beton, modern verglaste Nebengebäude, ein großer Parkplatz mit wohlgepflegten Blumenbeeten dekoriert – die Heilsarmee war eine gut organisierte Streitmacht für das Gute in Santa Barbara. In einem kleinen Saal saßen alte Leute unter einem schmiedeeisernen Kronleuchter im Kreis und warfen sich wie in Trance einen Ball zu. Andere Alte dämmerten vor dem Fernsehschirm in der Ecke, manche hingen in ihren Sesseln und schliefen, während eine Soap Opera lief. Die Sonnenblenden vor den Fenstern ließen nur wenig Licht ein. Ich blieb an der Tür stehen und machte mich mit einem forschen »Easy-Lift-ist-Hier!« bemerkbar.

Eine mollige Dame sprang auf, klatschte in die Hände und rief begeistert: »Unser lieber Easy-Lift-Fahrer ist da!« Sie kam auf mich zu, reichte mir die Hand und sagte: »Ich bin die Nancy von der Heilsarmee. Haben wir einen neuen lieben Fahrer?« Ich stellte mich vor, und Nancy sagte, daß sie es wunderschön fände, mich kennenzulernen, und sie klatschte wieder in die Hände und trommelte meine Passagiere zusammen. Einige mußten aufgeweckt werden, andere bewegten sich nur, wenn man sie anschob. Ich mußte mit meiner Unterschrift bestätigen, daß ich meine alten Leute von der Heilsarmee in lebendigem und gut erhaltenem Zustand in Empfang genommen hatte. Dann konnte es losgehen. Aber der kleine Bob – etwa achtzig Jahre alt – rammte seinen Krückstock aufs Parkett und verkündete: »Ich muß jetzt erst mal pissen!« Nancy fühlte sich nicht mehr zuständig. Ich war dran, schob Bob ins Männerklosett und geleitete meine anderen fünf Schäfchen zum Bus.

Die linke Hand am Geländer, die rechte auf dem silbernen Knauf ihres Spazierstocks, zog sich eine winzige alte Dame in den Bus hoch. Ich griff ihr sanft unter die Schulter, und sie schaute mich dankbar an. Kaum hatte sie im Bus ihr Gleichgewicht gefunden, richtete sie sich kerzengerade auf, schaute unternehmungslustig in eine unbestimmte Ferne und rief: »Off we go to Buffalo!« Dann streichelte sie mir die Backe und kicherte: »Ich heiße Goldie.«

Eine andere alte Dame wollte nicht einsteigen. Sie schaute mich mißtrauisch an: »Du bist nicht von Easy-Lift. Mit dir fahre ich nicht!« Ich versuchte ihr zu erklären, daß ich ein neuer Fahrer sei, aber sie wurde immer aufgeregter. Plötzlich drehte sie sich um und rannte davon. Ich konnte sie nicht entwischen lassen, denn ich hatte ihren Empfang mit meiner Unterschrift bestätigt, also hetzte ich hinter ihr her und fing sie wieder ein. »Hilfe!« schrie sie »Hiiilfe!« Ich hielt sie am Ärmel fest, und sie versuchte, mich abzuschütteln. Gott sei Dank kam Nancy durch die Glasschwingtür des Altentagesheims. »Lauren!« rief sie, »was machst du denn da für Geschichten!« Sie rannte zu Lauren und nahm sie in den Arm wie ein kleines Kind. »Das ist doch Andrees, unser lieber Easy-Lift-Fahrer! Der ist ein Darling!« Sie führte Lauren zum Bus, aber inzwischen waren die anderen vier Passagiere wieder ausgestiegen.

Ich schaute auf die Uhr: schon wieder zehn Minuten zu spät! Eilig schob ich meine Passagiere wieder in den Bus und achtete darauf, daß sich alle auch schön anschnallten. Als ich gerade losfahren wollte, fiel mir Bob ein. Ich sprang aus dem Bus, steckte meinen Kopf durch die Tür: »Alle schön sitzen bleiben, okay!« und rannte zur Männertoilette. Bob war nicht zu sehen. Er hatte sich in einer Klokabine eingesperrt. »He Bob, komm raus! Wir müssen los!« Bob gab keinen Ton von sich. Ich machte einen Klimmzug, schaute über den Rand der Klotür und begegnete Bobs ängstlichem Blick. Er saß auf der Brille und schaute mich von unten an wie einer, der sich auf das Schlimmste gefaßt macht. Wahrscheinlich hatte er Laurens Hilfeschreie gehört. Ich brauchte fast fünf Minuten, um Bob aus dem Klo herauszulocken – am Ende schaffte ich es mit einem Kaugummi. Arm in Arm gingen wir zum Bus. Ich war erleichtert: Die anderen fünf Passagiere waren sitzen geblieben, und so konnte ich endlich mit mehr als fünfzehn Minuten Verspätung starten.

Ohne weiteren Zwischenfall setzte ich meine Passagiere einen nach dem anderen ab. Goldie lieferte ich zuletzt ab. Sie hatte während der ganzen Fahrt mit zittriger, aber durchdringender Stimme »God bless America!« und – ich konnte es nicht fassen! – die kommunistische Hymne »Völker, hört die Signale!« gesungen. Nun tätschelte sie mir das Gesicht. »Take care, young man«, sagte sie, stieß einmal kräftig mit dem Stock auf und kletterte aus dem Bus. Sie war mein Lieblingspassagier. »Take care, Goldie«, rief ich ihr nach, als sie, energisch mit den Armen rudernd, auf den Eingang eines Bankgebäudes zuging, wo ihre Tochter beschäftigt war und auf sie wartete.

Auf zum Hillside House! Als ich meinen Bus auf dem Parkplatz des wunderschönen im Grünen gelegenen »Heims für körperlich und geistig Behinderte« abstellte, ahnte ich nichts Gutes. Am Fuße der Auffahrt warteten meine vier Passagiere – zwei junge Frauen und zwei Männer – in ihren Rollstühlen. Sie hatten ihre Köpfe gesenkt und mir schien, daß sie mich feindselig musterten, als ich mit einem frohgemuten »Hi-You-Guys-I-Am-Your-New-Driver-Andrees« den Lift ausfuhr. Ich war schon wieder zu spät, und der Schock mit George saß mir noch in den Knochen.

Sie kamen mit ihren Rollstühlen näher, aber als ich eines der Mädchen auf die Rampe schieben wollte, stemmte sie ihre Füße auf den Boden und leistete Widerstand. An ihrem Rollstuhl war ein kleiner Tisch angeschraubt. Auf dem Tisch plärrte ein Transistorradio, und neben dem Gerät lag eine Tafel mit aufgemaltem Alphabet. Das Mädchen warf den Kopf zurück. Ihre gelbe Hornbrille verrutschte ein wenig, und sie versuchte, sie mit unsteter Hand zurechtzurücken. Ich beugte mich zu ihr vor, um ihr zu sagen, daß ich keine Zeit zu verlieren hatte, aber als ich ihr in die Augen schaute, hatte ich das Gefühl, den Boden unter den Füßen zu verlieren. Mein Blick verlor sich in ihrem Blick. Für einen Augenblick blieb die Zeit stehen, und es war mir, als bewegte ich mich schwerelos in ein durchsichtiges, helles Nichts. Sie hatte die Augen eines kleinen Kindes – offen, arglos, klar, verwundert. Aber in der Tiefe ihres Blickes schimmerte auch eine aus vielen Schmerzen geborene uralte Weisheit. Es war der Blick einer alten Seele.

Sie lenkte meine Aufmerksamkeit auf die Alphabettafel und begann, mit ausgestrecktem Zeigefinger Worte zu buchstabieren. Es ging langsam voran, denn sie konnte ihre Hand nur mühsam kontrollieren, und manchmal landete der Zeigefinger nicht gleich auf dem richtigen Buchstaben. Sobald ich begriff, welches Wort sie buchstabierte, sprach ich es laut aus, und sie hob den Blick und strahlte mich an, wenn ich richtig geraten hatte.

»Ich heiße Lois«, entzifferte ich langsam. »Ich wünsche dir viel Glück!«

Ich legte meine Hand auf ihren Kopf (obwohl es eigentlich streng verboten war, die Passagiere anzufassen) und bedankte mich, und sie ließ sich auf die Aufzugrampe schieben. Das andere Mädchen hieß Jody. Sie war blond und schlank und mit einer gewissen sportlichen

Eleganz gekleidet. Sie saß gekrümmt in ihrem Rollstuhl, das Kinn auf der Brust, und konnte den Kopf offenbar nur unter großer Anstrengung heben. Als sie das erste Mal zu mir aufschaute, sah ich, daß sie eine Schönheit war, obwohl sie ihren Mund nicht schließen konnte und ihr der Speichel über den olivgrünen Kaschmirpullover tropfte. Jody konnte sich nur in einem stoßweisen, klagenden Singsang ausdrücken. Sie sprach wie zu sich selbst, als ich ihren Rollstuhl am Busboden anschnallte. Plötzlich krallte sie ihre Hand in die Brusttasche meiner Easy-Lift-Uniformbluse und zog mich mit einem erstaunlich kräftigen Ruck an sich. Während sie schluchzende Laute ausstieß, lächelte sie mich mit ihren schönen blauen Augen an. Ich verstand kein Wort. Ihr Gesicht war ganz dicht vor meinem, und ich versuchte, ihre Lippen zu lesen – vergebens. Sie wiederholte sich und wurde immer lauter. Endlich gelang es mir, ihre Worte richtig zu raten: »Andrees, ich hab' dich gern!« Sie stieß einen schrillen Jauchzer aus, ließ meine Bluse los und fuchtelte begeistert mit den Armen in der Luft. So begann unsere Freundschaft. Später erfuhr ich, daß sie vor drei Jahren beim Jogging von einem Auto überfahren worden war und neun Monate lang im Koma gelegen hatte.

Es war Sympathie auf beiden Seiten. Ich fühlte mich nicht nur zu Jody und Lois hingezogen, ich spürte von Anfang an eine herzliche und völlig unsentimentale Verbindung zu allen Krüppeln, denen ich als Easy-Lift-Fahrer begegnete. Ich nenne diese Menschen Krüppel, weil mir der schönfärberische Jargon nicht gefällt, mit dem die beamteten Fürsorger den »Behinderten« schmeicheln wollen. Hinter solcher Schmeichelei verbirgt sich das schlechte Gewissen einer Gesellschaft, die mit Krüppeln nichts anfangen kann und sie deshalb in Heimen isoliert. Wir haben keine Ahnung von dem Potential dieser Menschen. Wir haben keinen Bezug mehr zu den Zeiten, als der Dorftrottel noch eine unfreiwillige, aber wichtige Rolle in der Gemeinde spielte.

Die meisten Krüppel sind ehrlicher als wir. Sie drücken ihre Gefühle spontan und furchtlos aus. Sie sagen uns die Meinung. Sie erinnern uns ständig daran, daß unsere großartigen Probleme im Grunde keine Substanz haben. Wenn wir uns mit den Krüppeln vergleichen, diesen alten Seelen in den erbärmlichen Körpern, dann begreifen wir, daß wir auf der Sonnenseite des Lebens angesiedelt sind. Wenn wir sehen, wie bescheiden diese Menschen sind, wie sehr sie sich über Kleinigkeiten freuen können, über ein freundliches Wort, einen spielenden Hund, einen harmlosen Scherz, dann mag es uns etwas leichter fallen, unsere eigenen Ansprüche zurückzunehmen, unser Ego zu dämpfen, glücklicher mit uns selbst und mit unseren Mitmenschen zu sein. Diese Krüppel, so meine ich, haben eine wichtige Funktion in unserer Gesellschaft. Wir sollten es uns nicht leisten, sie auszustoßen und in Heime abzuschieben.

Laut meinem Computerfahrplan sollte ich die vier Rollstuhlfahrer zu einem Reitstall bringen. »Was macht ihr denn da?« fragte ich Berty während der Fahrt. Berty, ein Junge mit blondgelocktem Römerkopf, hatte einen Gehirnschaden, aber wenn er nicht gerade in einem Erregungszustand war, konnte er sich einigermaßen verständlich ausdrükken. »Wir reiten natürlich!« sagte er stockend und schien sich zu wundern, daß ich nicht von selbst auf diese naheliegende Idee gekommen war. Später erfuhr ich, daß eine deutsche Heilgymnastikerin namens Uschi mit dem Reitklub zusammenarbeitete. Uschi hievte die Kranken irgendwie auf die geduldigen Rösser und schwor darauf, daß sich die Vibrationen des Pferdes entspannend und heilsam auf die Muskulatur, wenn nicht sogar auf die Psyche der Behinderten auswirken würden. Berty war nicht so sicher, was den therapeutischen Effekt dieser Reitstunden anbetraf (»mir geht's wie immer«), aber die Easy-Lift-Ausflüge zum Club waren Höhepunkte in seinem Krüppeldasein. Auch die anderen, sagte er, freuten sich schon die ganze Woche darauf.

Meine Unterhaltung mit Berty wurde von Aylene unterbrochen. »Easy-Lift an Bus neun!« tönte es forsch aus dem Lautsprecher. Kein Zweifel, es war Aylene und nicht Carol. »Bus neun – go ahead! Over«, anwortete ich und ahnte nichts Gutes.

»Andrees, hast du eine Ahnung, wo Goldie abgeblieben ist?« Ich glaubte, einen leicht gereizten Unterton in Aylenes Stimme wahrzunehmen. »Goldie? Die habe ich vor der Bank abgesetzt. Over.«

»Sie ist aber nicht bei ihrer Tochter aufgetaucht! Over.«

Pause. Was konnte ich dafür, daß die alte Dame nicht bei ihrer Tochter aufgetaucht war?

»Andrees, hast du mich verstanden?? Over!«

Hinter mir jauchzte Jody in ihrem Rollstuhl und freute sich, daß Goldie uns einen Streich spielte.

»Ten four!« rief ich unverbindlich ins Mikrofon.

»Andrees, hast du denn gesehen, daß Goldie in die Bank *hineingegangen* ist? Over.«

»Nein, ich habe nur gesehen, daß sie auf die Tür der Bank *zugegangen* ist. Over.«

Aylene, streng und beleidigt: »Andrees, Goldie ist eine Alzheimer-Patientin! Die kann man nicht einfach auf der Straße absetzen! *Goldie ist verschwunden!* Die Tochter ist außer sich und hat die Polizei verständigt! Over.«

»Sorry to hear that, Aylene. Over«, sagte ich in die Funkstille. Aylene hatte schon abgeschaltet. Jody jauchzte.

Und ich suchte den gottverdammten Reitstall. Er sollte an der Pine Road liegen. Die Pine Road ging von der Carpinteria ab. Als ich mit der Straßenkarte vor der Nase in die Pine Road einbog, regte sich Protest im Bus. Lois stieß gurgelnde Laute aus, Jody erging sich in langgezogenen Klageschreien, sogar der kleine, stille Jerry, der bisher noch gar keinen Ton von sich gegeben hatte, zischte wie eine Dampflokomotive und warf erregt den Kopf hin und her. Berty stammelte: »Falsch. Nicht hier!«

»Doch hier!« rief ich und tippte auf meine Karte. Das war zu viel für Berty. Er raufte sich verzweifelt die Haare und brachte keinen verständlichen Ton mehr hervor. Ich hielt den Bus an und nahm Verbindung mit Carol auf. Carol bestätigte: Der Klub läge an der Pine Road, und die Pine Road ginge links von der Carpinteria ab. Ich war also offenbar richtig gefahren. Der Klub sollte gleich am Anfang der Pine Road zur rechten liegen. Aber er lag weder rechts noch links. Je weiter ich in die Pine Road hineinfuhr, desto kritischer wurde die Situation im Bus. Meine Fahrgäste waren außer sich. Zum ersten Mal wurde mir bewußt, wie niedrig ihre Erregungsschwelle ist. Der kleinste Zwischenfall konnte sie in Raserei versetzen. Aber dies war kein kleiner Zwischenfall! Es ging um ihre über alles geliebte Reitstunde, die ich ihnen vermasselte, weil ich den Stall nicht fand und weil ich nicht auf sie hören wollte. Meine lammfrommen Lieblinge verwandelten sich in Bestien. Ich war hilflos, denn ich hatte nicht die geringste Ahnung, was sie von mir wollten. Je mehr sie sich aufregten, desto weniger verstand ich.

Langsam fuhr ich zur Carpinteria zurück und hielt den Bus an, um noch einmal in Ruhe die Karte zu studieren. Aber von Ruhe konnte nicht mehr die Rede sein, denn inzwischen hatte sich die Erregung im Bus zu einem Aufstand gesteigert. Lois liefen die Tränen über das blasse Gesicht, Jody war blau angelaufen und rang nach Atem, Berty versuchte, sich mit verkrampften Fäusten von seinem Sitzgurt zu befreien. Wahrscheinlich wollte er seinen Rollstuhl verlassen und sich auf mich stürzen. Ich versuchte, das Chaos im Bus zu ignorieren. Nur nicht durchdrehen! Plötzlich entdeckte ich auf der Karte, daß die Pine Road einen weiten Bogen schlug und etwa acht Kilometer weiter zur Carpinteria zurückkehrte! Sie berührte also die Carpinteria an *zwei* Stellen, und ich mußte offenbar an der *nächsten* Abzweigung in die Pine Road einbiegen, wenn ich den Klub finden wollte.

Ich atmete auf – endlich! – und legte den Gang ein. In dem Augenblick trafen mich Jodys Fäuste auf dem Rücken. Ich zog den Kopf ein und drehte mich vorsichtig nach ihr um. In ihren schönen blauen Augen lag ein irrer Glanz, während sie mit beiden Fäusten auf mich losging. Trotz ihrer Lähmung hatte sie sich halb aus ihrem Rollstuhl erhoben. Der schreckliche Zorn mußte ihre gelähmten Nerven aktiviert haben. War ein Wunder geschehen? War sie geheilt? Der Gedanke schoß mir durch den Kopf, und plötzlich konnte ich mich mit dem Easy-Lift-Fahrer, der da von einem Krüppel verprügelt wurde, nicht mehr identifizieren. Ich fing an, zu lachen. Die Situation erschien mir überwältigend komisch. Hoffentlich prügelt sie sich gesund, dachte ich und ließ sie weiter auf meinen krummen Rücken hauen. Viel Kraft hatte sie nicht, und es tat nicht weh. Ich gab Gas, und als ich auf der Carpinteria zur *zweiten* Pine Road Abfahrt fuhr, wurde es ruhig im Bus. Jody hörte auf zu prügeln. Berty sank in seinem Rollstuhl zusammen. Lois drehte Rockmusik in ihrem Radio auf. Jerry grinste. Ich war auf dem richtigen Weg.

»Easy-Lift an Bus neun!«

Ich griff zum Mikrofon und meldete mich. Carol sprach: »Andrees, Goldie ist wieder aufgetaucht!«

»Bless her! Over«, rief ich. Das Leben war schön!

Zehn Minuten später lieferte ich meine rebellische Fuhre in dem kleinen, ländlichen Klub ab. Uschi und die Reitlehrer hatten schon nicht mehr mit uns gerechnet. Nun freuten sie sich, daß wir doch noch gekommen waren. Ein paar Hunde sprangen herbei und wedelten mit dem Schwanz, als ich Jody und Lois und Berty und Jerry mit dem Lift absetzte. Ich wischte mir den Schweiß von der Stirn und war froh, daß laut Fahrplan ein anderer Easy-Lift-Fahrer kommen würde, um meine Reitsportler in anderthalb Stunden wieder abzuholen.

Als ich in meinen Bus einsteigen wollte, hielt mich Lois am Arm fest. Sie legte den Kopf zurecht und schaute mich wieder mit diesem wundersamen Kinderblick an. Dann tippte sie auf ihr Alphabetbrett, und ich entzifferte: »Sorry, Andrees.«

■ *Neuntes Kapitel* ■

Wenn Guna nicht gekommen wäre, hätte ich in Santa Barbara das Handtuch werfen müssen, denn meine Rechnung ging nicht auf. Ich hatte mein wöchentliches Rendezvous mit der Baronin; ich hatte Easy Lift mit drei Halbtagsjobs in der Woche. Aber als Ausfahrer für »Dick's Telephone Sales Promotion Inc.« war ich gescheitert, und meine Karriere als Fensterputzer war in ihren Anfängen stecken geblieben. Mit anderen Worten: Ich gab mehr Geld aus, als ich verdiente. Das Ende meines meditativen Experiments mit dem Vertrauen schien in Sicht. Da tauchte Guna in Begleitung ihres Freundes Sagar auf.

Sie waren auf dem Weg nach Los Angeles. Von dort wollten sie nach Deutschland zurückkehren – Sagar in seinen Beruf als Arzt und Guna in ihre Werbeagentur. Aber Rajneesh-Schüler neigen dazu, spontanen Eingebungen zu folgen, und so geschah es denn, daß Guna und Sagar zum Chinesen essen gingen, daß Guna dort ein »Fortune-Cookie« mit der Prophezeihung öffnete: »Für dich beginnt ein glückliches Abenteuer!«, daß Guna die Prophezeihung auf Santa Barbara bezog und das glückliche Abenteuer auf keinen Fall verpassen wollte. Also entschloß sie sich, in Dolmas Zimmer einzuziehen, und Sagar setzte seine Reise am nächsten Morgen alleine fort.

Mit Guna kam eine lebhafte Energie ins Haus. Sie nahm gerne Anteil, mischte sich ein, war hilfsbereit, redete dazwischen, packte zu, gab Ratschläge – kurzum, sie sorgte dafür, daß sie nicht übersehen wurde. Sie konnte Kritik vertragen, aber sie geriet in Panik, wenn sie das Gefühl hatte, daß sie nicht beachtet wurde oder daß man sie gar verleugnete. Sie wollte dazugehören, anerkannt werden, beliebt sein. Guna war ein

Mensch, der sich nicht mit einer passiven Rolle im Leben seiner Mitmenschen zufriedengab.

Sie hatte lange Beine und einen süßen Hintern, der sich, aus dem Hohlkreuz kommend, provozierend nach hinten wölbte und unvermeidlich die Blicke der Männer auf sich zog, wenn sie ihn, energisch ausschreitend, kokett zur Geltung brachte. Sie bewegte sich schlaksig, mit erhobenem Kopf und rudernden Armbewegungen, warf die Haare ins Genick – eine dynamische Erscheinung, ein Tatmensch. Sie war sehr auf ihr Äußeres bedacht. Auf der Ranch hatte sie mit einer verwegenen, ziegelrot gefärbten Klosettbürstenfrisur ein gewisses Aufsehen erregt, aber nun bevorzugte sie eine solide Dauerwelle – die Phase ihrer geschmacklichen Experimente war vorbei.

Sie verstellte sich gerne, aber ihre schönen, dunklen, fast schwarzen Augen verrieten sie unweigerlich. Sie drückten ihre Gefühle aus – unverfälscht, lebhaft, direkt –, und Guna konnte uns nichts vormachen. Wenn sie zornig war und ein harmloses Lächeln aufsetzte, flammten ihre Augen in wilder Empörung. Wenn sie ängstlich war und forsch auftrat, flackerte ihr Blick unsicher. Wenn sie fröhlich war, gab es keine Verstellung; dann brach sie in ein mitreißendes Gelächter aus, und ihre Augen glänzten lustig. Wenn sie traurig war, flossen die Tränen. Ich war verliebt in sie.

Sie war ein Gefühlsmensch mit einem mutigen, großen Herzen. Sie verschwendete ihre Energie in alle Richtungen, redete wie ein Wasserfall, trank gerne einen, schlief zu wenig, rauchte wie ein Schlot und bewegte sich nur ungern an der frischen Luft. Sie war nicht eine, die mal eben zum Strand mitkam, um ein bißchen zu joggen und eine Runde zu schwimmen. Wenn sie zum Strand wollte, begann sie mit ihren Vorbereitungen schon am Abend vorher. Sie stellte eine Flasche Sekt kalt, richtete leckere Salate her, kaufte ein Baguette und vergaß auch Hundekuchen für streunende Strandköter nicht. Sie legte Lektüre und einen Sonnenhut mit geblümter Schärpe zurecht und rollte ein riesiges Strandlaken ein. Wenn es dann am nächsten Tag losgehen sollte und alle schon im Auto saßen, mußte sie erst mal aufs Klo. Unterwegs fiel ihr ein, daß sie etwas absolut Unentbehrliches vergessen hatte, und sie bestand auf Rückkehr zum Haus.

Wenn es endlich richtig losging, war sie dem Fahrer mit einer Fülle nützlicher Hinweise behilflich. Unablässig, ohne Pause, kommentierte

sie das Verkehrsgeschehen: »Dreh dich um wenn du rückwärts aus der Einfahrt fährst Vorsicht da kommt einer von links der Spinner fährt mindestens sechzig paß auf die Ampel da hinten hat rot ordne dich mal rechtzeitig rechts ein ja es ist frei jetzt kannst du rüber Achtung der bremst der alte Knacker sollte lieber nicht mehr am Steuer sitzen die Amerikaner fahren bis sie tot aus dem Auto fallen absoluter Wahnsinn he was machst du denn da warum schneidest du denn den Pickuptruck das kannst du nicht machen der bringt es fertig und schießt dich über den Haufen das liest man doch jeden Tag in der Zeitung wie die sich in Äl Ä gegenseitig umlegen auf den Freeways da hinten ist eine Kreuzung da mußt du links abbiegen ordne dich mal schon ein du fährst schon wieder zu schnell hier ist dreißig angesagt und du hast fünfunddreißig drauf das geht ins Geld wenn dich die Highway Patrol schnappt ...«
Wer mit Guna Auto fuhr, war nie ohne Hilfe am Steuer.

Endlich auf dem Parkplatz in Strandnähe, bepackte sie ihre Begleiter mit der Expeditionsausrüstung, und auf dem Feldweg durch die Wiesen waren ihr die Schuhe mit den hohen Absätzen hinderlich. Am Strand schlug sie alle Warnungen in den Wind (»ich brauche kein Sonnenöl«), zog sich splitternackt aus und tauchte ihren schönen, weißen, unbestrahlten Körper direkt unter dem Ozonloch in ein kräftiges ultraviolettes Sonnenbad. Am Abend hatte sie einen fulminanten Sonnenbrand und stellte resigniert fest: »Strand ist eben nicht mein Ding.«

Guna hatte eine Weile in Palo Alto als Putzfrau gearbeitet. Sie brachte den Text ihrer Putzfrauenanzeige mit, der dort oben wie eine Bombe eingeschlagen war. Das Geheimnis ihrer Wirkung, meinte sie, läge in ihrer bescheidenen Schlichtheit: »German woman cleans your house with love and care and does your ironing. Call Guna 682 6870.« Nun probierte sie die Anzeige in der »Santa Barbara News Press« aus, und schon am nächsten Tag kam das Telefon nicht mehr zur Ruhe. Unter zehn Dollar pro Stunde machte es Guna nicht, und sie kam damit durch. Sie hatte mehr Angebote, als sie gebrauchen konnte.

»Warum kommst du nicht mit zum Putzen?« fragte sie mich. »Du hast ein Auto, und ich habe die Jobs, und zu zweit macht es mehr Spaß.« Ich überlegte nicht lange. Es war das rettende Angebot in letzter Minute. Putzen oder abreisen – ich entschied mich für putzen, und fortan traten Guna und ich als Team auf. Vielleicht ein etwas merkwürdiges Team, aber die Amerikaner stellen keine Fragen. In diesem Lande sehen die

Chauffeure besser aus als ihre Chefs. Millionäre laufen in ausgefransten Jeans herum. Handwerker wirken wie Universitätsprofessoren. Bankrotteure arbeiten bei der Müllabfuhr und machen ein paar Monate später wieder Millionen. Einwanderer aus aller Welt backen erst mal ein kleines Brötchen: Schriftsteller aus dem Ostblock fahren Zeitungen aus, Flüchtlinge aus der chilenischen Intelligenzija fangen als Gärtnergehilfe an, vietnamesische Lyriker arbeiten als Nachtklubkellner. Die Gesellschaft ist mobil.

Nicht einer unserer Kunden hat mich jemals gefragt, was ich früher gemacht habe. In Europa wäre das undenkbar. Die Europäer sind neugierig, sie fragen dich so lange aus, bis sie deine ganze Lebensgeschichte kennen. Die Amerikaner schauen dich an, sagen »Hi«, engagieren dich ohne Referenzen, sind nur daran interessiert, wie du deine Arbeit machst, und schmeißen dich wieder raus, wenn sie dich nicht mehr gebrauchen können. Sie stellen keine Fragen. Der Unterschied erklärt sich aus der Geschichte. Unsere Vorfahren lebten in kleinen, langsam gewachsenen Gemeinschaften. Jeder kannte jeden, und man war gewöhnt, dem Nachbarn in den Topf zu schauen. Der amerikanische Pionier, der in den Westen aufbrach, lebte in den kochenden Schmelztiegeln der Goldminenstädte – Karawansereien der Abenteurer, Schlafplätze für Menschen, die nichts gemein hatten außer ihrer Gier nach Gold. Es war ein ständiges Kommen und Gehen. Die Amerikaner sind an den Umgang mit Fremden gewöhnt, an flüchtige Bekanntschaften und unsentimentale Trennungen. Menschen tauchen aus der Weite der Prärie auf, bleiben eine Weile, verschwinden wieder. Wer sind sie? Niemand will es wissen. Interessant ist nur, was sie *tun*. Sind sie nützlich? Kann man sie gebrauchen? Was das Vertrauen anbetrifft, so hat man sicherheitshalber seine »Smith & Wesson« im Halfter.

Guna und ich hatten interessante Kunden. Mrs. Walters von der Hope-Ranch zum Beispiel, die ihren Pudel regelmäßig zum Hundepsychiater nach Montecito brachte. Das Walters-Haus (vier Bäder, Pool, Sauna, Hot Tub) war umgeben von einem pingelig gepflegten Garten und – im weiteren Umkreis – von Obst- und Avocadobäumen. Blick aufs Meer und die Santa Ynez-Berge. Ein streng behütetes Paradies, mit einer von Westec installierten Alarmanlage, die das Haus bei Gefahr nicht nur direkt und automatisch mit der Polizei verband, sondern auch eine »hot line« zum Bereitschaftszentrum der Notärzte hatte.

Für den Garten kam dreimal in der Woche ein Mexikanertrupp mit Kleinlastwagen an. Wenn die Mexikaner den Motor ihrer Laub-Wegblas-Maschine anwarfen, drehte der Pudel durch und Mrs. Walters ergriff die Flucht. Entweder sprang sie mit dem hysterischen Hund in ihren elektrischen Golfkarren, um unten im Klub mit Freundinnen ein paar Löcher zu spielen, oder sie fuhr im Cadillac zu den Exerzitien des »Weight Watcher Club's«.
Sie war freundlich und gesprächig und versuchte beharrlich, uns auf subtile Weise auszubeuten. »Heute müssen wir aber mal die Wohnzimmerfenster putzen, schlug sie zum Beispiel vor und hoffte, daß wir uns mächtig beeilen würden, um den Extrajob mit in die zwei Stunden einzubringen, die sie uns bezahlte. Guna fiel darauf nicht herein. »Wenn Sie wollen, daß wir ihre Fenster putzen, Mrs. Walters, dann müssen wir mal an einem Nachmittag kommen. Das machen wir gerne, aber es kostet natürlich extra.« Aber Mrs. Walters hatte natürlich einen Fensterputzer an der Hand, der weniger als zehn Dollar in der Stunde verlangte.
Sie besuchte gern ihre weit verstreute Verwandtschaft im Privatflugzeug – ihr Mann am Steuerknüppel, sie als Co-Pilotin. »Nächste Woche brauchen Sie nicht zu kommen«, sagte sie dann und bleckte ihre schönen Zähne, »da fliegen Bill und ich zu meiner Tochter nach San José.« Und schon hatte sie wieder vierzig Dollar an uns gespart. Im allgemeinen kamen wir gut mit ihr aus. Sie lebte allein mit ihrem Mann in dem riesigen Haus, und die meisten Räume wurden nie benutzt. Die Arbeit war also angenehm. Und Mrs. Walters erlaubte uns sogar, die Orangen und die Avocados aufzusammeln, die von ihren Bäumen fielen.
Nur einmal kam es zu einer Krise: Als ich den Badezimmerspiegel putzte, flog ihr Oscar-de-la-Renta-Parfum ins Waschbecken. Der Flacon zerbrach, und die edel duftende Essenz im Wert von hundertfünfzig Dollar verschwand im Ausguß. Mrs. Walters wäre fast in Ohnmacht gefallen. Ich zeigte Reue, wollte mich aber lieber rausschmeißen lassen, als fünfzehn Stunden umsonst zu arbeiten, um das blödsinnige Parfum zu ersetzen. Also ließ ich es auf eine Kraftprobe ankommen. Ich glaubte eine starke Position zu haben, denn Mrs. Walters war von den schnurgeraden Bahnen begeistert, die ich mit dem Staubsauger auf ihren Teppichboden zog. Das sah ungeheuer perfekt aus und erinnerte sie an den Rasen ihres geliebten Golfklubs. Sie war so angetan von meinen Staub-

saugerbahnen, daß sie sie voller Stolz ihren Freundinnen vorführte, und wenn Besuch angesagt war, sprang sie in Strümpfen von Möbel zu Möbel, um meine exakten Spuren nicht zu beschädigen. Ich vermutete also, daß Mrs. Walters die Oscar-de-la-Renta-Affäre schließlich auf sich beruhen lassen würde, weil außer mir niemand in Sicht war, der so gerade Staubsaugerbahnen zog. Und ich irrte mich nicht.
Guna und ich gingen arbeitsteilig vor. Ich säuberte die Badezimmer und saugte Staub – Guna putzte die Küche und wischte Staub. Mrs. Robbins, eine Kundin in Montecito, fand das ungerecht. »Ich habe den Eindruck, liebes Kind«, sagte sie tadelnd zu Guna, »daß Sie den alten Mann die schwere Arbeit machen lassen. Dem bleibt wahrscheinlich gar nichts anderes übrig, als sich Ihnen anzupassen.« Mrs. Robbins hatte viel Zeit für uns, wenn wir Donnerstagvormittag zu ihr kamen. Meistens hielt sie sich einen halben Schritt hinter Guna auf, setzte ihr Lorgnon an und gab ihre Kommentare ab. »Unten an der Kühlschranktür haben Sie aber einen Flecken übersehen, liebes Kind«, mahnte sie mit ihrer dunklen Stimme, und ich hörte es im Badezimmer und genoß eine tückische Schadenfreude: Das mußte ausgerechnet Guna passieren, die doch so gerne selbst Ratschläge verteilte!
»Den Küchenboden können Sie aber nicht mit dem Mopp machen, liebes Kind. Da müssen Sie sich schon auf die Knie bequemen und die Bürste nehmen!« Ich war darauf gefaßt, daß Guna in einen Schreikrampf ausbrach, aber sie blieb merkwürdig ruhig.
»In dieses Haus kriegen mich keine zehn Pferde zurück«, schäumte Guna später, als wir nach Hause fuhren. Ich konnte mir das Lachen kaum verbeißen. »Wieso?«, sagte ich, »das ist doch ein idealer Job für die Meditation. Du dämpfst dein Ego. Du bist *in* der Welt, aber *nicht von* dieser Welt. Du bist Zeuge, stehst über der Situation, identifizierst dich nicht mit ihr. Einen besseren Job kannst du dir doch gar nicht vorstellen!«
Als wir das nächste Mal bei Mrs. Robbins waren, kam die alte Dame plötzlich mit meinen Autoschlüsseln an, die ich im Wagen steckengelassen hatte. »Ich habe Ihren Wagen abgeschlossen«, sagte sie und gab mir die Schlüssel. »Die Gärtner sind gerade gekommen, und man weiß ja nie...« Dann ließ sie mich im Badezimmer allein und ging wieder zu Guna. »Der Andrees hat einen Bhagwan-Anhänger an seinem Schlüsselbund«, sagte sie. »Seid ihr Mitglieder von diesem Kult?« Guna putzte

weiter und sagte beiläufig: »Einen Kult würde ich das nun nicht gerade nennen.« Mrs. Robbins wich nicht von ihrer Seite, nun erst recht nicht, denn sie wollte unbedingt wissen, wie wir zu Rajneesh standen und was es für eine Bewandtnis mit diesem Burschen hatte. »Haben Sie denn da auch ihr ganzes Geld abgeben müssen?« fragte sie. Das mit dem Geld war immer die Hauptsache, wenn die Rede auf Bhagwan kam. Guna hatte keine Lust, sich mit Mrs. Robbins auf eine oberflächliche Rajneesh-Diskussion einzulassen, während sie auf den Knien den Küchenboden schrubbte. »Wenn Sie wirklich interessiert sind«, sagte sie, »kann ich ja mal extra eine Stunde kommen und Ihnen was von Bhagwan erzählen, okay?«

Dazu kam es freilich nicht, denn schon am Nachmittag rief Mrs. Robbins an und teilte uns auf dem Anrufbeantworter mit, daß sie auf unsere Dienste keinen Wert mehr lege.

Auch Mrs. Hin, Gattin eines Industriebonzen, der eine Ölpipeline quer über den amerikanischen Kontinent von Santa Barbara nach Texas baute, auch die warmherzige und großzügige Mrs. Hin wandte sich brüsk von uns ab, als sie Verdacht in Sachen Bhagwan schöpfte. Sie hatte uns in ihrem Cadillac nach Hause gebracht, denn mein Auto wollte nicht anspringen. Ich lud sie zu einer Tasse Tee ein. Sie kam mit uns zum Haus, blieb aber plötzlich auf der Türschwelle stehen, als ihr Blick auf das Bhagwan-Foto fiel, das Ram an der Wand im Meditationszimmer aufgehängt hatte. »Ach«, sagte sie wie unter Schock, »mir fällt gerade ein, daß ich zu Hause einen Anruf erwarte.« Sie machte auf dem Absatz kehrt, rannte, wie von Hunden gehetzt, zu ihrem Auto zurück und verschwand. Wir haben sie nie wieder gesehen, denn am nächsten Morgen rief sie an und kündigte uns.

Am liebsten gingen wir zu Wilson. Er war über siebzig, Multimillionär, geschieden, lebte allein, empfing aber manchmal eine ebenfalls millionenschwere Freundin, die wir die »blonde Kröte« nannten. Wilson ließ uns von seinem Finanzmanager ein monatliches Fixum auszahlen. Manchmal hatten wir gar nichts zu tun, dann war Wilson »down in the desert«. Wenn die reichen Leute in Santa Barbara von »down in the desert« sprachen, meinten sie damit den Prominentenspielplatz Palm Springs. Für Wilson – klein von Wuchs und eher schüchtern – gab es nichts Großartigeres als mit »Celebrities« Golf zu spielen. Celebrities sind reiche Leute, die ihre Berühmtheit dem Fernsehen verdanken. Wer

vom Fernsehen hochgejubelt wird, steht auf der sozialen Leiter auch dann ganz oben, wenn er dem Gemeinwohl eher geschadet als genützt hat, denn nichts bewundern die Amerikaner mehr als Berühmtheit. Deshalb hatte Wilson ein Haus »down in the desert« und noch eines auf der »Rancho Mirage«, wo der Komiker Bob Hope der König war, und wo Ronald Reagan sich gerne sehen ließ und andere Präsidenten, Autohändler, Börsenpiraten, Spielkasinoinhaber, Mafiosi und Filmstars.
In Santa Barbara wohnte Wilson relativ bescheiden. Er besaß ein Haus am Rande einer modernen Luxus-Appartmentanlage, in der er ein paar Millionen Dollar angelegt hatte. Einstöckige Häuser, hübsche Grünanlagen, Swimmingpool, Tennisplatz. Die Mieten waren gepfeffert, die Rendite gesund, Wilson wollte hier keinen Pöbel haben. »Wer sich Santa Barbara nicht leisten kann«, war einer seiner Lieblingssprüche, »der soll nach Oxnard ziehen.« Von seiner Terrasse aus fiel der Blick in einen Eukalyptuswald. Es gab ein Hot Tub, aber keinen Pool. Wenn man schwimmen wollte, konnte man den Gemeinschaftspool benutzen oder an den nahegelegenen Strand gehen.
Wilson besaß mindestens zehn Brillen; davon waren neun gewöhnlich nicht zu finden. Er war schwerhörig und benutzte ein Hörgerät, mit dem er ständig seine Not hatte. Entweder hatte er es verlegt, oder die Batterie war verbraucht oder es war kaputt. Er hatte also Schwierigkeiten, mit seiner Umwelt zu kommunizieren. Außerdem plagte ihn ein chronischer Schnupfen, und er konnte praktisch nichts riechen. Ich vermute, daß all dies kein Zufall war: Wilson lebte in der Welt wie im feindlichen Ausland. Im Grunde wollte er mit ihr nichts zu schaffen haben; jedenfalls nahm er die Welt sinnlich kaum wahr.
Er fürchtete sich vor Einbrechern und haßte es, wenn Menschen Geld von ihm haben wollten – Lieferanten, Handwerker, Friseure, Tankstellenwarte. Wenn Guna und ich Geld für Waschpulver und Reinigungsmittel brauchten, verwies er uns an die große Schale im Schlafzimmer, in der er die Cents zu sammeln pflegte, die er aus seinen Anzugtaschen kramte. »Wir können doch nicht mit einem Sack Cent-Münzen an die Supermarktkasse gehen«, protestierte Guna jedesmal, und Wilson muffte. Aber ich wette, daß es ihm ein sinnliches Vergnügen bereitete, wenn er an einsamen Abenden seine Cents zählte. Mit jeweils hundert Stück baute er kleine Türmchen, und dann rollte er die Türmchen mit dem amtlichen Papier ein, das er von der Bank besorgt hatte, und

brachte die Cent-Rollen zur Bank zurück. Ein Dollar pro Rolle – über dieses Geld freute er sich am meisten. Manchmal fehlten ihm ein paar Cents, um eine Rolle voll zu machen, und wir zückten unsere Geldbörsen und halfen ihm aus.

Im Hafen lag eine in Bremen gebaute Hochseeyacht, und zwei neue Straßenkreuzer standen in der Garage – ein Cadillac und ein Lincoln Continental; die beiden teuersten amerikanischen Modelle. Aber wenn er tanken wollte, fuhr er eine halbe Stunde lang durch die ganze Stadt, um an der Milpas-Straße die »Thrifty«-Tankstelle zu besuchen, wo es die Gallone Super um drei Cent billiger gab. Einmal, als Wilson mit der blonden Kröte ein paar Wochen auf Kreuzfahrt in südamerikanischen Tropengewässern war, unterlief dem Manager seiner Luxus-Appartmentanlage ein Fauxpas: Er vermietete eines der Appartments an eine junge Schwarze mit Kind. Wir ahnten nichts von dieser Katastrophe, als wir nach Wilsons Rückkehr zum Putzen kamen. Wilson war außer sich. Noch nie hatten wir ihn so schlecht gelaunt erlebt. Er regte sich über eine Spinnwebe auf, die er in einer Eßzimmerecke entdeckt hatte (er hatte auch entsetzliche Angst vor Spinnen). Er schaute mit irren, halbblinden Augen in die Gegend, und wir verbrachten eine halbe Stunde damit, ihm bei der Brillensuche zu helfen. Endlich rückte er mit der Geschichte über die »Negerin mit Kind« heraus. »Wenn die mit ihrem schwarzen Bastard am Pool erscheint«, schimpfte er, »dann ziehen die anderen Mieter aus, das ist doch sonnenklar! Und ich kriege die Schwarze nicht wieder los! Scheiß-Mieterschutz! Den haben wir diesen gottverdammten Politikern zu verdanken!«

Er sah seine Luxus-Appartmentanlage schon als ein »Niggerviertel«, und die Angst, daß er wegen der Schwarzen mit Kind womöglich die Mieten senken müsse, brachte ihn an den Rand eines Herzinfarkts. Wir putzten und ließen ihn toben. Endlich beruhigte er sich und wurde weinerlich. Der Magen tat ihm weh – und dann dieser ewige Schnupfen... Als wir uns gegen sechs Uhr abends verabschiedeten, stand er mit hängenden Schultern im Wohnzimmer. »Was macht ihr denn heute Abend?« fragte er, und wir sagten ihm, daß wir erst mal einen Strandspaziergang im Sonnenuntergang machen und dann gut kochen und essen wollten. »So?« sagte er zaghaft wie ein Kind, das in der Ecke steht und nicht mitspielen darf. »Ich weiß nicht...« Er zog unbeholfen die Schultern hoch. »Soll ich in den Yachtklub zum Essen gehen?«

»Klar«, sagte Guna. »Gute Idee.«
Wilson winkte ab: »Ich kenne da kaum noch jemanden.«
»Warum laden Sie nicht die Schwarze zum Abendessen ein?« sagte ich. »Die ist bestimmt ganz attraktiv und nett.«
»Ha, ha«, lachte Wilson schüchtern, schneuzte ins Taschentuch und wußte nicht, was er sagen sollte.
Die meisten Leute, für die wir putzten, hatten es nicht leicht. Für sie war das Leben voller Tücken und Gefahren. Mrs. Robbins zum Beispiel geriet in Panik, als die Alarmanlage in ihrem Haus kaputtging und Westec erst am nächsten Tag einen Ingenieur schicken konnte. Mrs. Walters bereitete die Frage schlaflose Nächte, wie sie ihren Sohn bestrafen sollte, der wegen Trunkenheit am Steuer erwischt worden war. »Sollen wir ihm den versprochenen Porsche nun *nicht* zum Geburtstag schenken? Oder wäre das zu hart. Was meinen Sie, Andrees?« Ich fühlte mich überfordert, denn ich hatte keine Erfahrung mit dem erzieherischen Potential von Porsche-Sportwagen. Aber ich wollte Mrs. Walters in ihrer Not auch nicht im Stich lassen, und deshalb empfahl ich einen Kompromiß: »Sie geben ihm den Porsche, aber er muß schwören, daß er nie wieder Alkohol anrührt!« Das fand sie eine wunderbare Idee.
Ich hätte gern mehr Geld gehabt, aber ich war auch froh, daß mir die fundamentalen Probleme der reichen Leute erspart blieben – die bedenklichen Kursschwankungen an der Wallstreet, Ärger mit der Umwälzpumpe am Swimming Pool, die miese Bedienung im »Encanto«-Restaurant (»Können Sie sich vorstellen, Andrees, daß wir *vierzig Minuten* auf unsere Pfeffersteaks gewartet haben?«), der neue Utrillo, der sich als gemeine Fälschung entpuppte. Kein Wunder, daß unsere Reichen Mitgefühl nur für Ihresgleichen aufbringen konnten. Das Schicksal der Obdachlosen in Santa Barbara ließ sie völlig kalt. Wilson nannte sie »arbeitsscheues Gesindel«, und Mrs. Robbins wußte, daß »die sich in festen Behausungen gar nicht wohlfühlen«. Wer nicht reich war, gehörte nicht dazu, war uninteressant, langweilig. Die Reichen blieben unter sich und verkehrten nur mit anderen reichen Leuten, am liebsten natürlich mit Celebrities. Sie kamen mir vor wie Menschen, die in einem permanenten Belagerungszustand leben – von Feinden umzingelt und von der Angst geplagt, daß ihre gehorteten Vorräte nicht ausreichen. Viele wohnten in hoch umzäunten Villenvierteln, die rund um die Uhr von uniformierten Privatpolizisten bewacht wurden. Sie fühlten sich aus

allen Richtungen bedroht – von den Russen, Japanern und Negern, vom Finanzamt und den Demokraten, von den Umweltschützern und von Einbrechern, von Liberalen und Kidnappern.
Bisher hatte ich geglaubt, daß die Reichen nicht glücklich sind, weil Geld das Glück der Menschen verdirbt. Als ich sie genauer studierte, ging mir auf, daß die Reichen reich sind, weil sie unglücklich sind. Es ist ihre Unfähigkeit, das Leben unbesorgt zu genießen, die sie zu Millionären macht. Ihre hauptsächliche Eigenschaft ist nicht Raffgier, sondern Angst. Die Raffgier ist nur eine Folge ihrer ängstlichen Einstellung zum Leben. Je mehr Geld, desto mehr Sicherheit, glauben sie. Und sie hängen, wie fast alle Menschen, dem Irrglauben an, daß Geld glücklich macht. Geld an sich hat aber mit dem Befinden der Menschen nichts zu tun – weder macht ein Überfluß an Geld den Menschen glücklich, noch erzeugt Geldmangel notwendigerweise unglückliche Menschen. Ein spiritueller Mensch ist auch in der Armut glücklich. Ein Materialist ist nie zufrieden mit dem, was er hat.
Aber machen wir uns nichts vor: Nicht nur die Reichen, wir alle haben ein problematisches Verhältnis zum Geld. Nichts fällt uns schwerer, als uns von unseren Ersparnissen zu trennen. Ich habe es während der großen Spendenaktionen erlebt, die Rajneesh über Jahre hin inspirierte. Alles für den Aufbau von Rajneeshpuram! hieß es damals, und wer kein Geld hatte, konnte auch den Erbschmuck von der Großmutter bringen. Millionäre, die dem Meister jahrelang hingebungsvoll zu Füßen gesessen hatten, ergriffen die Flucht, als man sie bat, das Scheckbuch zu ziehen. Wir alle sahen plötzlich eine Menge guter Gründe, uns von unserem Geld lieber nicht zu trennen. War es nicht Wahnsinn, seine Ersparnisse in die lächerliche Rolls-Royce-Flotte zu stecken, mit der dieser Meister unrühmliche Schlagzeilen machte? Und wozu brauchte er eigentlich diese brillantbesetzten Armbanduhren? Die sollten doch wohl erst mal verkauft werden, bevor man uns zumutete, das letzte Hemd für die neue Stadt herzugeben! Der Verstand sträubte sich und erfand immer neue Argumente. Dabei ging es letztlich gar nicht um die Finanzierung von Rajneeshpuram, um die Rolls Royces und die Armbanduhren. Es ging vor allem darum, uns unser Verhältnis zum Geld bewußt zu machen, uns mit unserer Angst zu konfrontieren, uns zu ermutigen, das Ersparte und die Illusion der Sicherheit fahren zu lassen und zu vertrauen.

Wir hatten schöne Theorien über das Geld, wir wußten, daß der Glückliche zu geben versteht. Und natürlich wollten wir alle Rajneeshpuram aufbauen. Aber als es ernst wurde, als wir einen ganz konkreten Entschluß fassen mußten, als es wirklich um unsere Ersparnisse ging, hatten wir schlaflose Nächte, und wir konnten sehen, wie stark unser Verhältnis zum Geld von der Angst geprägt wurde. Wir machten uns alle gerne über die reichen Leute lustig, aber im Grunde waren wir ihnen doch sehr ähnlich. Wir hatten vielleicht nur ein bißchen weniger Angst.

Ob reich oder arm – unsere Instinkte werden immer noch von den Reflexen des Neandertalers geprägt. Der lebte, um zu überleben. Er suchte die Sicherheit der Herde, und mit der Axt in der Faust behauptete er sich gegen wilde Tiere. Survival of the fittest. So ist es immer noch – nur haben wir inzwischen die Axt mit dem Scheckbuch vertauscht.

Ich habe, wie viele andere, den Scheck unterschrieben und das Geld locker gemacht. Astha hat sogar ihr Haus im Alten Land bei Hamburg verkauft und das Geld gespendet. Wir haben uns bewußt über unseren Verstand hinweggesetzt und das Herz entscheiden lassen. Wir haben erfahren, was es heißt, loszulassen. Es ist ein abenteuerliches Gefühl. Ich kann es wärmstens empfehlen. Es verhilft uns zu der Einsicht, daß wir nur genießen können, was wir auch loslassen können. Der Geizige kann sein Geld nicht genießen, weil er Sklave seines Reichtums ist. Er hält fest, weil er Angst hat, daß sein Geld ihm entrinnt. Er gleicht einem eifersüchtigen Liebhaber, der die Untreue seiner Geliebten fürchtet. Der Geizige kann nicht genießen, der Eifersüchtige kann nicht lieben. Beide sind unfrei, und Freiheit ist die Voraussetzung für den Genuß wie für die Liebe. Geld und Liebe hängen eng miteinander zusammen. Nur wer geben kann, ist frei, und nur wer frei ist, kann lieben.

Am St. Francis Way waren wir jetzt alle aus dem Schneider. Durga stieg von ihrem Fahrrad auf einen kleinen Ford mit Stereo-Anlage und Sonnendach um. Astha und Gita kamen leicht auf über tausend Dollar im Monat. Santa machte gute Profite mit seinem Steinbruch. Ram war aus Asien zurück, und die erste Lieferung von Bali-Mode wurde jetzt täglich erwartet. Nur Nadama war noch nicht auf dem grünen Zweig. Er zahlte immer noch seinen Schrott-Lkw mit dem Wohnaufbau ab, der unverkauft in der Garageneinfahrt stand. Aber schon hatte er sich in neue

Schulden gestürzt: Eines Tages wurde ein elektrisches Yamaha-Klavier angeliefert. Und seither hatten wir nicht nur die Fernsehunterhaltung im Meditationsraum, sondern auch ein Kulturprogramm im Souterrain, denn Nadama spielte hingebungsvoll und lautstark selbstkomponierte New-Age-Musik, die wie eine lauwarme Duftwolke in sämtliche Räume eindrang und uns in einen irritierenden Dämmerzustand versetzte.
Mit meinen diversen beruflichen Verpflichtungen fühlte ich mich jetzt schon fast überbeschäftigt, zumal ich mit der Baronin öfter ins Konzert oder ins Theater ging. Wir hatten uns angefreundet, und ich war zu ihrem persönlichen Ratgeber und Seelentröster avanciert. Stundenlang beschwerte sie sich bei mir über die Therapeuten, die Heilkundigen und andere Scharlatane, die sie mit ihrem Abrakadabra benebelten und ihr die Tausender aus der Tasche zogen. Aber wenn es ihr wirklich mies ging, wenn sie schon im Begriff war, nach der Überdosis zu greifen, dann rief sie mich an, und dann schleppte ich sie in die feinen Restaurants, und sie beugte sich über den Tisch vor, bis ihr Gesicht nur noch eine Handbreit von meinem entfernt war und schleuderte mir ihre Wut und ihre Verzweiflung entgegen – Stunde um Stunde.
»Die Welt ist schön? Bullshit!« schrie sie. »Ich kann diese gottverdammten Platitüden nicht mehr hören! Die Welt ist die Hölle. Immer schon gewesen. Ich langweile mich zu Tode. Ich habe die Schnauze voll!«
»Okay, Alice, bring dich um!« schlug ich ihr vor, und sie wich erschreckt von mir zurück.
»Du besorgst die Tabletten«, sagte ich. »Und wenn du soweit bist, dann ruf mich an, okay?« Sie war sprachlos. »Ich komme sofort«, sagte ich. »Wir trinken noch eine gute Flasche, zünden Kerzen an, legen Mozart auf, halten Händchen – und dann werfen wir die Tabletten ein. Bring dich auf keinen Fall ohne mich um, okay? Das würde ich dir ewig übel nehmen.«
Sie mußte lachen, und ich hatte es mal wieder geschafft. Über Alaska-Lachs, zarten Gemüsen, Erdbeereis und Schokoladenmousse blies ich ihr neue Lebensgeister ein. Es war harte Arbeit. Am liebsten hätte ich kein Geld mehr dafür genommen, denn sie war mir ans Herz gewachsen. Aber das konnte ich mir nicht leisten, und sie verstand es leider ebensogut, das Persönliche vom Finanziellen zu trennen. Es blieb bei den zwanzig Dollar pro Abend – keinen Cent mehr.
Aber akute Geldsorgen gab es nicht mehr. Mit Gunas Hilfe, mit den

Honoraren von Easy Lift und gelegentlichen Fensterputzerjobs kam auch ich auf gut tausend Dollar im Monat. Mehr wollte ich gar nicht haben. Ich verbrachte fast genausoviel Zeit am Strand wie bei der Arbeit. Wir machten schöne Ausflüge in die Umgebung, gingen am Hafen spazieren, blieben in den bequemen Sesseln der Stadtbibliothek hängen, meditierten in einem kleinen, stillen Vedanta-Tempel, schauten uns die blutroten kalifornischen Sonnenuntergänge von den Höhen des St.-Markus-Passes an, kochten gut und aßen festlich. Die Tage verrannen in einer schönen, harmonischen Ereignislosigkeit. Mein Zeitgefühl schwand. Zeit existierte nicht mehr. Die Vergangenheit hatten wir wie einen alten Mantel abgelegt – oder war er von uns abgefallen? Eine Zukunft gab es nicht – wir hatten keinen Ehrgeiz, keine Pläne, keine Erwartungen. Leben in der Gegenwart.
Eines Tages rief Kathy an. Ob sie bitte mit einem Architekten vorbeikommen könne? Der Hausbesitzer habe aus Indonesien geschrieben und den Architekten um einige Umbauvorschläge gebeten. Dicke Luft! Wir hatten uns als ein Filmproduktionsteam ausgegeben, hatten so getan, als hätten wir jede Menge Geld, hatten behauptet, wir arbeiteten an einem Filmprojekt. Aber es gab kaum Möbel im Haus und keine im Garten und nichts, was auf eine Arbeit an einem Filmprojekt schließen ließ. Statt dessen standen vor der Haustür ein paar Schrottautos. Würde Kathy Verdacht schöpfen? Würde sie Nachforschungen anstellen, uns auf die Schliche kommen, uns rausschmeißen? Wir hielten das für wahrscheinlich, denn wir litten immer noch an einem Verfolgungskomplex. Obwohl die Ranch in Oregon nur eine ferne Erinnerung für uns war, fühlten wir uns als Ex-Mitglieder der Rajneesh-Kommune immer noch wie entsprungene Zuchthäusler.
Wir saßen abends vor dem Kamin und besprachen die Lage. Nadama schlug vor, daß wir mit Hilfe seiner Umzugsfirma schnell ein paar schicke Leihmöbel ins Haus schaffen sollten, aber das wurde wegen zu hohen Kostenaufwands abgelehnt. Ich war der Ansicht, daß wir gar nichts tun könnten, außer die Ohren anzulegen und zu vertrauen. Astha meinte, wir sollten wenigstens das Bhagwan-Bild abnehmen und das Haus putzen. Ram wollte Nadama helfen, seinen Schrottwagen aus der Einfahrt verschwinden zu lassen. Santa war der Meinung, wir sollten uns alle verkrümeln und für Kathy einen Schlüssel unter die Matte legen. »Wenn keiner da ist«, sagte er, »kann Kathy keine dummen Fragen

stellen.« Aber Astha meinte, daß wenigstens einer da sein müsse. »*Ich* bleibe da«, rief Guna. »Ich werde Kathy empfangen und mich als Putzfrau ausgeben!« Das fanden wir alle die beste Idee.

Am nächsten Tag putzten wir das Haus und verschwanden, kurz bevor Kathy mit dem Architekten kam. »Wie war's?« bestürmten wir Guna, als wir uns am Abend wieder versammelten, und Guna erzählte, daß Kathy begeistert gewesen sei. »Ich habe ihr die Tür aufgemacht und mich als die Putze vorgestellt. Sie wollte gleich reinkommen mit dem Architekten, aber ich hab' gesagt: ›Macht es Ihnen was aus, wenn Sie Ihre Schuhe ausziehen?‹ Die Kathy guckte ein bißchen blöde und wußte nicht, was das sollte, und ich sagte: ›Die Herrschaften leben nämlich ganz nach japanischer Art. Keine Möbel. Alles spielt sich auf dem Boden ab. Deshalb legen sie Wert darauf, daß niemand mit Straßenschuhen ins Haus kommt.‹ Kathy fand das ›terribly interesting‹, und der Architekt wollte wissen, ob die Herrschaften auch in Japan gelebt hätten. Ich sagte, so genau wüßte ich nicht Bescheid; ich sei hier nur die Putzfrau. Sie zogen ihre Schuhe aus. Kathy schaute sich um und sagte zu mir: ›Sie haben das Haus aber wunderbar in Schuß! Hier blitzt es ja vor Sauberkeit!‹ Ich bedankte mich und sagte, die Herrschaften legten größten Wert auf Sauberkeit – wegen ihrer japanischen Lebensweise, wie gesagt. Sie wollte mich dann noch ein bißchen aushorchen. Aber ich sagte immer nur, ich sei hier die Putze und wüßte nur, daß die Herrschaften am frühen Morgen nach Hollywood gefahren seien und am Abend zurückerwartet würden. Auch das fand Kathy hochinteressant. Dann ist sie mit dem Architekten durchs Haus gegangen, und ich habe aufgepaßt, daß sie nicht in den Schränken herumschnüffeln. Und als sie ging, hat sie mir die Hand geschüttelt und gesagt: ›I love the house!‹«

Die Gewitterwolken hatten sich verzogen. Wir schleppten Nadamas Schrott-Lkw wieder in die Garageneinfahrt, und Ram hängte das Bhagwan-Bild wieder auf. Wir hatten Kathy happy gemacht, und in Zukunft würde es ihr wahrscheinlich gleichgültig sein, wer wir waren und was wir in dem Haus trieben. Wir waren vorbildliche Mieter, aber wenn sie uns aus irgendeinem Grunde trotzdem los sein wollte, konnte sie uns innerhalb von vier Wochen rausschmeißen. Länger dauerte die Kündigungsfrist nicht. Wir saßen also nur mit einer Arschbacke auf unserer Küchenbank und waren jederzeit bereit, unser Bündel zu schnüren und unsere Zelte woanders aufzuschlagen. Durga wäre am liebsten sofort aus Santa Barbara verschwunden, denn sie sehnte sich nach Bhagwan, und wollte so schnell wie möglich wieder zu seinen Füßen sitzen. Aber Rajneesh war in Uruguay und ließ wissen, daß er auf Besuch keinen Wert legte. Trotzdem lebte Durga so, als sei ihre Abreise für den nächsten Morgen geplant. Außer ihrem kleinen Ford gönnte sie sich nichts. Sie schlief immer noch auf der schmalen Schaumstoffmatratze, die sie von der Ranch mitgebracht hatte, und sie wäre auch damit zufrieden gewesen, ihre Mahlzeiten aus dem Blechtopf zu essen. Sie wollte so wenig wie möglich Geld für die Verschönerung des Hauses ausgeben. Selbst ein paar Kissen auf dem Boden des Meditationszimmers erschienen ihr überflüssig. Astha war das genaue Gegenteil. Zwar empfand auch sie Santa Barbara nur als eine Zwischenstation, aber sie tat so, als wolle sie am St. Francis Way ihren Lebensabend verbringen. Sie war der geborene Nestbauer. Für sie bedeutete ein Leben im Hier und Jetzt nicht ein Leben aus dem Koffer. Sie war ein Mensch, der sich gern häuslich einrichtete und Wurzeln schlug. Für sie war das Hier und Jetzt die Ewigkeit.

Ich hielt es eher mit Astha als mit Durga. Auch ich tat so, als sei Santa Barbara meine neue Heimat. Ich wollte mich nicht von der Flüchtigkeit des Augenblicks daran hindern lassen, mir das Leben in der Gegenwart so angenehm wie möglich zu machen. Ich wollte aus jedem Augenblick den Saft herausziehen – bis zum letzten Tropfen. Ich wollte es mir in der Zeitlosigkeit gemütlich machen. Ich glaubte nicht, daß es eine gute Idee war, jeden Tag auf meine Abreise zu warten. Ich wollte nicht auf Holzbrettern im Garten sitzen – wochenlang, monatelang, wer weiß, wie lange –, nur weil ich nicht wußte, wie lange ich hier sein würde. Ich wollte bequem im Liegestuhl liegen, und wenn es Zeit war, mal wieder Abschied zu nehmen, dann würde ich den Liegestuhl verkaufen oder verschenken oder einfach stehenlassen.

So zog ich denn mit Astha von einem »Garage Sale« zum anderen. Die Garage Sales verdanken ihre Existenz dem Umstand, daß die meisten Häuser in Kalifornien nicht unterkellert sind und keine Dachböden haben. Man kann also alten Plunder nicht für kommende Generationen speichern, sondern muß sehen, daß man ihn los wird. Man annonciert einen »Garage Sale« in der Zeitung und baut den Kram, den man verkaufen will, in der Garage oder im Vorgarten auf – Kleider, Möbel,

Teppiche, Bilder, Fernseher, Schallplatten, Ski-Ausrüstungen, Surfbretter, Werkzeuge, Vasen, Töpfe, Pfannen, Geschirr, Bestecke, Topfpflanzen, Hollywood-Schaukeln, Schreibmaschinen, Computer, Leistenbruchbänder, Kinderwindeln, Taschenrechner, Briefwaagen, Bücher, Bettwäsche – kurzum alles, was »Sears«, »K-Mart«, »Long's Drugstore«, »Thrifty«, »Robinson«, »Builders Emporium«, »Neiman Marcus«, »Circuit City«, »Broadway« und alle anderen großen und kleinen Warenhäuser, Boutiquen, Möbelgeschäfte und Kuriositätenläden je verkauft haben.
Wir haben auf diesen Garage Sales nicht nur billige Gartenmöbel gekauft, wir haben mit sportlichem Ehrgeiz die unwahrscheinlichsten Entdeckungen gemacht. Nie werde ich vergessen, wie ich einer netten alten Dame für den original englischen, Factory-numerierten, handgewebten, fast unbenutzten, klassisch geschnittenen Wintermantel aus Shetland-Wolle fünf Dollar hinblätterte und zu Hause in den Manteltaschen noch ein Paar neue Schweinslederhandschuhe entdeckte. Oft gingen wir noch sonntags am späten Nachmittag los, wenn ich von meinen Easy-Lift-Touren zurückkehrte. Um diese Zeit gingen die Wochenend-Garage-Sales zu Ende, und was nicht verkauft war, ging oft zu Schleuderpreisen weg, oder die Leute verschenkten sogar, was sie nicht losgeworden waren.

Ich fuhr jetzt jeden Sonntag für Easy Lift. Pünktlich um acht Uhr morgens parkte ich meinen Bus vor dem »Sunshine«-Haus an der Sola-Straße und wartete auf Dolly. Das »Sunshine«-Haus, eine bescheidene Villa mit kleinem Vorgarten, wurde als privates Altenheim geführt – Endstation für alte Menschen, die keiner mehr haben wollte. Dolly, 84 Jahre alt, zart und geistig noch sehr lebendig, lebte hier seit dem Tod ihres Mannes, der vor sechs Jahren gestorben war. Sie hatte ihr Haus verkauft, und von dem Erlös finanzierte sie ihren Aufenthalt im Heim. Ich wartete auf sie, und wenn sie nach zehn Minuten immer noch nicht aus dem Haus gerollt wurde, wußte ich, daß man sie mal wieder vergessen hatte, und ich ging durch den Hintereingang, um sie zu holen. Sie wartete ungeduldig in ihrem Rollstuhl, das Gebetbuch auf dem Schoß, und entschuldigte sich bei mir, daß sie nicht an der Straße auf mich gewartet hatte, wie es mit Easy Lift vereinbart war. »Am Sonntag gibt es nur eine Schwester«, sagte sie, »und die ist natürlich überfordert.« Ohne Hilfe konnte sie ihren Rollstuhl nicht durch das Haus manövrieren. Ich beruhigte sie und machte ihr Komplimente. »Dolly«, sagte ich, »du siehst wieder mal wie eine Königin aus!« Sie trug einen bunten Federhut, eine falsche Perlenkette und weiße Handschuhe, die nicht mehr ganz weiß waren. Und sie schaute mich mit einem schüchternen Augenaufschlag dankbar an.

Unser Sonntagsausflug zur katholischen Kirche im San-Roque-Viertel war die einzige Abwechslung in ihrem Leben. Sie freute sich auf mich und meine Komplimente, sie freute sich auf die Fahrt durch die Stadt, und vor allem freute sie sich darauf, daß der Herr Pfarrer, ein breitschultriger, graumelierter Filmstartyp, sie nach dem Gottesdienst flüchtig umarmen würde. »Dolly«, würde er mit seiner tiefen, melodischen Stimme sagen, und seine blauen Fischaugen würden schon die nächsten Kirchgänger fixieren, die sich von ihm verabschieden wollten, »Dolly, wir sind ja *so* glücklich darüber, daß du heute wieder mit uns sein konntest!« Und Dolly würde glücklich darüber sein, daß der Herr Pfarrer ihr seine Aufmerksamkeit schenkte, wenn auch nur ein paar Sekunden lang. Sie hätte ihm gerne ein wenig von sich erzählt, und sie versuchte es auch immer wieder, aber sie nahm es dem Pfarrer nicht übel, daß er so wenig Zeit für sie hatte. Er war eben ein wichtiger und vielbeschäftigter Mann, und er mußte sich vor allem um diejenigen Schafe kümmern, die mit dem Cadillac zum Gottesdienst kamen und den Religionsbetrieb mit substantiellen Beträgen unterstützten, denn Kirchensteuer gibt es in Amerika nicht. So schob ich denn mit Dolly ab, wenn ich sah, daß der Pfarrer nichts mehr mit ihr zu tun haben wollte. Auf der Fahrt erzählte sie mir, was sie auch gerne dem Herrn Pfarrer gesagt hätte. Im Laufe der Zeit erfuhr ich ihre ganze Lebensgeschichte und dazu alles, was ihr jeweils im Augenblick auf dem Herzen lag.

Dolly war am Sonntag mein erster Passagier. Wenn ich sie auf ihren Stammplatz direkt unter der Kanzel am Altar geschoben und die Bremsen ihres Rollstuhls angezogen hatte, fuhr ich zur Hope Ranch, um Randy abzuholen. Randy war 28 Jahre alt. Vor zehn Jahren war er von einer Klippe gestürzt – im LSD-Rausch, wenn ich ihn richtig verstanden habe. Es kann aber auch ein Selbstmordversuch gewesen sein. Seither war er angeblich querschnittgelähmt. Ich sage angeblich, weil ich den Verdacht hatte, daß Randy uns alle zum Narren hielt. Jedenfalls sah ich einmal mit eigenen Augen, wie er seinen Rollstuhl rückwärts gegen die niedrige Gartenmauer neben der Garageneinfahrt fuhr, die Beine mühelos anhob und den Easy-Lift-Bus mit einem kräftigen Ruck um einen halben Meter vorwärts drückte! Querschnittgelähmt? »Randy, weißt du was?«, sagte ich zu ihm. »Ich glaube, du machst uns allen ganz schön was vor!«

Randy grinste triumphierend, und ich schob noch eine zweite Vermutung nach. »Ich glaube, du willst deine Mutter quälen.« Sein Lächeln verschwand. Das hatte gesessen! Bis heute weiß ich nicht, ob er sich wirklich verstellte. Kann man Fachärzte so gründlich täuschen?

Randys Eltern und seine bildhübsche Teenager-Schwester wohnten in einer weißen Prachtvilla über dem Pazifik. Er selbst wurde in einem kleinen Raum, der zur Doppelgarage gehörte, wie ein Tier gehalten. Gekalkte Wände, Zementboden, schmales Feldbett, Lichtklappe unter der niedrigen Decke, Schwarzweiß-Fernseher. Keine Blumen, kein Vorhang, kein Teppich. Ich glaube, seine Bettwäsche wurde niemals gewaschen, jedenfalls sah sie so aus, als hätte man den Zementboden damit aufgewischt. Als ich ihn zum ersten Mal in seinem Käfig sah, hockte er auf dem Bett und onanierte. Nicht, daß er sich ertappt gefühlt hätte! Ein Weilchen lang machte er seelenruhig weiter, dann grinste er mich an und zog umständlich die Hose hoch.

Im Bus mußte ich ihn außer Reichweite von den weiblichen Passagieren setzen, denn er hatte die Angewohnheit, mit seinen kräftigen, langen Armen über sie herzufallen. Besonders scharf war er auf Jody, die eine panische Angst vor ihm hatte. Die meisten Leute fürchteten und haßten ihn, besonders seine Eltern. Das Dienstmädchen versorgte ihn, aber wenn das Mädchen nicht da war, schob die Mutter ihrem Randy wortlos das Essen in einem Blechnapf durch den Türspalt. Sie behandelte ihn wie einen Aussätzigen. Der Vater – ein dicklicher Porsche-Fahrer mit randloser Brille und schmalem, verkniffenem Mund – begegnete seinem Sohn mit unterwürfiger Verklemmtheit und machte gerne schlüpfrige Anspielungen. »Jede Menge schöne Frauen in der Kirche, was Randy? Aber laß dich nicht vom Herrn Pfarrer erwischen! Haha!« Die Mutter haßte nicht nur ihren Sohn, sie haßte auch mich, weil ich mit Randy gut auskam. »Andrees – du bist mein Freund!« begrüßte mich Randy jedesmal. Er hatte den Satz auf deutsch gelernt. Er liebte mich, weil er mich nicht schockieren konnte und weil er spürte, daß ich seine Eltern nicht mochte.

Die Mutter bestand darauf, daß ich mit dem Bus die schmale, steile Auffahrt bis zum Haus hochfuhr, denn sie hatten keine Lust, Randy bis ans Parktor zu bringen. Oben angekommen, entspann sich jedesmal ein Machtkampf zwischen mir und der Familie, denn ich bestand darauf, daß die Herrschaften ihre zahlreichen Autos aus dem Wege räumten, bevor ich auf dem engen Platz vor dem Haus mit dem Bus zum Wendemanöver ansetzte. Diese Leute hätten sofort ihre Anwälte auf Easy Lift gehetzt, wenn ich eines ihrer Luxus-Autos angeschrammt hätte. Sie waren von dieser Sorte, die sich ohne Anwalt an ihrer Seite keinen Schritt ins Leben vorwagen.

Randy folgte nicht dem Ruf Gottes, wenn er mit mir zur Kirche fuhr. Mit Religion hatte er nichts im Sinn. Er wollte mit mir unterwegs sein und blödeln, und natürlich nahm er jede Gelegenheit wahr, den Lieben daheim den Rücken zu kehren. Den Gottesdienst ließ er als ein notwendiges Übel über sich ergehen. Ich hatte ihn kennengelernt, als ich für Easy Lift Charterfahrten machte. Er war einer von den Krüppeln, die ich Dienstag abends zu sogenannten »Support Meetings« mit zwei Psychotherapeuten brachte. Die Idee war, daß die Krüppel unter Anleitung der beiden Therapeuten, Harry und Martha, über ihre Probleme diskutieren. Aber Harry und Martha waren Lichtjahre von der Mentalität dieser Rollstuhlfahrer entfernt. Wenn ich mit ihnen vorfuhr, schoben die Psychologen ihre Köpfe in den Bus, bleckten die Zähne und begrüßten die kritischen Krüppel mit forscher Pflegepersonal-Herzlichkeit: »Hallo Leute! Großartig, euch zu sehen!« Die Krüppel mufften nur. Sie besaßen ein feines Gespür für falsche Töne.

Ich weiß noch, wie wir zum ersten Mal dort ankamen und Randy die Therapeutin fragte: »Willst du mir nicht mal deine Titten zeigen?« Die arme Martha! Ihre Lippen zitterten, sie rang um Kontrolle, aber dann ließ sie ihren therapeutischen Ehrgeiz fahren und die Empörung übermannte sie. »Du Schwein! Schämst du dich denn gar nicht?« fauchte sie. Randy lächelte sie unschuldig an. »Wieso? Ich will dich doch bloß vögeln!« Und Martha ließ sich von ihm immer mehr auf die Rolle ziehen. »Ich verbitte mir diesen Ton!« schrie sie.

Martha und Harry waren überfordert. Sie wollten Probleme diskutieren und nach dem Lehrbuch verfahren, und die Krüppel wollten lachen und geliebt werden. Sie hatten keine Lust, ihre Schwierigkeiten zu analysieren, aber sie taten Martha und Harry den Gefallen, denn diese Support

Meetings waren immer noch besser, als der Stumpfsinn im Heim oder die Einsamkeit in Randys Garage. Aber wenn sie zwei Stunden später mit mir wieder nach Hause fuhren, machten sie sich über die Therapeuten lustig. »Jacketijacketi« nannten sie die Diskussionen mit Martha und Harry. Ich sang ihnen, schmalzig und schwungvoll, die Arie aus dem Figaro vor: »Will der Herr Graf ein Tänzlein wagen . . .« Sie klatschten sich auf die Schenkel vor Lachen, und ich bestand darauf, daß jeder ein Lied singt. Dabei konnten sie doch kaum sprechen! Aber sie sangen und lachten über sich selbst, bis ihnen der Atem wegblieb.

Manchmal lieferte ich Randy überhaupt nicht in der Kirche ab, und er leistete mir auf meinen Sonntagstouren zu den Altenpflegeheimen und Kirchen Gesellschaft. Ich tauchte dabei jedesmal in ein Inferno ein. Diese Heime waren die Hölle auf Erden. Von außen sahen sie aus wie elegante Ferienhotels. Zum Beispiel das Oaktree House an der Junipero-Straße, wo die neunzigjährige Doris mit ihrem Urinplastikbeutel unter dem Rollstuhl jeden Sonntag morgen pünktlich um zehn vor neun auf mich wartete. Das Oaktree-Haus war ein moderner spanischer Flachbau: kurzgeschorener Rasen, bunte Blumenbeete, Parkplatz im Schatten hoher Palmen. Die breite Glastür des Empfangsgebäudes öffnete sich automatisch. Spiegelblanker Marmorboden. Blumenarrangements zwischen den Ledersesseln für die Besucher. Schwester mit Häubchen hinter dem Tresen. Weißes Telefon. Sprechanlage.

Als ich das Oaktree-Haus zum ersten Mal betrat, war Doris nicht in der Halle. Die Schwester deutete auf eine Schwingtür und sagte: »Zimmer 312.« Ich stieß die Schwingtür auf und schreckte zurück. Ein Gespenst kam auf mich zu! Eine kreidebleiche, eingefallene Frau – glühende Augen in schwarzen Höhlen, strähniges Haar über einem verrutschten, speckigen Morgenrock – zerrte ihren Rollstuhl an einer Reling durch den langen Korridor. Sie beugte sich vor, streckte ihre mageren Arme aus, umkrallte das Geländer, das an der Korridorwand befestigt war, und jedesmal, wenn sie anzog und den Rollstuhl ruckartig vorwärts bewegte, schimpfte sie rhythmisch und mit gepreßter Stimme: »You son of a bitch! Du Hurensohn! Du Hurensohn!« Ich war schon im Begriff, mich wieder hinter die Schwingtür in Sicherheit zu bringen, als ich bemerkte, daß die Frau mich überhaupt nicht wahrnahm. Einen Meter vor mir drehte sie um und zog ihren Rollstuhl in die entgegengesetzte Richtung. Langsam folgte ich ihr. Die Türen zu beiden Seiten des Korridors standen weit offen. In jedem Zimmer gab es vier Betten. Auf den ersten Blick sahen die Menschen in den Betten wie Leichen aus. Sie rührten sich nicht. Manche starrten mit leblosem Blick nach oben, zur niedrigen Zimmerdecke. Ihre aufgerissenen, zahnlosen Schlunde wirkten in den ausgemergelten Gesichtern wie erloschene Krater im Schnee. Manche Patienten lehnten halb aufgerichtet in den Kissen – einigen war der Kopf auf die speichelnasse Brust gefallen, und sie schienen zu schlafen; andere stierten auf die flimmernde Mattscheibe des Farbfernsehers, der an der Decke befestigt war. Aus den Zimmern drangen die Geräusche verschiedener Fernsehprogramme und verdichteten sich in der dicken Luft der Korridore zu einem aggressiven Geräuschwirrwarr. Es roch nach Urin, nach Kotze, saurem Schweiß und Medikamenten.

Ich suchte Zimmer 312. Es war wie ein Gang durchs Leichenschauhaus. Ab und zu ein Skelett, das sich am Geländer durch den Flur hangelte. Ein alter Mann, Kapitänsmütze im Genick und die Faust auf dem Krückstock, tauchte in der Tür seines Zimmers auf und krallte sich an meinem Easy Lift-Hemd fest. »Wo geht es hier nach Hause, junger Freund?« Ich blieb stehen. Ein Blick abgrundtiefer Ratlosigkeit. »You son of a bitch! Du Hurensohn, du Hurensohn...« Das Gespenst im Rollstuhl kehrte zurück. »Nach Hause?« Ich deutete nach oben, himmelwärts und spürte, wie eine heiße, hilflose Empörung in mir aufstieg: Warum, um Himmels willen, ließ man diese Menschen nicht in Ruhe sterben? Hatten sie nicht das Recht, in Würde abzutreten?

Das Leichenschauhaus erschien mir jetzt als ein höllisches Irrenhaus. Hier regierte der Wahnsinn! Ich hatte bisher nur gelegentlich von den Problemen der Pflegeheime gelesen und gehört. Ich wußte, daß die Besitzer dieser Heime dem Pflegepersonal nur den Mindestlohn zahlten, daß folglich fast nur Mexikaner ohne Aufenthaltsgenehmigung anheuerten, daß praktisch kaum eine Schwester und kaum ein Pfleger länger als ein Jahr blieb, daß es eine drückende Personalnot gab, daß die Pflege der Patienten ungenügend und daß die öffentlichen Zuschüsse katastrophal niedrig waren. All das wußte ich, und doch wußte ich praktisch gar nichts, solange ich diese Pflegeheime nicht von innen gesehen hatte, solange ich die Kotze und den Urin in den neonbeleuchteten Korridoren nicht gerochen hatte, solange ich dem Gespenst mit der Wut auf den Hurensohn nicht begegnet und mir der Anblick dieser Scheintoten vor den Fernsehschirmen erspart geblieben war.

Irgendwo hatte ich von einer Hochrechnung des Amtes für Statistik gelesen, wonach es in dreißig Jahren mehr als eine Million Amerikaner geben wird, die über hundert Jahre alt sind! Können wir uns vorstellen, was diese Vergreisung bedeutet? Haben wir genug Phantasie, uns eine Gesellschaft vorzustellen, in der es mehr Greise als junge Menschen gibt? Eine Gesellschaft der Pflegefälle und des organisierten Seniorenbetriebs? Eine Gesellschaft, in der die Mehrheit schon tot ist, bevor sie unter die Erde kommt? Eine Gesellschaft, in der sich die brutale Lieblosigkeit in den Pflegeheimen immer mehr ausbreitet, bis sie schließlich das Klima aller zwischenmenschlichen Beziehungen bestimmt?

Wir neigen dazu, das Elend in der Welt vor allem in den Entwicklungsländern zu sehen, weil wir unser eigenes am liebsten ignorieren würden. Die Misere, die wir in unserer unmittelbaren Umgebung verursachen, ist uns unheimlich, weil sie sich rätselhafterweise mitten im Überfluß breit macht. Offensichtlich hat sie mit materieller Not nichts zu tun. Geld gibt es in unserer Gesellschaft mehr als genug. Wenn wir ehrlich sind, sehen wir, daß unser Elend aus mangelndem Bewußtsein kommt, daß es uns an Mut, an Aufrichtigkeit, vor allem an Liebe mangelt.

Die Not in den Entwicklungsländern diskutieren wir viel lieber. Sie ist so schön weit weg und so schön einfach. Im wesentlichen geht es darum, hungrige Mäuler zu stopfen. Wir schicken Geld und Getreide und kommen uns großartig vor. *Unser* Elend jedoch wirft höchst beunruhigende Fragen auf. Zum Beispiel die Frage, warum die strahlenden Errungenschaften unserer Wissenschaft und Technik bisher mehr Unheil als Segen stiften? Überall manifestiert sich der Fortschritt als Desaster – in der Rüstung, in der Ernährung, im Verkehr, im Städtebau, in der Landwirtschaft, vor allem auch in der Medizin. Seit Jahrhunderten dient der medizinische Fortschritt in erster Linie der Lebensverlängerung, während die Erhaltung der Gesundheit vernachlässigt wird. Da wird die gesamte Maschinerie unserer modernen Medizin mobilisiert, um alte, hilflose Menschen am Leben zu erhalten, deren Uhr längst abgelaufen ist. Da werden unheilbar an Krebs erkrankte, achtzigjährige Halbtote mit der Begründung auf den Operationstisch geschleift, daß der Arzt moralisch verpflichtet sei, Menschenleben zu erhalten. Der Chirurg streicht sein Honorar ein, das einem Stundenlohn von mehr als tausend Mark entspricht. Das Krankenhaus kassiert, der Anästhesist kassiert, der Internist kassiert, der Radiologe kassiert, und alle tun ihr

Möglichstes, damit man ihnen nicht nachsagen kann, sie hätten sich fahrlässig verhalten oder sich ärztliche Kunstfehler zuschulden kommen lassen – denn wie die Schakale liegen in Amerika die Rechtsanwälte auf der Lauer und warten nur darauf, daß der Patient stirbt, damit sie den Angehörigen einreden können, es lohne sich, gegen die Ärzte zu prozessieren. Jeder will an den Alten verdienen, und jeder versichert, es ginge nur um die rechte Ethik: Das Leben ist heilig und kostbar und muß erhalten werden, um jeden Preis.

Die Operation hat den Krebs nicht restlos beseitigt, also wird der achtzigjährige Patient einer Chemotherapie unterzogen. Er wird an den Tropf gehängt, und die Chance, daß der Alte den Chemiehammer überlebt, ist gering. Aber jeder tut, was er kann. *Wenn* der Alte durchkommt, kann er es vielleicht noch ein paar Jahre länger machen. So hängt er am Tropf, und die Haare fallen ihm aus. Er magert zum Skelett ab, er leidet unter Übelkeit und Brechanfällen. Er liegt hilflos im Bett, und oft kommt keiner, um ihm die Schüssel unterzuschieben, wenn er scheißen muß. Er liegt stundenlang in seinem Dreck, und der Farbfernseher brüllt ihn an. Und wenn die Ärzte ihn endlich in Ruhe lassen, ist er so schwach, daß er für den Rest seines Lebens nicht mehr so recht hochkommt.

Die Ärzte fragen den Patienten nicht, ob er lieber sterben möchte. Sie haben ihren Eid auf Hippokrates geleistet, der seinen Schülern den Schwur abnahm, alles Menschenmögliche zur Erhaltung des Lebens zu unternehmen. Aber Hippokrates ist seit fast zweitausend Jahren tot. Zu seiner Zeit starben die Menschen – umsorgt von Verwandten –, wenn sie vierzig Jahre alt waren, und es gab keine hochkomplizierte Maschinerie, die es ängstlichen, ehrgeizigen, unbewußten und letztlich ratlosen Machern einer technisierten Heilkunst ermöglichte, achtzigjährige Scheintote jahrelang am Leben zu halten.

Als Easy-Lift-Fahrer habe ich im Laufe der Zeit viele solcher Achtzigjährigen kennengelernt, und allmählich habe ich begriffen, daß man für ihr Elend nicht allein unseren modernen Medizinbetrieb verantwortlich machen kann, der total von der Dynamik der Machbarkeit beherrscht wird. Unsere Einstellung zum Tod ist die Wurzel des Übels. Nicht einer dieser alten Menschen, die ich in meinem Bus zur Kirche oder zum Krebsinstitut des Cottage Hospitals fuhr, war zum Sterben bereit. Ich habe sie gefragt – direkt oder indirekt. Solange sie im Rollstuhl sitzen konnten, war noch ein Funken Leben in ihnen. An diesen Funken hefteten sie ihre Hoffnung. Sie wollten leben, auch wenn sie wußten, daß es mit ihrer Gesundheit unaufhaltsam bergab ging. Sie beklagten sich bei mir über Schmerzen und über Einsamkeit, über die Grausamkeit ihrer Kinder und darüber, daß die Schwestern und die Pfleger sie schlecht behandelten und ihnen den Schmuck und das Bargeld klauten. Nicht alle waren so lieb wie Dolly. Viele waren mürrisch, streitsüchtig, sogar gehässig. Aber sie wollten *leben!* Konnten sie nicht sterben, weil sie nie wirklich gelebt hatten? Konnten sie nicht abtreten, weil so viele Wünsche und Hoffnungen, Passionen und Schmerzen unausgelebt waren? Klammerten sie sich an das Leben wie an einen schönen Traum, der nicht in Erfüllung gegangen war?

Allmählich verstand ich, daß ihr Elend unser aller Elend war und daß es nicht verschwinden konnte, solange wir unser Verhältnis zum Tod nicht änderten. Solange wir uns vor dem Tod fürchten, können wir das Leben nicht feiern, und am Ende eines ungelebten Lebens stirbt es sich schwer. Die Möglichkeiten der modernen Medizin zwingen uns förmlich dazu, eine neue, eine bejahende Einstellung zum Tod zu finden. Wir müssen lernen, freiwillig zu sterben.

Bisher kennen wir als freiwillige Todesformen nur den Selbstmord und den soldatischen Heldentod. Beide kommen aus einer krankhaft negativen Einstellung zum Leben. Der Selbstmörder und der Held können nicht unser Vorbild sein. Wir sollten lernen, wie die Zen-Meister zu sterben, die ihre Stunde kennen und im Tod die Krönung ihres Lebens sehen. Eines Tages hören sie auf zu essen. Sie ordnen ihr Haus, verabschieden sich von ihren Jüngern, sprechen ihre letzten Worte und sterben lachend. Sie wissen, daß der Tod Ende und Anfang zugleich ist – das Ende ihrer irdischen Existenz und der Anfang einer Reise durch eine andere Ebene des Bewußtseins.

Es gibt schöne Zen-Geschichten über den Tod. Zum Beispiel die Geschichte von dem Zen-Meister, der an einem kalten Wintertag die Augen für immer schließen will. Er versammelt seine Schüler, um sich von ihnen zu verabschieden. Aber die Schüler murren. »Kannst du nicht warten, bis es ein bißchen wärmer wird und der Boden aufgetaut ist?« fragt der älteste Schüler. »Jetzt ist der Boden steinhart gefroren, und es wird eine höllische Arbeit sein, dein Grab auszuheben!« Der alte Zen-Meister lächelt zufrieden. Er freut sich über die zwanglose Einstellung

seiner Schüler zum Tod, und so verspricht er ihnen, noch ein paar Monate länger zu leben. Als der Frühling kommt und es warm wird, ist es so weit: Der Zen-Meister hört auf zu essen und stirbt.
Und die Geschichte von den drei Zen-Mönchen fällt mir ein, die durch die Dörfer ziehen, von Marktplatz zu Marktplatz, und lachen, immer nur lachen. Die Menschen laufen zusammen und staunen, und unvermeidlich werden sie von dem Gelächter der Mönche angesteckt. Wenn sie das ganze Dorf zum Lachen gebracht haben, ziehen die Mönche weiter und stecken das nächste Dorf mit ihrem Gelächter an. Eines Tages stirbt einer der Mönche. Bevor er die Augen für immer schloß, hatte er seinen beiden Freunden seinen letzten Wunsch anvertraut: Er wollte in dem gleichen Gewand verbrannt werden, in dem er starb. Die Dörfler versammeln sich auf dem Verbrennungsplatz. Die beiden Mönche legen ihren toten Freund auf den Scheiterhaufen und lachen und lachen. Ein Raunen geht durch die Menge – die Dörfler finden das Gelächter der Mönche respektlos und sind wütend auf sie. Aber die Mönche lachen weiter und zünden den Scheiterhaufen an. Und plötzlich, als die Flammen hochschlagen, knallt es, und Funken fliegen. Eine Batterie von Knallkörpern explodiert. Die Mönche lachen noch lauter. Die Dörfler sind erschreckt und verwirrt. Und dann sehen sie, daß die Knallfrösche in den Kleidern des Toten explodieren, und sie begreifen, daß der tote Mönch sich mit einem Scherz von ihnen verabschiedet. Und sie stimmen in das Gelächter der beiden Mönche ein, und alle feiern die Verbrennung als ein lustiges Happening.

Wie in einem Gefängnis liefen die Korridore des Oaktree-Pflegeheims sternförmig auf ein Zentrum zu. Von hier aus konnte das Personal die Geschehnisse in allen Fluren gleichzeitig beobachten. Hinter einem Tresen hockte ein kleiner dicker Mexikaner in weißer Pflegeuniform und stocherte schläfrig mit einem Streichholz in seinen Zähnen. Ich fragte ihn nach Zimmer 312, aber er verstand kein englisch. Er bohrte weiter in seinen Zähnen und schaute mich durch die langen Wimpern seiner halbgeschlossenen Augenlider teilnahmslos an. »Doris! Doris!« sagte ich, und da wußte er, was ich wollte, und deutete mit dem Zahnstocher auf einen Korridor zu meiner Rechten.
Doris – klein und zart wie ein Vogel – saß auf dem Bett. Ihre Füße baumelten über dem Linoleumboden, und eine schwarze Kranken-

schwester kniete vor ihr und zog ihr die Schuhe an. »Bin ich zu spät?« fragte Doris zittrig, und ich sagte: »Ja, Doris, du bist zu spät, aber wenn es jetzt schnell geht, kann ich warten.« Die Krankenschwester drehte sich zu mir um und sagte: »Sie könnte längst fertig sein. Erst wollte sie nicht in die Kirche und jetzt will sie auf einmal.« Ich schaute auf die Uhr: In zwanzig Minuten sollte ich im »Rosegarden«-Heim sein und sechs Rollstuhlfahrer zur katholischen Mount-Carmel-Kirche in Montecito bringen. Nach dem Gottesdienst würde es dort für fromme Greise ein Mittagessen geben und danach ein Unterhaltungsprogramm. Die Aktion wurde mit der Verlogenheit, die im Umgang mit »Senioren und Behinderten« üblich ist, ein »Handicapable«-Treffen genannt.
Es war also höchste Zeit, daß ich mit Doris abschob. Die Krankenschwester schloß den Plastikschlauch an den durchsichtigen Urinbeutel an, der unter dem Rollstuhl befestigt war, denn Doris konnte ihre Blase nicht kontrollieren. Doris zog ihren Hut über die Ohren, und dann konnte es losgehen. Im Sturmschritt eilte ich mit ihr zum Bus, hievte sie mit dem Lift hoch, aber als ich ihren Rollstuhl anschnallen wollte, sah ich, daß der Urinbeutel ein Leck hatte. Auf dem Busboden bildete sich schon eine Pfütze. Ich fummelte an dem Beutel herum – nichts zu machen. Also schob ich sie wieder auf den Lift zurück und setzte sie auf der Einfahrt ab. »Doris«, sagte ich. »Dein Urinbeutel hat ein Leck. So kann ich dich nicht mitnehmen. Sorry.« Sie schaute an ihrem Rollstuhl herunter. Die Sache war ihr entsetzlich peinlich. »Ach«, sagte sie, »wirklich?« und schaute mich hilflos und flehend an. Sie tat mir so leid, aber ich hatte keine Zeit mehr, sie zu trösten. Ich war wütend auf die Krankenschwester, die wahrscheinlich gar nichts dafür konnte. Ich hätte gerne Skandal gemacht, aber ich wußte, daß mein Gebrüll auf taube Ohren gestoßen wäre. So stellte ich Doris mit ihrem Rollstuhl still in der Empfangshalle ab und verabschiedete mich von ihr. Vor der automatischen Glasschiebetür drehte ich mich noch einmal um und winkte ihr zu. Sie saß klein und traurig in ihrem Rollstuhl und versuchte, tapfer zu lächeln. Auf dem blanken Marmorboden der Halle bildete sich eine Urinpfütze, und als sich die Glastür hinter mir schloß, hörte ich den Schrei der Schwester hinter dem Empfangstresen: »Doris, was *machst* du denn da?«
Als ich vor dem »Rosegarden«-Heim vorfuhr, warteten meine Passagiere schon auf mich. Ein Pfleger hatte sie vor die Tür geschoben und dort

stehenlassen. Sie saßen völlig passiv in ihren Rollstühlen und blinzelten in die Sonne. »Hi«, rief ich laut, denn die meisten alten Leute sind schwerhörig. »Hi, ich bin Andrees, der neue Fahrer. Wer will denn als erster an Bord?« Keine Reaktion. Ich griff nach dem nächstbesten Rollstuhl, aber die alte Dame, die ich als erste an Bord befördern wollte, schreckte vor mir zurück. »Wo wollen Sie mich denn hinbringen?«
»In die Kirche!«
»Ich habe aber keine Lust, in die Kirche zu gehen«, protestierte sie.
»Was? Hat man euch denn nicht gesagt, wo es hingeht?«
»Uns sagt nie einer was!«
Ich war in Eile und konnte mich nicht auf eine Diskussion einlassen. Also schob ich ihren Rollstuhl unbeirrt auf den Lift. »Ihr werdet begeistert sein!« schrie ich, damit sie mich auch wirklich alle hören konnten. »Alle freuen sich schon auf euch. Und nach dem Gottesdienst gibt es ein wunderbares Festessen und Musik und Geschenke.«
«Okay«, sagte die alte Dame. »Auf geht's!« Sie war die einzige, die noch Pepp in sich hatte.
Die ganze Easy-Lift-Flotte war auf dem Parkplatz der Mount-Carmel-Kirche versammelt, als ich dort vorfuhr. Überall wurden die alten Leute ausgeladen. Freiwillige Helfer steckten ihre Nasen in den Bus und mimten Begeisterung: »Da seid ihr ja endlich! Willkommen! Willkommen! Herrliches Wetter habt ihr mitgebracht! Toll, euch zu sehen!« Meine Passagiere starrten vor sich hin und rührten sich nicht. Die Helfer – selber schon im Herbst ihres Lebens – halfen beim Ausladen und schoben mit meinen Schützlingen ab. Ich raste in die Stadt zurück. Es war höchste Zeit, Dolly und Randy von der Kirche abzuholen und nach Hause zu bringen.
Drei Stunden später kehrte ich zur Mount-Carmel-Kirche zurück. Das »Handicapable«-Treffen war noch in vollem Gange – ich hörte es schon von weitem. Schifferklaviermusik, rhythmisches Klatschen, forsche »Olé«-Rufe. Vorsichtig öffnete ich die Tür zum Festsaal, der sich an den Kirchenbau anschloß. Die Alten saßen unter Luftballongirlanden in ihren Rollstühlen. Sie hatten bunte Karnevalskäppies auf dem Kopf und kleine Blumensträuße in der Hand. Vor ihnen, auf der Bühne, spielte eine Frohsinn verbreitende Dreimannkapelle Schifferklavier, Geige und Klarinette, und eine Ballett-Truppe bewegte sich zu verwegenen Flamenco-Rhythmen. Die Herren trugen schwarze Hosen, weiße Hemden

und schwarze Fliegen, die Damen tief ausgeschnittene Latexleibchen und kurze, wippende Rüschenröckchen. Sie warfen die Arme empor, drehten sich im Kreis, wechselten glühenden Blickes die Partner, drückten die Brust heraus und stampften energisch mit ihren blanken Lackschuhen auf das Parkett. Keiner war jünger als siebzig. Handicapables. Olé! Ich kam mir vor wie in einem Science-Fiction-Film – »Amerika im Jahr 2030.«

■ *Zehntes Kapitel* ■

Unser zweites Jahr in Santa Barbara neigte sich schon dem Ende zu, als ich auf die Idee kam, einen sogenannten »Wordprocessor« zu kaufen. Ich sah darin ein Zeichen, daß mein Unterbewußtsein schreiben wollte. Oder war es mein höheres Selbst, das da durchkam? Jedenfalls wollte ich unbedingt einen von diesen Computern haben, die modernen Schreibern neuerdings als Handwerkszeug dienen.

Mein bewußtes Ich hatte eigentlich gar keine Lust zu schreiben. Meinem Verstand fielen sogar immer neue Argumente dagegen ein. »Es wird sowieso schon viel zu viel geschrieben«, sagte er zum Beispiel. »Und das, was du wirklich sagen willst, läßt sich mit Worten gar nicht ausdrücken.« Aber seit langem schon war der Verstand nicht mehr mein einziger Ratgeber. Ich hörte auch auf meine innere Stimme . . .

Als ich vor Jahren mit meiner Vergangenheit brach, hatte ich auch das Schreiben aufgegeben. Ich wollte aus alten Mustern aussteigen. Also hatte ich meine Schreibmaschine verschenkt. Meine Korrespondenz – so weit sie überhaupt noch existierte – hatte ich auf Tonbänder gesprochen. Wenn ich auf der Ranch in Oregon Autobus fuhr oder auf dem Schrottplatz rostige Nägel aus Abfallbrettern zog, hatte ich das Tonbandgerät vor dem Bauch und sprach ins Mikrofon. Die Tonbandkorrespondenz hatte ich auch in Santa Barbara beibehalten, aber nun war offenbar die Zeit gekommen, mich auf mein altes Handwerk zu besinnen, und ich hoffte, daß ich zum Schreiben zurückkehren konnte, ohne in die Verhaltensmuster der Vergangenheit zurückzufallen. Wahrscheinlich kam deshalb die Idee mit dem Computer auf: wenn schon schreiben, dann wenigstens auf eine ganz neue Weise – elektronisch!

Das erste, was ich mit meinem NEC-Multispeed Laptop Computer unter Schweiß und Tränen zuwege brachte, möchte ich der Nachwelt wenigstens zum Teil überliefern. Deshalb sei es hiermit (besonders zum Trost und Nutzen zukünftiger Computer-Benutzer) auszugsweise zitiert:

Mein Kampf mit NEC

In den vergangenen Tagen habe ich etwa zweihundert Seiten Gebrauchsanweisung gelesen. Der Händler, ein junger Bursche, der in einem neuen roten Ford Mustang vorfuhr, hatte sie auf meinem Schreibtisch abgelegt, Computer und Drucker an die Steckdose angeschlossen, und sich mit einem flüchtig gemurmelten »have fun and good luck!« verabschiedet. Er war der billigste Lieferant, den ich in einer dreitägigen Telefonrecherche hatte finden können. Ich hätte Verdacht schöpfen sollen, aber erst ein paar Tage später habe ich verstanden, warum der Bursche sich so fluchtartig zurückgezogen hatte: Er wollte mir keine Zeit für dumme Fragen lassen. Inzwischen weiß ich auch, daß er von Computern nicht viel mehr versteht als ich.
Die Gebrauchsanweisung besteht aus drei Ringbüchern für die Hardware und einem separaten Broschürenpaket für die Software. Schließlich gibt es noch ein Ringbuch für den Drucker. Ein Computer druckt ja nicht selbst wie eine Schreibmaschine. Er läßt drucken – eben von einem Drucker, der das mit einer geradezu affenartigen Geschwindigkeit erledigt. Lesen und verstehen ist schon nicht so einfach, aber wenn du dann den Strom einschaltest und die ersten Tasten drückst...
Am Anfang fand ich es noch ganz lustig; aber dann fing die Sache an, mir unheimlich zu werden. Ist das Ding vielleicht kaputt? dachte ich. Oder habe ich das falsche gekauft? Oder sind irgendwelche höheren Mächte im Spiel, die meine Geduld auf die Probe stellen und mein inneres Wachstum fördern wollen? (»Wollen doch mal sehen, wann er endlich die Nerven verliert und den ersten Tobsuchtsanfall kriegt!«)
Jedenfalls stellt sich der Verdacht ein, daß der Computer ein totaler Neurotiker ist. Ständig mysteriöse Signale, rätselhaftes Geblinke und hysterische Befehle, wie »Abort!« (Nicht etwa so zu verstehen, daß der Computer dich auf die Toilette schicken will... nein, so einfach liegen die Dinge nicht. »Abort« heißt vielmehr so viel wie »Gib alle Bemühun-

gen sofort auf! Steig aus! Schmeiß hin!«) Aber wo ist die Taste für Abort??

Keine Spur davon! Schneller Griff zu den Ringbüchern, dann zu den Hochglanzbroschüren. Nichts! Nun gut, denke ich, kann man also nichts machen. Zu doof, nix kapiert, senile Gehirnerweichung. Schluß für heute, damit sich der Kopf ein bißchen ausruhen kann.

Soviel weiß ich immerhin: »Exit« muß der Aussteiger drücken, damit er aus dem Programm herauskommt. Denn erst wenn er da raus ist, kommt er in »Shell«, in die Muschel also, oder ins »Menue«, wie die Shell unter Eingeweihten auch genannt wird, wobei wieder davor zu warnen ist, an eine Speisekarte zu denken – so sinnlich ist ein Computer nicht.

Also auf geht's: nix wie »Exit« (das ist die Taste F 1, wie ich mit Kennerstolz berichten kann). Aber schon kommt der nächste Hammer: »Wrong message.« Und das Programm läuft weiter, und solange es läuft, kommt man nicht in Shell, und solange man nicht in Shell ist, kann man nicht in DOS gehen (ja, da staunt der Leser sicher, wie ich da so locker schon von DOS rede). Und solange man nicht in DOS ist, kann man den Computer nicht abschalten. Das heißt, man kann natürlich, aber in der Gebrauchsanweisung stehen ganz unmißverständliche Warnungen, die sich zum Teil furchterregend anhören: »Loss of memory« zum Beispiel – wer will das schon riskieren?

Andererseits könnte man das vom spirituellen Standpunkt aus auch ganz attraktiv finden – »hier und jetzig« sozusagen. Aber sicher ist man gut beraten, das Spirituelle von der Software zu trennen, um sich vor den bösen Streichen der Hardware zu schützen.

Zurück zum Bildschirm (sorry, ich meine natürlich zur »Screen« – wer mit Computern arbeitet, muß seinen deutschen Wortschatz stark erweitern). Ich starre auf »Wrong message« und versuche, mich zu sammeln. Endlich die Erleuchtung: »Clear Screen« muß man drücken! »cls-Enter« – ja, ja, ich weiß Bescheid! »Clear Screen« heißt so viel wie reinen Tisch machen, den ganzen Dreck von der Mattscheibe fegen! (Merkt ihr, wie allmählich die Aggressionen hochkommen, auch bei den strammsten Meditierern?) Also: »cls–Enter« ... und was sehe ich? »Wrong Message. Retry.« Von wegen saubere Scheibe. Nix reiner Tisch!

Also zurück zu den Ringbüchern? Nein, es gibt ja noch die Notbremse, fast hätte ich's vergessen: »Help«, die Taste mit dem roten Aufdruck, ganz rechts unten etwas verschämt auf dem Keyboard angebracht (schon wieder ein neues Wort für den deutschen Sprachschatz). Also drücke ich mit eindeutig unspiritueller Erwartungshaltung die Taste *Help* . . .

Wie ein Spuk verschwindet, was auf dem Schirm war. Aber nicht das herrliche Nichts, das nirvanahafte Void, bleibt mir erhalten. Vielmehr tauchen neue Hieroglyphen auf. Nix verstehen, nix *Help*, nicht mal help kleingeschrieben; gar nichts.

Ich wäre mir nicht vorgekommen wie Rotkäppchen im dunklen Wald, wenn ich gewußt hätte, was ich heute weiß: Das ganze Dilemma ist dadurch entstanden, daß ich geglaubt hatte, »Exit« sei die Taste F 1, wo es doch tatsächlich F 7 ist . . .

So sitze ich vor dem Schirm, und die Zeit verrinnt. Es wird dunkel. Krisenstimmung. Vor mir der bockige Hysteriker, der sich absolut nicht zu Bett bringen lassen will. Wie ein kleines ungezogenes Kind! Mensch, was mache ich denn nun bloß? Ich kann doch nicht die ganze Nacht hier sitzen bleiben und auf die Erleuchtung warten. Oder soll ich den Hammer aus der Garage holen und zuschlagen, damit der Kerl endlich Ruhe gibt?

Da fällt mir die Hotline ein. Die Käufer der Software »Word Perfect Executive« (im Sonderangebot hier schon für hundertdreißig Dollar zu haben) wissen, daß sich hinter dem Wort »Hotline« eine magische Telefonnummer verbirgt, die der Software-Novize gebührenfrei anwählen kann, wenn ihm das Wasser vor dem Bildschirm bis zum Hals steht. Mit anderen Worten: Der »heiße Draht« verbindet dich mit der Software-Firma »Word Perfect« im fernen US-Staat Utah.

Ich schlage die Nummer in der Broschüre nach und lese: Die Hotline arbeitet von morgens um neun bis abends um fünf – »Mountain Time«. Das ist die Zeitzone, in der sich die Rocky Mountains befinden, diese gewaltige Gebirgskette, die sich in nordsüdlicher Richtung durch Amerika zieht. Dort sind sie mit der Zeit zwei Stunden voraus, und ich muß nicht viel rechnen, um zu begreifen, daß die Hotline um diese Zeit nicht mehr besetzt ist. Es ist nach sieben Uhr abends, und ich fühle mich in meiner Not allein gelassen, wie ein Schiffbrüchiger auf stürmischer See.

In diesem Augenblick geschieht das Wunder!

Ich stehe auf, um eine Tasse Kaffee zu kochen, denn offensichtlich steht mir ja eine lange Nacht bevor; und während ich mich vom Schreibtisch erhebe, streife ich mit dem Ärmel oder mit der Hand, ich kann es gar nicht genau sagen, eine Taste, keine Ahnung welche, und – schwupp! – verschwindet alles, was eben noch auf dem Bildschirm war, im Universum, und ich bin aus dem Programm heraus! Ich bin gerettet! Endlich kann ich meinen NEC-Multispeed Computer abschalten.

Inzwischen bin ich ein regelmäßiger Benutzer der Hotline geworden und habe viele schöne menschliche Kontakte mit dem Personal der Firma Word Perfect hergestellt. Vor allem habe ich reichlich Gelegenheit, an meiner »Ungeduld zu arbeiten«.

Ich wähle also die Nummer 1 800 321 5906; und dann mache ich es mir in meinem Sessel schön bequem, relaxe, gehe nach innen; denn nun heißt es Geduld haben! »Word Perfect«, gegenwärtig führend auf dem Software-Markt, hat natürlich viele Kunden. Daß du durchaus nicht allein stehst, daß es noch viele andere gibt, die wie du unter Druck und an der Hotline Schlange stehen und sich furchtbar blöde vorkommen, ahnst du spätestens, wenn du nach einer halben Stunde immer noch diese friedvoll-sanfte Meditationsmusik hörst, mit der die Software Whiz Kids in Utah schon mal diejenigen abwiegeln, die darauf brennen, ihrem Frust in hysterischem Gezeter Luft zu machen, sobald sich ein Gesprächspartner am anderen Ende der Hotline meldet.

Als meditativer Mensch lehne ich Gezeter ab. In den Zicken eines Computers sehe ich, wie in den Koans des Zen, eine Herausforderung, über die Beschränktheit des logischen Verstandes hinauszugehen und spontane Kreativität im Hier und Jetzt zu entwickeln ... (Ich hoffe, ich drücke mich klar aus?)

Jedenfalls bin ich, wie ernst die Situation auch immer sein mag, unheimlich positiv, wenn die Musik plötzlich abbricht und sich eine frische junge Mädchenstimme meldet – etwa so:

»This is Word Perfect Corporation; I'm Debbie, how can I help you?«

»Hi Debbie!« rufe ich dann begeistert. »This is Andy in Santa Barbara!«

Und dann plaudern wir über dreitausend Kilometer Entfernung drauflos und fühlen uns einander doch so nah. Und wenn ein Außenseiter in die Leitung käme, würde er wahrscheinlich glauben, er wäre in ein Topsecret-Gespräch zwischen zwei CIA-Agenten geraten, die sich in einer Codesprache verständigen: DOS, RAM, Macro, Format, Menue,

A-prompt, Floppy ... Ich unterhalte mich schon ganz locker von gleich zu gleich mit diesen charmanten Fachkräften. Und ich kann einen gewissen Stolz nicht unterdrücken, wenn ich feststelle, daß Debbie oder Karen oder Peggy oder wer auch immer von »Word Perfect« auch nicht mehr wissen als ich, obwohl das natürlich zur Problemlösung absolut nichts beiträgt.

Ich bleibe jedoch positiv und beginne meinen Tag jetzt häufig damit, daß ich im Halbschlaf zum Telefon greife, um mit meinen neuen Freundinnen in Utah Kontakt aufzunehmen. Gemütlich unter der Decke ausgestreckt, höre ich meine Meditationsmusik und freue mich auf Debbie und auf unseren geistigen Austausch.

Aber neulich gab es eine Krise, die mich fast auf den Nullpunkt zurückgeworfen hätte: Mein Printer erlitt einen Nervenzusammenbruch! Er fing plötzlich an, mit rasender Geschwindigkeit Papier einzuspeichern. Da war selbst Debbie von den Socken. Fast eine halbe Stunde hingen wir an der Hotline, bis sie endlich zu der deprimierenden Erkenntnis kam: »Das ist ein Kommunikationsproblem zwischen deinem Computer und deinem Printer, also kein Softwareproblem, sondern ein Hardwareproblem. Da können wir dir leider nicht helfen ...«

Und dann hat sie mich mit einem fröhlichen »Good luck!« hartherzig abgehängt. Time ist money, und Business ist Business. Gott sei Dank stellte sich heraus, daß auch die Herstellerfirma meines Printers eine Hotline hat. Da war Ingenieur Bill an der Leitung und wußte sofort Bescheid. Mein Printer hat sich von seinem Nervenzusammenbruch erholt, und die Tatsache, daß es zwischen mir und meinem Computer immer weniger Beziehungskrisen gibt, läßt mich hoffen, daß ich die elektronischen Geister, die ich rief, endlich in den Griff kriege ...

Soweit mein erstes Werk auf dem Wordprocessor. Als ich es mir endlich abgerungen hatte, fühlte ich mich schon wie ein amerikanischer Professional. Ich schrieb auf einem Computer – ich war up to date! Und ich spürte, daß der Umgang mit dem Computer eine wichtige Phase in einem Normalisierungsprozeß war, den nicht nur ich, sondern auch die anderen Ranch-Flüchtlinge aus Oregon durchmachten.

Es hatte zwei Jahre gedauert, bis der Ranch-Schock überwunden war und wir uns »auf dem Marktplatz« wie zu Hause fühlten. Unsere Notgemeinschaft am St. Francis Way hatte sich aufgelöst, als wir das

Haus aufgeben mußten: Der Besitzer kehrte aus Indonesien zurück und wollte selber einziehen. Inzwischen hatten wir uns alle in Santa Barbara eingelebt und festen Boden unter den Füßen gewonnen. Wir brauchten den Kommuneverband nicht mehr, um uns über Wasser zu halten. Wir konnten uns zerstreuen und unsere eigenen Wege gehen.

Guna zog nordwärts nach Marin County bei San Francisco, wo sich viele Sanyasins angesiedelt hatten. Der Abschied fiel mir nicht leicht, denn wir hatten nicht nur beim Putzen viel Spaß gehabt. Wir hatten auch viel miteinander und voneinander gelernt. In wenigen Monaten hatte sie sich erstaunlich verändert, war meditativer geworden, hatte ihre Mitte gefunden. Sie rauchte nicht mehr und redete weniger. Santa Barbara hatte ihr gutgetan. Die Prophezeiung des »Fortune Cookies«, das ihr vor einem Jahr im chinesischen Restaurant zugefallen war, hatte sich für sie aufs glücklichste bewahrheitet. Durga erfüllte sich ihren Wunsch und ging zu Rajneesh, der auf abenteuerlichen Umwegen nach Poona zurückgekehrt war. Ihre liebste Putzkundin, eine gebrechliche, alte Dame deutscher Abstammung, reichte sie an Gita weiter, und wie das Schicksal so spielt: Kaum war Durga weg, starb die alte Dame und hinterließ Gita eine Erbschaft von 30 000 Dollar. Wäre Durga drei Wochen später gefahren, hätte *sie* das Geld gekriegt. Nun zogen Gita und Santa in ein hübsches Cottage in Montecito, kauften sich ein neues Auto und genossen ihre Zweisamkeit.

Die Zeit der Mexikanerschlitten war vorbei, und auch ich kam mit Hilfe einer glücklichen Fügung zu einem neuen Auto. Als ich an einem sonnigen Frühlingsnachmittag vom Strand zu meinem »Oskar« zurückwanderte, sah ich schon von weitem, daß etwas passiert war: Ein weißer Cadillac hatte meinen schweren Achtzylinder halb ins Gebüsch gedrückt. Beide Autos standen quer zur Straße. Ich setzte mich in Trab, und als ich näher kam, sah ich, daß mein schöner, treuer, ewig durstiger Straßenkreuzer sich in einen sogenannten Totalschaden verwandelt hatte. Der Cadillac hatte ihn von hinten erwischt und völlig zertrümmert. Und wieder – wie schon einmal vor zwei Jahren in Palo Alto – war ein netter alter Herr der Verursacher des Unfalls! Hatte ich ein Karma mit alten Männern, die nicht mehr Auto fahren konnten?

Der Cadillac-Fahrer sah aus wie ein Herrenreiter von der Hope-Ranch: graues Lippenbärtchen, fesche Jagdmütze, Tweedjackett. Er saß hinter dem Steuer, etwas benommen, aber offenbar unbeschädigt, und neben ihm saß eine mollige, alte Dame mit einem Hündchen auf dem Schoß. Der alte Herr kurbelte die Scheibe herunter und sagte kleinlaut, aber gefaßt: »Es tut mit leid. Ich muß wohl einen Augenlick lang unaufmerksam gewesen sein.«

»So sieht es fast aus«, sagte ich. »Sind Sie denn auch versichert?«

Der alte Herr zeigte mir seine Versicherungskarte. Eine beschwingte Heiterkeit überwältigte mich. »Hauptsache, Sie sind gesund!« jubelte ich, und die Frau beugte sich mit ihrem Hündchen vor und freute sich, daß sie alle noch am Leben waren und daß ich die peinliche Affäre so locker nahm. »Wir waren angeschnallt!« rief sie begeistert und streckte mir den kleinen Köter entgegen. »Auch unserem Bimbo ist nichts passiert!«

»Ein Wunder«, lachte ich. »Das muß ja einen ganz schönen Bums gegeben haben.«

»You bet!« sagte der Alte, stieg aus und stellte sich vor. »Fred Boyden!« Hope-Ranch, wie ich schon vermutet hatte.

Natürlich glaubte ich an ein Wunder. Ein paar Tage später zahlte mir seine Versicherung 780 Dollar aus. Der alte Russe in Palo Alto war für 740 Dollar gut gewesen. Ich hatte »Oskar« vor zwei Jahren für 650 Dollar gekauft. Als er nun auf dem Schrottplatz in Goleta seine letzte Ruhestätte fand, nahm ich dankbar Abschied von ihm. Er hatte mich zwei Jahre lang fast ohne Reparaturen sicher befördert und mir obendrein noch 870 Dollar eingespielt. Ich legte noch tausend Dollar dazu und kaufte mir einen kleinen, flotten, sieben Jahre alten Japaner. Die Zeit meiner häufigen Tankstellenbesuche war vorbei.

Die Existenz war freundlich zu uns allen. Renu, meine kurzfristige Partnerin bei »Dick's Telephone Sales Promotion Inc.«, hatte sich mit ihrem Vater versöhnt, und der alte Herr hatte ihr eine Fluglehrer-Ausbildung bezahlt. Die Flugschule am Flughafen von Santa Barbara hatte einen überdurchschnittlichen Zulauf an Aspiranten, seit Renu dort als Fluglehrerin angefangen hatte. Einer ihrer Flugschüler war John, ein junger Ingenieur. Sie verliebten sich auf einem Überlandflug mit Übernachtung auf irgendeinem kalifornischen Sportflugplatz und lebten seither zusammen. John besaß eine zweimotorige Piper, und für den nächsten Winter planten wir schon Flugexkursionen in die Skigebiete von Lake Tahoe und Colorado.

Astha, Ram und ich waren in ein gemütliches Haus mit romantischem

Gärtchen ganz in der Nähe vom St. Francis Way umgezogen. Unsere Menage à trois bewährte sich jeden Tag aufs neue. Astha und Ram arbeiteten ihr Beziehungskarma aus, und ich genoss, wonach mir schon seit langem zumute war: eine bedingte Solitude. Ich war allein, kochte auch für mich selbst, aber wenn ich Gesellschaft wollte, brauchte ich nur die Tür zu meinem Zimmer aufzumachen, und zwei meiner besten Freunde waren um mich. Wenn sich die beiden stritten, machte ich mich mitunter als Vermittler nützlich. Ram war dankbar, wenn ich aus dem Born meiner langjährigen Erfahrung mit dieser sensiblen Powerfrau schöpfte und ihm verriet, was er sich mit ihr leisten konnte und was nicht. »Es ist nicht gut, wenn du aus dem Büro kommst und vor der Glotze mit einem ›Budweiser‹ wegschlaffst«, riet ich zum Beispiel. »Ab und zu mußt du eine Blume mitbringen oder Kinokarten.« Ram schätzte es auch, wenn ich Astha riet, ihren Griff etwas zu lockern, denn im Grunde war er ein Beduine und brauchte viel Bewegungsfreiheit. Sie fand manchmal, daß Ram und ich uns gegen sie verschworen, aber das war natürlich Unsinn, denn wir liebten sie beide aus vollem Herzen. Sie war die Seele des Hauses, und wir waren ihr dankbar dafür, daß sie es mit sicherem Geschmack und ihrer fast unerschöpflichen Energie in ein stilvolles und gemütliches Nest verwandelte. Sie hatte beschlossen, bürokratische Hürden einfach zu überspringen und wieder in ihrem Beruf als Therapeutin zu arbeiten – auch ohne kalifornische Lizenz. Wenn sie im Wohnzimmer ihre Sessions gab, versteckten Ram und ich uns in unseren Zimmern und stopften uns Ohropax in die Ohren.

Rams Karriere als Hito-Vizepräsident dauerte nur anderthalb Jahre. Oft hatten Astha und ich den Eindruck gehabt, als ob sich das balinesische Chaos in unserem Wohnzimmer ausbreitete. Besonders am Anfang, als sich die Flut der Hito-Klamotten aus dem fernen, rätselhaften Asien in unsere Garage ergoß und von dort ins Haus überschwappte. Das Zeug kam in Pappkartons per Luftfracht in Los Angeles an. Ram, der die Hito-Organisation in den Vereinigten Staaten erst mal als einen Einmannbetrieb gestartet hatte, mietete einen Lkw und machte sich zum L.A. Airport auf. Wir drückten ihm jedesmal die Daumen, denn diese Fahrten in die Hölle des zweitgrößten amerikanischen Flughafens glichen verwegenen Vorstößen ins Feindgebiet. Es gab immer neue Überraschungen: Der Miet-Lkw brach im Rush-Hour-Verkehr zusammen; die Ware war nicht zu finden; die Papiere waren nicht in Ordnung; ein Teil der Kisten war schon von einem anderen abgeholt worden – von wem?? Die Einfuhrbestimmungen für Textilien aus Indonesien hatten sich kürzlich geändert, und die Zollbeamten wollten die Ware nicht ins Land lassen; sie wurde ins Zollager gebracht und in der Nacht gestohlen. Ram kehrte ohne Hito-Kisten aus L.A. zurück und strengte einen Prozeß an – das war der erste Krisenhöhepunkt. Aber das Geschäft entwickelte sich – zu unser aller Überraschung – mit der Wucht einer Schneelawine. Ram entpuppte sich als geborener Verkäufer.

Angeheizt von dem unternehmerischen Drive des ewig hektischen Jayapal, produzierte Hito-Bali kräftig drauflos. Und Ram sprang im Quadrat, um das Zeug an den Mann zu bringen. Das Geschäft war eigentlich als Hobby konzipiert worden, aber plötzlich wurde es ernst, und aus dem Hobby wurde ein Geschäft mit irritierender Dynamik. An langen Wochenenden gab es in unserem Haus große Hito-Partys. Eingeladen waren alle Sanyasins, die bei leichter Arbeit in fröhlichem Kreis acht Dollar die Stunde verdienen wollten. Natürlich kamen fast alle. Wir schleppten die Hito-Kisten aus der Garage ins Wohnzimmer. Dort wurden die bunten Rayon-Fummel ausgepackt und sortiert. Ram dirigierte das Unternehmen. Er hatte einen Computer in seinem Zimmer installiert, der nun die Bestellisten ausspuckte – oder sagen wir besser ausspucken sollte, denn häufig spuckte er gar nichts aus oder etwas völlig anderes. Während das Telefon ständig schrillte – das Hito-Business kannte kein Wochenende, denn die Hito-Vertreter riefen zu jeder Tages- und Nachtzeit und sieben Tage in der Woche an –, während also das Telefon nervte, rannte Ram mit dem Hörer am Ohr zwischen seinem Zimmer und dem Wohnzimmer hin und her, telefonierte, bediente den Computer, brachte uns die Bestellisten und beantwortete unsere Fragen: »Ram, wo ist denn Ocker Nummer 31? Ram, ist es okay, daß die Farbtöne bei den Hausanzügen in Blau nicht übereinstimmen?«

Ram: »Wieso?«

»Die Hosen sind beim Färben dunkler geraten als die Oberteile.«

»Waaass??«

»Wieso waaaasss? Die Hosen sind einfach dunkler. Ist das okay?»

Ich bewunderte Rams Nerven. Sein Leben bestand nur noch aus Krisenmanagement rund um die Uhr. Wir hockten im Wohnzimmer auf dem Boden, packten die Bali-Klamotten aus, falteten sie neu, steckten sie an Hand der Listen in unsere eigenen Plastiktaschen und machten sie in neuen Kartons versandfertig. Einige große Warenhausketten an der amerikanischen Westküste waren die Hauptabnehmer.

Die Stimmung auf den Hito-Parties hätte nicht besser sein können. Wir ließen Pizzas von »Rusty's« kommen, hörten heißen Rock von KTYD-Channel 99,9, falteten die Rayon-Fummel, erzählten uns den neuesten Klatsch aus Poona – und verdienten uns ein willkommenes Zubrot. Astha, die am schnellsten arbeitete, erwarb sich den Spitznamen »das deutsche Falt-Wunder«. Hito nahm einen stürmischen Aufschwung; schon bald liefen wir alle in Hito-Hausanzügen herum. Ram mietete ein Büro mit Lagerhalle in der Stadt und stellte Personal ein. Er fuhr einen Subaru, ein typisches Yuppie-Auto, und hatte sich ein flaches Aktenköfferchen zugelegt. Schon im ersten Jahr machte Hito mehr als eine Million Dollar Umsatz.

Aber irgendwie lag kein Segen auf der Firma. Der Umsatz stagnierte plötzlich. Ram beschuldigte Jayapal, er habe Klamotten geschickt, die keiner tragen wollte. Jayapal beschuldigte Ram, er setze nicht genug Druck hinter die Vertreter. Die Fax-Korrespondenz zwischen Santa Barbara und Bali wurde immer unfreundlicher. Ein neuer Finanzfachmann wurde eingestellt. Er prüfte die Computer-Buchführung und erklärte, daß Hito auf dem Weg in die roten Zahlen sei. Das war für Ram das Signal, seinem Busenfreund Jayapal einen letzten Funkbrief per Fax zu schicken. Er trete als Vizepräsident zurück, schrieb er, denn er wolle vermeiden, daß banale geschäftliche Querelen eine alte Freundschaft zerstörten. Punktum. Schluß.

Jayapal war beleidigt, aber als er bald darauf zu Besuch kam, spielten die beiden doch wieder Poker zusammen. Astha und ich jedenfalls waren erleichtert. Das Auf und Ab dieser Firma, die völlig überflüssige Textilien importierte und damit nur das ohnehin katastrophale amerikanische Handelsbilanzdefizit verschlimmerte, hatte uns anderthalb Jahre lang in seinen Bann geschlagen. Nun war es endlich vorbei. Auch Ram atmete auf. Die kurze Manager-Karriere hatte sein bürgerliches Ansehen stark aufgewertet. Seine Bank hofierte ihn, und er konnte sich mit zwei goldenen Kreditkarten in die Schar der Arbeitslosen einreihen. Er spekulierte mit Gold und gewissen High-Risk-Aktien, erhielt interessante Post von Börsenmaklern, ging jeden Tag zum »Workout« in den feinen Santa-Barbara-Gymnastik-Klub und setzte sich schließlich an seinen Computer, um einen Roman zu schreiben.

Jeden Abend schauten wir uns die Mac-Neill-Lehrer-Fernsehnachrichten-Schau an, und die »Santa Barbara News Press« kam täglich zu uns ins Haus. Wir wollten wissen, was uns vor zwei Jahren noch völlig gleichgültig gewesen war: zum Beispiel, was in Washington geschah und an der Wallstreet, wie es mit den Korruptionsskandalen im Pentagon weiterging und ob Gorbatschow den Zerfall des Sowjetreiches verhindern konnte, ob die Macht des großen Geldes sich von New York nach Tokio verlagert hatte und wie es um die mysteriöse Doppelmordaffäre in Montecito stand, in der Kokain und Waffenschiebung eine Rolle spielten und die pikante Einblicke in die Party-Allüren der High Society von Santa Barbara bot.
Astha ermahnte uns manchmal: »Zieht euch doch nicht diesen negativen Scheiß rein!« Aber im Grunde interessierten wir uns nur, ohne wirklich Anteil zu nehmen. Die Welt war seit Menschengedenken aus den Fugen, und sie wurde nicht dadurch besser, daß wir uns jeden Tag ihre Probleme zu eigen machten und uns dabei womöglich schlechte Laune zuzogen. Wir beobachteten, wie die Autobahn 101 in Santa Barbara von vier auf sechs Spuren erweitert wurde, wie die Grundstücksmakler und Baulöwen eine Schlacht nach der anderen gegen diejenigen gewannen, die gegen ein bedenkenloses Wachstum Front machten. Wir hörten jeden Tag das Brüllen der Baumaschinen, die allerorten neue Prachtvillen, Parkplätze und Geschäftsviertel in die Gegend setzten. Wir trauerten um einen der letzten unbebauten Küstenstreifen, als eine Finanzgesellschaft gegen den Widerstand der Bürgerinitiativen die Genehmigung zum Bau einer »Senior City« erhielt – eines weitläufigen Villenviertels für Millionäre im Ruhestand. Wir hatten die Bürgerinitiative unterstützt, aber wir verloren, wie alle, die in Santa Barbara gegen die ungestüme Macht des großen Geldes antraten. Die Money Energy kam aus Los Angeles und war im Begriff, nun auch noch das letzte Paradies an der südkalifornischen Pazifikküste zu zerstören.
Aber wir ließen die Köpfe nicht hängen. Noch existierte das Paradies, und es gab auch erfreuliche Tendenzen. Zum Beispiel sendete das Fernsehen auf Kanal 19 einmal in der Woche einen Rajneesh-Vortrag aus Poona. Ram war auf die Idee gekommen, dem Ortsfernsehen Rajneesh-Filme anzubieten, und zu unserer Verblüffung waren die Fernsehleute ganz scharf darauf. Eines Dienstagabends um halb acht schalteten wir auf Kanal 19, und da war er, der vielgeschmähte, weise

Schelm, den sie erst vor zwei Jahren außer Landes gejagt hatten. Als wir ihn zum ersten Mal auf unserem Bildschirm sahen, trauten wir unseren Augen nicht – aber das war er tatsächlich, mit Mütze und Märchengewand und Brillant-Armbanduhr und sprach in der neugebauten Buddhahalle seines Aschrams in Poona, und nach dem Vortrag leitete er eine Jibberisch-Meditation für seine fünftausend Zuhörer. Die Leute gebärdeten sich wie wild und brabbelten durcheinander und Rajneesh heizte sie mit ausgebreiteten Armen an. Plötzlich ein dumpfer Trommelschlag. Stille. Alle saßen in völliger Bewegungslosigkeit. Und in die Stille warf Rajneesh hypnotische Signale:

»Seid still und wach – der Verstand schweigt, die Zeit steht still – reines Sein, nichts als reines Sein – Stille ist alles, worum es in einer authentischen Religion geht…«

Wieder ein Trommelschlag. Alle sanken um und streckten sich auf dem weißen Marmor der Halle aus. Rajneesh: »Fallt um und seid tot – seid tot, auch wenn der Körper atmet – ihr müßt sterben, um wiedergeboren zu werden – der Meister ist euer Tod, und er ist eure Wiedergeburt, beides – bitte sterbt!«

Trommelschlag. Rajneesh mit erhobener Stimme:»Kommt zurück! – Seid lebendig! – Seid Flamme!« Musik. Alle richteten sich auf, schwangen mit der Musik. Rajneesh stand auf, schlug den Takt mit beiden Händen. Plötzlich warfen alle die Arme hoch, und wie ein Orkan fegte der Ruf *»Jahuu!«* durch die Halle. Der Meister faltete die Hände zum Namasthe vor dem Gesicht und trat ab.

Wir starrten gebannt auf den Bildschirm. Es war zweifellos das exotischste Programm des Abends. Die Einschaltquoten schnellten hoch, und Channel 19 forderte dringend Filmnachschub aus Poona an. Jeden Dienstag war nun in Santa Barbara Bhagwan-Time. Eines Abends – als die Poona-Show beendet war – tauchte plötzlich Nadama auf dem Bildschirm auf – unser Nadama, der Mann mit dem Schrott-Lkw und dem Yamaha-Klavier! Die Beine locker übergeschlagen, gab er ein Interview, erzählte von Rajneesh und verkündigte die Eröffnung eines Meditationszentrums in Santa Barbara. Er und seine Freunde, sagte er, praktizierten dort Rajneesh-Meditationen,und jedermann sei herzlich willkommen. Wir waren stolz auf Nadama, denn er wirkte auf dem Bildschirm wie ein Hollywoodstar und ließ sich auch von den kniffligsten Fragen nicht aus der Fassung bringen.

Wie standen *wir* eigentlich zu Rajneesh? Seit dem Ende der Kommune in Oregon hatten wir nichts mehr mit seiner Organisation zu tun gehabt. Und was ihn selbst anbetraf, so sahen wir ihn nicht mehr aus der Perspektive eines kritiklosen Schülers, der zu Füßen des Meisters sitzt. Wir hatten Abstand gewonnen, sehr viel Abstand sogar. Selbst Ram, der lange vor Rajneeshs Schlafzimmertür Wache geschoben hatte, war auf kritische Distanz gegangen. Aber immerhin bezog er die »Rajneesh Times«, die jede Woche aus Poona kam. Wir lasen sie und ärgerten uns. Die Zeitung kam uns wie eine Sektenpostille vor, weltfremd, naiv und überheblich. Immer noch gab es diese Attitüde, die uns schon in Rajneeshpuram mißfallen hatte: auf der einen Seite WIR, die Intelligenten und die Mutigen, die sich zu Rajneesh bekannten, und auf der anderen Seite der Rest der Welt mit den Blinden und den Feigen, die dem größten Meister aller Zeiten aus dem Wege gingen! Wir wollten uns nicht mehr in diese »Wir gegen alle«-Schablone pressen lassen. Wir wußten sehr wohl, daß es viele gescheite, kreative und couragierte Menschen gab, die auf Rajneeshs Wellenlänge *nicht* empfingen. Sie hielten es mit Krishnamurti, Baba Free John, Meher Baba, Gurdjieff und anderen lebenden oder toten Meistern, oder sie versuchten, ihren Weg ohne Meister zu gehen. Wer waren wir denn, um uns über sie zu erheben?

Mir fiel es schwer, meine Beziehung zu Rajneesh zu definieren. Einige seiner Schüler hatten sich von ihm losgesagt und verbreiteten nun die Botschaft, Rajneesh sei in Wirklichkeit ein »Schwarzer Magier«. Sie hatten das von Hellsehern, Kartenlegern oder Geist-Vehikeln erfahren. Ein Schwarzer Magier, so wußten sie, sei einer, der von der Energie seiner Anhänger lebe, ein Verführer, ein machtbesessener Repräsentant des Bösen. Ich hielt das alles für gequirlten esoterischen Quark. Schwarzer Magier! Lebten wir im Mittelalter?

Es hatte für mich nie einen Zweifel daran gegeben, daß Rajneesh ein erleuchteter Meister ist, und ich zweifelte auch zwei Jahre nach dem Untergang seiner Kommune in Oregon nicht daran. Mein Problem bestand darin, daß ich nicht wußte, in welchem Verhältnis ich zu ihm stand. War die Meister-Schüler-Beziehung vorbei? Konnte sie überhaupt zu Ende gehen, bevor man selber erleuchtet war? Und wer beendete sie – der Schüler oder der Meister? War ich noch ein Sanyasin, obwohl ich mit der sogenannten »Neo-Sanyas-Bewegung« nichts mehr zu tun haben wollte? War meine Beziehung zu Rajneesh eine Herz-zu-Herz-Beziehung geblieben? Ich zweifelte daran. Ram träumte fast jede Nacht von ihm. Ich nicht. Ich hatte Rajneeshs Foto in meinem Zimmer. Aber war das Bild nur noch Dekoration? Merkwürdigerweise konnte ich diese Fragen nicht einfach auf sich beruhen lassen. Die Unklarheit meiner Beziehung zu Rajneesh beunruhigte mich. Ich wollte Klarheit haben. Und so ging ich zum Reisebüro am Loretto Plaza und kaufte ein Ticket nach Bombay. Astha brachte mich zum Flughafen nach Los Angeles. Wir umarmten uns zum Abschied, und sie sagte: »Vergiß nicht wiederzukommen!«

Ich treffe in den ersten Stunden nach Mitternacht in Bombay ein. Fünf Stunden Zeit zum Weiterflug nach Poona. Warten auf das Gepäck. Hitze. Feuchter Druck auf den Lungen. Fäkaliengestank. Menschenmassen unter Neonröhren. Kindergeschrei. Zwei Polizeioffiziere in weißer Uniform, spiegelblanke Schaftstiefel, Schweiß auf der dunklen Stirn, pomadisiertes Schwarzhaar wie hitzegewellter Lack, vibrierende Reitgerten. Der mit dem Menjou-Bärtchen spuckt Betelsaft. Im Sägemehl auf dem Boden macht er einen Fleck, rot wie geronnenes Blut. Durst. Ein Cola-Automat, der nicht funktioniert. Flackernde Leuchtröhren unter geborstenen Lichtreklamescheiben. Vor mir Inder mit amerikanischen Pässen. Hektisch türmen sie Gepäck auf den Zolltresen, Angst in weit aufgerissenen Augen, schleimige Demutsgebärden gegenüber gleichgültig schwitzenden Zollbeamten, die sich mit Devisenformularen Luft zufächeln. Ich trete vor. Der Zollbemate winkt müde: weiter... Zwei magere Träger streiten sich um meinen Koffer. Stempeldruck. Der Paßbeamte legt grüßend den Zeigefinger an den Mützenschirm. Ich bin durch.

Vor dem Flughafengebäude schlägt mir die Luft, die von den morastigen Slumvierteln kommt, wie ein heißer, nasser Lappen ins Gesicht. Taxifahrer kesseln mich ein, gestikulieren, schreien, ihre Augäpfel leuchten in der Dunkelheit. Ich lasse meinen Kofferträger nicht aus den Augen. Wucherpreise. Feilschen. Die Zeit verstreicht. Das Geschrei wird heftiger. Erschöpfung. Endlich im Fond eines indischen Fiat. Die Nachtluft weht durch das geborstene Fenster und kühlt. Fahrt zum National Airport.

Ein kleines Hotel in der Nähe. Gekalkte Zementwände. Neonlicht. Der

Nachtportier schreckt hoch, reißt den zahnlosen Mund auf, gähnt, wechselt Geld, scheucht einen zehnjährigen Boy von der Hundematte neben der Schwingtür auf. Der Kleine bricht fast unter meinem Samsonite zusammen, greift nach der Rupie, schnell wie ein jagender Salamander. Das Zimmer ist stickig. Feuchte Laken auf dem Feldbett. Der ätzende Geruch von Mückenvernichtungs-Spray. Der Boy wirft die Klimamaschine an, wieselt davon, kehrt mit kaltem Trinkwasser in einer Thermosflasche zurück. Noch eine Rupie, dann ist er weg. Noch zwei Stunden Zeit. Wie ein schwarzer Schatten huscht ein Kakerlakenschwarm über die klebrigen Fliesen des Badezimmerbodens. Tropfende Wasserhähne. Aus dem Heißwasserhahn kommt nichts, aus dem Kaltwasserhahn kommt es lauwarm. Ich dusche lange und mit Genuß, rasiere mich, putze die Zähne mit dem Trinkwasser aus der Thermosflasche, schalte die dröhnende Klimaanlage ab, lege mich nackt aufs Bett. Über mir kreist träge der Deckenventilator.

Eine Stunde später bringt der Nachtkellner das Frühstück. British Tea mit Milch, kalte Spiegeleier, Toast. Ich lasse die Eier stehen. Der kleine Boy holt den Koffer. Ich folge ihm nach unten, zahle die Rechnung. Ein halbes Dutzend Bedienstete taucht auf, die ich bisher noch nicht gesehen hatte. Trinkgelder in alle Richtungen. Taxi zum Airport.

Die Maschine nach Poona ist überbucht. Ich stehe auf der Warteliste, Position 24, warte trotzdem bis zum Abflug auf ein Wunder. Die Maschine fliegt ohne mich ab. Drei junge Inder fragen, ob ich mit ihnen ein Taxi nach Poona teilen will. Yuppies auf Geschäftsreise, dreiteilige Businessanzüge, weiße Hemden, Ziertaschentücher, flache Aktenkoffer. Ich schließe mich ihnen an.

Über den Papp- und Blechhütten der Airport-Slums geht die Sonne in einem graubraunen Dunst auf. An den ausgefransten Asphalträndern der Straße hocken bis zum Skelett abgemagerte Gestalten und verrichten ihre Notdurft – Frauen, Männer, Greise, Kinder, Hunderte, Tausende... Sie tauchen ihre Hände in Konservendosen mit Wasser, wischen sich damit das Hinterteil ab, stehen auf, verschwinden mit den Dosen in der Hand im Gewirr der Bruchbuden. Schweine wälzen sich im Dreck, Ziegen fressen Abfall, Hunde scheuchen Hühner. Nackte Kinder mit aufgeblähten Bäuchen spielen im Schlamm. Kinder, Kinder, Kinder...Über windschiefen Dächern steigt Rauch auf. Infernalischer Gestank. Der Rauch steigt in die Augen.

Wir sitzen zu dritt im schmalen Fond des Fiat-Taxis. Einer sitzt neben dem Fahrer. Endlich liegen die höllischen Außenbezirke von Bombay hinter uns. Die Luft wird etwas besser, aber die Temperatur steigt rasch an. Die indischen Yuppies ziehen die Jacketts aus und lockern die Krawatte. Der Fahrer – ein graubärtiger, breitschultriger Sikh mit rosafarbenem Turban – holt das letzte aus dem Fiat heraus und vertraut auf Gott. Die Straße ist schmal und der Verkehr dicht. Hochbeladene Ochsenkarren, Tanklaster, Motorräder, Scooter, Taxis, schwankende Lkws mit turmhoher Ladung, Esel, magere Kühe, viele Kühe . . . Blaues Dieselgas steht über dem heißen Asphalt, Staubwolken, schrilles Sirenenhupen, betäubender Motorenlärm. Am Straßenrand Unfalltrümmer – umgekippte Lastwagen, zerquetschte Personenautos, Taxis, die auf dem Dach liegen und die Räder in die Luft strecken. Manche Unfälle sind ganz frisch: Polizei, Ambulanzen, Sanitäter, Verletzte auf Tragbahren. Der Sikh steht auf dem Gas, hupt, flucht, setzt zu atemberaubenden Überholmanövern an. Auf seinem olivgrünen Hemd bildet sich ein großer, dunkler Schweißfleck.
Die indischen Yuppies sind neugierig. Wollen wissen, wo ich herkomme, ob ich schon mal in Indien war, verheiratet bin. Kinder? Und welcher Beruf? Schriftsteller? Aha, interessant. Was für Bücher? Spirituelles? Haha, was Sie nicht sagen. Die Westler werden immer spiritueller und die Inder immer materialistischer. Sie kommen aus Delhi, sind Manager einer Computerfirma, haben einen Termin im Hauptquartier des Oberbefehlshabers Süd-Indien, wollen ihre Computer vorführen.
Der Inder, der neben dem Fahrer sitzt, dreht sich zu mir um. »Was haben Sie denn für Pläne?« Ich sei Tourist, sage ich, zu müde, um eine Rajneesh-Diskussion zu beginnen. Sie starren mich fassungslos an. »Unglaublich«, sagt der Inder neben mir. »Wir versuchen alles, um hier rauszukommen, und Sie kommen freiwillig? In diesen Alptraum? In dieses Irrenhaus?« Der neben dem Fahrer schüttelt den Kopf. »Das kann doch wohl nicht wahr sein!« Er hatte mich für einen intelligenten Menschen gehalten, und nun ist er enttäuscht.
Endlich Poona. Koregaon-Park. Am Straßenrand sind Fahrräder geparkt – Hunderte. Motor-Rikschas stehen Schlange. Fliegende Händler haben ihre Waren im Staub ausgebreitet – Schmuck, Saris, T-Shirts, Teppiche, Decken, Seidenschals. Leprakrüppel kriechen über den Asphalt, stecken Blechnäpfe ins Nichts, greinen, flehen, grinsen zahn-

los. Ein Schlangenbeschwörer, die Kobra um den Hals wie eine Stola, spielt Flöte. Die Töne gehen im Verkehrslärm unter. Immer mehr Motor-Rikschas bahnen sich ihren Weg durch das Menschengewühl. Staubige Hitze im Schatten hoher Affenbrotbäume. Gedränge vor dem »Gateless Gate», dem hohen Aschramtor aus poliertem Mahagoni. Junge Menschen, Blondköpfe, weiße Gesichter. Rajneesh-People. Sprachengewirr. Englisch. Italienisch. Japanisch. Viel Deutsch. Die Erinnerungen dringen wie Stiche ins Herz. Tief atmen. Es ist alles wie früher, vor zwölf Jahren! Oder doch nicht? Kein Rot mehr. Keine Männer in fußlangen, roten Gewändern, keine Bärte, keine Malas mehr, die Holzperlenketten mit dem Bhagwan-Medaillon. Es ist weniger exotisch als früher. Vielleicht auch nüchterner, weniger esoterisch, weniger abgehoben? Ausweiskontrolle. Ein junger Inder steuert mich in das verglaste Empfangshäuschen hinter dem Gate.
Plötzlich ist Sadhan von mir.»Satyananda!« Sie springt auf, fällt mir um den Hals. Immer mehr vertraute Gesichter, als ich den Empfang verlasse und zum Krishna-Haus gehen will. Ich komme nicht weit. Von allen Seiten werde ich angesprungen, umhalst, geküßt, auf die Schulter geschlagen, in die Rippen gestoßen. Latifa und Nandan haben mich durch die Panoramascheibe des alten Laxmi-Büros entdeckt und kommen mit wehenden Röcken angespurtet. Der alte, weißhaarige Achim brummt: »War höchste Zeit, daß du dich auch mal blicken läßt.« So viele Freunde, die ich zum letzten Mal in Oregon auf der Ranch gesehen habe! Ein überwältigendes Nach-Hause-komm-Gefühl. Tränen. Ja Tränen!
Langsam bahne ich mir meinen Weg zum Teegarten. Zur Linken die Buddha-Halle mit ihrem elegant geschwungenen, hohen Zeltdach. Ein paar hundert Menschen sitzen in Lotus-Position auf dem weißen Marmorboden. Zwischen ihnen schiebt ein Aschramit eine knatternde Poliermaschine hin und her. Ein hochachsiger Lkw bewegt sich Zentimeter für Zentimeter über den schmalen Asphaltweg zwischen Meditationshalle und Boutique, stößt Dieselwolken aus, macht Krach. Das hat sich nicht geändert: In Rajneeshs Aschram lärmt es wie auf dem Münchner Stachus. Überall wird gesägt, gehämmert, gebaut. Und doch ist die Atmosphäre meditativ. Der Aschram als spiritueller Durchlauferhitzer. Viel Lärm, aber keine Hektik. Die Bäume und Sträucher, die wir vor zehn Jahren gepflanzt haben, sind mächtig gewachsen und spenden

kühlen Schatten. Es gibt hübsche, neue Zen-Gärten mit Bambusbänken in versteckten, grünen Nischen und Brückchen über kleinen Wasserfällen. Überall fröhliche, entspannte Gesichter, und vom Gateless Gate bis zum Hinterausgang auf der anderen Seite des Aschrams diese sanfte und doch intensive, diese helle, leichte, quirlige, festliche Energie, die den Besucher erfaßt, einhüllt, wärmt und verletzbar und fröhlich macht. Es ist, als wenn fünftausend gutgelaunte Menschen einen Kreis bilden, dich in die Mitte nehmen und tanzen. Es wird dir schwindlig, und ein unbeschreibliches Glücksgefühl durchdringt dich. Du kommst aus der Welt fiebriger Geldmacherei, aus der Welt der Verkehrsstaus und der Wolkenkratzer, der Konkurrenzkämpfe und der Bandenkriege, der Kokainpartys und des Discolärms, der Wolkenkratzer und der Fernsehhektik, der Hast, der Nervenzusammenbrüche, der Herzinfarkte – und plötzlich stehst du im Licht dieser Energie, die in dich eindringt wie ein warmer Strom. Er spült die Negativität aus deinen Nervenzellen, und du weißt plötzlich, was dir »auf dem Marktplatz« gefehlt hat: die Atmosphäre festlicher Lebensfreude, sorgloser Seligkeit, liebevoller Hingabe an die Existenz.

Ich weiß nicht, wie der Tag vergeht, denn er vergeht wie im Rausch. Purna, meine Zimmergenossin aus alten Poona-Tagen, hat eine Erkältung, kann nicht in den abendlichen Rajneesh-Vortrag gehen. »Warum nimmst du nicht mein Kissen und setzt dich auf meinen Platz?« Sie hat einen sogenannten »Frontsitz«, einen Platz in den ersten fünf Reihen. Ich wollte mich gerade, total erschöpft, ins Hotel absetzen, aber Purnas Angebot ist zu verlockend. Eine halbe Stunde später sitze ich in der Buddha-Halle. Hinter mir die Musikanten: Synthesizer, Geigen, Querflöten, Gitarren, Trommeln. Die Halle ist voll. So viele Menschen hat es hier früher nicht gegeben. Viele neue Gesichter, aber hier vorne, wo die alten Poona-Jünger sitzen, die Veteranen von Rajneeshpuram und die sogenannte Prominenz, geht es sehr vertraut zu. Auch Durga ist hier, unsere Durga vom St. Francis Way. Wir winken uns zu. Tiefstrahler flammen auf. Die Videokamera läuft. Die Musik steigert sich. Durch das dichte Gebüsch am Rande der Halle, die nach den Seiten hin offen ist, dringt das Scheinwerferlicht des Rolls Royce.

Dann steht er vor mir – ER, groß geschrieben. ER trägt flaschengrünen Samt an diesem Abend. Faltet die Hände – wie immer – zum indischen Namaste vor dem Gesicht. Die Brillanten auf der goldenen Rolex blitzen. Da ist das vertraute Lächeln, der liebe Blick der großen, schwarzen Augen, die wie in Öl eingelegt sind. Das letzte Mal sah ich ihn, als er auf dem Flugplatz von Rajneeshpuram auf der Gangway der Convair stand und Abschied von der Kommune nahm. Und wie damals treffen sich unsere Augen eine Sekunde lang, und ich habe das Gefühl eines fast verschwörerischen Einklangs. Ich habe die Hände vor meinem Gesicht zum Gruß gefaltet. Die Musik spielt. Mein Blick saugt sich an der Gestalt fest, die da entrückt und doch so nah im gleißenden Licht des angestrahlten Marmorpodestes steht. Keine Gedanken. Ich atme tief ein. Und plötzlich die überwältigende Gewißheit, daß ich diesen Mann liebe.

Er spricht, und ich höre nicht zu. Früher war ich fasziniert von seinen Vorträgen gewesen, von seiner Intelligenz, von seiner Kunst, die kompliziertesten Dinge mit einfachen Worten auszudrücken. Meine Beziehung zu ihm ging über den Kopf. Ich war darauf angewiesen, diesen merkwürdigen Weisen zu verstehen. Ohne Verständnis kein Vertrauen. Dann kam Rajneeshpuram, die Mysterienschule. Er schwieg, und ich verstand nichts mehr. Ich hatte für ihn die Trommel gerührt, mich mit den Medien herumgeschlagen, um Verständnis geworben, aber in Rajneeshpuram kam mein Verstand nicht mehr mit. Und als es zu Ende war mit der Kommune in Oregon, entdeckte ich, daß die Herz-zu-Herz-Beziehung zu Rajneesh bestenfalls nur noch an einem seidenen Faden hing. Ich entdeckte, daß ich ihn nicht mehr liebte, weil ich ihn nicht mehr verstand. Und wie ein Schock kam die Erkenntnis, daß ich womöglich zur Liebe gar nicht fähig bin. Denn was ist das für eine Liebe, die auf das Okay des Verstandes angewiesen ist?

An diesem Abend in der Buddha-Halle lasse ich zum ersten Mal los. Die Vorstellung, daß ich diesen Mystiker unbedingt verstehen muß, fällt von mir ab. Plötzlich weiß ich: Mystiker sind noch nie verstanden worden. Sie werden entweder gehaßt oder geliebt. Und ich liebe ... Es ist mir egal, wie andere Leute das finden. Ich will nicht mehr erklären, was ich mit ihm zu tun habe und warum er dies oder jenes tut. Ich fühle mich nicht berufen, für ihn Reklame zu machen. Er schlägt die Trommel selber laut genug, zettelt Skandale an, ärgert, verletzt, stößt vor den Kopf, jagt Angst ein, tut alles, um aus dieser Menschheit, die mit selbstmörderischem Fatalismus auf den Abgrund zutreibt, Funken zu schlagen. Er macht seine Sache, und ich mache meine Sache, und zum

ersten Mal empfinde ich meine Beziehung zu ihm als eine völlig private Angelegenheit.
Es ist eine Wiederbegegnung und ein Abschied zugleich, denn an diesem Abend wird mir auch klar, daß es nicht mehr meine Sache sein kann, mich zu Füßen des Meisters auf Dauer niederzulassen. Ich gehöre in die Welt und muß meinen eigenen Weg gehen. Ich mag wenig wissen, aber ich habe eine innere Stimme, auf deren Weisheit ich mich verlassen kann. Ich muß nur auf sie hören. Sie sagt mir, was jeder wahre Meister seinem Schüler sagt: Erkenne dich selbst, und sei dir treu! Sei dein eigenes Licht!

Der Autor

Jörg Andrees Elten, geboren 1927 in Dresden. Zwei Jahre nach Kriegsende Volontariat bei der Zeitschrift »Der Ruf«, die von Alfred Andersch und Hans Werner Richter während der Kriegsgefangenschaft in den USA gegründet worden war. 1948 als Reporter und Redakteur der Reportageseite zur »Süddeutschen Zeitung«. Während der Suez-Kanal-Krise Übersiedlung nach Kairo als Korrespondent für den Nahen Osten, später auch für Afrika. Ab 1962 ausgedehnte Reisen in der ganzen Welt als Reporter des »Stern«. Nach der Begegnung mit Sri Rajneesh im Jahr 1977 Ausstieg aus der bürgerlichen Existenz und Übersiedlung in den Aschram in Poona. Beschreibung des indischen Abenteuers in dem Tagebuch »Ganz entspannt im Hier und Jetzt«. Von 1983 bis 1985 in Oregon als Mitglied der Rajneesh-Kommune. Seit Auflösung der Kommune freier Schriftsteller in Santa Barbara, Kalifornien.